全国高职高专院校药学类专业核心教材

U0746168

医药市场营销

（供药学、药品经营与管理、中药学、药物制剂技术、化学制药技术、
生物制药技术、中药制药技术、药品服务与管理专业用）

主　编　施能进　魏保华

副主编　李洁玉　张　平　郝　强　马翠兰　王学峰

主　审　邹继华（美康生物科技股份有限公司）

　　　　孔凡勇（济南方成药品零售有限公司）

编　者　（以姓氏笔画为序）

　　　　马翠兰（南阳医学高等专科学校）

　　　　王学峰（山西药科职业学院）

　　　　卢灯翠（金华职业技术学院）

　　　　李洁玉（重庆三峡医药高等专科学校）

　　　　李海艳（楚雄医药高等专科学校）

　　　　张　平（湖南中医药高等专科学校）

　　　　张　谧（长沙卫生职业学院）

　　　　陈佳佳（浙江药科职业大学）

　　　　郝　强（长春医学高等专科学校）

　　　　胡瀚文（济南护理职业学院）

　　　　施能进（浙江药科职业大学）

　　　　高环成（山西传媒学院）

　　　　魏保华（济南护理职业学院）

中国健康传媒集团

中国医药科技出版社

内 容 提 要

本教材是"全国高职高专院校药学类专业核心教材"之一，以医药营销工作任务为导向，注重培养医药市场营销的核心能力。教材由核心知识篇和核心技能篇组成，其中核心知识篇包括 5 大模块、12 个项目、40 个任务；核心技能篇包括 12 个核心技能实训；同时，教材的编写更加注重医药营销实践，紧密融合医药行业的发展，结合医药企业营销岗位特征，实现医药营销岗位情景再现；教材将近几年医药市场上出现的经典医药营销案例编入其中，通过对真实案例的分析、解读，提升教材的应用性和实践性，提升学生对医药营销实践问题的解决能力。本教材为书网融合教材，即纸质教材有机融合电子教材、教学配套资源（PPT、微课、视频、图片等）、题库系统、数字化教学服务（在线教学、在线作业、在线考试），使教学资源更加多样化、立体化。

本教材供全国高职高专院校药学、药品经营与管理、中药学、药物制剂技术、化学制药技术、生物制药技术、中药制药技术、药品服务与管理专业师生学习使用。

图书在版编目（CIP）数据

医药市场营销／施能进，魏保华主编.—北京：中国医药科技出版社，2022.8（2024.10重印）

全国高职高专院校药学类专业核心教材

ISBN 978－7－5214－3256－5

Ⅰ.①医… Ⅱ.①施… ②魏… Ⅲ.①药品－市场营销学－高等职业教育－教材 Ⅳ.①F763

中国版本图书馆 CIP 数据核字（2022）第 086161 号

美术编辑 陈君杞

版式设计 友全图文

出版 **中国健康传媒集团** | 中国医药科技出版社

地址 北京市海淀区文慧园北路甲 22 号

邮编 100082

电话 发行：010－62227427 邮购：010－62236938

网址 www.cmstp.com

规格 889mm×1194mm $^1/_{16}$

印张 17 $^1/_4$

字数 514 千字

版次 2022 年 8 月第 1 版

印次 2024 年 10 月第 4 次印刷

印刷 北京印刷集团有限责任公司

经销 全国各地新华书店

书号 ISBN 978－7－5214－3256－5

定价 49.00 元

获取新书信息、投稿、
为图书纠错，请扫码
联系我们。

为了贯彻党的十九大精神，落实国务院《国家职业教育改革实施方案》文件精神，将"落实立德树人根本任务，发展素质教育"的战略部署要求贯穿教材编写全过程，充分体现教材育人功能，深入推动教学教材改革，中国医药科技出版社在院校调研的基础上，于2020年启动"全国高职高专院校护理类、药学类专业核心教材"的编写工作。

党的二十大报告指出，要办好人民满意的教育，全面贯彻党的教育方针，落实立德树人根本任务，培养德智体美劳全面发展的社会主义建设者和接班人。教材是教学的载体，高质量教材在传播知识和技能的同时，对于践行社会主义核心价值观，深化爱国主义、集体主义、社会主义教育，着力培养担当民族复兴大任的时代新人发挥巨大作用。在教育部、国家药品监督管理局的领导和指导下，在本套教材建设指导委员会和评审委员会等专家的指导和顶层设计下，根据教育部《职业教育专业目录（2021年）》要求，中国医药科技出版社组织全国高职高专院校及其附属机构历时1年精心编撰，现该套教材即将付梓出版。

本套教材包括护理类专业教材共计32门，主要供全国高职高专院校护理、助产专业教学使用；药学类专业教材33门，主要供药学类、中药学类、药品与医疗器械类专业师生教学使用。其中，为适应教学改革需要，部分教材建设为活页式教材。本套教材定位清晰、特色鲜明，主要体现在以下几个方面。

1. 体现职业核心能力培养，落实立德树人

教材应将价值塑造、知识传授和能力培养三者融为一体，融入思想道德教育、文化知识教育、社会实践教育，落实思想政治工作贯穿教育教学全过程。通过优化模块，精选内容，着力培养学生职业核心能力，同时融入企业忠诚度、责任心、执行力、积极适应、主动学习、创新能力、沟通交流、团队合作能力等方面的理念，培养具有职业核心能力的高素质技能型人才。

2. 体现高职教育核心特点，明确教材定位

坚持"以就业为导向，以全面素质为基础，以能力为本位"的现代职业教育教学改革方向，体现高职教育的核心特点，根据《高等职业学校专业教学标准》要求，培养满足岗位需求、教学需求和社会需求的高素质技术技能型人才，同时做到有序衔接中职、高职、高职本科，对接产业体系，服务产业基础高级化、产业链现代化。

3. 体现核心课程核心内容，突出必需够用

教材编写应能促进职业教育教学的科学化、标准化、规范化，以满足经济社会发展、产业升级对职业人才培养的需求，做到科学规划教材标准体系、准确定位教材核心内容，精炼基础理论知识，内容适度；突出技术应用能力，体现岗位需求；紧密结合各类职业资格认证要求。

4. 体现数字资源核心价值，丰富教学资源

提倡校企"双元"合作开发教材，积极吸纳企业、行业人员加入编写团队，引入一些岗位微课或者视频，实现岗位情景再现；提升知识性内容数字资源的含金量，激发学生学习兴趣。免费配套的"医药大学堂"数字平台，可展现数字教材、教学课件、视频、动画及习题库等丰富多样、立体化的教学资源，帮助老师提升教学手段，促进师生互动，满足教学管理需要，为提高教育教学水平和质量提供支撑。

编写出版本套高质量教材，得到了全国知名专家的精心指导和各有关院校领导与编者的大力支持，在此一并表示衷心感谢。出版发行本套教材，希望得到广大师生的欢迎，对促进我国高等职业教育护理类和药学类相关专业教学改革和人才培养做出积极贡献。希望广大师生在教学中积极使用本套教材并提出宝贵意见，以便修订完善，共同打造精品教材。

数字化教材编委会

主　编　施能进　魏保华
副主编　李洁玉　张　平　郝　强　马翠兰　王学峰
主　审　邹继华（美康生物科技股份有限公司）
　　　　孔凡勇（济南方成药品零售有限公司）
编　者　（以姓氏笔画为序）
　　　　马翠兰（南阳医学高等专科学校）
　　　　王学峰（山西药科职业学院）
　　　　卢灯翠（金华职业技术学院）
　　　　李洁玉（重庆三峡医药高等专科学校）
　　　　李海艳（楚雄医药高等专科学校）
　　　　张　平（湖南中医药高等专科学校）
　　　　张　谧（长沙卫生职业学院）
　　　　陈佳佳（浙江药科职业大学）
　　　　郝　强（长春医学高等专科学校）
　　　　胡瀚文（济南护理职业学院）
　　　　施能进（浙江药科职业大学）
　　　　高环成（山西传媒学院）
　　　　魏保华（济南护理职业学院）

前 言

　　医药市场营销主要研究医药市场营销活动及其规律性，是一门实践性很强的课程，其核心内容是在遵守国家法律法规、医药行业、医药企业规则的基础上，依托并结合医药行业，从医药消费者的需求出发，进行医药企业的内外部环境分析，制定医药企业发展战略，组织医药企业营销活动，提高医药企业在激烈竞争的市场环境中求生存、求发展的能力。该课程结合医药行业、医药企业及医药市场实际，使学生在学习医药营销的知识体系和应用方法的过程中，逐步掌握医药市场以及医药产品、渠道、价格、促销等基础营销理论知识，并具备医药市场分析、医药市场定位、4P营销策略设计的实践技能，牢固树立以医药消费者为中心的医药市场营销观念。本课程是药学、药品经营与管理、中药学、药物制剂技术、化学制药技术、生物制药技术、中药制药技术、药品服务与管理等专业的专业课，为相关专业在其领域范围内的医药营销理论架构和营销实训技能训练提供有力支撑。

　　本教材的编写坚持"以就业为导向、全面素质为基础，能力为本位"的现代职业教育教学改革方向，教材编写主要呈现以下特征：

　　1. 与时俱进，呈现医药营销特色，凸显药味　结合当前医药行业背景知识和热门医药经典案例等元素，重点体现医药行业特征，使得宽泛的营销教材变得具有医药特色和医药元素，教材编写过程中剔除了部分原有营销教材中比较抽象、不易理解的理论，抓住医药特色，紧扣课程教学目标，不断增强学生的医药营销意识。

　　2. 以工作任务为导向，培养和训练医药市场营销核心技能　通过核心知识＋核心技能的创新编写模块，将知识模块、项目任务、核心技能实训的设计融入教材，其中核心知识篇包括5大模块、12个项目、40个任务，核心技能篇包括12个核心技能实训。教材的编写沿着医药营销实践的工作流程，以医药营销的工作任务为导向，从认识、把握医药需求开始，在进行宏观和微观医药环境分析的基础上，以消费者需求分析和竞争者分析为双翼，进行STP战略规划，再进行营销4P的策略设计，最后用医药营销方案的总体框架设计和医药营销核心技能训练模块来培养和训练学生的医药营销核心技能。

　　3. 将医药营销案例融入教材编写，提升学生分析问题、解决问题的能力　注重医药营销实践、组织医药行业、医药企业的优秀人员加入编写团队，融入更多医药企业营销岗位课程，编写10大医药营销经典案例，实现岗位情景再现，让学生能够提前了解岗位需求，同时将近几年医药市场上出现的经典医药营销案例融入教材，通过对真实案例的分析、解读，提升教材的应用性和实践性，提升学生对医药营销实践问题的解决能力。

　　4. 融入现代化医药营销方式，创建数字化、移动化新型教材　将市场上出现的新型医药营销方式与传统医药营销理论相结合，做到与时俱进，同时在教材编写中融入企业忠诚度、合规意识、责任心、执行力、积极适应、主动学习、创新能力、沟通交流、团队合作能力等方面的理念，更新与行业不符的医药营销方式，发展与传承相结合，同时将数字化资源及移动端的学习路径导入到教材中，提升教材的适用性。

　　本教材由施能进、魏保华担任主编，李洁玉、张平、郝强、马翠兰、王学峰担任副主编，邹继华、孔凡勇担任主审。本书的内容为纸质文稿、数字资源两部分，纸质文稿的编写分工为：项目一由施能进、陈佳佳进编写；项目二由李海艳编写；项目三由王学峰编写；项目四由马翠兰编写；项目五由魏保华编写；项目六由张谧编写；项目七由李洁玉编写；项目八由郝强编写；项目九由胡瀚文编写；项目十由张平编写；项目十一由高环成编写；项目十二由卢灯翠编写。数字资源分工为：项目一由施能进、陈佳佳编写；项目二由李海艳编写；项目三由王学峰编写；项目四由马翠兰编写；项目五由魏保华编写；项目六由张谥编写；项目七由李洁玉编写；项目八由郝强编写；项目九由胡瀚文编写；项目十由张平编写；项目十一由高环成编写；项目十二由卢灯翠编写。

本教材在编写过程中得到了审稿专家及全体编者所在单位和学校的大力支持。教材的编写不仅凝聚了所有编者、行业企业专家的辛勤付出和智慧，同时也参阅了大量的文献、资料，在此向本教材的编委老师、医药行业企业专家以及引文的作者表示最真挚的谢意。由于编者水平所限，本教材在整体框架设计和内容上难免有疏漏和不足之处，恳请同行专家、学者以及广大读者朋友批评指正。

编　者
2022 年 3 月

目 录

第一篇　核心知识篇

第二篇 核心技能篇

第一篇
核心知识篇

1

模块一　认识医药市场营销

项目一　识别市场和医药市场

PPT

学习目标

知识目标

1. **掌握**　市场的定义及市场的组成要素；医药市场的定义和范围；处方药市场和非处方药市场的特点及区别。

2. **熟悉**　医药市场的特点和分类；中药市场、化学药市场、生物制品市场的定义、市场规模及趋势。

3. **了解**　原料药市场、医疗器械市场的分类及市场发展状况。

技能目标

能够识别市场及医药市场的组成及覆盖范围，能够区分医药市场与普通商品市场的不同；能够区分处方药市场和非处方药市场的不同特征；识别中药市场、化学药市场、生物制品市场的不同特征；能够运用医药市场的基本理论观察、分析现实的医药市场。

素质目标

养成敬畏生命、诚实守信、认真严谨的学习态度；树立正确的医药商业价值；培养对医药营销的兴趣。

📖 导学情景

情景描述： 阿达木单抗注射液在 2002 年美国获批上市后销售额快速上升，并在 2012 年以 92.65 亿美元的销售额夺得全球药品冠军，至 2020 年，已是连续第 9 年称霸全球药品市场，2018 年实现销售额 199.36 亿美元，2019 年达成销售额 191.7 亿美元，2020 年达成销售额 198.32 亿美元，折合人民币年销售突破 1300 亿人民币，堪称"全球药王"。

情境分析： 阿达木单抗注射液是全球首个获批的全人源抗肿瘤坏死因子（TNF-α）单抗，在美国用于治疗类风湿关节炎、强直性脊柱炎、银屑病和克罗恩病等 14 种疾病，已在全球 98 个国家和地区销售，其主要针对的类风湿关节炎和强制性脊柱炎，是当前在全球范围内患病人数较多且较难治愈的两种疾病。

讨论： 你认为成为"药王"的必备条件是什么？连续多年销售如此火爆的药品，其仿制药情况如何？

学前导语： 医药产业被称为"永不衰落的朝阳产业"，随着人们对自身健康重视程度的不断提高以及国内人口老龄化进程的加快，中国已经成为医药行业全球最大的新兴市场，生物医药行业发展日新月异，近年来一直保持了持续增长的趋势，阿达木单抗就是生物创新药物的典范，是生物医药市场鲜活的营销案例，而我国的中药市场也独具特色，孕育着中医药文化和产业的传承和创新。那么，究竟医药市场和其他市场有什么区别呢？还有哪些非常有潜力的医药市场呢？

任务一 认知市场和医药市场

一、市场

（一）市场的定义

市场是社会分工和商品经济的产物。随着社会经济的发展，商品和服务不断的交换和更新迭代，市场应运而生，市场与商品经济一直密不可分，伴随着经济的兴起和衰落，市场也随之消亡和崛起。社会经济发展的现代化和多元化，给了市场更为丰富的内涵，那么究竟什么是市场呢，我们可以从以下几个角度去理解。

1. 市场是指买方和卖方进行商品交换的场所 这是市场的最初概念，是指买方和卖方交换商品，进行交易活动的场所，如我国有河北安国、河南禹州、安徽亳州、江西樟树等17个中药材专业交易市场，主要是中药材买卖双方进行中药材交易活动的场所。随着互联网的发展和普及，这个买卖交易的场所开始从线下延伸到线上。

2. 市场是买卖双方实现商品交换关系的总和 这是"经济学"中的市场概念，从供给和需求的角度揭示了市场的本质，是通过交换反映出来的人与人之间的关系。

3. 市场是指对某种或某类产品现实和潜在需求的总和 这是市场营销学所理解的市场概念，市场专指买方和需求，而不包括卖方和供给，也不是指买卖交易的场所面积。例如："根据专家预测，随着越来越多的人开始注重并通过医学方式塑造更美的自己，未来中国的医疗美容市场很大"，这里的市场并不是指医疗美容的交易场所很大，而是指人们对医疗美容的需求很大。

（二）市场与行业

1. 市场的构成 市场是一个动态的有机体，市场构成的三个要素是人口、购买力和购买欲望，三者相互制约、缺一不可，只有人口和购买力但没有购买欲望，无法形成有效的市场；而只有人口和购买欲望，却没有购买力，也无法形成有效的市场。

美国著名的营销学家菲利普·科特勒（Philip Kotler）教授指出："市场是由一切具有特定欲望和需求并且愿意和能够以交换来满足这些需求的潜在顾客所组成。"因此，市场规模的大小，是由具有需求并拥有他人所需要的资源，且愿意用这些资源交换其所需的人数多少来决定的。比如一个国家或地区的人口数有限，虽然具有很强的购买力和购买欲望，市场规模也是有限的，同样即使该国家人口众多同时具备很强的购买欲望，但是收入很低，没有足够的可支配收入，同样也无法形成很大的市场规模，因此市场是人口、购买力、购买欲望的有机结合体。

2. 市场与行业 市场的发展是一个由买卖双方共同推动的动态过程，在营销学中，我们把卖方的总和称之为行业，而将买方的总和称之为市场。买卖双方的互动由以下几种情况组成：卖方将商品或服务提供给市场，并与市场进行有效沟通；买方把货币支付给卖方，并将对产品和服务的感受等信息反馈到行业，双方形成有规律的互动，推动市场和行业的发展（图1-1）。

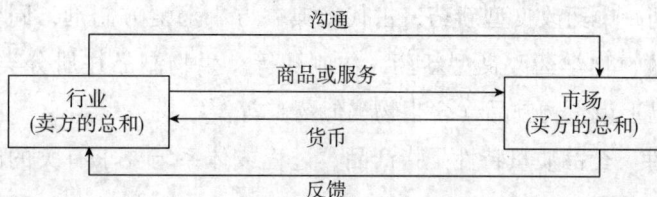

图1-1 市场和行业的互动

3. 市场的分类 市场可根据不同的特征进行划分，具体如下：

（1）根据购买者及购买目的划分 可分为消费者市场和组织市场，组织市场又可以分为生产者市场、中间商市场、政府市场等。

（2）根据营销区域划分 可分为国际市场和国内市场，国际市场又可以划分为北美市场、南美市场、欧洲市场、亚洲市场、非洲市场等。国内市场又可分为东北市场、西北市场、华北市场、华中市场、华东市场、华南市场。

（3）根据地理区域特征划分 可分为城市市场、农村市场、沿海市场、内陆市场等。

（4）根据竞争程度划分 可分为完全竞争市场、完全垄断市场、垄断竞争市场、寡头垄断市场等。

（5）根据市场的时间结构划分 可分为现货交易市场、期货交易市场。

（6）根据消费者的性别年龄划分 可分为妇女市场、儿童市场、青少年市场、中年人市场、老年人市场等。

（7）根据营销环节划分 可分为批发市场、零售市场等。

（8）按照供求关系态势划分 可分为卖方市场和买方市场。买方市场是指市场商品供大于求，商品买方处于相对主动地位的市场状态，主要由买方掌握购销主动和市场定价权；卖方市场是指市场商品供不应求，商品卖方处于相对主动地位的市场状态，主要由卖方掌握购销主动和市场定价权。

练一练

多选题：根据市场的基本理论，构成有效市场的基本要素包括（　　）

A. 人口　　　　　B. 购买欲望　　　　　C. 购买习惯

D. 购买力　　　　E. 产品价格

答案解析

二、医药市场

（一）医药市场的含义

医药市场是指个人或组织对医药产品现实和潜在需求的总和。医药市场属于专业市场，该市场的建立是社会生产力发展到一定阶段的产物，属于市场经济的范畴。这里所指的医药产品主要包括药品、医疗器械、特殊医学用途食品、医疗美容产品等涉及人们生命健康，满足人们健康需求的产品。

1. 药品

（1）**药品的定义** 药品，是指用于预防、治疗、诊断人的疾病，有目的地调节人的生理机能并规定有适应证或者功能主治、用法和用量的物质，包括中药、化学药和生物制品等。

根据药品的定义，药品特指人用药品，不包括兽药和农药。药品的使用目的是用于预防、治疗、诊断人的疾病，有目的地调节人的生理机能；使用方法要求必须遵循规定的适应证或者功能主治、用法和用量。另外，在药品注册管理中，对中药、化学药和生物制品等按药品注册类别进行分类。中药注册分类包括中药创新药，中药改良型新药，古代经典名方中药复方制剂，同名同方药等。化学药注册分类包括化学药创新药，化学药改良型新药，仿制药等。生物制品注册分类包括生物制品创新药，生物制品改良型新药，已上市生物制品（含生物类似药）等。

（2）**药品的质量特性** 药品质量特性是指产品、过程或体系与要求有关的固有特性，药品的质量特性主要表现为以下四个方面。

①有效性：药品的有效性是指在规定的适应证、用法和用量的条件下，能够达到预防、治疗、诊

断人的疾病，有且的地调节人的生理机能的目的。有效性是药品的固有特性，有效性必须在一定前提条件下产生，即有一定适应证、用法和用量。

②安全性：药品的安全性是指按规定的适应证和用法、用量使用药品后，人体产生毒副反应的程度。大多数药品均有不同程度的毒副反应，只有在衡量有效性大于毒副反应，或可解除、缓解毒副作用的情况下才能使用某种药品。

③稳定性：药品的稳定性是指在规定的条件下保持其有效性和安全性的能力。所谓规定的条件是指在规定的有效期内，以及生产、贮存、运输和使用的条件。如某些物质虽然具有预防、治疗、诊断疾病的有效性和安全性，但极易变质、不稳定、不便于运输和贮存，也不能作为药品进入医药市场。

④均一性：药品的均一性是指药物制剂的每一单位产品都符合有效性、安全性的规定要求。药物制剂的单位产品，如一片药、一支注射剂、一包颗粒剂、一瓶糖浆剂等。由于人们用药剂量与药品的单位产品有密切关系，特别是有效成分在单位产品中含量很少的药品，若含量不均一，就可能造成患者用量的不足或用量过大而中毒，甚至死亡。所以，均一性是在制剂过程中形成的固有特性。

（3）药品的特殊性

①专属性：药品的专属性表现在对症治疗，患什么病用什么药。不像一般商品可以互相替代。药品是直接关系到公众身体健康和生命安全的特殊商品，它与医学紧密结合，相辅相成。处方药品只能通过医师的检查诊断，凭医师处方销售、购买和使用。非处方药品必须根据病情，按照药品说明书、标签的说明使用或在药师指导下购买和使用。

②两重性：药品的两重性是指药品有防病治病的一面，也有不良反应的另一面。药品管理有方，使用得当，可以达到治病救人的目的；反之，则可危害人体健康甚至生命安全。如链霉素，使用得当可以抗菌治病，使用不当会导致永久性耳聋；又如哌替啶（杜冷丁）是一种镇痛良药，管理不善、使用不当会使病人成瘾。

③质量的重要性：由于药品与人们的生命有直接关系，确保药品质量尤为重要。《药品管理法》规定："药品必须符合国家药品标准"。也就是说，法定的国家药品标准是保证药品质量和划分药品合格与不合格的唯一依据。药品只有符合法定质量标准，才能保证疗效，允许销售，否则不得销售。此外，药品质量的重要性还反映在药品的研制、生产、流通、使用过程中，实施严格的质量管理规范，确保药品质量。

④时限性：人们只有在防病治病时才需要用药，但药品生产、经营企业应当始终保持适当数量的药品生产和储备，只能药等病，不能病等药。药品一旦超过有效期，该药品被认定为劣药，药品的安全和有效性将无法保证。另外，有些有效期很短，且用量少的药品，也要保证生产供应和适当储备，以防急用。

⑤可及性：药品可及性是指人们能够以可以承担的价格，安全地、实际地获得符合国家质量要求的药品，并方便地获得合理使用药品的相关信息。药品的可及性包括两个方面：一方面指的是药品的供应保障，需要建立便捷的药品销售和供应渠道，让患者能够"买得到，用得上"药；另一方面指的是药品的销售价格应该是合理的，而不是暴利和天价的，是患者能够承受的价格，让患者"买得起"，同时国家和政府应该采用各类医疗保障形式，让患者和国家医保基金共同承担药品的费用，以保证药品的可及性，保障老百姓的健康。我国《药品管理法》第三条明确规定了药品的可及性："药品管理应当以人民健康为中心，坚持风险管理、全程管控、社会共治的原则，建立科学、严格的监督管理制度，全面提升药品质量，保障药品的安全、有效、可及。"

2. 特殊医学用途配方食品

（1）特殊医学用途配方食品的定义　特殊医学用途配方食品，是指为满足进食受限、消化吸收障碍、代谢紊乱或者特定疾病状态人群对营养素或者膳食的特殊需要，专门加工配制而成的配方食品，包括适用于0月龄至12月龄的特殊医学用途婴儿配方食品和适用于1岁以上人群的特殊医学用途配方食品。

（2）特殊医学用途配方食品的分类

①特殊医学用途配方食品按照适用年龄的不同，分为适用于0月龄至12月龄的特殊医学用途婴儿配方食品和适用于1岁以上人群的特殊医学用途配方食品，包括无乳糖配方食品或者低乳糖配方食品、乳蛋白部分水解配方食品、乳蛋白深度水解配方食品或者氨基酸配方食品、早产或者低出生体重婴儿配方食品、氨基酸代谢障碍配方食品和母乳营养补充剂等。适用于1岁以上人群的特殊医学用途配方食品，包括全营养配方食品、特定全营养配方食品、非全营养配方食品。

②特殊医学用途配方食品按照提供是否作为单一营养来源满足目标人群的需求，分为全营养配方食品和非全营养配方食品。

全营养配方食品，是指可以作为单一营养来源满足目标人群营养需求的特殊医学用途配方食品。特定全营养配方食品，是指可以作为单一营养来源满足目标人群在特定疾病或者医学状况下营养需求的特殊医学用途配方食品。常见特定全营养配方食品有：糖尿病全营养配方食品，呼吸系统疾病全营养配方食品，肾病全营养配方食品，肿瘤全营养配方食品，肝病全营养配方食品，肌肉衰减综合征全营养配方食品，创伤、感染、手术及其他应激状态全营养配方食品，炎性肠病全营养配方食品，食物蛋白过敏全营养配方食品，难治性癫痫全营养配方食品，胃肠道吸收障碍、胰腺炎全营养配方食品，脂肪酸代谢异常全营养配方食品，肥胖、减脂手术全营养配方食品。

非全营养配方食品，是指可以满足目标人群部分营养需求的特殊医学用途配方食品，不适用于作为单一营养来源。常见非全营养配方食品有：营养素组件（蛋白质组件、脂肪组件、碳水化合物组件），电解质配方，增稠组件，流质配方和氨基酸代谢障碍配方。

由于特殊医学用途配方食品食用人群的特殊性和敏感性，20世纪80年代末，基于临床需要，特殊医学用途配方食品以肠内营养制剂形式进入中国，按照药品进行监管，经药品注册后上市销售。特殊医学用途配方食品的标签和说明书的内容应当一致，标签、说明书应当按照食品安全国家标准的规定在醒目位置标示："请在医生或者临床营养师指导下使用、不适用于非目标人群使用、本品禁止用于肠外营养支持和静脉注射"等内容。

👁 **看一看**

获批的特殊医学用途配方食品

根据国家市场监督管理总局发布《特殊医学用途配方食品产品批准注册清单》，截至2020年5月13日，通过特殊医学用途配方食品注册审批的配方食品有48个。其中，适用于0月龄至12月龄儿童的有29个，包括无乳糖配方6个、乳蛋白部分水解配方5个、乳蛋白深度水解或氨基酸配方3个、早产/低出生体重婴儿配方11个、婴儿营养补充剂3个、氨基酸代谢障碍配方1个；适用于1岁以上人群的有19个，包括全营养配方15个、非全营养配方4个。

同学们可以具体查询下相应的产品信息，分析其市场价值。

3. 医疗美容产品　医疗美容，是指运用手术、药物、医疗器械以及其他具有创伤性或者侵入性的医学技术方法对人的容貌和人体各部位形态进行的修复与再塑。医疗美容科为一级诊疗科目，美容外科、美容牙科、美容皮肤科和美容中医科为二级诊疗科目，医疗美容机构须取得《医疗机构执业许可证》后方可开展执业活动，不同于"生活美容"，面部医疗美容中常用的医疗技术有：肉毒素注射、软组织填充（包括透明质酸或自体脂肪填充等）、化学剥脱术、激光脱毛、微晶磨削术。

医疗美容产品是在医疗美容过程中使用的药物、医疗器械、耗材、医疗服务技术等相关产品和服务的总称。目前使用比较多的，如玻尿酸、肉毒素、水光针等。

（二）医药市场的特点

1. 医药市场的特殊性　医药产品是事关人们生命安全、健康的特殊商品，在法律法规及推广方式、销售对象上都有特殊的限制和壁垒。如根据医药产品相关国家法律规定：药品广告的内容应当真实、合法，以国务院药品监督管理部门核准的药品说明书为准，不得含有虚假的内容；医疗器械广告的内容应当真实合法，以注册或者备案的医疗器械说明书为准，不得含有虚假、夸大、误导性的内容，发布医疗器械广告，应当在发布前由省、自治区、直辖市人民政府确定的广告审查机关对广告内容进行审查，并取得医疗器械广告批准文号；未经审查，不得发布。

2. 医药市场的政策性　医药产品受国家法律法规、政策的影响非常大，如2012年4月24日，国家卫生主管部门发布的《抗菌药物临床应用管理办法》，堪称史上最严的抗生素限用令，一方面规范抗菌药物临床应用行为，较好地控制细菌耐药，有效促进临床合理应用抗菌药物，另一方面导致抗生素市场需求下降明显，导致整个抗生素产业受到较大影响。

3. 需求缺乏弹性　医药市场的需求缺乏弹性是指消费者对医药产品的价格变动不敏感，整个市场的需求受市场价格变动的影响较少。对患者来说，生命是最重要的，只要能挽救生命，可以不惜一切代价。因此，药品的价格升高，一般不会引起整个消费需求的明显减少，尤其是用于治疗危重疾病的药品，其需求的价格弹性更小；另一方面，即使药品的价格出现明显的下降，因为药品是用于预防、治疗疾病的特殊商品，消费者一般也不会因为药品价格的降低，无病吃药，去购买更多的药品。

4. 定价的合理性　药品的定价需要遵循药品可及性的原则，因此药品的定价必须是合理的，而不是完全追逐利润，《药品管理法》第八十五条规定："依法实行市场调节价的药品，药品上市许可持有人、药品生产企业、药品经营企业和医疗机构应当按照公平、合理和诚实信用、质价相符的原则制定价格，为用药者提供价格合理的药品。药品上市许可持有人、药品生产企业、药品经营企业和医疗机构应当遵守国务院药品价格主管部门关于药品价格管理的规定，制定和标明药品零售价格，禁止暴利、价格垄断和价格欺诈等行为。"国家实施特殊管理的药品如第一类精神药品和麻醉药品的定价，实行政府定价。

5. 市场需求较大的波动性　药品市场需求波动大，一般是由于突发性、流行性疾病等原因造成的。突发性、流行性疾病会使相关的医药产品的需求量增加，呈现波动性。如2019年新冠肺炎疫情来袭，口罩、测温枪、体温计等医疗器械产品以及连花清瘟胶囊、维生素C泡腾片等相关防疫类药品，呈现需求的爆发式增长，整个市场曾出现"一枪难求，一药难求"的供不应求现象，另一方面，随着国家对疫情管控的政策，各地药监部门出台相关规定限制或禁止部分发热咳嗽类药品在药店销售以及随着大家习惯性佩戴口罩，呼吸道疾病发病率骤降，最终出现其他类的感冒、咳嗽等呼吸类药品需求的急剧下滑。

6. 消费结构的二元性　医药类产品属于专业市场范畴，比如药品消费的基本模式是医生决定患者消费药品的种类，而患者消费药品却没有决定权；对于绝大多数药品来说，医生是药品消费的主要决策者，医生根据临床治疗疾病的需要选择药品，药品是疾病治疗方案的重要组成部分，尤其是处方药。

我国法律法规严格规定，处方药必须凭医师处方才能使用。

7. 医药营销人员的专业化　医药产品和医药市场的特殊性，这对医药营销人员提出了更为专业的要求，他们不仅要懂营销管理知识，还要熟知医药专业知识和药事法规等内容。

8. 公共福利性的不断强化　医药产品关系着老百姓的健康，部分疾病的治疗费是昂贵的，因此，在药品及医疗器械的费用支付上会引入了医疗保险制度及社会救助等公共福利措施，对于影响健康的大小疾病，给予不同的报销比例和报销形式，由个人和医保基金共同承担疾病治疗的费用，以此保证药品的可及性，让人民群众能买得起药，用得上药；同时，国家对基本医疗保险目录中用量大、供应厂家多的药品实施带量招标采购定价，大幅下调药品价格，减轻患者负担。

? 想一想

根据医药市场的特点，由于医药市场一般是缺乏需求弹性的，特别是药品市场，那么在药品定价的时候，医药企业如果不考虑社会福利和法律法规的限制，而是根据市场的本身规律去定价，你认为药品一般会倾向于定高价还是低价呢？对于这点，你的延伸思考是什么？

答案解析

（三）医药市场的分类

1. 按照医药产品分类　可以分为药品市场、医疗器械市场、特殊医学用途配方食品市场、医美市场等。其中药品市场根据按药品分类管理要求不同，划分为处方药市场和非处方药市场；按药品注册类别不同，划分为中药市场、化学药市场、生物制品市场。

2. 按购买者及其购买目的分类　可以分为医药消费者市场和医药组织者市场。医药组织者市场又分为医药生产者市场、医药中间商市场、非营利组织市场和政府市场。

3. 按营销区域分类划分类　可分为国际医药市场和国内医药市场。

4. 按营销环节分类　可分为医药批发市场和医药零售市场。

5. 按医药产品的供求态势分类　可分为医药买方市场和医药卖方市场。

6. 按照医药产品的不同产业流向和用途分类　可分为医药原料市场和医药制剂市场。

（四）我国医药市场的发展状况

改革开放以来，我国的医药市场发生了一系列深刻变化。从计划经济体制下的趋于行政指令的僵硬调拨手段到市场经济体制下灵活的按照供求关系的配置方式，一些制药企业纷纷转换经营机制，深化内部制度改革，实行集团化、集约化的经营方式，采取总代理、总经销另配合连锁化的营销模式，从而促进了一大批具有有限责任、股份制性质的医药营销类企业成长崛起，也促进了我国医药市场高速、持续和健康的发展。当前，我国的医药市场发展状况呈现如下特征：

1. 市场需求稳定增长，技术进步不断加快　从全球看，新兴医药市场需求旺盛，生物技术药物和化学仿制药在用药结构中比例提高。从国内看，国民经济保持中高速增长，居民可支配收入增加和消费结构升级，"健康中国"建设稳步推进，医保体系进一步健全，人口老龄化和全面两孩政策实施，都将继续推动医药市场较快增长。另外，精准医疗、转化医学为新药开发和疾病诊疗提供了全新方向，基于新靶点、新机制和突破性技术的创新药不断出现，肿瘤免疫治疗、细胞治疗等新技术转化步伐加快，医疗器械向智能化、网络化、便携化方向发展，新型材料广泛应用，互联网、健康大数据与医药产品、医疗服务紧密结合，产业升级发展注入了新动力。

2. 盈利空间逐步压缩，医药行业竞争激烈　随着药品带量集中采购的不断推进，部分仿制药生产企业利润急剧下滑，并进入了竞争白热化的阶段，各个企业往往为了争夺市场而降低药品价格，以让利的方式获得消费者的认可，主观上压缩利润空间，而客观上由于用药产品产业链条逐步拆分，竞争激烈，也造成了医药营销成本的提高，从而损失了一部分利润，整个医药行业开始由仿制药主流逐渐向创新药导向转型；另一方面，医药卫生体制改革全面深化，公立医院改革及分级诊疗制度加快推进，医保和市场双主导的药品价格形成机制逐步建立，公立医院药品采购渠道的"两票制"以及"4+7带量采购、"双信封"制、直接挂网、价格谈判、定点生产为主的药品分类采购政策全面实施，医保支付标准逐步建立，医保控费及医疗机构综合控费措施推行，对医药工业发展态势和竞争格局将产生深远影响。

3. 医药行业监管升级，医药行业合规常态化 随着《药品管理法》《医疗器械监督管理条例》的修订以及《中华人民共和国疫苗管理法》的全球首次立法，国家明确建立药品以及医疗器械上市许可持有人制度，要求药品以及医疗器械上市许可持有人承担药品及医疗器械全生命周期的质量管理责任，同时药品医疗器械审评审批制度改革全面实施，药品注册分类调整，注册标准提高，审评审批速度加快，仿制药质量和疗效一致性评价持续推进，不断促进技术创新、优胜劣汰和医药产品质量提升；在医药购销管理方面，严厉打击医药商业贿赂、走票过票，非法经营医药产品、销售假药劣药等违法违规行为，罚款金额大幅提升，部分情节严重的违法违规行为，相关责任人将终身禁业，整个医药行业在监管高压之下，合规将呈现常态化。

4. 多业态、多品种、多方式经营成为常态 随着"健康中国"战略的推进和人口老龄化、二胎政策、群众健康管理观念的转变，医药行业发展环境将不断优化，未来医药市场的发展将面临重大机遇。互联网与传统医药产业融合加快，以医药电商为基础发展起来的O2O、慢病管理、在线诊疗等新兴业务模式将促使医药销售业由传统医药产品销售商转为提供医药商品、专业药学服务和大健康管理的综合销售服务商，多业态、多品种、多方式经营将成为常态。

任务二 识别药品市场

药品市场是医药市场的核心组成部分，根据药品注册类别的不同，我国的药品市场分为中药市场、化学药市场和生物制品市场。

一、中药市场、化学药市场、生物制品市场

1. 化学药市场

（1）化学药市场的定义 化学药是指通过化学合成的方式得到的小分子的有机或无机化合物，这些化合物都具有明确的化学结构和明确的药理作用。化学药还包括从天然产物中提取得到的有效单体化合物，或通过发酵的方式得到的抗生素以及通过半合成的方式得到的天然产物和半合成抗生素。化学药市场是指个人或组织对化学药品现实和潜在需求的总和。

（2）化学药市场规模及发展趋势 化学药品作为医药工业最大的子行业一直居于重要地位，随着我国的产业结构优化及医药行业的快速增长，近年来化学药品制剂市场保持一定增长，2015~2018年我国化学药品制剂工业业务收入由6816亿元增至10157亿元，年均复合增长率为14.2%。尽管近几年我国医药产业不断加速转型升级，外贸结构持续优化调整，但化学药国内消费市场需求不振。我国化学制药行业主要分为制剂和原料药两个子行业。其中，化学原料药行业是医药制造业的重要组成部分，在整个医药制造产业链中处于上游位置。我国化学原料药行业的发展与内需容量及外贸出口、行业政

策密切相关。在中国药品生产行业，绝大多数的化学药品都是仿制的，尽管有着上万亿元的药品消费市场，但中国自己的创新型药品并不多。目前中国的化药企业正在转型，从大宗的低附加值产品开始向特色原料药、专利药、生物类制药迈进。

2. 中药市场

（1）中药市场的定义　中药是指在我国传统医药理论指导下，用于预防、治疗、诊断疾病，并具有康复与保健作用的药用物质及其制剂。中药不同于天然药物，天然药物是指在现代医药理论指导下使用的天然药用物质及其制剂。中药具有独特的理论体系和形式，充分反映了我国历史、文化、自然资源等方面的特点，它是我国传统药物的重要组成部分。中药在人们防病治病中具有不可替代的作用，中药的资源优势、疗效优势、预防保健优势及市场前景越来越被国际社会认可，对促进世界医药科学的发展和人类健康产生积极影响。中药包括中药材、中药饮片和中成药（含传统民族用药），中药市场是指个人或组织对中药产品现实和潜在需求的总和。

（2）中药市场规模及发展趋势　中医药文化在我国历史悠久，经过数千年的发展，拥有完善的中医药理论基础和丰富的临床经验。近年来，国家出台了一系列政策大力发展中医药产业：《"健康中国"2030 规划纲要》明确提出，充分发挥中医药独特优势；根据《关于促进中医药传承创新发展的意见》的规定，将传承创新发展中医药纳入新时代中国特色社会主义事业的重要内容，提出用 3 年左右时间，筛选 50 个中医治疗优势病种和 100 项适宜技术、100 个疗效独特的中药品种，并向社会发布；优化基于古代经典名方、名老中医方、医疗机构制剂等具有人用经验的中药新药审评技术要求，加快中药新药审批等促进中医药产业快速发展的举措。根据统计，我国中药材市场规模 2017 年为 1018 亿元，2018 年达到近 1246 亿元，预计 2024 年将超过 2000 亿元，年平均复合增长近 10%，在国家一系列扶持政策驱动下，中药的战略地位逐步凸显，中药产业不断发展壮大，中药市场规模扩大前景可观。

3. 生物制品市场

（1）生物制品市场的定义　生物制品是指应用普通的或以基因工程、细胞工程、蛋白质工程、发酵工程等生物技术获得的微生物、细胞及各种动物和人源的组织和液体等生物材料制备的，用于人类疾病预防、治疗和诊断的药品。生物制品不同于一般医用药品，它是通过刺激机体免疫系统，产生免疫物质（如抗体）才发挥其功效，在人体内出现体液免疫、细胞免疫或细胞介导免疫，如氨基酸类药品、多肽和蛋白质类药品、酶与辅酶类药品、核酸及其降解物和衍生物类药品、多糖类药品、脂类药品和细胞生长因子与组织制剂等。

生物制品可分为预防用制品、治疗用制品和诊断用制品。预防用制品主要指各类疫苗（卡介苗、甲肝疫苗、白喉类毒素等）；治疗用制品有特异性治疗用品与非特异性治疗用品，前者如狂犬病免疫球蛋白，后者如清（白）蛋白等；诊断用制品中最主要的是免疫诊断用品，如结核菌素、锡克试验毒素及多种诊断用单克隆抗体、酶联免疫诊断试剂等。生物制品市场是指个人或组织对生物制品现实和潜在需求的总和。

（2）生物制品市场规模及发展趋势　在技术进步、产业结构调整和支付能力增加的驱动下，我国生物制品市场规模的增速远快于我国整体医药市场与其他细分市场。2016 年至 2019 年，我国生物制品市场规模从 1836 亿元增加到 3172 亿元，复合增长率 20.0%，预计 2025 年，我国生物制品市场规模将达到 8332 亿元。随着生物制品市场不断扩大，其中肿瘤治疗药物市场需求广阔。在各类高发病率的癌种中，肺癌、肝癌、胃癌、结直肠癌、乳腺癌为我国发病率居前五的癌种。其中，我国肿瘤患者最多的癌种是肺癌，超过每年 80 万人，其次为胃癌、结直肠癌和肝癌，超过每年 40 万人；乳腺癌约每年30 万人。我国的生物制品市场仍然处于细分市场结构不稳定、未满足的临床需求持续增加、技术替代较为频繁、新兴的单克隆抗体等细分市场迅速增长的时期，存在广阔的增长空间。

二、处方药市场和非处方药市场

（一）处方药和非处方药的定义

处方药是指凭执业医师和执业助理医师处方方可购买、调配和使用的药品。处方药可以在国务院卫生行政部门和药品监督管理部门共同指定的医学、药学专业刊物上介绍，但不得在大众传播媒介发布广告宣传。

非处方药是指由国务院药品监督管理部门公布，不需要凭执业医师和执业助理医师处方，消费者可以自行判断、购买和使用的药品。非处方药又称为柜台发售药品（over the counter drug），简称OTC药。OTC又分为甲类（红底白字）和乙类（绿底白字），乙类OTC安全性更高，除在药店销售外，还可以在超市、宾馆、百货商店等处销售，在OTC药物中，甲类居多，占70%左右，只有30%左右是乙类的，这些药物大都用于多发病常见病的自行治疗，如感冒、咳嗽、消化不良、头痛、发热等。

处方药和非处方药不是药品本质的属性，而是管理上的界定，具体区别见表1-1。

表1-1 处方药和非处方药的区别

	处方药	非处方药
是否凭医师处方	凭处方	不需要
警示语	凭医师处方销售、购买和使用	请仔细阅读药品使用说明书，并按说明使用或在药师指导下购买和使用
发布广告规定	经批准，可以在国务院卫生行政部门和药品监督管理部门共同指定的医学、药学专业刊物上发布广告，不得在大众传播媒介发布广告	经批准，可以在大众传播媒介发布广告
药品包装上是否有专有标识	无处方药的专有标识	有OTC专有标识 OTC（甲类） OTC（乙类） 红底白字的为甲类OTC 绿底白字的为乙类OTC

（二）处方药市场和非处方药市场的特点

1. 处方药市场的特点

（1）专业化程度要求高 处方药存在药物滥用、群体耐药等安全性风险，根据《关于做好处方药与非处方药分类管理实施工作的通知》[国食药监安（2005）48号]的规定，对于部分滥用或超剂量使用会带来较大安全性风险的药品，药品零售企业须做到严格凭处方销售。此类药品包括所有注射剂、医疗用毒性药品、第二类精神药品、禁止零售的药品以外其他按兴奋剂管理的药品、精神障碍治疗药（抗精神病、抗焦虑、抗躁狂、抗抑郁药）、抗病毒药（逆转录酶抑制剂和蛋白酶抑制剂）、肿瘤治疗药、含麻醉药品的复方口服溶液和曲马多制剂、未列入非处方药目录的抗菌药物和激素，以及国家药品监督管理局公布的其他必须凭处方销售的药品。随着国家健康中国战略的推进，处方药销售的专业化要求会越来越高，尤其聚焦在慢病管理（健康档案和大数据）、DTC/DTP专业药房服务模式、MTM药物治疗管理等领域。这些专业化的服务模式，顺应医改政策，真正满足医院、患者、药企等相关多方的需求，然而，专业化要成为医药企业的核心竞争力，不仅体现在医药仓储能力、质量保障体系、物流配送能力等硬件方面，更需要体现在专业药事服务能力、健康综合服务解决方案提供等软实力方面。

👁 **看一看**

药物治疗管理

药物治疗管理（medication therapy management，MTM）是指具有药学专业技术优势的药师对患者提供用药教育、咨询指导等一系列专业化服务，从而提高用药依从性、预防患者用药错误，最终培训患者进行自我的用药管理，以提高疗效。其核心要素包括药物治疗回顾、个人药物记录、药物相关活动计划、干预和/或提出参考意见以及文档记录和随访。

MTM 于 20 世纪 90 年代在美国兴起，经过十几年的发展，已在美国临床药学服务中取得了较好的成果。经国内外研究证实，MTM 服务在降低药物相关问题发生率、提高患者用药依从性、降低患者自付费用等方面具有明显优势。近几年，MTM 在我国发展迅速，也许在医疗机构药房和零售药店，针对慢病患者的 MTM 将成为未来医药企业服务患者的核心竞争力。

（2）处方药市场药品的选择权与使用权分离　处方药一般不作为家庭常备药，必须凭执业医师或执业助理医师处方，由执业药师或药师审核后方可调配、购买和使用，医师处方是销售此类药品的必备条件，医师、药师的专业强势与病患的专业弱势形成了鲜明的对比，因此，处方药市场药品的选择权与使用权一定程度是分离的。目前大部分处方药是通过医院销售出去的，也就是说医师是处方药的终端销售人员，他们都是受过专门教育的专业人员，具有丰富的专业知识。医师对某种处方药的认可程度和处方习惯，直接影响到该药品的销售，这就意味着处方药企业的医药营销人员必须是受过专业训练的学术推广人员才有可能与医生进行有效沟通。

（3）处方药院外市场增长迅猛　由于公立医疗机构药占比、辅助用药目录的出台以及"4+7"带量采购扩围后的挤出效应，使大量处方药逐步退出政府买单的医疗市场，导致大量处方药企业开始进入医药零售市场，处方药在医疗机构以外的市场（简称院外市场）增长迅猛，2020 年处方药院外市场销售规模接近 2500 亿元。国务院于 2017 年 05 月发布的《深化医药卫生体制改革 2017 年重点工作任务》明确提出："医疗机构不得限制处方外流，探索医疗机构处方信息、医保结算信息与药品零售消费信息互联互通、实时共享。"目前院外市场主要包括以下几种途径：一是患者拿着医院的处方自己到院外购药，这种类型目前占绝大部分，属于处方药的自然外流；另外一种是 DTP（Direct to Patient）模式，即制药企业将医药产品直接授权给社会药房销售，患者在拿到医院处方后就可以在 DTP 药房买到药物并获得专业的用药指导，而不再是去医院药房付款取药，DTP 药房销售的药品主要以新特药和自费药为主。

2. 非处方药市场的特点

（1）非处方药的销售是以"消费者为中心"，品牌优势凸显　非处方药主要是通过零售药店等渠道进入患者手中，患者可以在购药的同时通过店员获得药品功能、适应证、用法用量及注意事项等方面的咨询，其销售呈现出品牌化驱动的特点，品牌药的销售在 OTC 药品中占有较大比重，品牌优势明显。

（2）非处方药市场药品的选择权和使用权统一　非处方药的市场属性更加偏向于普通商品，经审批可以在大众传播媒介进行广告宣传，零售药店允许开架销售，患者通过自身掌握的相关医学、药学知识，或者以往的用药经验，来决定自己购买哪种非处方药，选择权和使用权都属于患者自己。

（3）市场准入设置专门通道，线上渠道销售加速　2020 年 3 月 30 日，国家市场监督管理总局 27 号令公布《药品注册管理办法》，提出了非处方药将实行单独注册审批，是我国药品分类管理方面的重大突破，让更多不同类别的非处方药品种在更短时间内注册上市成为可能。随着人们健康意识的不断提高和零售药店的快速发展，OTC 市场规模增长非常快，由 2002 年的 399 亿元增长到 2019 年的 2914.2 亿元，近 20 年增长了 6 倍多。OTC 的销售渠道不断拓展，主要以实体药店和医疗机构为主，据统计，2018 年，OTC 药品线下药店销售占比 57%，医院销售占比 20%，但网上药店的销售增速迅猛，网上销售 OTC 药品的金额已由 2010 年的仅 3000 万元猛增到 2019 年的 138 亿元。

♥ 药爱生命

在古代，药店都会挂一副对联：但愿世间人无病，宁可架上药生尘；横批：天下平安。默沙东公司创始人乔治·默克（George W. Merck）曾讲过一句话："我们应当永远铭记：药品是为人类健康而生产，不是为追求利润而制造的。只要我们坚守这一信念，利润必将随之而来。"古今中外，无数的实践证明：医药产品是一种特殊商品，医药行业是一个和生命健康相关的产业。慢性非传染性疾病、突发急性传染病、重大传染病等长期威胁着民众健康，我们医药营销人应不忘初心，牢记使命，为老百姓提供安全、有效、可及的医药产品，为了人类的健康，贡献我们的青春和年华，以后无论你服务的是哪家公司，就职什么岗位，我们应当永远铭记自己所从事的是一项伟大的事业。

以下列举部分医药企业的使命：

国药集团：关爱生命，呵护健康

云南白药：守护生命与健康

恒瑞医药：科技为本，为人类创造健康生活

上海医药：关爱生命，造福健康

任务三　识别原料药市场

一、原料药的定义

原料药（active pharmaceutical ingredient，API）是指在用于药品制造中的任何一种物质或物质的混合物，而且在用于制药时，成为药品的一种活性成分。此种物质在疾病的诊断、治疗、症状缓解、处理或疾病的预防中有药理活性或其他直接作用，或者能影响机体的功能或结构。由原料药加工制成便于患者服用的给药形式（如片剂、胶囊、散剂、丸剂、注射液等），称为药物的剂型。

二、原料药的分类

原料药上游原材料有两大来源，一是基础化工行业，另一个是种植业，前者主要通过化学合成工艺生产原料药，后者则通过将部分农产品经过生物发酵制成相关中间体，再进行结构修饰。发酵工艺应用较多的是抗生素类、维生素类等原料药，较化学合成工艺有污染小、效率高、成本低等优点。原料药下游主要应用领域为医药制剂，目前我国仍以化学药为主，可达万亿规模。其次，原料药在饲料、保健品、食品等领域也有较多应用。

根据所处医药产品生命周期不同，原料药可分为大宗原料药、特色原料药及专利原料药，三者之间的区别见表 1-2。

表1-2 原料药的分类（按医药产品生命周期）

特征	大宗原料药	特色原料药	专利原料药
专利期	无专利问题	将过或刚过专利期	在专利期内
使用量	大，千吨到万吨级	十吨到千吨级	仅原研
需求	基本稳定	整体需求增长较快，取决于对应制剂生命周期	需求弹性大
技术壁垒	低	高	极高
产品附加值	低	较高	高
业务模式	自产自销	自产自销	自产/合同外包
代表品类	维生素、抗感染类、激素类	抗高血压、抗肿瘤、中枢神经、降血糖等	无特定品类具有较高技术壁垒

（一）大宗原料药

大宗原料药主要以维生素类、抗生素类、解热镇痛类和激素类等品类为主（表1-3）；大宗原料药市场需求稳定，供给端产能集中，价格周期通常是由供给端变化引起，如生产事故、环保督察、药品质量的延伸飞行检查等。早期中国原料药企业缺乏研发能力，主要以技术成熟、市场需求大的大宗原料药品种生产为主，凭借成本优势参与全球竞争，产量规模一度上升近350万吨，导致国内部分传统大宗原料药产能过剩，2018年开始，国内传统大宗原料药产量开始下降，2019年国内原料药总产量为262.1万吨。目前，我国原料药共出口到189个国家和地区，主要出口集中于亚洲、欧洲、北美洲三大市场，合计占据我国原料药出口总额的89%。以使用最多的大宗原料药维生素为例，2019年我国维生素产量约34.9万吨，同比增长4.4%，占全球产量的77.0%，其中出口28.6万吨，占比70%以上，出口品种中维生素C占比最高，数量占比达54.3%，其次是维生素E，数量占比达24.2%，两者合计占比78.5%。

表1-3 大宗原料药行业分类及代表品种

大宗原料药	代表品种
维生素类	维生素A、维生素B_1、维生素B_2、维生素C、维生素D_3、维生素E、泛酸钙、维生素K_3、生物素等
抗生素类	6-APA、7-ACA、青霉素盐、4-AA、阿莫西林等
解热镇痛类	布洛芬、对乙酰氨基酚、萘普生、阿司匹林、咖啡因等
激素类	地塞米松、氢化可的松、醋酸氢化可的松、黄体酮等

（二）特色原料药

特色原料药是指专利过期不久、仿制难度大、附加值高的原料药品种，集中在三高慢病（高血脂、高血压、高血糖）、抗肿瘤、精神神经用药、消化系统用药等领域，与大宗原料药具有稳定的下游需求不同，特色原料药下游制剂产品面临技术和产品的持续更新迭代，导致特色原料药品种同样具有明显医药产品生命周期，特色原料药企业主要成长逻辑在于产品线的持续丰富（表1-4）。

表1-4 特色原料药分类及代表品种

特色原料药	代表品种
沙坦类	缬沙坦、氯沙坦、厄贝沙坦、替米沙坦等
普利类	卡托普利、依那普利、赖诺普利、福辛普利等

续表

特色原料药	代表品种
他汀类	阿托伐他汀、瑞舒伐他汀、匹伐他汀等
精神神经类	文拉法辛、度洛西汀、奥氮平、帕罗西汀等
肝素类	肝素钠、依诺肝素、那曲肝素、达肝素等
造影剂类	碘海醇、碘帕醇、碘克沙醇、钆喷酸葡胺等

近几年，以带量采购为主的降价政策是特色原料药成长价值凸显的主要催化因素，由于制剂企业盈利能力大幅下降，经营重点由营销激励转向成本、质量控制。特色原料药企业议价能力逐步提升（拥有原料药的制剂企业成本优势明显），同时具备向下游延伸的主动权。另外，药品价格下降对提升相关品种的市场渗透率作用明显，从而带动原料药需求量提升。从全球范围来看，支付能力普遍受制约，价格更低的仿制药替代原研是大势所趋。

（三）专利原料药

专利原料药是指仍在专利保护期内的创新药的原料药，通常由制剂企业自行生产或专门委托原料药生产企业进行生产。2018年全球处方药市场规模共8270亿元，其中专利药7520亿元，占比约91%，2019~2024年预计专利药复合年均增长率（CAGR）为7.2%，将保持稳定增长。在全球产业分工精细化背景下，部分跨国药企放弃原来全产业链布局模式，更多将研发、临床、生产等环节外包，专利原料药市场开始蓬勃发展。专利原料药主要供应原研药企，具有专利限制，因此对供应商的研发和技术实力要求极高，从而也带来更高的附加值；目前国内真正从事专利原料药的企业较少，但更高的利润率也吸引着部分企业向此方向转型，未来发展空间非常大。

三、国内外原料药市场发展状况

1. 国际原料药市场　2019年全球API市场规模约1822亿美元，预计到2024年达到2452亿美元，复合年均增长率（CAGR）为6.1%；2019年全球API市场中，北美占比约40%，其次是欧洲和亚洲，占比分别约为27%和20%，亚洲增速更快，同比增长约15%；全球具有技术优势和充足产能的API供应商分布最多的地区是美国，占比36%，印度和中国紧随其后，分别为13%和10%。从结构上来看，印度原料药约70%为化学制药，且多集中在特色原料药领域，从生产端来看，印度的原料药市场出口集中度相对较高，产能主要集中在几家大药企，2019年后，印度的原料药出口受到较大限制，导致全球原料药行业的供给产生一定的缺口，给中国的原料药出口带来了发展机遇，全球原料药市场格局也将因此发生变化。

2. 国内原料药市场　我国原料药企业以产品附加值相对较低的大宗原料药生产为主，如抗生素类、解热镇痛药类、维生素类、皮质激素类等，这些原料药在国际市场都有着举足轻重的地位，2019年，我国原料药市场规模约达2579.29亿元，同比增长6.4%，我国原料药企业主要分布在中东部，尤其是东部沿海的江苏、浙江，企业数量均在300家以上，受环保、成本、监管升级等因素影响，近年来产品附加值较高的特色原料药正加速向我国产业转移，成为未来行业内发展潜力最大的领域之一。原料药污染问题始终是监管重点，我国从2015年开始执行的新环保法在各项规定、方法以及违法的处罚力度上有大幅的加大，称被成为"史上最严"，对原料药企业影响巨大。随着新环保法的不断推进，一些大型或者污染较为严重的城市，对存在污染问题的化工、医药类企业，开始采取限制生产甚至停产等政策，如河北石家庄等城市。在这样的背景下，我国原料药企业迫于环保的压力不断迁移，从市中心搬到郊区，从非化工园区搬到化工集中区，从东部沿海发达地区搬到中西部欠发达地区。同时，自2019年开始，药品制剂市场加速合规化，仿制药企业同时大步进入洗牌阶段，行业集中度大量提升，但却为上游原料药产业提供了绝佳的发展时机。随着药品一致性评价、带量采购和关联审评审批等政策陆续出台，不断强化了原料药在医药产业链中的地位，高质量标准的特色原料药对下游制剂的重要性日益凸显，未来，我国原料药企业将逐步从大宗原料药向特色原料药及中间体的产品结构升级。

任务四　识别医疗器械市场

一、医疗器械的定义

医疗器械，是指直接或者间接用于人体的仪器、设备、器具、体外诊断试剂及校准物、材料以及其他类似或者相关的物品，包括所需要的计算机软件；其效用主要通过物理等方式获得，不是通过药理学、免疫学或者代谢的方式获得，或者虽然有这些方式参与但是只起辅助作用；其目的是：①疾病的诊断、预防、监护、治疗或者缓解；②损伤的诊断、监护、治疗、缓解或者功能补偿；③生理结构或者生理过程的检验、替代、调节或者支持；④生命的支持或者维持；⑤妊娠控制；⑥通过对来自人体的样本进行检查，为医疗或者诊断目的提供信息。[《医疗器械监督管理条例》（2020年12月21日国务院第119次常务会议修订通过）第七十六条]

二、医疗器械的产品特性

医疗器械是关乎人民生命健康的特殊产品，医疗器械具有以下特性。

1. 安全性　医疗器械涉及的安全性可从有源和无源两方面评价。有源医疗器械的安全性应完全符合最新的国际和国内医用电气设备安全要求。无源医疗器械多数为接触性产品，其安全性应从材料、生产、灭菌、包装、贮存、运输、使用等若干环节进行评价，不对人体产生副作用。医疗事故的频发也与医疗器械的质量和安全性不佳有关，医疗器械安全性的改进是一个综合过程，包含许多环节多项工作。严格管理和控制医疗器械安全性需要医疗机构、生产企业、政府监管人员共同协作，不断提高对医疗器械的安全性认识、实际操作能力和必不可少的重视程度，最终实现疗器械安全性保障和政府监管执行能力的提高。

2. 有效性　医疗器械作为使用于人体的特殊商品，它应该能够按照对应的使用说明书所示达到有效诊治、防病的目的。医疗器械的使用性能也就是临床上使用的有效性。医疗器械发挥具体作用即有效，是医疗器械在保证安全性的前提下必须接受的测试。如体外除颤仪器本身不会对需要救治的患者造成伤害，但是，无法完成电击的任务也会让患者失去生命。这个结局不仅是安全的问题，更多地涉及医疗器械的可用性。医疗器械上市前的审批环节，相应的监管机构会对器械有效性进行测试。医疗器械的预期用途无法得以实现即为无效，也就失去了医疗器械本身存在的价值

3. 智能化　随着5G为代表的互联网技术、3D打印技术、可穿戴技术、人工智能等技术的快速发展和突破，许多现代医疗器械产品已经发展成集硬件和软件以及信号传输为一体的精密装置，产品本身包含很高的自动或半自动系统，展现出智能医疗的发展方向，看似冰冷的医疗器械，也蕴藏着大智慧。2018年4月25日，国务院办公厅印发《关于促进"互联网＋医疗健康"发展的意见》，明确提出推进"互联网＋人工智能"的应用服务模式。不仅要研发基于人工智能的临床诊疗决策支持系统，开展智能医学影像识别、病理分型和多学科会诊以及多种医疗健康场景下的智能语音技术应用，提高医疗服务效率；还要加强临床、科研数据整合共享和应用，支持研发医疗健康相关的人工智能技术、医用机器人、大型医疗设备、应急救设备。

三、医疗器械的分类

医疗器械的分类有多项标准，分类结果根据标准的不同而变化。目前，医疗器械主要根据仪器的结构特征、使用形式、风险程度、医疗器械价值、物理原理、临床应用等标准进行划分。

1. 按结构特征分类 可分为有源医疗器械和无源医疗器械。

2. 按使用状态分类 可分为接触式人体器械和非接触式人体器械。

3. 按使用风险程度分类 可分为三类：第一类是风险程度低，实行常规管理可以保证其安全、有效的医疗器械。第二类是具有中度风险，需要严格控制管理以保证其安全、有效的医疗器械。第三类是具有较高风险，需要采取特别措施严格控制管理以保证其安全、有效的医疗器械。

4. 按临床应用分类 可分为诊断器械、治疗器械和辅助器械。

5. 按器械价值分类 可分为高值医疗器械和低值医疗器械。

6. 按物理原理分类 可分为电子类器械、机械类器械、光学类器械、射线类器械、材料类械和软件类器械等。

四、医疗器械市场的特征

医疗器械市场是指个人或组织对医疗器械产品现实和潜在需求的总和，医疗器械市场呈现的特征如下。

1. 市场发展速度快，规模数量扩张大 目前，我国医疗器械市场迅速发展，已成为继美国后的世界第二大医疗器械市场。近年来，每年的销售增速保持在17%以上，其中高端医疗器械平均每年保持20%左右的增长速度。

2. 以中小企业占主导，高收益大规模企业少 与我国制药工业类似，我国医疗器械行业也存在数量多、规模小、行业集中度低、科研投入不足、创新能力弱的问题。实际上，医疗器械行业是一个多学科交叉、知识密集、资金密集型的高技术产业，进入门槛较高。根据国家药监局网站数据统计，截至2020年底，全国实有医疗器械生产企业2.65万家，其中可生产一类产品的企业1.55万家，可生产二类产品的企业1.30万家，可生产三类产品的企业2181家。

3. 产品结构调整，产业地域集中度明显 我国医疗器械市场产品结构发生了显著变化，由过去的医疗耗材与医疗设备平分市场，发展为医疗设备产品所占市场份额逐渐扩大，到目前为止已达到75%以上。从地域分布来看，我国医疗器械行业集中在东、南部沿海地区。市场占有率居前六位的省份占全国市场份额的80%，显示了医疗器械行业较高的地域集中度。从各地经济指标的排序图来看，医疗器械产业集中度高的地区主要分布在北京、上海、浙江、江苏、广东等地。以上海、江苏为代表的长江三角地区和以北京为代表的渤海湾地区主要是招商引资，以外资企业为主体而形成优势产业集群。长江三角地区以一次性注射和输液器等产品在全国占绝对优势，北京地区则CT机占绝对优势。深圳的医疗器械产业从无到有，已发展成为我国高端医疗器械产业重要的制造加工基地，如医用影像、血液分析仪、患者监护仪等产品，在国际市场上也占有一席之地，发展势头强劲。

医疗器械细分领域众多，但极易触碰天花板，多数细分市场规模在几十亿左右，平台化发展将是主流。罗氏、美敦力等国际巨头均通过并购不断壮大。目前国内医械并购案例大幅增加，从同类产品并购、产业链并购到平台化收购，行业整合大潮已经到来，新的龙头企业将不断产生，行业由器械产品向服务延伸，未来单纯的生产销售企业将会难以生存，只有不断提供更优质的服务才能继续成长。

五、医疗器械行业的发展趋势

1. 医疗器械行业监管升级，营销环境持续改善 新修订的《医疗器械监督管理条例》于2021年6

月1日实施，国家对行业的监管愈加严格，飞行检查将成常态化，打击垄断、行政干预、商业贿赂政策持续落地实施。由此可见，健康合规的医疗器械行业将是未来的发展趋势，违法企业将会逐渐被淘汰，医疗器械行业营销环境将会持续改善。

2. 人工智能等智慧医疗器械创新应用飞速发展 人工智能技术、医用机器人、大型医疗设备、应急救援医疗设备、生物三维打印技术和可穿戴设备等智慧医疗器械创新应用方面，未来将出现突破性进步。目前，我国公共卫生体系存在"信息孤岛"现象，数字化、智能化医疗水平普遍较低等诸多问题，人工智能（AI）影像、AI药物筛选、医疗机器人等器械在疫情防控中针对海量疾病数据处理、标记物筛查、无人化作业等方面发挥的巨大潜能，将进一步激发智慧医疗技术在我国中长期公共卫生体系建设中的应用活力。

3. 远程医疗需求迎来加速发展 "互联网＋"将与医疗器械行业紧密结合，全行业的信息化程度将普遍提升，实现产品的信息可追溯，用信息化手段对医疗器械生产、流通全过程的监管。另外，随着5G时代的到来，万物互联将大大提高医疗器械的广泛应用。远程医疗凭借医疗资源下沉、无接触诊治的特点将释放出巨大潜能，相关需求将快速发展。根据中国国际医疗器械博览会（CMEF）的不完全统计，已有超过200家公立医院开展相关免费互联网诊疗/线上咨询服务，有望真正实现医疗服务在机会上的均等化、普惠化和操作上的便捷化。未来，我国互联网医疗市场空间巨大，远程医疗诸多效能的有效发挥仍有更多技术空间可发展和探究，远程医疗行业将迎来快速发展期。

4. 家用医疗器械趋向快速发展 鉴于我国老龄化形势的严峻性及不可逆性，居民健康管理需求及慢病防治意识的与日俱增有望进一步激发家用医疗器械市场的创新活力与投资潜能。目前，我国家用医疗器械的行业占比仅为发达国家的1/3，整体处于初级发展阶段，成长空间广阔。借助国家大力发展大健康产业的政策背景，家用医疗器械行业基于其具备一般小型家电消费属性且技术壁垒较低等特点，未来势必将经历一轮快速扩张期，国内家用医疗器械将迎来发展良机。

随着我国医疗器械法律法规的健全以及健康中国战略的推进，中国医疗器械市场未来仍将保持高速增长趋势，在医改政策等驱动因素的影响下，设备及耗材的更新迭代依然是发展趋势，部分领域的国产医疗器械有望实现替代进口。

目标检测

答案解析

一、A型题（最佳选择题）

1. 以下哪一类属于必须凭医师处方销售的处方药 （ ）
   A. 抗生素　　　　　　　　　　　　　B. 感冒发热药
   C. 助消化药　　　　　　　　　　　　D. 消除疲劳类滴眼液

2. 处方药市场中，药品消费结构的二元性是指 （ ）
   A. 医师是药品消费的决策者和消费者
   B. 医师和患者都是药品的消费者
   C. 医师决定患者消费药品的种类，而患者消费药品却没有决定权
   D. 患者是药品的最终消费者

3. 指个人或组织对生物制品现实和潜在需求的总和是 （ ）
   A. 中药市场　　　　　　　　　　　　B. 生物制品市场
   C. 生物制品行业　　　　　　　　　　D. 化学药市场

4. 对于市场营销学中所理解的市场，以下说法正确的是（　　）

  A. 市场是指买方和卖方进行商品交换的场所

  B. 市场是买卖双方实现商品交换关系的总和

  C. 市场是指对某种或某类产品现实和潜在需求的总和

  D. 市场是指对某种或某类产品现实和潜在供给的总和

5. 按照供求关系态势划分，市场可分为卖方市场和买方市场，买方市场是指（　　）

  A. 市场商品供大于求   B. 市场商品供不应求

  C. 商品卖方处于相对主动地位的市场状态   D. 由卖方掌握购销主动和市场定价权

二、B 型题（配伍选择题）

  A. 有效性   B. 安全性

  C. 稳定性   D. 均一性

1. 药品在规定的条件下保持其有效性和安全性的能力，体系药品质量特性的（　　）

2. 药物制剂的每一单位产品都符合有效性、安全性的规定要求，体系药品质量特性的（　　）

3. 药品在规定的适应证、用法和用量的条件下，能够达到预防、治疗、诊断人的疾病，体系药品质量特性的（　　）

4. 按规定的适应证和用法、用量使用药品后，人体产生毒副反应的程度，体现药品的（　　）

  A. 原料药市场   B. 生物制品市场

  C. 化学药市场   D. 医疗器械市场

5. 从天然产物中提取得到的有效单体化合物，或通过发酵的方式得到的抗生素以及通过半合成的方式得到的天然产物和半合成抗生素形成的市场属于（　　）

6. 通过刺激机体免疫系统，产生免疫物质（如抗体）才发挥其功效，在人体内出现体液免疫、细胞免疫或细胞介导免疫的药品需求形成的市场属于（　　）

7. 其效用主要通过物理等方式获得，不是通过药理学、免疫学或者代谢的方式获得，或者虽然有这些方式参与但是只起辅助作用的相关物品需求形成的市场属于（　　）

8. 用于药品制造中的任何一种物质或物质的混合物，而且在用于制药时，成为药品的一种活性成分物质所形成的市场属于（　　）

三、X 型题（多项选择题）

1. 根据医药市场的构成理论，一个现实有效的医药市场的组成要素包括（　　）

  A. 患者数量   B. 地理分布

  C. 患者购买力   D. 患者购买意向

  E. 患者消费习惯

2. 药品是一种特殊商品，其特殊性表现在（　　）

  A. 专属性   B. 两重性

  C. 可及性   D. 质量的重要性

  E. 时限性

3. 按照药品分类管理要求划分，药品市场可分为（　　）

  A. 处方药市场   B. 药品消费者市场

  C. 药品组织者市场   D. 非处方药市场

  E. 中药材市场

4. 下列哪些药品经过批准，可在互联网上进行广告宣传（　　）

    A. 疫苗   B. 人血白蛋白

    C. 安定片   D. 六味地黄丸

    E. 维生素 C 泡腾片

5. 中药是指在我国传统医药理论指导下，用于预防、治疗、诊断疾病，并具有康复与保健作用的药用物质及其制剂，中药包括（　　）

    A. 中药材   B. 中药饮片

    C. 中成药   D. 中医保健食品

    E. 含中药成分的特殊医学用途配方食品

四、综合问答题

1. 医药市场的特点有哪些？

2. 简述处方药市场和非处方药市场的不同点有哪些？

3. 原料药市场的分类及各自特征有哪些？

（施能进）

书网融合……

📄 重点回顾　　　　📊 习题

项目二　认识医药市场营销

学习目标

知识目标

1. **掌握**　市场营销与医药市场营销的定义及区别；医药市场营销的创新与发展。
2. **熟悉**　市场营销相关概念。
3. **了解**　传统市场营销观念、现代市场营销观念新发展。

技能目标

能够分析市场营销观念的方法；会运用营销基本观念和理论分析医药市场；了解我国医药市场营销的现状及营销特点以及当前新型市场营销观念的发展。

素质目标

具备医药市场营销观念，学会分析我国医药产品的营销特点；培养新型的医药市场营销技巧。

📖 导学情景

情景描述： 绿叶制药集团在海外市场聚焦中枢神经和肿瘤两大疾病领域，2021 年，多项业务取得突破进展，海外销售逆势增长 5%。截至 2021 年，公司已有 1 个项目获上市批准、5 个项目处于上市申请阶段、8 个项目处于Ⅲ期或关键性试验阶段、12 个项目处于Ⅰ期临床、4 个项目处于临床批件申请阶段，并储备超过 10 个临床前创新项目。绿叶制药按照国际高标准践行企业管理，在国际化道路上成为中国药企创新的先锋。

情境分析： 面对目前全球医药市场竞争如此激烈的形式下，绿叶制药集团如何做到了海外销售逆势增长 5%？原因如下：不断深化在新制剂技术领域的优势专长；深化国际商务合作，海外市场聚焦中枢神经和肿瘤两大疾病领域；积极推行并购模式，加速推进生物药的全球布局；加强与国际医药强国合作。

讨论： 绿叶制药集团加强国际商务合作采取哪些策略？

学前导语： 为了适应当下产业发展形势，绿叶制药集团加快创新产品转型升级的步伐，践行"全球化"发展战略，加大力度深度布局生物药业务，持续增加研发投入，推进重点研发项目。企业要想获得长久的发展，离不开有效的战略目标，为了推动公司高质量可持续发展，可以采取哪些先进策略？

任务一　理解医药市场营销的内涵

一、市场营销内涵

（一）市场营销的含义

市场营销是从西方营销学引进的一个重要概念，英文为 Marketing。把"Marketing"译为"市场营销"，已得到我国市场营销学界的公认。许多营销学者对"市场营销"下过多种定义。

1985 年，美国市场营销协会（AMA）给"市场营销"的定义是："市场营销是通过（个人和组织）对思想（主意、计策）、货物和劳务的构想、定价、促销和渠道等方面的计划和执行，以达到个人和组织的预期目标的交换过程。"它指出：市场营销是这样一种管理过程，即为了实现符合个人和组织目标的交换，而进行货物和劳务的构思、设计、定价、促销和分销的规划和实施过程。

美国营销学家菲利浦·科特勒在其名著《市场营销管理》一书中对市场营销的定义为："市场营销是指个人和群体通过创造及同其他个人和群体交换产品或价值而满足需求和欲望的一种社会管理过程。"

美国著名市场营销学家尤金·麦卡锡认为："宏观市场营销是指这种社会经济过程，引导某种经济的货物和劳务从生产者流转到消费者，在某种程度上有效地使各种不同的供给能力与各种不同的需求相适应，实现社会的短期和长期目标""微观市场营销是指某一个组织为了实现其目标而进行的这些活动，预测顾客或委托人的需要，并引导满足需要的货物和劳务从生产者流转达到顾客或委任人。"本教材所研究的医药市场营销，主要是微观医药市场营销，即医药企业市场营销。

根据上述定义，可以将市场营销含义具体归纳为下列要点：

（1）市场营销是一个过程，在这个过程中一个组织对市场进行生产性和盈利性活动。

（2）市场营销是创造和满足顾客的过程。

（3）市场营销是在适当的时间、适当的地方以适当的价格、适当的信息沟通和促销手段，向适当的消费者提供市场的产品和服务。

即市场营销是指组织或个人为实现预期目标而开展的旨在满足他人需要和欲望的创造和交换产品或价值的综合性活动。

👁 **看一看**

市场营销环境的特点

1. 客观性　市场营销环境作为一种客观存在，环境作为企业外在的不以营销者意志为转移的因素，对企业营销活动的影响具有强制性和不可控性。

2. 差异性　市场营销环境的差异性不仅表现在不同的企业受不同环境的影响，而且同样一种环境因素的变化对不同企业的影响也不同。

3. 相关性　市场营销环境是一个系统，在这个系统中，各影响因素相互依存、相互作用和相互制约，某一因素的变化会引起其他因素的变化，形成新的营销环境。这是由于社会经济现象的出现，往往不是由某一单一因素所决定的，而是受到一系列相关因素影响的结果。

4. 动态性　市场营销环境是企业营销活动的基础和条件，但这并不意味着营销环境是一成不变的、静止的。营销环境是一个动态系统。构成营销环境的每一因素都受其它许多因素的影响，每一因素都随着社会经济的发展而不断变化。

（二）市场营销相关概念

1. 需要　是指人们没有得到某些基本满足的感受状态。著名心理学家马斯洛认为人的需要分为五个层次，由低到高分别为生理需要（吃、穿、住、行）、安全需要（人身安全、心理安全）、社交需要（归属感）、尊重需要（自尊和他人尊重）、自我实现需要（成就感）。这些需要存在于人类自身生理和社会之中，市场营销者可用不同方式去满足它，但不能凭空创造。

2. 欲望　是指人们想得到某种需要的具体满足品的愿望，是个人受不同文化及社会环境影响表现出来的对基本需要的特定追求。如人们感到口渴时，有解渴的需要，这时他会有得到矿泉水、果汁、碳酸饮料或其他具体食物的愿望。市场营销者不能创造需要，但可以影响欲望，一种需要可以产生多种欲望。

3. 需求　是指人们有能力购买并愿意购买某个具体产品的欲望。营销学所说的需求是一种有效需求，指的是有购买能力（有支付能力）和购买意愿的需求。如一个消费者有 100 元钱，他想购买某种商品或服务，则价格在 100 元以下的产品或服务都可能成为他的需求对象。

4. 价值　是指产品给人们带来的利益和满意，如人们购买健身器材是为了得到它所提供的保健服务。因此，市场营销者必须清醒地认识到，消费者购买产品时，实际上是购买该产品的价值，市场营销就是提供产品所包含的利益和服务，让消费者的需要得到更大程度的满足。

5. 交换　需要和购买欲望只是市场营销活动的开始，只有通过交换，营销活动才真正发生。交换是指提供某物作为报酬或与他人换取所需产品或服务的行为，人们对满足需求或欲望之物的取得可以有多种方式，如自产自用、强取豪夺、乞讨和交换等。其中，只有交换方式才存在市场营销。交换的基本条件包括至少有交换双方；每一方都有对方需要的有价值的物品或服务；每一方都有沟通和运送货品的能力；每一方都可以自由地接受或拒绝；每一方都认为与对方交易是合适或称心的。

6. 交易　交易是交换的基本组成单位，是交换双方之间的价值交换。交易是一种过程，在这个过程中，如果双方达成一项协议，我们就称之为发生了交易。交易通常有两种方式：一是货币交易，如甲方支付 50 元给药店而得到一盒药品；二是非货币交换与交易，包括以物换物、以服务换服务的交易等，如某设计师为医院免费设计装潢而得到终身免费体检。

7. 顾客满意　指顾客对产品明示的、通常隐含的或必须履行的需求或期望已被满足的程度。对于企业来说，如果顾客对企业的产品和服务感到满意，也会将他们的消费感受通过口碑传播给其他顾客，扩大产品的知名度，提高企业的形象，为企业的长远发展不断地注入新的动力。

8. 顾客让渡价值　是指顾客总价值与顾客总成本之间的差额，它一般表现为顾客购买总价值与顾客购买总成本之间的差额。顾客总价值是指顾客购买某一产品或服务所期望获得的利益，包括产品价值、服务价值、人员价值和形象价值等。顾客总成本是指顾客为购买某一产品所耗费的时间、精神、体力以及所支付的货币资金等，包括货币成本、时间成本、精神成本和体力成本等。

顾客选择产品或服务时，主要比较分析产品的价值与成本，从中选择出价值最高、成本最低的对象。企业为吸引更多的潜在顾客，就必须向客提供比竞争对手具有更多"顾客让渡价值"的产品。为此，企业可以从两个方面改进自己的工作，一是通过改进产品、服务、人员与形象，提高产品的总价值；二是通过降低生产与销售成本，减少顾客购买产品的时间、精神与体力的耗费，降低产品的总成本。

？ 想一想

马斯洛的"需要层次理论"指出，人是有需要的，需要是有层次的，人的需要层次由低到高分别的：生理需要、安全需要、社交需要、尊重需要和实现自我价值需要。当一个人低层次的需要满足后，高层次需要便产生了。

请你想一想人们饮食有哪些需要？

答案解析

二、医药市场营销的内涵

医药产品是事关人们生命安全、健康的特殊商品，医药市场营销的关键是满足各级医疗机构及患者的真正需要，所有的营销策划都必须以满足患者需求为目的。医药市场营销是指具有销售资质的企业（销售企业或批发企业）为其他组织供给医药商品或提供价值服务来满足其需求和欲望而获得回报的一种社会管理过程。把握医药市场营销的含义时应注意以下几点。

1. 医药市场营销不等于销售、推销　有许多人认为：医药市场营销就是推销和销售，把医药市场营销与推销、销售等同起来，三者均是千方百计把医药产品推销出去。这种片面的理解既妨碍了医药产品市场营销学知识的深化，更影响了医药企业市场营销活动的开展。推销实质是以产品的生产和销售为中心，以激励销售、促进购买为重点的营销观念。

2. 医药市场营销是一个社会管理过程　现代医药市场营销的新观念就是医药企业的一切经营活动都必须以顾客的需要为中心，医药市场营销研究的内容不仅包括医药商品的生产流通过程，还包括企业的产前活动，即市场调查和市场预测、产品开发、价格制定、医药商品出厂后的分销和促销等渠道开发、企业的品牌创建等活动，还包括流通过程结束后的售后服务和收集消费者的意见等，医药市场营销活动要充分体现以消费者为中心，满足消费者需求的整个管理过程。

3. 医药市场营销的核心思想是交换，最终目的是有利益满足需求　医药市场营销是一种从医药产品市场需要出发的管理过程，它的核心思想是交换，是一种买卖双方互利的交换。医药企业就是要满足消费者（患者）需求和欲望，达到企业的目的，实现双赢，满足需求和顾客满意是医药产品市场营销的基本精神。

三、医药营销与一般营销的区别

（一）一般营销的特点

一般的市场营销学反映在企业方面的是企业的营销活动与营销目的，反映在社会方面则是社会的供求活动与供求目的。如果是偏重于社会角度的研究，就构成了宏观市场营销学（macromarketing）。它是在考察影响整个市场供求的国内外环境与因素变化的前提下，研究对本国所有企业营销活动的协调控制、推销优化组合等规律，通过组织整个营销系统正常、高效地运行，引导货物和劳务从生产者、中间商流转到消费者或用户，以平衡本国的市场供求，从而满足社会的需要。如果是偏重于企业角度的研究，就成为微观市场营销学（micromarketing），它是通过研究企业外部动态环境因素与消费者行为变化对企业营销的影响，揭示企业市场营销规律，从而使企业获取尽可能高的利润，并促使社会整体效益。

（二）医药营销的特点

从研究对象分析：以消费者（患者）需求为中心的医药市场营销活动及其规律性。在现代医药市场营销学研究中，自始至终围绕着消费者（患者）需求，无论是研究医药市场的外部因素，还是研究医药市场营销内在因素、无论是研究医药市场营销思想，还是研究医药市场营销行为，都要以消费者（患者）需求为中心。从这个意义上说，现代医药市场营销学是一门研究医药企业如何更好地满足消费者需求的学问。现代医药市场营销学的研究对象具体的表述为：研究医药企业如何有效地组织整体营销活动，通过更好地满足消费者（患者）需求来实现以获取更多盈利为主的预期目标。

从研究的主要内容分析：以患者发病率与患者治疗和保健需要为中心的市场营销关系及其规律，影响医药市场营销的因素和根据这些因素制定的各种营销计划等。在医药市场营销学初创阶段，仅仅局限于对医药商品流通领域中的广告和推销术的研究。随着社会的进步、经济的发展，医药市场营销学的研究，无论从深度上还是广度上都有了创新和突破。其范围不仅局限于医药商品的流通领域，已上延伸到药品的生产领域，下延伸到医药商品的售后服务；不仅限于医药商品生产者、消费者（患者）和经营者，而且涉及到公共关系和权力等因素；既要研究医药商品流通领域的流通规律、营销原理、策略和方法，又要研究医药市场调查、医药市场预测，新药的设计及产品和劳务的售后服务，还要研究消费者（患者）对医药商品和服务的要求、愿望及权力等影响等内容。具体表述如下：

1. 以医药市场为研究内容 研究国内外医药市场的类型、特征及影响医药市场营销活动的各种可控制因素与不可控制的因素以及医药企业如何适应医药商品市场的宏观与微观营销环境，进入和开拓医药市场。

2. 以消费者（患者）为研究内容 研究国内外消费者（患者）的购买心理、购买动机、购买行为及影响购买医药商品的因素，研究医药商品消费需求的发展趋势及其规律性。

3. 以医药商品为研究内容 研究医药商品的结构、商标、品牌、仓储、医药商品的市场生命周期以及新产品的开发等。

4. 以医药商品销售渠道为研究内容 研究医药商品从生产环节到消费环节的渠道，如何选择最经济的运输路线、运输方式、确定医药商品最佳储存量。

5. 以医药商品价格为研究内容 研究如何按照医药商品价值规律、医药商品供求规律和医药商品营销实践，确定医药商品定价的方法、技巧、策略以及影响医药商品定价的可控因素和不可控因素。

6. 以促销为研究内容 研究如何有效地运用各种促销方式和促销策略等，实现企业医药商品的营销目标。还要研究医药商品市场的调查、预测和营销策划方法等。

✍ 练一练

多选题：根据医药市场营销的内涵，其包括哪些基本特点（ ）

A. 医药商品市场营销等同于推销

B. 医药商品市场营销是以消费者为核心的销售过程

C. 医药商品市场营销包括生产流通过程及企业的产前活动等满足消费者需求的整个管理过程

D. 医药商品市场营销的最终目的是尽可能满足消费者利益

E. 医药商品市场营销的核心是价值交换

答案解析

四、医药市场营销的创新与发展

随着生产力的发展和人们生活水平的提高，各式各样的新产品层出不穷，企业争夺市场、招来顾客的竞争也愈演愈烈，其手段和内容不断更新和丰富，市场营销理论也在不断的创新和发展之中，其中有代表性的市场营销理论有以下几种。

（一）4P 理论

美国营销学学者杰瑞·麦卡锡教授在 20 世纪 60 年代提出了著名的 4P 营销组合策略，即产品、价格、渠道和促销组成的营销手段。

1. 产品（product） 是指能够提供给市场被人们使用和消费并满足人们某种需要的任何东西，包括有形的产品、服务、人员、组织、观念或它们的组合。

2. 价格（price） 是指顾客购买产品时的价格，包括折扣、支付期限等。价格或价格决策关系到企业的利润、成本补偿，以及是否有利于产品销售、促销等问题。影响定价的主要因素有 3 个：需求、成本、竞争。产品的最高价格取决于市场需求，最低价格取决于该产品的成本费用，在最高价格和最低价格的幅度内，企业能把这种产品的价格定多高则取决于竞争者同种产品的价格。

3. 渠道（place） 是指在商品从生产企业流转到消费者手上的全过程中所经历的各个环节和推动力量之和。

4. 促销（promotion） 是企业用以向目标市场通报自己的产品、服务、形象和理念，说服和提醒他们对公司产品和企业本身信任、支持和注意的任何沟通形式。广告、销售促进、人员推销、公共关系是一个企业促销组合的四大要素。

4P 营销理论为企业的营销策划提供了一个有用的框架。不过，它是以满足市场需求为目标的，重视产品导向而非消费者导向，代表的是企业的立场而非客户的立场。在 4P 的基础上，后来又加上政治权力（politicalpower）与公共关系（publicrelation）形成 6P 营销策略组合。

（二）4C 理论

随着经济的发展，市场营销环境发生了很大变化，消费个性化、人文化、多样化的特征目益突出，传统的 4P 理论已不适应新的情况。为此，美国市场营销专家劳特朋于 20 世纪 90 年代提出用新的 4C 理论取代 4P 理论，其主要内容包括以下几点：

1. 顾客（customer） 4C 理论认为，消费者是企业一切经营活动的核心，企业重视顾客要甚于重视产品，体现在两个方面：第一创造顾客比开发产品更重要，第二消费者需求和欲望的满足比产品功能更重要。

2. 成本（cost） 4C 理论将营销价格因素延伸为生产经营全过程的成本，包括：①企业生产成本，即企业生产适合消费者需要的产品成本，价格在企业营销中是值得重视的，但价格归根结底是由生产成本决定的，再低的价格也不可能低于成本；②消费者购物成本，它不单是指购物的货币支出，还包括购物的时间耗费、体力和精力耗费以及风险承担。

3. 便利（convenience） 4C 理论强调企业提供给消费者的便利比营销渠道更重要。便利就是方便顾客，维护顾客利益，为顾客提供全方位的服务。企业应及时向消费者提供充分的关于产品性能、质量、使用方法及使用效果的准确信息；顾客前来购买商品时，企业应给顾客最大的购物方便；产品售完以后，企业更应重视信息反馈，及时答复、处理顾客意见，对有问题的商品要主动包退包换；对产品的使用故障要积极提供维修方便，对大件商品甚至要终身保修。

4. 沟通（communication） 4C 理论用沟通取代促销，强调企业应重视与顾客的双向沟通，以积极的方式适应顾客的情感，建立基于共同利益之上的新型企业、顾客关系。同时，强调双向沟通，应有利于协调矛盾、融合感情，培养忠诚的顾客，而忠诚的顾客既是企业稳固的消费者，也是企业最理想的推销者。

（三）4R 理论

21 世纪初，《4R 营销》的作者艾略特·艾登伯格提出 4R 营销理论。4R 理论以关系营销为核心，重在建立顾客忠诚。它阐述了 4 个全新的营销组合要素：关联（relativity）、反应（reaction）、关系（relation）和回报（rertibution）。

1. 关联（relativity） 企业必须通过某些有效的方式在业务、需求等方面与顾客建立关联，形成一种互助、互求、互需的关系，把顾客与企业联系在一起，减少顾客的流失，以此来提高顾客的忠诚度，赢得长期而稳定的市场。

2. 反应（reaction） 为了提高对市场的反应速度，多数公司更多的是指导顾客，却往往忽略了倾听的重要性。在相互渗透、互利共赢的市场中，对企业来说最现实的问题不在于如何制定、实施计划和控制，而在于如何及时地倾听顾客的欲望、需求，并及时做出反应来满足顾客的需求。

3. 关系（relation） 4R 营销理论认为，如今抢占市场的关键已转变为与顾客建立长期而稳固的关系，把交易转变成一种责任，建立起和顾客的互动关系。而沟通是建立这种互动关系的重要手段。强调企业与顾客在市场变化的动态中应建立长久互动的关系，以防止顾客流失，赢得长期面稳定的市场。

4. 回报（rertibution） 企业营销目标必须注重产出，注重企业在营销活动中取得的回报，所以企业要满足客户需求，为客户提供价值，不然产品无法变为商品进行交易。一方面，回报是维持市场关系的必要条件；另一方面，追求回报是营销发展的动力，营销的最终价值在于其能否给企业带来短期或长期的收入能力，进一步保持和发展市场关系的动力与源泉。

4R营销理论的最大特点是以竞争为导向，在新的层次上概括了营销的新格局，强调企业与顾客的互动与双赢，不仅积极地适应顾客的需求，而且主动地创造需求，把企业与客户联系在一起，从而形成竞争优势。

♥ 药爱生命

我国享誉海内外的老字号"同仁堂"药店，从过去"供奉御药"的中药房发展为今天总资产18亿元、拥有6000多名员工的现代集团企业，一直立"德、诚、信"为服务宗旨，以"养生济世"为己任。始终秉承组训"炮制虽繁，必不敢省人工；品味虽贵，必不敢减物力。"三百多个春秋过去了，同仁堂药店大了，名气大了，但它的追求——"质量第一"却丝毫未变。采取较多便民、利民的服务胜过千言万语的文字宣传，因为它深入民心。同仁堂利用医家的优势，将"同修同德"的中国儒家思想融入日常的点滴之中，形成了济世养生的经营宗旨，并在此过程中创造了崇高的商业信誉，形成了同仁堂独树一帜的企业文化。古人云，人无信不立，守信用，讲信誉，重信义是中华民族的传统美德，也是商业道德的主要准则。我们作为一名医药专业人才，今后将与特殊的医药商品打交道，诚信是我们发展的一种资本，是个人发展的无形推动力，对我们的未来的发展具有巨大的促进作用。

任务二 树立现代市场营销观念

市场营销观念，又称市场营销导向，是指企业从事市场营销活动的基本指导思想。自20世纪初以来，随着企业营销实践的发展，市场营销观念不断地得到修正和补充，营销观念也随着商品经济的发展和市场形势的变化而发展变化，市场营销观由"企业生产什么，顾客就消费什么"，发展为今天企业以满足顾客为己任的营销观"顾客需要什么，企业就生产什么"。即营销观念的发展经历了以企业为中心（生产）的营销观念，到以消费者为中心（市场需求）为导向的市场营销观念的演变过程。

一、传统市场营销观念

（一）生产观念

生产观念是一种"以产定销"的古老的传统的经营观念，生产观念的重大特征就是重视生产，轻视营销。这种营销观念产生于19世纪末至20世纪初，由于生产力水平较低，市场上产品供不应求，经济处于卖方市场状态。此时，企业只要生产出质量合格、价格合适的产品，就能够顺利的销售出去。持生产观念的营销者认为：市场需要产品，消费者喜爱那些随时可以买到的、价格低廉的产品。因此企业通过扩大生产、降低成本、提高效率，通过生产出尽可能多的产品来取得更多的利润。生产观念的特点是，企业以自我为中心，以企业内部为重，对外部环境和消费者的需求变化不够关心。中国在建国初期，医药企业所遵循的就是这种生产观念，药品生产实行国家计划控制。当时医药生产企业把主要精力都放在药品的生产方面，表现为重生产、重数量、轻研发，追求高效率、大批量、低成本，企业主要关心药品市场上产品的有无和数量多少，不是药品市场上消费者的需求，医药企业管理的重点是生产部门。现在，随着科学技术和社会生产力的发展以及药品市场由卖方市场向买方市场的转化，医药企业营销者的生产观念已经完全淘汰。

？ 想一想

营销观念与生产观念、产品观念、推销观念的区别是什么？

答案解析

（二）产品观念

产品观念是以产品的改进和生产为中心，以提高现有产品的质量和功能为重点的营销观念。产品观念认为：消费者喜欢高质量、多功能、具有某些特色的产品。因此企业应致力于提高产品的质量，增加产品的功能，不断地改进产品，使企业的产品达到尽善尽美。产品观念也是以企业的产品为中心，只看到产品的质量，看不到市场的变化，没有考虑消费者的需求，容易产生"市场营销近视症"，最终使企业的发展陷入危机之中。

（三）推销观念

20 世纪 30 年代以来，由于科学技术的进步和管理思想创新，生产力得到快速发展，商品产量迅速增加。产品质量不断提高，买方市场开始在西方国家逐渐形成。许多产品供大于求，销路困难，竞争激烈，企业的主要问题不是生产问题，而是销路问题。在激烈的市场竞争中，许多企业认为企业必须进行大量的推销活动，激起消费者购买产品的兴趣和欲望，实现产品多销、快销。推销观念是以产品的生产和销售为中心，以激励销售、促进购买为重点的营销观念。推销观念的基本出发点是企业现有产品，本质上与生产观念有相似之处，仍然是一种"以产定销"的营销观念，其特点是：企业生产的产品不变，仍根据自己的条件决定生产方向及生产数量；加强了推销，注重产品的销售，研究和运用推销和广告技巧。

但企业开始关注顾客，寻找潜在顾客，并研究吸引顾客的方法与手段；此时，企业不仅注重产品的生产，而且注重产品的销售，企业开始从单纯生产型向生产经营型转化，企业开始设立销售部门，但销售部门仍处于从属的地位。由于推销观念仍以企业为出发点，还是不能顺应市场的发展，最终难以逃脱被市场所摒弃的命运（表2-1）。

表2-1 以企业为中心的市场营销观念比较

营销观念类型	营销目标	营销重点	营销的策略和方法
生产观念	以生产价格低廉的产品获取利润	企业现有产品	扩大生产规模，降低生产成本，提供生产效率
产品观念	以生产高质量、多功能有特色的产品获得利润	企业现有产品	不断改进产品，提高产品质量，完善产品功能
推销观念	以大量的推销获得利润	企业现有产品	加强广告宣传，采用各种推销技术，刺激消费者大量购买

生产观念、产品观念和推销观念都是以医药企业自身为出发点来考虑企业的经营策略，经营的重点都是企业现有的产品，其出发点是企业的生产能力，即我有什么生产能力，就生产什么产品，销售什么产品。关注的是：在企业现有条件下，我能干什么，怎样才能干得更好，怎样才能提高销售量等。生产观念、产品观念到推销观念是企业在营销观念上的一大进步，但是这三种观念都是以生产为中心，没有关注消费者的需求。

⚒ **练一练**

多选题：围绕顾客满意，下列说法正确的是（　　）

A. 如果顾客对产品使用后的感知效果与期望一致时，顾客就会满意

B. 提高顾客满意就可以通过增加顾客让渡价值达成

C. 顾客满意了就会成为忠诚顾客

D. 夸大产品宣传会导致顾客不满意

E. 顾客满意了就永远都会选择该产品

答案解析

二、现代市场营销观念

以市场为中心的市场营销观念形成于 20 世纪 50 年代以后，现代市场营销观念是一种以顾客需要和欲望为导向的市场营销观念，在这种不断新生与变化的市场营销环境中，企业认识到产品的生产必须要适应用户的需求，要认真研究消费需求及潜在需求，而不仅仅是制造或销售某种产品的过程。现代市场营销观念认为，企业的一切活动都以市场为中心，以顾客的需要和欲望为出发点，通过实行整体营销来取得顾客满意，并从中实现企业的长期利益。因此"顾客至上""顾客就是上帝""顾客永远都是对的""顾客第一"等口号成为现代企业营销管理的法宝。市场营销观念基于四个主要支柱，即目标市场、顾客需要、整合营销、营销能力。企业为适应现代营销需求，逐步确立了以消费者为中心的现代市场营销观念，如品牌营销、文化营销、服务营销、关系营销、整合营销（传播）、全球化营销、网络营销、知识营销、绿色营销等。现将其中具有代表性的内容简单介绍如下。

（一）全球营销观念

20 世纪 90 年代以后，传统的经济规模效益竞争和成本优势竞争逐渐演变成依靠科学技术和经营管理能力的全球性竞争，全球化营销在经济全球化、区域经济一体化的背景下开始形成。其标志是全球性贸易组织的建立，如：世界贸易组织 WTO。它有力地推动了经济全球化的进程。全球化营销从全球市场的共同需求出发，要求企业采用统一的营销组合，即统一的产品、服务、公司形象、渠道方式、价格、广告等，实现对全球市场的占领和全球范围内的资源配置最优化。集中体现在：通过全球化营销，所提供的产品能满足世界市场上所有消费者的共同需求，有助于在世界范围内树立起统一的企业形象，赢得消费者的广泛信赖，跨越不同的国家和文化，培养潜在的消费群；全球化营销在产品、价格、渠道、服务、广告、促销方式、人员培训等方面采用统一、规范的营销组合，实行本土化营销策略。

（二）文化营销观念

文化营销是指企业给予产品、企业、品牌以丰富的个性化的文化内涵，并付诸于营销活动中，从而使企业的营销活动形成文化氛围的一种营销观念。如麦当劳卖的不仅是面包加火腿，它还卖快捷时尚的个性化饮食文化（QSCV 形象）；喝可口可乐喝的是企业赋于产品的阳光、活力、青春与健康；喝康师博冰红茶喝的是它的激情、酷劲与时尚。总之，企业向消费者推销的不仅仅是单一的产品，产品在满足消费者物质需求的同时还满足消费者精神上的需求，给消费者以文化上的享受，满足他们高品位的消费，这就要求企业转变营销方式进行文化营销。

（三）知识营销观念

知识营销是指企业向大众传播新的科学技术以及它们对人们生活的影响，通过科普宣传，让消费者不仅知其然，而且知其所以然，重新建立新的产品概念，进而使消费者萌发对新产品的需要，达到

拓宽市场的目的。医药企业可以开展科普活动，如设立社区健康课堂、举办科普讲座、建立健康卡、赠送科学书籍、与媒体合作开展科普知识竞赛等。虽然这些活动很少涉及产品的促销，也不要求参与者购买产品，但通过提高民众的科学健康理念来拉动市场需求。

（四）关系营销观念

关系营销观念是由交易市场营销观念而形成的，是市场竞争激化的结果。传统的交易市场营销观念的实质是卖方提供一种商品或服务以向买方换取货币，实现商品价值，是买卖双方价值的交换，双方是一种纯粹的交易关系，交易结束后不再保持其他关系和往来。在这种交易关系中，企业认为卖出商品赚到钱就是胜利，顾客是否满意并不重要。而事实上，顾客的满意度直接影响到重复购买率，关系到企业的长远利益。由此，从20世纪80年代起美国理论界开始重视关系市场营销，即为了建立、发展和保持长期的、成功的交易关系进行的所有市场营销活动。着眼关注与本企业发生关系的供货方、消费者、竞争者、分销商、政府机构和社会组织等建立良好稳定的关系，同所有利益相关者之间构成一个"市场营销网"，以追求各方面关系利益最大化。这种从追求每笔交易利润最大化转化为追求同各方面关系利益最大化是关系市场营销的特征，也是当今市场营销发展的新趋势。

关系营销观念的特点如表2-2所示。

表2-2　关系营销市场的特点

特点	一般营销	关系营销
注重保住顾客	在满足需求前提下从每次销售中获利	保住顾客　建立忠诚
以产品利益为导向	让消费者认清产品特征	强调营销产品给顾客利益的满足
高度强调顾客服务	强调产品符合消费者需求注重服务少	除有满意产品外高度强调服务
高度的顾客参与	有限的参与	高度的参与
与顾客保持密切联系	适度的、间断的联系	密切联系
质量是企业营销活动全过程的核心	质量是产品的首要问题	质量贯穿整个营销活动过程

（五）数据库营销

随着市场竞争的全球化和日益激烈化，企业间的产品差异不断缩小，而消费者的需求呈现出理性化、个性化的特点。这就要求企业对市场的变化作出及时反应和调整，不断细分目标市场，开发出满足市场需求的产品，保持企业在市场竞争中处于有利位置。数据库营销就是企业通过收集、加工和处理涉及客户及其购买行为的大量信息，确定特定客户群体或个体的兴趣、购买习惯、购买倾向和购买需求，进而推断出相应客户群体或个体下一步的购买行为，然后以此为基础，对所识别出来的客户群体进行针对性的定向营销活动。这与传统的不区分消费者对象特征的大规模营销手段相比，大大节省了营销成本，提高了营销效果，从而为企业带来更多的利润。随着数据库营销的发展，营销领域产生了许多的新理念，如：直效营销、一对一营销、个性化营销、关系营销和忠诚度营销等。目前医药企业针对医药商品市场竞争激烈的局面，数据库营销已经在某些医药企业得到了重视和应用。

（六）绿色营销观念

绿色营销是指企业在整个营销过程中充分体现环保意识和社会意识，向消费者提供科学的、无污染的、有利于节约资源使用和符合良好社会道德准则的商品和服务，并采用无污染或少污染的生产和销售方式，引导并满足消费者有利于环境保护及身心健康的需求。其主要目标是通过营销实现生态环境和社会环境的保护及改善，保护和节约自然资源，实行养护式经营，确保消费者使用产品的安全、卫生、方便，以提高人们的生活质量，优化人类的生存空间。

（七）网络营销观念

网络营销是指利用网络作为营销途径，商户在网络平台上开设"虚拟商店"，陈列其商品图片及描述其特点，顾客在平台上自由挑选商品，下订单完成支付，实物商品由快递服务部门送货上门而完成交易的过程。如通用汽车公司别克汽车制造厂，让客户自己设计所喜欢的车型，并且可以由客户自己选择车身、车轴、发动机、轮胎、颜色及车内结构。客户通过网络可以看到自己选择的部件组装出来的汽车的样子，并可继续更换部件，直到客户满意为止。这种营销方式在现代市场条件下运用得越来越普遍网络营销可以促进企业通过网络快速地了解市场动向和顾客需求，节省中间环节，降低销售成本。

（八）社会市场营销观念

社会市场营销观念是对市场营销观念的重要补充与延伸。其核心思想提倡企业不仅要满足消费者的需求与欲望，而且要符合消费者和社会的长远利益，应将企业利润肖费需要、社会利益三方面协调统一。

社会市场营销观念认为，企业的任务是确定目标市场需求、欲求和利益，并且在保持和增进消者和社会福利的情况下比竞争者更有效率地使目标顾客满意。这不仅要求企业满足目标顾客的需求与欲望而且要考虑消费者及社会的长远利益，即将企业利益、消费者利益有机的结合起来。如同默沙东创始人的经典论述"药物是为人类而生产，不是为追求利润而创造的，只要我们坚守这一信念，利润必将随之而来。"

👁 看一看

新旧市场营销观念的区别

对比项目	旧观念	新观念
营销活动的出发点不同	以产品为中心以企业为出发点	以顾客为中心 以社会利益为出发点
营销活动的重点不同	以产品为重点	以消费者需求的满足程度为重点
营销活动的手段和方法不同	提高产品质量 加强推销	强调整体营销手段
营销活动的结果不同	重视眼前利益 获取有限的短期利润	从长远利益出发获取长期稳定的利润
企业内部组织机构设置及管理不同	以生产部门为中心 销售部门处于次要地位	以市场需要为中心 以营销部门为主导

目标检测

答案解析

一、A 型题（最佳选择题）

1. 市场营销创建于（　　）

A. 美国　　　　　　B. 英国　　　　　　C. 法国

D. 日本　　　　　　E. 中国

2. 营销管理的实质是（ ）

    A. 让顾客满意   B. 分析市场   C. 需求管理

    D. 确定营销管理哲学   E. 开拓市场

3. 企业向顾客提供满意所产生的价值称为（ ）

    A. 形象价值   B. 人员价值   C. 服务价值

    D. 沟通价值   E. 交换价值

4. 以"顾客需要什么，我们就生产什么"作为其座右铭的企业是（ ）企业

    A. 生产导向型   B. 社会市场营销导向型   C. 产品导向型

    D. 市场营销导向型   E. 推销导向型

5. （ ）认为，消费者喜欢高质量、多功能和具有某种特色的产品，企业应致力于生产高值产品，并不断加以改进

    A. 生产观念   B. 市场营销观念   C. 推销观念

    D. 产品观念   E. 社会市场营销观念

6. 人们有能力购买并愿意购买某个产品的想法是（ ）

    A. 需要   B. 欲望   C. 需求

    D. 追求   E. 效用

7. 顾客的让渡价格是指整体顾客价值与整体顾客成本之间的差额部分。其中顾客在购买商品和享受服务过程中所消耗的货币、时间、精力和精神成本被称为（ ）

    A. 顾客让渡价值   B. 整体顾客成本   C. 整体顾客价值

    D. 以上都对   E. 以上都不对

8. 推销观念和营销观念的最本质的区别在于（ ）

    A. 推销观念已经不适用于当今市场，而营销观念会有更广阔的前途

    B. 推销观念考虑如何把产品变成现金，而营销观念则考虑如何来满足顾客的需要

    C. 推销观念产生于卖方市场，而营销观念产生于买方市场

    D. 推销观念注重卖方需要，面营销观念则注重买方需要

    E. 推销观念注重推销，而营销观念则注重消费者

9. 网络营销就是指（ ）

    A. 营销的网络化   B. 在网络上销售产品

    C. 利用 Internet 等电子手段进行的营销活动   D. 在网上宣传本企业的产品

    E. 在网上开设虚拟商店

10. 从营销理论的角度而言，企业市场营销的最终目标是（ ）

    A. 满足消费者的需求和欲望   B. 获得利润

    C. 求得生存和发展   D. 获得消费者满意

    E. 把商品推销给消费者

二、X 型题（多项选择题）

1. 药品市场营销的特点有（ ）

    A. 以消费者为研究内容   B. 以药品市场为研究内容

    C. 以医药商品为研究内容   D. 以药品价格为研究内容

    E. 以促销为研究内容

2. 现代市场营销观念包括（　　）

    A. 推销观念   B. 绿色营销观念   C. 关系营销观念

    D. 文化营销观念   E. 生产观念

3. 4C 包括（　　）

    A. 顾客   B. 成本   C. 便利

    D. 渠道   E. 沟通

4. 社会市场营销观念要求企业要正确处理（　　）之间的关系

    A. 消费者需求   B. 企业利益   C. 社会利益

    D. 国家利益   E. 消费者利益

5. 药品营销观念认为（　　）不是企业经济活动中的基本目标

    A. 生产产品   B. 销售产品   C. 服务社会

    D. 获取利润   E. 培训员工

6. （　　）是市场导向的市场营销观念

    A. 生产观念   B. 产品观念   C. 推销观念

    D. 市场营销观念   E. 社会市场营销观念

7. 推销观念的特征主要有（　　）

    A. 产生于由"卖方市场"向"买方市场"的过渡阶段

    B. 市场的态度是"为卖什么，就设法让顾客买什么"

    C. 企业相信产品是"卖出去的"，而不是"被买去的"

    D. 通过满足消费者需求来开拓市场，扩大销售

    E. 以消费者为中心

8. 在（　　）情况下，企业奉行以企业为中心观念是

    A. 需求大于供给   B. 供给大于需求   C. 产品质量好

    D. 需求平衡   E. 产品独特

9. 顾客购买的整体价值包括（　　）

    A. 服务价值   B. 产品价值   C. 社会价值

    D. 人员价值   E. 社会价值

10. 传统市场营销观念包括（　　）

    A. 生产观念   B. 产品观念   C. 推销观念

    D. 市场营销观念   E. 社会市场营销观念

三、简答题

1. 举倒阐述药品市场营销的含义。

2. 简述药品市场营销的特点。

3. 传统营销观念与现代营销观念的区别有哪些？

四、案例分析题

×××厂止咳丸品牌经营战略

一、百年传承，续写经典

  ×××厂创建于 1956 年，是云南最早、最大的中成药生产基地，位列全国中成药工业企业 50 强，系云南省高新技术企业，拥有现代化的国内 GMP 制剂第一高楼，被评为"领袖云南·十大历史品牌"及"云南省优秀文化品牌建设先进单位"。该厂依托云南植物王国的地域优势，结合企业自身的资源优

势，筛选优势品种，大力启动了止咳丸单品过亿战略。止咳丸产品卖点鲜明，疗效独特，其处方源于清光绪 33 年（1907 年）云南名医翟玉六的家传秘验方，由《太平惠民和剂局方》中"苏子降气汤""定喘汤"化裁加减而成。止咳丸 20 多味药材大组方是祛痰剂中绝无仅有的，历经百年市场检验，可以有效治疗风寒入肺、肺气不宣引起的咳嗽痰多、喘促胸闷、周身酸痛或久咳不止以及老年支气管炎咳嗽，被云南省政府授予"云南名牌"产品称号。凭借其经典的组方、确切的疗效，赢得了广大老百姓的信赖。

二、分析市场，准确定位

中国约有 19405 万人因哮喘、支气管炎、结核病和感冒引起咳嗽的症状的人群。2007 年止咳市场的容量达 45.06 亿元，1999 ~ 2006 年的复合年增长率高达 18.84%。随着中国城镇人口和国民经济的不断增长，止咳药市场容量也会随之扩大，从 2006 年止咳化痰用药主要品种市场份额情况来看，目前止咳化痰用药的市场集中度比较低，属于分散型的市场形态，各品种之间竞争激烈。咳嗽药市场处于一种完全竞争状态，市场仍存在较多的市场空白点和市场机会。

持续稳定发展的中国医药市场，勃勃生机的背后也暗藏危机。40 多亿元的止咳用药市场，但众多止咳产品不管在产品定位、区域销售、商业合作、终端拦截上都存在很多的空白点。昆明中药从产品的差异化定位、独特诉求、广告拉动、商业借势、终端纯销形成有力的竞争攻略，达到定位明确、具有冲击性、可实现的企业发展目标。

三、强强合作，实力策划

为了全面提升止咳丸产品的品牌知名度和市场竞争力，×××厂与国内医药行业最具丰富实战经验的策划团队达成了长期战略合作协议，全力推进止咳丸产品的市场营销工作。一支由 620 多骨干组成的训练有素、执行力强的专业止咳丸销售团队，已布局全国市场，覆盖了 22 个省份的 100 多个城市，全力配合进行二级分销及终端推广工作，以月度为单位进行会议分销和渠道促销。终端 OTC 代表的每人负责 50 家核心终端的建设，每天的工作内容就是价格维护、终端陈列、理货、店员推广 4 项工作；节假日选择每个城市的 10 家旗舰店进行节日促销；协助区域特约经销商进行二级分销网络建设；协助零售商进行终端的促销和价格维护。×××厂找准渠道和终端的发力点，终端引爆具有很强的冲击力！

案例提问：

1. 该企业的止咳丸有什么优势？

2. 试分析止咳丸品牌战略成功的原因？

3. 止咳丸终端销售团队有什么特点？

（李海艳）

书网融合……

重点回顾

习题

模块二　分析医药市场营销

项目三　调研医药市场

<table>
<tr><td rowspan="1">学习目标</td><td>

知识目标

1. 掌握　医药市场调研的内涵；医药市场调研方案的内容；医药市场调研的方法；医药市场调研问卷中问题的设计；医药市场调研报告的内容。

2. 熟悉　医药市场调研的内容；医药市场调研的程序；医药市场调研问卷的构成；医药市场调研问卷设计要求；医药市场调研报告的要求。

3. 了解　医药市场调研的类型；医药市场调研的意义。

技能目标

（1）能够设计医药市场调研方案。

（2）能够设计医药市场调研问卷。

（3）能根据市场调研程序实施调研并撰写医药市场调研报告。

素质目标

（1）具备依法合规经营和生命健康至上的职业理念。

（2）培养做事有条理、有计划、严谨认真、实事求是的工作态度。

（3）培养团队沟通能力和合作意识。
</td></tr>
</table>

导学情景

情景描述： 自品牌创立以来，A 品牌清喉利咽颗粒凭借产品的显著疗效和高频次、长时间的媒体投放，在消费者心中树立了良好的品牌形象，将慢性咽炎的概念深度植入消费者的心智，快速成为咽喉品类的第一品牌。但是随着销售渠道的快速变革、市场竞争的加剧以及整个咽喉类品类增长日益趋缓，A 品牌急需找到突破瓶颈的突破口。为了找到品牌的增长点，慢严舒柠开展了大量的市场调研、消费者研究和医疗专家访谈工作，更深度地了解消费者需求。从对咽喉问题的起因，到消费者的困扰，再到消费者选择产品的偏好分析，A 品牌决定突破"专业治疗慢性咽炎"的品牌形象，努力将品牌打造成"治养结合的中国咽喉健康中药品牌"。

情境分析： A 品牌始终秉持初衷，以"滋阴清热"为立足点，深耕咽喉健康领域，注重与消费者的沟通。研究消费者需求、消费者的行为特征，并从中发现机会是品牌定位、品牌重塑的核心所在。A 品牌能成功进行品牌重塑，也正是基于大量的消费者研究和市场研究。

讨论： 你认为市场调研在慢严舒柠的品牌重塑中起到了怎样的作用？

学前导语："没有调查就没有发言权"。市场调研是市场营销活动的起点，不仅在市场营销活动前要进行，而且贯穿于整个市场营销活动的全过程。那么，什么是医药市场调研？如何开展医药市场调研？

任务一　认识医药市场调研

一、医药市场调研的内涵

（一）医药市场调研的含义

医药市场调研，是指企业运用科学的方法和手段，有目的有计划地收集、整理、分析并报告与医药企业有关的医药产品市场营销信息，为市场预测和企业营销决策提供依据和参考的整体活动。

（二）医药市场调研的类型

从各种角度将市场调研分为不同的类型，有利于对医药市场调研做全面系统的理解。

1. 按调研的目的和功能分类

（1）探测性调研　又称初步调研或非正式调研，是指在调研开始阶段为明确医药企业存在的问题所进行的调研。它是市场调研人员对企业所出现的问题不知症结所在，心中无数，无法确定要调研哪些内容而进行的简单调研。

（2）描述性调研　是指通过详细的调研和分析，对市场营销活动的某个方面进行客观描述的调研。它所了解的是有关问题的相关因素和相互联系。所要回答的是"什么""何时""如何"等问题，并非要回答"为什么"的问题，不要求研究其原因与结果的关系。

（3）因果关系调研　是指以说明问题产生的原因与结果的关系为主的调研。这类调研主要是在市场问题已经明确的情况下，企业寻求解决该问题的方法，即解决"为什么"的问题。

2. 按调研的时间分类

（1）定期性调研　是指企业对市场情况或业务经营情况，按时间定期所进行的市场调研。定期调研一般是周期性的，调研形式有月度调研、季度调研、年度调研等。

（2）不定期性调研　又称经常性调研、连续性调研，是指在选定调研的课题和内容之后，长时间、不间断地调研，以便于收集具有时间序列化的信息资料。每次调研的时间、内容一般都是不固定的。

（3）临时性调研　又称为一次性调研，是指企业为了研究某一特殊问题或根据市场的某些特殊情况而进行的临时性市场调研。

3. 按市场调研的范围分类

（1）全面调研　即普查，是对所要调查研究的对象总体进行逐一的、普遍的、全面的调研。通过全面调研可以了解总体的详尽资料，准确把握市场的变化方向和程度。但此类调研由于调研对象众多，费时费力，一般企业难以采用，只有政府部门才可以组织实施。

（2）重点调研　是一种非全面调研，指在调研对象总体中，选择一部分重点样本进行的调研，这些重点样本在量的方面占优势。该调研比全面调研更加及时地掌握基本情况，以利于调研人员抓住主要矛盾，采取措施。主要在紧急情况下使用。

（3）典型调研　也是一种非全面调研，指在对调研总体进行初步分析的基础上，从中有意识地选取具有代表性的典型单位进行深入调研，掌握有关资料，由此了解现象总体的一般情况。适用于调查总体庞大、复杂，调研人员对情况比较熟悉，能准确地选择有代表性的典型作为调研对象，而不需要抽样调研的市场调研。

（4）抽样调研　指根据随机或非随机的原则，从调研对象总体中按一定规则抽取部分样本进行调研，用所得结果说明总体情况的调研。

4. 按资料的来源分类

（1）实地调研 是深入现场，与受访对象直接接触，从而取得有关资料的市场调研。实地调研所花的时间较多，费用较大，但能够取得重要的第一手资料。

（2）文案调研 也称文献调研，是利用各种现有的文献、档案，对现成的信息资料进行收集、分析、研究的调研活动。该调研节约时间与费用，同时也为实地调研打下基础，但所得资料是第二手资料，必须进行甄别。

二、医药市场调研的意义

1. 了解医药市场的情况，更好地满足消费者需求 通过对医药市场购买力、消费水平、消费结构、消费趋势等的调研，了解医药市场需求总量及需求结构；通过对医药产品生产、库存、进口等货源的调查，了解市场的供应情况。企业可以根据实际情况，经营适销对路的产品，更好地满足消费者需求。

2. 有利于发现市场机会，开拓新市场 通过医药市场调研可以使企业了解环境对企业发展的影响，了解国家相关医药政策法规的变化，预测未来市场可能发生的变化，掌握医药市场的发展规律，发现一些新的需求，从而根据自身情况，选择新的市场机会。

3. 有利于及时调整和改进工作，改善经营管理水平 通过医药市场调研，医药企业可以发现现有营销策略、营销活动的不足及经营中存在的问题，有利于企业及时加以纠正，而且可以及时掌握竞争对手的动态，掌握企业在市场上所占份额的大小，并针对竞争对手的策略，对自己的工作进行调整和改进。

三、医药市场调研的内容

（一）医药宏观市场环境调研

1. 政治环境 包括政府对该类医药产品的有关方针、政策和国家的法律法规等。

2. 经济环境 包括各种重要经济指标，如一个国家或地区的经济结构、国民收入、消费结构、消费水平、经济增长走势等。

3. 人口环境 包括全国及各主要医药产品目标市场的人口规模、人口结构等。

4. 科技环境 包括新技术、新环境、新材料的开发、应用、推广等。

5. 社会文化环境 包括生活习惯、宗教信仰、文化修养、社会风尚等。

👁 看一看

网售处方药的逐步放开

随着互联网医疗的不断发展，医药电商开始崛起，而网售处方药的放开正是医药电商发展的关键信号。随着互联网医疗体系的建立与完善，再加之疫情的助推，使得药店处方共享，处方外流及长处方成为医药电商快速发展的促进条件。网售处方药的发展颇为坎坷。从最开始放开到后来的不允许，再到现在的逐渐放开。2021年4月《关于支持海南自由贸易港建设放宽市场准入若干特别措施的意见》，表示在自贸区内支持开展互联网处方药销售；紧接着《关于服务"六稳""六保"进一步做好"放管服改革有关工作的意见"》的出台，使得网售处方药态势向好。在这样政策趋势下，再加上互联网＋医疗复诊、处方流转、长处方等政策的强力推动，网售处方药的大门或将打开。

（二）医药产品市场需求调研

医药产品市场需求调研的内容主要包括某种医药产品市场需求总量和市场需求增长率、本行业或同类医药产品的销售量及市场占有率、本企业医药产品的销售量和市场占有率、替代医药产品的市场销售量和市场占有率等方面。

（三）医药产品消费者购买行为调研

医药产品消费者购买行为调研的内容主要包括消费者群体构成与分布的情况、消费者购买行为与购买习惯的情况、消费者购买动机与购买方式的情况、影响消费者需求的各种因素变化情况等方面。

（四）医药市场营销组合因素调研

1. 产品调研　主要包括医药产品设计、医药产品和产品组合、医药产品生命周期、老产品改进、新产品开发、销售服务等。

2. 价格调研　主要包括医药市场供求情况及其变化趋势、影响价格变化的各种因素、产品需求价格弹性、替代产品价格、新产品定价策略等。

3. 分销渠道调研　主要包括中间商选择、仓库地址选择、运输工具如何安排等。

4. 促销组合调研　主要包括广告、人员推销、营业推广、公共关系等。

四、医药市场调研的程序

市场调研是一项涉及面广、操作复杂的科学研究活动，为了保证市场调研的系统性和准确性，医药市场调研应遵循一定的程序。

（一）确定调研目标

企业之所以要做市场调研，是建立在一定的需求基础之上的，这些需求就是调研的目标。确定调研目标前一定要搞清楚四个问题：即为什么要调研；调研中想了解什么；调研结果有什么样的用处；谁想知道调研结果。在确定调研目标阶段，通常要先做初步调研，然后确定调研的问题及其范围。如：某医药企业提出某品种销售不畅的问题，就要首先针对影响药品销售的诸多因素进行调研，确定是药品分销渠道选择不当，还是药品质量问题；是药品价格问题，还是药品包装不适宜等。初步调研后如果发现是药品分销渠道不畅的原因，则要把下一步的调研重点放在药品分销渠道的选择上，也就是在关键问题上下功夫，这样才能提出实质性的意见和建议。

1. 初步情况分析　收集企业内外部有关情报资料进行分析。资料不必过于详细，只需重点收集对所要研究、分析的问题有参考价值的资料即可。

2. 非正式调研　向本企业内部有关人员（销售经理、推销员等）、精通本问题的专家和人员（批发商、主要零售商等）以及个别有代表性的用户，主动征求意见，听取他们对这个问题的看法和意见。

（二）制定调研方案

为了更有效地进行针对性的调研，需要根据调研目标制定一个完善的调研方案，使营销调研工作顺利进行。医药市场调研方案制订流程一般包括以下主要流程：确定调研目标、确定调研内容和具体项目、确定调研对象和范围、确定调研方法、安排调研进度、部署调研人员、确定调研经费预算。

（三）实施调研

实施调研就是市场信息资料收集过程，这是市场调研实质性的工作阶段。调研人员在开始一项调研之初，一般先收集二手资料，既节省时间又节省成本，对资料的历史背景也比较清楚，也可与实地调研资料进行对比；当现成的二手资料不能解决调研问题时，企业必须针对调研题收集专门的资料，即一手资料。收集一手资料，即进行实地调研，实地调研工作的好坏，将直接影响调研结果的正确性。因此，进行实地调研应注意：要求调研人员保持客观，边调研边分析，发现问题要追根究源，把调研深入下去。

（四）分析与总结

1. 整理分析调研资料 市场调研收集的资料大多是零星分散的，很难直接用于分析和汇总，需要"去粗取精、去伪存真"的整理分析。这是市场调研出成果的重要环节。

（1）整理资料 一是将调研收集到的资料进行筛选，挑选出对调研目标有重要参考价值的资料，并对其可靠性进行审核，以确保原始资料的准确性和全面性；二是将这些资料按照市场调研主题进行分类、编码、汇总，以便查找归档，统计分析。

（2）分析资料 运用数理统计分析方法对整理汇总的原始资料进行运算处理，并根据运算结果对研究总体进行定量的描述与推断，并得出市场调研结论。

2. 撰写市场调研报告 市场调研结果必须写成调研报告，供有关预测决策部门应用或参考，才有价值。调研报告必须简明概括，力求客观，重点突出，文字简练，图表形象易理解。调研报告的内容包括标题、目录、摘要、正文、结论与建议、附件等。

❤ **药爱生命** ————————————————————————————————

党的十八大以来，党中央高度重视中医药事业的发展，各部委发布多项中医药相关的法规和要求。中医药是中华优秀传统文化的重要载体和典型代表，充分体现着中华民族生命至上、厚德载物的精神关怀，彰显着道法自然、和合致中的生存理念。传承和弘扬中医药文化，可以为振兴中医中药奠定深厚的文化基础，更可以帮助人们深刻认识中华优秀传统文化的精华，牢固树立文化自信。

——

任务二 制定医药市场调研方案

一、医药市场调研总体方案

医药市场调研方案又称医药市场调研计划，是执行调研活动全过程的一套整体框架，是对调研工作各方面和全过程的统筹安排，包括了整个调研工作的全部内容。医药市场调研方案一般包括调研目的和目标、调研内容和具体项目、调研对象和范围、调研方法、调研时间进度安排、调研人员、调研预算等。

（一）调研目的和目标

调研目的是说明"为什么开展调研"，应指明该项目的调研结果能给企业带来的决策价值、经济效益、社会效益以及在理论上的重大价值等。调研目标是说明"应该进行什么样的调研"，应该明确、具体，并尽量可以量化。一般来说，医药市场调研目标包括了解医药市场的基本环境，摸清医药市场的供求状况、竞争对手的状况、顾客的消费偏好等。

（二）调研内容和具体项目

调研内容和具体项目是指对调研对象所要调研的主要内容。确定调研内容和具体项目就是明确需要向调研对象了解的信息，是整个调研的核心，决定着调研是否有效。

（三）调研的对象和范围

确定调研对象和范围，主要是为了解决向谁调研和由谁来具体提供资料的问题。调研对象就是根据调研目标、任务确定调研的范围以及所要调研的总体。可靠有效的市场调研必须建立在正确的调研对象基础上。

（四）调研的方法

调研方法是指取得资料和信息的方法。市场调研的方法主要有一手资料调研和二手资料调研。具体调研方法的选择要依据调研目的、性质和调研经费预算等而定。选用的方法是否得当，对调研结果影响极大。

（五）调研的时间进度安排

调研的时间进度安排是指制定详细的调研进度时间表，包括起讫时间和各项活动的时间安排。安排调研进度时，一要保证调研的准确性、真实性；二要尽早完成调研活动，保证时效性，同时兼顾经济性。

（六）调研人员

部署调研人员包括组织调研人员的培训、区域分工、将调研工作明细化、明确各调研人员的工作职责、明确人员间的相互协调配合方法。

（七）调研预算

调研预算就是调研活动的资金安排，主要有：资料费、差旅费、调研费、印刷费、劳务费和其他费用。为防止意外情况发生，预算应留有一定的余地和弹性。

二、医药市场调研方法

医药市场调研方法按信息来源不同，可分为一手资料调研法与二手资料调研法两种形式。二手资料调研法是对已经存在并已为某种目的而收集起来的信息进行的调研活动。但是当需要更深入地了解一个市场情况时，就需要进行实地调研。

（一）二手资料调研法

二手资料调研法又称案头调研法或文案调研法，是指调研人员在充分了解调研目的后，通过收集各种有关文献资料，对现成的数据资料加以整理、分析，进而提出有关建议以供企业相关人员决策参考的调研方法。二手资料调研法的优点主要有迅速便捷、成本低、可以克服时空限制、受到各种因素影响小等，其不足之处有加工和审核工作较难、存在滞后性和残缺性等。

1. 二手资料调研的步骤

（1）评价现成资料　现成资料是已经取得的第二手资料，可从以下几个方面进行评价：①现有的资料是否全面、精确地满足调研的要求。②资料的专业程度和水平如何。③资料所涉及的时期是否适当、时效性如何。④资料的精确性如何，是否可信。⑤资料的获得成本大小和迅速程度如何。这些方面进行综合评价是这一阶段的评价标准，当然实际情况千变万化，可灵活应用。

（2）搜集情报　调研项目确定后，经过前一阶段对现成资料的评价，随着调研的深入，仍需要从相关处收集获得更加详细的资料。从一般线索到特殊线索搜集情报，这是每个调研人员搜集情报的必由之路。

（3）筛选资料　资料收集后，调研人员应根据调研的需要和要求，剔除与调研项目无关的资料和不完整的情报。这就要求调研人员有一定的技术水平，对资料的取舍得当。例如，调研人员在分析进入哪些市场的调研中，他就可以从分析以下因素着手：产品的可接受性、分销渠道、价格、竞争情况、市场消费能力和潜力等。

（4）撰写案头报告　报告是所有调研工作过程和调研成果赖以表达的工具，是对此次调研工作的总结。撰写时应注意：①针对性强：简单明了，用统计图表来反映问题，方便读者了解分析。②有说服力：报告的分析要有理有据，数据确凿，图表精确。③结论明确：这是调研报告意义和价值的体现，非常重要。④时效性强，报告应及时，起到调研工作的画龙点睛作用，是进行决策的重要依据。

2. 二手资料收集的途径

（1）企业内部的资料 企业内部的各种记录、财务报表、销售数据及技术资料等。

（2）政府权威机构的定期出版物 政府部门的各种统计年鉴、统计报告、调查报告等。如国家卫生健康委员会《中国卫生健康统计年鉴》、商务部《药品流通行业运行统计分析报告》、工业和信息化部《中国医药统计年报》、国家药品监督管理局《药品监督管理统计报告》等。

（3）行业协会的报告和定期出版物 行业组织定期或不定期发布的内部刊物，如行业景气指数、行业发展报告、行业法规、市场信息、会员经营状况和发展水平等。如中国医药物资协会行业发展报告、上海医药行业协会《上海医药杂志》等。

（4）商业资料 市场调研公司、咨询公司、高校及其他学术机构的研究报告，一般需要有偿获取。如中康资讯，米内网等发布的医药行业研究报告等。

（5）网络 可以通过收索引擎，也可以直接登录专业网站等收集相关资料。如国家药品监督管理局官网、E 药经理人微信公众号、赛柏蓝微信公众号等。

（二）一手资料调研法

一手资料调研法又称原始资料调研法，主要是指调研者从被调研对象处直接收集有关信息资料的调研方法。一手资料调研法的优点主要有资料正式性强、及时性强等，其不足之处有耗费时间长、成本高、受时空限制、影响因素较多、对调研者的专业知识及实践经验和技巧要求较高等。随着社会经济的发展和营销活动的深入开展，一手资料收集信息的方法越来越多，但主要有三种：访问法、观察法、实验法。

1. 访问法 是将拟定调研的事项，以口头或书面的形式，通过会面、问卷、电话或因特网，向被调研者提出询问，从对方的回答中获取资料的调研方法。访问法是市场调研的常规方法，也是获取原始资料的主要方法。

（1）面谈访问 调研人员按事先准备的调研问卷或提纲当面询问被调研者以获取资料的方法。主要靠"走出去"的方式，但也可以"请进来"，如采用用户座谈会的方式。见面访谈法的优点是调研结果的回收率高，收集资料全面，资料真实性强，当面听取被调研者的意见，还能观察其反应，发现新问题；缺点是费用高、范围窄，调查结果受调研人员技术熟练程度和个人理解的影响大。

（2）电话访问 利用电话由调查人员提出问题，请对方做出回答。此法的优点是时间短、速度快、费用低，不受调研人员在场的心理压迫，使调研对象能畅所欲言；缺点是受通话时间的限制，调研问题少而简单，无法收集深层信息。

（3）信函访问 通过信件、报刊广告页、产品包装等途径，把事先设计好的调研问卷分发给被调研者，请他们按要求填好后再寄回。此法的优点是调研面宽、样本量大，成本低，不受调研人员在场的影响；缺点是回收时间周期长，被调研者也常常误解问卷的意思，问卷回收率低，一般只有 15% ~ 20% 的问卷能收回。调研者可以采取有奖征答等办法提高问卷回收率。

（4）会议访问 指通过召开有关会议，利用会议的便利条件展开市场调研的一种的调研方式。在各种各样的会议上如药品订货会、物资交流会、医疗器械展销会等，都是开展市场调研的有效场所。调研的形式主要有：发调研表、出样订货、召开座谈会或个别交流等。

（5）网上访问 指应用计算机网络技术和传统调研技术相结合的、具有良好交互界面的、为适应网络时代而出现的一种现代调研技术。主要用来做产品研究方面的市场调研，如产品市场占有率、产品推广渠道等内容的调研。

2. 观察法 是调研人员直接或通过仪器在现场观察和记录被调研者的行为和心理，获取所需资料的方法。观察法的优点是客观实在，能如实反映问题；缺点是调研结果是一些表面的可直接观测的现象，不能反映内在原因，更不能说明购买动机和意向。

（1）直接观察法　派人直接对调研对象进行观察。如药店想了解客流变化情况，可以安排调研人员在药店入口处和停车场观察不同时间人数变化情况。

（2）亲自经历法　调研人员亲自参与某种活动收集有关资料。如某药厂要了解它的代理商或经销商服务态度的好坏，可派人到他们那里去买药品，但注意不要暴露自己的身份。

（3）痕迹观察法　不直接观察被调研者的行为，而是观察被调研者留下的实际痕迹。

（4）行为记录法　在调研现场安装收录、摄像及其他监听、监视仪器设备，调研人员不必亲临现场，即可对被调研者的行为和态度进行观察、记录和统计。如想了解顾客进入商店后的行进方向，就可以在店内天花板上安装摄像机，记录顾客行进路线。

3. 实验法　是从影响调研问题的许多因素中选出一个或几个因素，将它们置于一定条件下进行小规模的实验，通过实验测量获取资料的方法。实验法的优点是方法科学，可获得较正确的原始资料；缺点是不易选择出社会经济因素类似的实验市场，市场环境偶然因素多，影响实验结果，且所需实验时间较长，成本也较高。实验法在因果性调研中应用很广，多用于调研市场营销策略、销售方法、广告效果等，如产品设计、价格、包装等的变动对销售的影响。

（1）单一实验组前后对照法　对比控制变量改变前后实验组的测量结果，其差异即为控制变量的影响结果。

（2）实验组与控制组对照法　除实验组外再选择一些与实验组中对象类似的作为控制组，在实验组中改变控制变量，而在控制组中控制变量恒定，对比实验组和控制组在同一时期内的测量结果，其差异为控制变量的影响结果。

以上每种调研方法各有所长，具体调研过程中，究竟采用哪一种或是几种方法，应根据调研目的、调研要求、调研对象的特点来灵活地进行相应选择。

练一练

多选题：下列属于一手资料调研法的是（　　）

A. 访问法　　　　B. 文案法　　　　C. 观察法

D. 实验法　　　　E. 探索法

答案解析

三、医药市场调研抽样

医药市场调研抽样是指选取适宜的抽样方法，从调研对象总体中抽取一部分单位进行调研，然后根据样本结果推算出总体特征。调研所选样本是否具有代表性，对调研结果影响很大。一般选取样本需要考虑三件事：调研对象是谁？样本的规模是多少？如何选取样本？

抽样一般有随机抽样和非随机抽样两大类。

（一）随机抽样

随机抽样就是按随机原则抽取样本，调研对象总体中的每个部分都有同等被抽中的可能性，是一种完全依照机会均等的原则进行的调研抽样方法，被称为是一种"等概率"。常用的方法有简单随机抽样、分层随机抽样、等距抽样、分群随机抽样等。

1. 简单随机抽样　又称完全随机抽样，是最常用的一种随机抽样方法，指从总体中随机抽取若干个个体为样本，抽样者不做任何有目的的选择，用纯粹偶然的方法抽取样本。

2. 分层随机抽样　是先将调研的市场总体按某一标志分成若干个类型组（层），使各组的组内标志值比较接近，然后分别在各组内随机抽取样本单位，最后把各层中抽出的样本合在一起构成总体的样本。

3. 等距抽样　又称系统抽样或机械抽样，是先将总体的各个单位按某一标志顺序排列，并根据总体单位数和样本单位数计算出抽样距离，然后按相等的距离或间隔来抽取样本单位。

4. 分群随机抽样　是先将调研总体按一定的标准（如地区、单位）划分为若干群，再从中随机抽取部分群，对抽中的群内所有单位进行调研。

（二）非随机抽样

非随机抽样是指抽样时不是遵循随机原则，而是按照调研人员自己的认识和判断来抽取样本的一种调研抽样方法。常用的方法有便利抽样、配额抽样和判断抽样等。

1. 便利抽样　又称任意抽样，是指样本的选择完全由调研人员决定，取决于调研人员感觉到是否"便利"。在非正式的市场调研中，便利抽样的应用最为广泛。

2. 配额抽样　是指将调研对象按规定的控制特征分层，按一定的控制特征规定样本配额，由调研人员随意抽取样本。

3. 判断抽样　是指按照市场调研人员对实际情况的了解和主观经验从总体中选定调研样本。

任务三　设计医药市场调研问卷

调研问卷也称调研表，是系统记载需要调研的问题和调研项目的书面问卷。问卷调研是市场营销调研中收集第一手资料的最普遍使用的工具，是沟通调研人员与被调研对象之间信息交流的桥梁。因此，调研问卷的设计是市场调研的一项基础性工作，其设计的是否科学直接影响到市场调研的成功与否，需要认真仔细地设计、测试和调整。

一、医药市场调研问卷设计要求

问卷的设计要求有清晰的思路、丰富的经验、一定的设计技巧以及极大的耐心。具体应注意以下几方面问题。

（一）主题明确

根据调研目的，确定调研主题；在深刻理解调研主题的基础上，决定调研所需要的资料、调研表的具体内容和形式。

（二）问题适当

提出的每个问题都应对调研目的有帮助，避免可有可无的问题和避免漏掉应该被回答的问题；问题的措辞应简单、直接，避免有歧义；提问要有单一性，避免把不同特性的问题合并提问；必须避免倾向性、引导性、暗示性的提问。

（三）通俗易懂

调研问卷中语言要平实，语气诚恳，避免使用调研对象不熟悉的、过于专业化的术语；提问要讲求艺术性、趣味性，使被调研者乐意回答，对于敏感问题应采取一定技巧，使问卷具有较强的可答性和合理性。

（四）长度适宜

问卷中所提出的问题不宜过多、过细、过繁；问卷的长短，可以因受访者对主题的关心程度、询问场所、调研对象类型、调研员训练程度而定，一个问题只能包含一项内容，以不超过 25 个问题为宜；回答问卷时间不应太长，一份问卷回答的时间一般不多于 30 分钟。

（五）结构排列合理

问卷中问题的排序应有一定的逻辑顺序，符合被调研者的逻辑思维程序。一般是由简单到复杂、由表面直觉到深层思考、由一般性问题到特殊性问题排序。比如，第一个问题尽可能地引起人们的兴趣，而较难或私人性问题最后出现，这样应答者就不会变得过于自卫。

（六）适于统计

设计时要考虑问卷回收后的数据汇总处理，便于进行数据统计处理。

调研问卷在大规模使用之前应以少数人应答为实例，或将自己放在被调研人的地位，对问卷进行小规模的测试，考虑这些问题能否得到确切的资料、能否使被调研人方便回答等，审查测试结果，对不足之处予以改进。

二、医药市场调研问卷结构

一个正式的调研问卷一般包括标题、引言、正文和附录等内容。

（一）标题

问卷标题是概括说明调研研究的主题，使被调研者对要回答哪方面的问题有个大致的了解。标题设计应简明、扼要、准确、突出，易于引起被调研者的兴趣。

（二）引言

引言主要包括问候语、自我介绍、填表说明等。旨在向被调研者说明调研的目的和意义。最好强调调研与被调研者的利害关系，以取得被调研者的信任和支持。问卷说明的形式可采取比较简洁、开门见山的方式，也可进行一定的宣传，引起重视。有些问卷还有填表须知、交表时间、地点及其他事项说明。

（三）正文

正文是调研问卷的主体和核心部分，是调研问卷所需调研的具体内容。

1. 被调研者基本情况　指被调研者的一些主要特征，如姓名、性别、年龄、家庭人口、收入、文化程度、职业等。列入这些项目，是为了便于对调研资料进行分析和分类。当然，根据调研目的的不同要求，这些项目应有所取舍，并非多多益善。

2. 调研项目　是调研者所需了解的具体内容，就是依照调研主题设计若干问题要求被调研者回答，如商品的价格、质量、意见等。这部分内容设计的好坏直接影响整个调研的价值，因此，如何设置合理的调研项目，是设计调研表的关键。

（四）附录

调研问卷的附录一般放在问卷的最后，简单的问卷也可以省略。

1. 调研者情况　是把有关调研者的个人档案列入，如调研员的姓名、访问时间等，以明确调研人员完成任务的性质。

2. 结束语　一般在问卷的最后，可以用简短的词语对被调研人员的配合再次表示感谢，也可以征询被调研人员对问卷调研本身的看法。

3. 编码　对调研问卷和问卷中调研项目设置编号，以便于被调研者填写、选择，也便于调研者分类、归档以及在电子计算机上建立数据库系统的统计处理。

总之，调研问卷的设计结构要合理，正文应占整个问卷的三分之二到五分之四，引言和附录只占很少部分。

三、医药市场调研问题设计

一份调研问卷要想成功取得目标资料，除了做好前期大量的准备工作外，必须对问题的类别和提问方式与技巧仔细考虑，否则会使整个问卷产生很大的偏差，从一定程度上影响调研问卷水平质量的高低。因此，在设计问卷时，应对问题有较清楚的了解，并善于根据调研目的和具体情况选择适当的提问方式与技巧。

（一）调研问卷的问题类型

根据问题答案是否具有规定性，问题一般有两种：封闭式问题和开放式问题。

1. 封闭式问题 指事先给定了备选答案，被调研者只能在所规定的答案范围内进行选择的问题。封闭式问题常用选择题的形式，便于被调研者回答，也便于调研者统计，但答案伸缩性较小，其设计要求较高。封闭式问题常用于描述性、因果性调研。

2. 开放式问题 是指由被调研者用自己的话来自由作答的问题。开放式问题常用问答题的形式，容易设计，被调研者回答不受限制，答案能真实反映被调研者的想法，但缺点是对答案的整理分析比较困难，所以在一份调研问卷中只能占小部分。开放式问题常运用于探测性调研阶段，了解人们的想法与需求。

（二）调研问卷的提问方式

1. 二项选择法 也称真伪法，是指对提出的问题仅有两个答案可选择，非此即彼。如"是"或"否"、"有"或"无"、"喜欢"或"不喜欢"等。优点是方便回答，便于统计分析；缺点是强制选择，无法反映应答者意见程度的差别。

例如："你购买药品时是否注重牌子？" ①是（　　）②否（　　）

2. 多项选择法 在提问时一个问题提供两种以上的备选答案，请应答者选择其中一项或几项答案。这种方法多少可以缓和二项选择法强制选择的缺点，答案的统计分析也很简单。但是，备选答案设计较为复杂，要注意不要遗漏可能的答案，答案之间不能重复，而且备选答案不宜过多。

例如："下面列出的咽喉类药品，您服用过哪几种？" ①华素片（　　）②金嗓子喉片（　　）③草珊瑚含片（　　）④桂林西瓜霜（　　）⑤双料喉风散（　　）

3. 自由回答法 调研者围绕调研内容提问，不设定备选答案，被调研者不受任何约束，自由回答。优点是被调研者可积极思考、充分发表看法，而且问题的设计也较简单。缺点是被调研者的观点可能比较分散，个人的表达能力也会导致答案的差异，难以进行数据的统计分析。通常情况下应该较少采用甚至不用这样的提问方式。

例如：您对××品牌的感冒药有什么看法？

4. 比较法 让回答者对调研对象的性质进行判断，作出比较。被调研者可以在"同意"到"不同意"、"重要"到"不重要"、"极好"到"极差"之间选择。

例如：你如何看待"进口药品比国产药品要好"的说法？①非常同意（　　）②同意（　　）③不同意也不反对（　　）④不同意（　　）⑤坚决不同意（　　）

5. 排序法 让回答者对多个给定答案排序。排序法设计中，应注意提示答案不宜过多，过多则回答者难以准确排序，而且回答结果也容易分散。

例如：您购买××药品时优先考虑的因素是：

请将优先顺序号1、2、3……填写在答案前面的（　）内

（　）价格（　）质量（　）效果（　）品牌（　）外观（　）售后服务（　）其它

6. 打分法　在提问时给出若干提示答案，请回答者根据自己的认识打分，以反映被调研者对有关事物的看法、观点和评价。

例如：在您看完××广告节目以后，请您就以下几个评价指标在相对位置打分：

程度打分（最差）　1　2　3　4　5　6　7　8　9　10（最佳）

①主题是否突出　　—　—　—　—　—　—　—　—　—　—

②画面是否清晰　　—　—　—　—　—　—　—　—　—　—

③能否引人注意　　—　—　—　—　—　—　—　—　—　—

④品牌是否明确　　—　—　—　—　—　—　—　—　—　—

⑤是否容易记忆　　—　—　—　—　—　—　—　—　—　—

7. 印象回想法　主要用于了解顾客的兴趣、注意力、选择记忆和平常生活习惯。例如："请您回想一下，最近一年来引起您注意的感冒药的品牌名称有哪些？"

8. 词汇联想法　列出一些词汇，每项一个，由被调研者提出他头脑中涌现的第一个词。例如：当您听到下列字眼时，您脑海中涌现的第一个词是什么？

同仁堂——纯中药、老字号、信誉好……

9. 语句完成法　提出一些不完整的语句，每次一个，由被调研者完成该语句。

例如：当我的朋友购买馈赠亲友的保健品，我推荐……。

10. 故事完成法　提出一个未完成的故事，由被调研者来完成它。例如：在网上购物后，收到的商品与你在网上订购的有区别时，你会……请完成这个故事。

？ 想一想

下面是一份药品调查问卷中设计的问题，你认为以下提问有什么不当之处？

1. 您对××药的价格和疗效满意吗？

A. 满意　　　　　　　B. 不满意

2. 消费者普遍认为××品牌的感冒药好，你对××品牌的感冒药印象如何？

答案解析

任务四　撰写医药市场调研报告

医药市场调研的最后一个步骤就是撰写一份高质量的调研报告，供委托者或本企业管理层作为营销决策的参考。调研报告的内容、质量决定了它对企业领导据此决策行事的有效程度。

一、医药市场调研报告的概念

医药市场调研报告，就是根据医药市场调研资料和调研结果加以概括并予以说明的书面报告，是对医药市场营销信息进行归纳和传递，是整个医药市场调研活动和工作的最终成果。

二、医药市场调研报告的内容

医药市场调研报告严格来讲没有固定不变的格式，可根据具体情况进行设计。不同调研报告的写作，主要依据调研的目标、内容、结果以及主要用途来决定。但一般来说，调研报告的内容都包括标题、目录、引言、正文、结论与建议、附件等几个部分。

（一）标题

标题即调研报告的题目，就是写明调研报告的主题，把主要内容概括地叙述出来。调研报告标题可以只用一个正标题，如"冠心病治疗药市场分析"；也可以在正标题之外再加副标题，正标题反映报告的主题，副标题表明调研的对象及内容等，如"银杏叶制剂市场调研——机会与挑战并存"。市场调研报告标题的形式一般有以下三种：

1. 直叙式 直接反映调研意向，在标题中写明调研内容和调研范围。简明、客观，一般调研报告都采用。如"关于某感冒药销售情况的调研报告"。

2. 表明观点式 直接表明作者的观点、看法或对事物的判断、评价，在标题中揭示调研结论。如"感冒药降价不可取""止吐药物销售增加而药价走低"。

3. 提出问题式 以设问、反问等形式突出问题的焦点，以增强吸引性。如"某感冒药为何如此畅销？"

（二）目录

如果调研报告的内容、页数较多，为了方便阅读，应当使用目录或索引形式列出报告所分的章节和附录，并注明标题、有关章节号码及页码，一般来说，目录的篇幅不宜超过一页。如果内容不多可以省去目录。

（三）引言

这部分主要阐述市场调研的基本情况，是用简明扼要的文字向阅读者介绍整个市场调研基本情况，主要包括：简要说明调研目的，即说明调研的由来；简要介绍调研对象和调研内容，包括调研时间、地点、范围、调研要点及所要解答的问题；简要介绍调研的方法，并说明选用方法的原因，有助于使人确信调研结果的准确性。

（四）正文

正文是市场调研报告的主体和重心。正文部分是对调研资料的统计分析结果进行全面准确的阐述，必须详细准确地叙述调研结果和分析结果，还应说明对问题进行分析的方法。包括：调研的问题、调研采用的方法、调研步骤、调研结果以及调研结果对企业营销活动的分析等。

在撰写中，切忌将分析工作简单化，即资料数据罗列堆砌，只停留在表面文章，应紧扣调研目标、详略得当、重点突出，还可以使用图表说明。

（五）结论与建议

结论与建议是调研者基于调研事实，得出问题的结论并提出大致的措施和建议，它是撰写调研报告的主要目的。结论及建议与正文部分的论述要紧密对应，综述全文重要观点，不可以提出无证据的结论，也不要没有结论性意见的论证。

（六）附件

附件是提供与调研结果有关的资料，对调研报告起注释作用。包括：资料汇总统计表、原始资料来源、调研问卷、抽样名单、统计检验技术结果，以及一些重要的数据、图表和相关制度文件等。调研过程中产生的附带性资料信息也可在整理后放在附录中。

提交调研报告后，调研人员还应对调研报告进行追踪，了解调研结论是否有参考价值，措施和建议是否被采纳，这样可以总结调研工作成效，为以后的调研积累经验。

三、医药市场调研报告的要求

（一）尊重事实，不能先入为主

调研研究一般都有明确的目的。到哪里去，调研什么，事先都有设想和调研提纲。撰写时，不能以主观设想的调研提纲为依据，只能依据调研所得事实。事实怎样就怎样写，不允许用调研之前设想的结论去套用或改造客观事实，更不能虚构。

（二）善于抓住本质

调研所得信息是各种各样的，甚至会有截然相反的意见。因此，写作时要善于抓住那些最能说明问题的材料，不要眉毛胡子一把抓，堆砌很多材料还说明不了问题。有些材料很好，但与调研主题无关，也不能用上去，可以作为副产品加以使用，或写成另外的调研报告。

（三）定性分析与定量分析相结合

定量分析有大量数据做支撑，能增强说服力，定性分析能发挥人的主观能动性，把握市场发展的趋势和方向，二者应有效地结合。

（四）多用群众的生动语言

调研报告可以而且应当对调研所得材料进行加工提炼，集中概括，但是对于群众中生动的语言，要尽量采纳，并保持其原来面貌，使文章既说明问题，又令人爱看。

（五）保护和尊重被调研者的隐私

鉴于健康医疗服务涉及患者、用户的生命健康，医药市场调研收集、处理的数据具有敏感性，从个人信息保护角度，尤其要注意保护和尊重被调研者的隐私。目前"互联网＋"的新服务模式极大地缩短了医药企业触及患者、用户的供应链环节，使得相关企业直接接触患者、用户成为可能。信息时代，个人隐私的保护受到日益关注，对企业合规提出了新的挑战和新的问题。

目标检测

答案解析

一、**A 型题**（最佳选择题）

1. 在调研开始阶段为明确医药企业存在的问题所进行的调研是（ ）

　　A. 探测性调研　　　　　　B. 描述性调研　　　　　　C. 因果关系调研

　　D. 预测性调研　　　　　　E. 典型调研

2. （ ）是整个调研的核心

　　A. 调研人员　　　　　　　B. 调研内容和具体项目　　C. 调研的方法

　　D. 调研的时间进度安排　　E. 调研预算

3. 二手资料的不足在于（ ）

　　A. 收集不方便　　　　　　B. 费时　　　　　　　　　C. 成本高

　　D. 时效性差　　　　　　　E. 可以克服时空限制

4. （ ） 是调研问卷的主体和核心部分

    A. 问卷标题   B. 正文   C. 问卷说明

    D. 引言   E. 附录

5. （ ） 是市场调研报告的主要部分

    A. 目录   B. 结论与建议   C. 正文

    D. 摘要   E. 标题

二、B 型题（配伍选择题）

    A. 排序法   B. 多项选择法

    C. 自由回答法   D. 二项选择法

1. 您使用过××感冒药吗 （ ）

2. 下面列出的咽喉类药品，您服用过哪几种 （ ）

3. 您购买××药品时优先考虑的因素是什么（请将优先顺序号 1、2、3……填写在答案前面的括号内） （ ）

4. 您认为药品价格居高不下的原因是什么 （ ）

    A. 访问法   B. 观察法   C. 实验法

5. 从影响调研问题的许多因素中选出一个或几个因素，将它们置于一定条件下进行小规模的实验，通过实验测量获取资料的方法是 （ ）

6. 将拟定调研的事项，以口头或书面的形式，通过会面、问卷、电话或因特网，向被调研者提出询问，从对方的回答中获取资料的调研方法是 （ ）

7. 调研人员直接或通过仪器在现场观察和记录被调研者的行为和心理，获取所需资料的方法 （ ）

三、X 型题（多项选择题）

1. 一手资料的不足在于 （ ）

    A. 耗时长   B. 受时空限制   C. 成本高

    D. 时效性差   E. 收集方便

2. 下列哪些方法属于访问法 （ ）

    A. 面谈访问   B. 电话访问   C. 信函访问

    D. 会议访问   E. 网上访问

3. 调研报告的内容包括哪几个部分 （ ）

    A. 标题   B. 目录   C. 引言

    D. 正文   E. 结论与建议

4. 二手资料收集的途径主要有 （ ）

    A. 企业内部的资料   B. 政府部门的统计年鉴   C. 行业协会的报告

    D. 商业资料   E. 网络

5. 市场调研问卷设计具体应注意以下哪些问题 （ ）

    A. 主题明确   B. 通俗易懂   C. 问题适当

    D. 长度适宜   E. 结构排列合理

四、综合问答题

1. 医药市场调研程序包括哪些步骤？

2. 医药市场调研方案一般包括哪些部分？

3. 医药市场调研方法有哪些?

4. 一个正式的调研问卷由哪些部分构成?

5. 市场调研报告的内容由哪些部分组成?

（王学锋）

书网融合……

📄 重点回顾　　📄 习题

项目四　分析医药市场营销环境

学习目标

知识目标

1. 掌握　医药市场营销环境的宏观环境、微观环境的主要构成要素；市场机会和战略机会的评估方法。

2. 熟悉　医药市场营销环境的含义、特征及分类。

3. 了解　医药市场营销环境分析的重要意义；医药市场营销环境对医药市场营销活动的重要营销作用。

技能目标

（1）学会分析医药市场营销环境中的各种因素对企业的影响。

（2）具有对医药营销环境进行分析的意识和基本能力。

（3）能应用分析、评价市场机会与环境威胁的基本方法，分析医药企业面对市场营销环境变化所应采取的对策。学会运用 SWOT 分析工具。

素质目标

（1）培养适者生存的意识、诚实守信、认真严谨的学习态度。

（2）培养敏锐的市场观察应变能力。

导学情景

情景描述："早一粒，晚一粒"曾是大家耳熟能详的医药广告，而康泰克也因为服用频率低，治疗效果好成为了大多数人的首选感冒药，2000 年 10 月 17 日，国家药品监督管理局下发"关于立即停止使用和销售所含有含有 PPA 的药品制剂的紧急通知"，中美史克的感冒药"康泰克""康得"因含有 PPA 而成为禁药。对此中美史克制药有限公司的回复是："中美史克在中国的土地上生活，一切听从中国政府的安排。"

情境分析：医药企业要想经营顺利，产品畅销必须遵守当地的法律规章制度。

讨论：该医药企业面临了什么样的营销环境？

学前导语：医药企业营销活动成败的关键，就在于医药企业能否适应不断变化着的市场营销环境。这些市场环境对医药企业的营销管理者来说是不可控制的变数，营销管理者的任务就在于适当安排营销组合，使之与不断变化着的营销环境相适应。中美史克公司在中国国家药监局的有关文件规定及营销环境发生变化后所做出的应对策略，并被商界广泛称道。作为企业，如何预判营销环境的变化，如何应对营销环境的变化，对其长期经营并处于优势而言显得尤为重要。

任务一　认识医药市场营销环境

一、医药营销环境内涵

（一）医药市场营销环境的含义

医药市场营销环境是指直接或者间接影响医药企业营销活动的内外部客观要素的总和。医药企业的市场营销环境可分为微观营销环境和宏观营销环境两大类。

（二）医药市场营销环境的特征

1. 客观性　营销环境不以某个营销组织或个人的意志为转移，它有自己的运行规律和发展特点。医药企业的营销活动只能主动地适应和利用客观环境，不能改变或违背。客观的检测环境因素才能减少营销决策的盲目和失误，赢得营销活动的成功。

2. 动态性　主要包括三个方面：一是某一环境因素的变化会引起另一环境随之变化；二是每个环境内部的子因素变化会导致环境因素的变化；三是各因素在不同的形势下，对医药企业活动影响大小不一样。随着网络化、全球化、信息化的出现，尤其是电子商务的产生和发展使营销的内、外部环境发生了深刻的变化。

3. 不可控性与企业的能动性　医药市场营销环境作为一个复杂多变的整体，单个企业不能控制它，只能适应它；然而医药企业通过主观能动性的发挥，如调整营销策略、进行科学预测或联合多个企业等，可以冲破环境的制约或改变某些环境因素，取得成功。

4. 差异性　不同的国家和地区，营销环境存在着广泛的很大的差异性。比如美国对药品的管理与中国的药品管理就不同；有时候同一时期不同企业所处的微观环境也存在差异，大型药品公司与小型药品公司拥有的销售网络就不一样；同一个环境因素的变化对不同的企业产生的影响大小也不一样；医疗体制改革对大型药品企业的影响和对小型药品企业的影响就不一样。

二、医药市场微观营销环境

医药市场微观营销环境（又称直接营销环境）是指与医药企业营销活动紧密相关的环境因素，直接影响医药企业营销能力的各种组织与行为者的力量和因素。包括：企业、供应商、营销中介、顾客、竞争者和公众。

三、医药市场宏观营销环境

医药市场宏观营销环境（又称间接营销环境）是指所有与医药企业的市场营销活动有关系的环境因素。包括：人口环境、经济环境、自然环境、技术环境、政治法律环境和社会环境（图4-1）。

宏观营销环境对企业的影响通常是间接的，微观营销环境的影响是直接的。宏观环境通过微观环境对医药企业的营销活动产生影响。

✂ **练一练**

多选题：医药市场营销环境特征包括（　　）

A. 客观性　　　　B. 动态性　　　　C. 不可控性
D. 企业能动性　　E. 差异性

答案解析

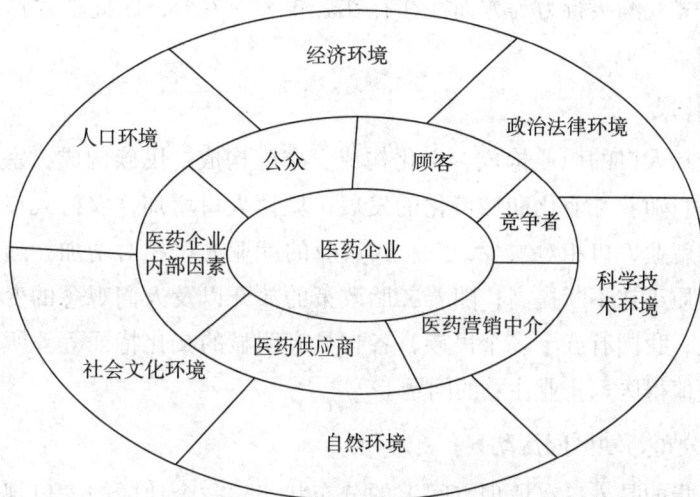

图4-1 医药企业的市场营销环境

任务二 分析医药市场宏观营销环境

一、人口环境

医药企业市场营销活动的最终对象是医药商品的购买者，而市场是由具有购买欲望与购买能力的人所组成的。人口作为医药市场的基本构成因素对市场与医药企业产生着整体性和长远性的影响，这种影响主要表现在人口的规模与增长速度、人口的自然构成、社会构成、地区构成等，人口统计因素制约着市场规模与需求结构的变化。国家统计局、国务院第七次全国人口普查领导小组办公室2021年5月11日发布，全国人口共14.1178亿人，比2010年第六次人口普查的13.3972亿人相比，增加了7206万人，增长5.38%，年平均增长率为0.53%，与2000年至2010年的年平均增长率0.57%下降0.04个百分点。数据表明我国人口10年来继续保持低速增长势态。全国人口中，男性人口为723339956人，占51.24%；女性人口为688438768人，占48.76%。总人口性别比为105.07。

(一) 人口规模与增长速度

一般地说，人口规模越大，市场规模也就越大，需求结构也就越复杂。但是，在考察人口规模对市场规模及市场需求结构的具体影响时，通常都要考虑到社会经济的发展状况。从需求数量的角度看，社会经济的发展水平越高，人口规模越大则社会购买力也就越大，反之社会购买力就比较小。从需求结构的角度看，在社会经济发展水平较低的情况下，社会购买力主要集中在维持人们生存所必需的生存资料方面，而且人口规模越大这方面的市场压力就越强；在社会经济发展水平较高的情况下，人们对发展资料和享受资料的购买需求就会大大提高，而且表现为对包括生存资料在内的生活资料的品质要求与品种要求会明显增强和拓宽。

(二) 人口的自然构成

人口的自然构成包括人口的性别构成和年龄构成等方面的内容。随着人们生活水平的提高，卫生保健条件的改善，残废率的下降，人均寿命的增加以及人口的较快增长，在人口年龄结构方面一个值得注意的动向是包括我国在内的不少国家和地区出现了人口的老龄化问题；另一个值得注意的现象是由于我国正处于生育增长期，因此婴幼儿及少年儿童的绝对数很高。由于男性与女性、老年人与儿童等在消费需求、消费方式及购买行为等方面往往存在着较大的差异，因此上述情况将给医药企业的营销活动带来很大的影响。

（三）人口的社会构成

人口的社会构成包括人口的职业构成、文化构成、家庭构成、民族构成、宗教构成等内容。目前我国人口的基本特点是：随着工业化和城市化的发展，城镇人口增加，农村人口减少；随着产业结构的调整，一、二产业的就业人口相对减少，三、四产业的就业人口相对增加；随着文化教育事业的发展，我国公民的文化素质正在不断提高；随着二胎政策的放开以及人们观念的变化等原因，我国家庭规模小型化的趋向明显；我国有五十多个民族，各自具有明显的文化特征等。所有这些都影响着市场需求的发展变化，这是值得医药企业注意的问题。

（四）人口的地区分布与地区间流动

人口的地区分布，指的是人口在地理空间上的分布状态。一个地区的人口规模状况，会对该地区的市场规模产生直接的影响；此外，人们往往会因其所处地区的地理条件、气候条件、文化习俗、社会经济发展水平等的不同，而在生活方式、消费需求、购买习惯、购买力等方面呈现出明显的差异性。

二、经济环境

市场营销的经济环境是指医药企业所面临的外部社会经济条件，主要是指社会购买力。包括经济发展阶段、地区发展状况、产业结构、货币流通状况、收入因素及消费结构。其中收入因素和消费结构影响比较直接。

（一）消费者收入的变化

市场容量的大小，归根到底取决于消费者购买力的大小，消费者的需要能否得到满足，主要取决于其收入的多少。其中实际收入和名义收入并不是完全一致的。收入分配不仅会影响消费者的支出能力，而且会影响收入的区域或社会阶层分布，从而影响区域市场或各社会阶层的潜在消费规模。世界各国之间收入水平和分配差距很大，某些国家内部各地区之间的收入水平和分配也存在明显差距。

（二）消费结构

消费结构是指消费者在各种消费支出中的比例和相互关系。现在最常用的就是德国统计学家恩格尔提出的"恩格尔定律"。恩格尔系数（Engel's Coefficient）是食品支出总额占个人消费支出总额的比重。19 世纪德国统计学家恩格尔根据统计资料，对消费结构的变化得出一个规律：一个家庭收入越少，家庭收入中（或总支出中）用来购买食物的支出所占的比例就越大，随着家庭收入的增加，家庭收入中（或总支出中）用来购买食物的支出比例则会下降。推而广之，一个国家越穷，每个国民的平均收入中（或平均支出中），用于购买食物的支出所占比例就越大，随着国家的富裕，这个比例呈下降趋势。

（三）居民储蓄及消费信贷

消费储蓄和信贷状况是影响消费者现时购买力和潜在购买力的重要因素。一般情况下，消费者个人储蓄的增加，会相对减少现时的购买力，但又预示着潜在购买力的增加。而消费信贷的增加，则会刺激消费者的现实购买。

（四）经济发展阶段

经济发展水平较高的国家和地区，在市场营销方面，强调产品款式、性能和特色，侧重资本密集型产业的发展。经济发展水平较低的国家和地区，侧重于产品的功能和实用性，以发展劳动密集型产业为主。

（五）地区发展状况

地区经济的不平衡发展，对医药企业的投资方向、目标市场及营销战略的制定都会带来巨大影响。

（六）产业结构

产业结构是指各产业部门在国民经济中所处的地位和所占的比重及相互之间的关系。一个国家的产业结构反映该国的经济发展水平。

三、自然环境

自然环境是影响企业营销活动的基本因素。一般而言，自然环境由自然资源、气候和土地面积三个基本成分组成。医药企业的运营和市场营销活动的开展都必须考虑自然环境的承受能力，实现可持续的发展观。自然环境对医药市场营销的影响主要集中表现在季节和地域两个方面。比如感冒药销售的季节性、地方病用药的地域性。

中药材作为特殊的经济作物，具有严格的道地性和对生态环境的选择性，环境质量好坏直接影响中药材质量的优劣，而药材品质优劣不仅直接影响药理药效和人体健康，而且涉及中药制剂的质量安全。土壤、气候条件、灌溉水源空气质量等均是影响中药材质量的重要环境因素。制约和影响我国中药在国际市场中竞争力。究其原因，主要是环境污染引起的药材重金属含量超标、农药残留、种质质量较差等加上欧美国家中草药产品的重金属、农药残留指标比国内严格得多，使得中药的"质"和"量"均不能满足国际标准的要求。因此，我们要高度重视环境污染及生态平衡的破坏对中药质量的影响与危害，采取有效措施加强研究和治理，提高中药质量，使其真正成为维护健康的重要战略资源，进一步提高中药材的国际竞争力，也为加大中医药服务贸易做出贡献。

四、科技环境

科学技术环境是影响医药企业生产经营活动的外部科学技术因素。对科学技术环境的考察，主要涉及到科学技术的发展现状、新的科学技术成果、科学技术发展的动向、科技环境的变化对社会经济生活的影响等方面的问题。当前，在世界范围内科学技术迅猛发展，生命科学研究发展迅速，生物工程等应用技术的发展速度加快，这对社会经济生活及医药企业的市场营销带来了以下一系列的影响。

1. 改变着人们的消费习惯，创造了新的需求。
2. 大部分产品的生命周期有明显缩短的趋势。
3. 新兴产业相继出现，传统产业面临着改造的巨大压力，落后产业被淘汰的可能性加剧。
4. 市场竞争日益激烈，技术因素的竞争更加突出。
5. 技术贸易的比重不断提高。
6. 发展中国家劳动力费用低廉的优势在国际经济联系中将受到进一步削弱。
7. 传统的流通结构、流通方式和手段面临着巨大的冲击。
8. 对企业的综合素质、经营管理工作等方面提出了更高的要求。

由此可以看到，随着科学技术的发展，医药企业将受到全面挑战，不能适应和引导这一过程的医药企业将面临被淘汰的威胁。

五、政治法律环境

（一）政治环境

政治环境指企业市场营销活动的外部政治形势和状况以及国家方针政策的变化对市场营销活动带

来的或可能带来的影响。主要表现在以下方面。

1. 国家政治体制和经济管理体制 政治体制和经济管理体制从宏观角度来看，与医药企业密切相关的突出问题在于政府机构是否精简；政府行为是否规范；是否能够切实为企业发展保驾护航；是否能够实现政企分开。随着中国经济体制、政治体制改革的逐步深入，中国医药企业将在一个更为开放、民主、法制化的政治环境中运行。

2. 国家方针政策 国家的方针、政策可引导市场的需求，改变资源的供应，影响生产条件、产品质量。如公费医疗制度的改革，就会鼓励或限制某些医药企业的生产和销售。就中国当前医药市场的总体情况来看，政府的政策突出体现在进一步整顿市场、建立合理公平的竞争机制、规范企业经营行为、打击药品商业贿赂等方面。值得注意的是方针政策具有可变性，会随着世界政治经济形势的变化而不断作出调整。企业只有密切关注方针政策变动的趋势，才能够不断迎合市场环境变化，获得成功发展。

（二）法律环境

法律是任何一个国家政治力量强制性的一种表现。对医药企业营销活动产生影响的法律法规主要包括以下三方面。

1. 有关经济方面的法律 如《合同法》《公司法》《商标法》《专利法》《广告法》《反不正当竞争法》《证券法》《票据法》《进出口商品检验法》《消费者权益保护法》等。

2. 有关药品生产、流通的法律法规 如2011年3月1实施的《药品生产质量管理规范》，2016年6月30日修正的《药品经营质量管理规范》；2019年12月1日实施的新修订的《中华人民共和国药品管理法》《疫苗管理法》等。

3. 有关对患者利益进行保护的法律法规 如《产品质量法》《药品不良反应监测管理办法》（试行）等。

与医药企业市场营销活动有关的法律、法规很多，其中有的法律法规是为了维护市场秩序、保护公平竞争；有的法律法规是为了维护消费者利益；有的法律法规是为了社会利益、保护环境等。

我国现有的法律环境正在日趋完善和健全，每一项新的法律、法规的颁布实施或者原有法律、法规的修改，都会对医药企业的营销活动带来影响。医药企业应该严格遵守相关的法律法规，密切关注法律环境的变化，根据变化及时调整自己的营销战略和策略。

六、社会文化环境

社会文化环境是影响企业营销活动的最复杂因素。所以无论是国际市场营销还是国内市场营销，企业都应重视对社会文化环境的分析。

（一）文化的含义

文化不仅影响人们的思维，而且会影响企业的营销组合。文化是一个广泛而丰富的概念，可以从不同的角度划分为广义文化和狭义文化、精神文化和物质文化、核心文化和亚文化。任何一个企业在营销活动中，都需要特别注意文化的差异性、稳定性和变革性。

（二）社会结构和社会群体

1. 社会结构 社会结构实质上就是一个社会中人与人的关系，它反映在组成这个社会的基本单位的性质、各个社会群体的划分和相互关系、政治制度及其所决定的各个社会群体的社会作用等，是社会文化的重要组成部分。

2. 社会群体 社会群体是指两个以上的人由于某种共同的观念或利益，而形成的行为上具有共同特征或相关性的集体。社会群体对企业营销活动的影响主要体现为：①社会群体的亚文化导致群体消费的共性，是企业选择目标市场的依据。②社会群体作为压力集团，影响企业的营销活动。

（三）价值观念

价值观念是指一个社会里人们对事物的评价标准和崇尚风气。在社会生活中，价值观念主要体现为时间观念、财富观念、创新观念和风险观念等。

（四）风俗习惯

风俗习惯是人们自发形成的习惯性的行为模式，是一定社会中大多数人共同遵守的行为规范。风俗习惯所包含的范围十分广泛，涉及社会生活的方方面面，如消费习俗、节日习俗、商业习俗等。

（五）宗教信仰

宗教信仰直接影响着人们的生活习惯、礼仪、风俗爱好等，从而影响着人们的消费行为。如宗教节日对于需求季节波动的影响有四个方面：宗教信仰、社会规范、宗教禁忌、宗教节日。

任务三 分析医药市场微观营销环境

医药市场微观营销环境因素主要包括有顾客、供应商、营销中介、竞争者、公众、药品企业内部环境等（图 4-2）。

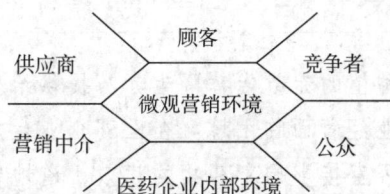

图 4-2 医药市场微观营销环境

一、顾客

顾客是企业市场营销环境中最重要的因素。是药品企业所服务的目标市场和营销活动的对象。企业的营销活动必须充分考虑消费者的需求及其变化。影响消费者需求的因素很多，有社会的因素，如社会的政治、经济、文化等，还有消费者个人的因素，如观念、价值观、收入水平、受教育的程度、职业、家庭状况等。但是，消费者的需求对企业的营销活动产生的影响和支配作用还取决于两个因素，第一个因素是市场的供需状况。当市场的性质是买方市场时，企业的营销活动就会更多地反应消费者的需求变化。第二个因素是消费者的权益意识。消费者权益意识的提高会使消费者在要求提高商品和服务质量、降低商品的价格等方面对企业增加竞争的压力。因此药品企业要深入研究目标市场，要针对顾客的特点，提供适合的药品产品。

（一）消费者市场

是指为满足个人或家庭需要而购买商品和服务的市场。由于药品的特殊性，导致消费者在购买药品时都是关注药品对其健康的益处，因而更注重功效和品牌，药品的需求弹性也比较小。

（二）生产者市场

是指为赚取利润或达到其他目的而购买商品和服务来生产其他产品和服务的市场。

（三）中间商市场

是指为了利润而购买商品和服务用以转售的市场。由于药品的特殊性，各国对药品经销商的运作、资格等都有一定的限制。

（四）非赢利组织市场

是指提供公共服务或将商品转给有需要的人而购买商品和服务的所形成的市场。

（五）国际市场

是指国外买主，包括国外的消费者、生产者、中间商和政府等

二、供应商

供应商是指向医药企业及其竞争者提供生产产品和服务所需资源（如卫生材料、医疗器械、卫生人力等）的企业或个人。例如：药品原材料供应商、药品中间体供应商、药品半成品供应商等。作为药品企业营销环境的供应商，它对药品企业营销活动所产生的影响作用主要是保障供应、商品质量和供应价格等几个方面。较少的供应商会形成供应商的单方面垄断，就会增加企业的供应风险，降低商品供应的质量，或者会以提高商品的供应价格对企业进行要挟。企业在处理与供应商之间的关系时，要注意考虑以下几个方面：①产品供应的品种和质量；②交货的时间；③供应的价格；④退货政策；⑤售后服务；⑥相互之间的长期关系等。供应商一旦与企业达成共识就会建立长期的合作关系，实现利益共享。

❓ 想一想

安徽某药业因为供应商将人工种植的赤芍代替野生赤芍提供给企业制药，此事被新闻媒体曝光导致药品销量锐减，该企业经营面临困境。在医药企业生产经营过程中，药品供应商至关重要。因为药材的道地与否直接影响着药物的疗效，道地野生药材与人工种植药材在价格上相差甚大，疗效当然不同，供应商货源直接关系到医药企业的生产经营状况。

答案解析

问题：该医药企业在考察供应商时犯了什么错误？

三、营销中介

医药市场营销中介是指直接或者间接协助药品企业产品销售的所有公司、组织和个人。医药营销中介渠道企业包括：供应商、商人中间商、代理中间商、辅助商。作为企业营销环境的市场营销中介，是为医药企业在开展营销活动过程中提供物流、信息流（促销流）、资金流等方面的服务。这些中介组织服务的质量、工作的效率、以及成本与价格会对企业形成竞争压力。由于企业与市场营销中介及供应商之间的关系可以是双胜式的（增益性的）而不是一胜一负式的（分配式的），所以企业与市场营销中介及供应商之间，都应着眼于双方共同的长期利益来处理双方之间的关系。这样将有利于医药企业建立一个良好的市场营销环境。

（一）中间商

中间商是协助公司寻找顾客或直接与顾客进行交易的商业企业。中间商分两类：代理中间商和商人中间商。中间商对企业产品从生产领域流向消费领域具有极其重要的影响。在与中间商建立合作关系后，要随时了解和掌握其经营活动，并可采取一些激励性合作措施，推动其业务活动的开展，而一旦中间商不能履行其职责或市场环境变化时，企业应及时解除与中间商的关系。

（二）实体分配组织

是指为药品的商品交换和物流提供便利，但不直接经营药品商品的组织和机构。实体分配组织协

助公司储存产品和把产品从原产地运往销售目的地。仓储公司是在货物运往下一个目的地前专门储存和保管商品的机构。每个公司都需确定应该有多少仓位自己建造，多少仓位向存储公司租用。运输公司包括从事铁路运输、汽车运输、航空运输、驳船运输以及其它搬运货物的公司，它们负责把货物从一地运往另一地。每个公司都需从成本、运送速度、安全性和交货方便性等因素，进行综合考虑，确定选用那种成本最低而效益更高的运输方式。

（三）市场营销服务机构

市场营销服务机构是指市场调研公司、广告公司、各种广告媒介及市场营销咨询公司，他们协助企业选择最恰当的市场，并帮助企业向选定的市场推销产品。有些大公司，如索象中国、华与华、君智和华扬联众等，他们都有自己的广告代理人和市场调研部门。但大多数公司都与专业公司以合同方式委托办理这些事务。如果一个企业决定委托专业公司办理这些事务时，就需要谨慎地选择，因为各个公司都各有自己的特色，所提供的服务内容不同，服务质量不同，要价也不同。企业还要定期检查他们的工作，倘若发现某个专业公司不能胜任，则须另找其他专业公司来代替。

（四）金融机构

金融机构包括银行、信贷公司、保险公司以及其他对货物购销提供融资或保险的各种公司。金融机构不直接参与医药商品的经营活动，只是为企业提供正常运营所需要的资金。

◉看一看

医药物流

医药物流是依托一定的物流设备、信息技术和进销存管理系统有效整合营销渠道上下游资源，通过优化药品供销配运环节中的验收、存储、分拣、配送等作业过程，实现自动化、信息化和效益化而进行的计划、执行和控制，以满足顾客要求。医药物流的核心是提高订单处理能力，降低货物分拣差错，缩短库存及配送时间，减少流通成本，提高服务水平和资金使用效益。医药物流的重点是将供应商、物流中心、终端销售网络，进行合理的分工、整合。医药产品在实物形态上，具有体积小、重量轻、价值高等特点，在市场环节上，具有生命周期短，有失效日期限制，用户供货要求时间紧，在流通环节上，由于本身性能上的原因，使其对储存、包装、运输有特殊的要求，对医药物流的质量提出了更高的要求。

因此，在医药物流领域里，提供专业化服务，避开现在物流企业在仓储、运输方面的价格战，建立自己的竞争优势才是成功的捷径。

四、竞争者

市场经济最突出的特征之一就是竞争，优胜劣汰是市场竞争的根本法则。竞争也是社会进步的动力。竞争环境直接影响到药品企业是否能有效地进入目标市场和实现企业营销活动的目标。

竞争也会造成行业平均利润率的下降，竞争会降低企业的市场份额，竞争会使企业的产品过早地退出市场。药品市场营销观念表明：药品企业要想在市场竞争中获得成功，就必须要比竞争者更有效地满足消费者的需要与欲望。因此，药品企业所要做的并非仅仅是迎合目标顾客的需要，而是要通过有效的产品定位，使企业产品与竞争者产品在顾客心目中形成明显差异，从而取得竞争优势。

在现代市场竞争环境中企业要想在竞争中取得胜利，就必须透彻了解和适应竞争环境，这样才能有效辨别竞争优势和劣势，知彼知己才能制定有效的竞争策略，既可主动攻击又可最佳防御。

？ 想一想

请同学们想一想，每个企业为了做到知己知彼，应该充分了解关于竞争对手的哪些方面的信息？

答案解析

五、公众

社会公众是指对企业实现其市场营销目标构成实际或潜在影响的任何团体，包括金融公众、媒介公众、政府公众、公民行动公众、地方公众、一般群众、企业内部公众。

由于企业的生产经营活动影响着公众的利益，因此政府机构、金融组织、媒介组织、群众团体、地方居民乃至国际上的各种公众必然会关注、监督、影响和制约企业的生产经营活动。这些制约力量的存在，决定了企业必须遵纪守法，善于预见并采取有效措施满足各方面公众的合理要求，处理好与周围各种公众的关系，以便在公众中树立起良好的企业形象，这是企业适应和改善微观环境的一个重要方面的工作。每个企业的周围有以下七类公众。

（一）金融界

金融界对企业的融资能力有重要的影响。金融界主要包括银行、投资公司、证券经纪行、股东。

（二）媒介公众

媒介公众指那些刊载、播送新闻、特写和社论的机构，特别是报纸、杂志、电台、电视台。

（三）政府机构

企业管理当局在制订营销计划时，必须认真研究与考虑政府政策与措施的发展变化。

（四）公民行动团体

一个企业营销活动可能会受到消费者组织、环境保护组织、少数民族团体等的质讯。

（五）地方公众

每个企业都同当地的公众团体，如邻里居民和社区组织，保持联系。

（六）一般公众

企业需要关注一般公众对企业产品及经营活动的态度。虽然一般公众并不是有组织地对企业采取行动，然而一般公众对企业的印象却影响着消费者对该企业及其产品的看法。

（七）内部公众

企业内部的公众包括蓝领工人、白领工人、经理和董事会。大公司还发行业务通讯和采用其它信息沟通方法，向企业内部公众通报信息并激励他们的积极性。当企业雇员对自己的企业感到满意的时候，他们的态度也就会感染企业以外的公众。

六、医药企业内部环境

医药企业内部环境是由药品企业可以控制的要素构成的。主要包括医药市场营销管理部门、其他职能部门和最高管理层。

医药企业的市场营销部门一般由药品市场营销副总裁、药品销售经理、药品推销人员、药品广告经理、药品市场营销研究经理、药品市场营销计划经理、药品定价专家等组成。

医药市场营销部门在制定决策时，不仅要考虑到药品企业外部环境力量，而且要考虑医药企业内部环境力量。首先，要考虑其他业务部门（如制造部门、采购部门、研究与开发部门、财务部门等）的情况，并与之密切协作，共同研究制定年度和长期计划。其次，要考虑最高管理层的意图，以最高管理层制定的企业任务、目标、战略和政策等为依据，制定市场营销计划，并报最高管理层批准后执行。这些内部环境条件共同决定着企业综合素质的状况，形成了一个有机的整体，医药企业的发展就取决于这个有机的整体。所以市场营销工作的成败，最终将取决于企业的综合素质和整体工作状况。

✎ **练一练**

多选题：医药市场微观营销环境特征包括（　　）

A. 企业内部环境　　　　B. 人口环境　　　　C. 供应商

D. 经济环境　　　　　　E. 营销中介

答案解析

任务四　医药市场营销环境 SWOT 分析

一、医药营销机会、威胁分析

医药企业是在客观存在的环境中求得生存与发展，这些不断变化的环境因素有可能给企业带来致打击，但又有可能给企业带来机遇，从困境中走出。而医药企业的营销战略工作又是从分析医药市场环境开始的。医药企业在制订和执行营销战略和计划时，应根据其掌握的市场信息，进行环境威胁和环境机会的分析。企业必须经常根据环境威胁和环境机会的分析对自身系统进行调整，才能适应外部环境的变化。

（一）医药市场环境威胁与市场机会的概念

1. 环境威胁　环境威胁是指环境中不利于企业营销的因素及其发展趋势对企业形成的挑战或对企业的市场地位构成的威胁。在医药产品行业里，这种环境威胁可能来自政府颁布的有关医药产品生产、流通等方面的法规，也可能来自企业的目标、任务和自身资源与环境机会的矛盾。

2. 市场机会　市场机会的实质是指市场上存在着"未满足的需求"，市场机会的出现往往是因为受到环境的变化，市场的不协调或混乱，信息的滞后、领先或者缺口，以及市场中各种各样的其他因素的影响。机会的有效利用依赖于能否识别和利用这些变化与不完善。市场越不完善，相关知识和信息的缺口不对称或不协调就越多，市场机会就越充裕。市场机会对不同企业有不同的影响，企业在每一特定市场机会中成功的概率，取决于其业务实力是否与该行业所需要的成功条件相符。如企业是否具备实现营销目标所必需的资源，企业是否能在同一市场机会中比竞争者获得更大的差别利益。

（二）医药市场环境机会和威胁分析

医药企业的营销战略工作是从分析医药市场环境开始的。所谓环境机会是指医药营销环境中对医药企业发展过程有促进作用的各种契机，让企业拥有竞争优势领域；环境威胁则是环境中对医药企业发展过程产生不利影响和抑制作用的消极因素。机会和威胁既存在于客观环境中，也存在于人们的主观努力下。重要的是医药企业能否及时发现、识别和采取有效措施，予以肯定的吸收和否定的摒弃不同的环境因素对不同的企业构成的影响各有不同，随着不同环境因素的介入，企业的努力或许能让今天的威胁变成明天的机遇。

二、医药营销环境 SWOT 分析

（一）SWOT 分析法含义

SWOT 是一种战略分析方法，通过对被分析对象的优势、劣势、机会和威胁等加以综合评估与分析得出结论，通过内部资源、外部环境有机结合来清晰地确定被分析对象的资源优势和缺陷，了解所面临的机会和挑战，从而在战略与战术两个层面加以调整方法、资源以保障被分析对象的实行以达到所要实现的目标。

SWOT 分析法又称为态势分析法，是一种能够较客观而准确地分析和研究一个单位现实情况的方法。SWOT 分别代表：strengths（优势）、weaknesses（劣势）、opportunities（机会）、threats（威胁）。

（二）运用 SWOT 时分析要点

企业在进行 SWOT 分析时，优劣势分析主要是着眼于企业自身的实力及其与竞争对手的比较，而机会和威胁分析将注意力放在外部环境的变化及对企业的可能影响上 。在分析时，应把所有的内部因素（即优劣势）集中在一起，然后用外部的力量来对这些因素进行评估。其分析要点如图示 4 - 3 所示。

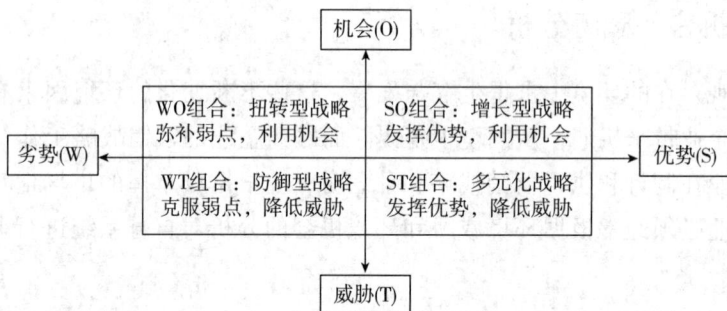

图 4 - 3 SWOT 分析要点

1. 竞争优势 竞争优势是指一个医药企业超越其竞争对手的能力，或者指医药企业所特有的能提高医药企业竞争力的东西。如当两个医药企业处在同一市场或者说它们都有能力向同一顾客群体提供产品和服务时，如果其中一个医药企业有更高的赢利率或赢利潜力，我们就认为这个医药企业比另外一个医药企业更具有竞争优势。医药企业竞争优势可以表现在以下几个方面。

（1）技术技能优势 独特的生产技术，低成本生产方法，领先的革新能力，雄厚的技术实力，完善的质量控制体系，丰富的营销经验，上乘的客户服务，卓越的大规模采购技能。

（2）有形资产优势 先进的医药生产流水线，现代化车间和设备，拥有丰富的自然资源储存，吸引人的不动产地点，充足的资金，完备的资料信息。

（3）无形资产优势 优秀的品牌形象，良好的商业信用，积极进取的公司文化。

（4）人力资源优势 关键领域拥有专长的职员，积极上进的职员，很强的组织学习能力，丰富的经验。

（5）组织体系优势 高质量的控制体系，完善的信息管理系统，忠诚的客户群，强大的融资能力。

（6）竞争能力优势 产品开发周期短，强大的经销商网络，与供应商良好的伙伴关系，对市场环境变化的灵敏反应，市场份额的领导地位。

2. 竞争劣势 竞争劣势是指某种医药企业缺少或做的不好的东西，或指某种会使医药企业处于劣势的条件。可能导致竞争劣势的因素有：

（1）缺乏具有竞争意义的技能技术。

（2）缺乏有竞争力的有形资产、无形资产、人力资源、组织资产。

（3）关键领域里的竞争能力正在丧失。

3. 潜在机会 医药企业面临的潜在机会是影响公司战略的重大因素。医药企业管理者应当确认每一个机会，评价每一个机会的成长和利润前景，选取那些可与医药企业财务和组织资源匹配、使医药企业获得的竞争优势的潜力最大的最佳机会。医药企业潜在的发展机会可能是：

（1）客户群的扩大趋势或产品细分市场。

（2）技能技术向新产品新业务转移，为更大客户群服务。

（3）前向或后向整合。

（4）市场进入壁垒降低。

（5）获得购并竞争对手的能力。

（6）市场需求增长强劲，可快速扩张。

（7）出现向其他地理区域扩张，扩大市场份额的机会。

4. 外部威胁 外部威胁指在医药企业的外部环境中对医药企业的盈利能力和市场地位构成威胁的因素。医药企业管理者应当及时确认危及医药企业未来利益的威胁，做出评价并采取相应的战略行动来抵消或减轻它们所产生的影响。医药企业的外部威胁可能是：

（1）出现将进入市场的强大的新竞争对手。

（2）替代品抢占医药企业销售额。

（3）主要产品市场增长率下降。

（4）汇率和外贸政策的不利变动。

（5）人口特征，社会消费方式的不利变动。

（6）客户或供应商的谈判能力提高。

（7）市场需求减少。

（8）容易受到经济萧条和业务周期的冲击总结分析。

由于医药企业的整体性和竞争优势来源的广泛性，在做优劣势分析时，必须从整个价值链的每个环节上，将医药企业与竞争对手做详细的对比。如医药产品是否新颖，制造工艺是否复杂，销售渠道是否畅通，价格是否具有竞争性。

❤ 药爱生命

中华民族经过抗击新冠肺炎疫情、非典等重大传染病之后，对中医药的作用有了更深的认识。全球新冠肺炎疫情暴发后，在没有特效药的情况下，中国筛选出的"三药三方"正是在《伤寒杂病论》等古典医籍的经方基础上化裁而来。根据该书名方优化组合、创新运用而成的"清肺排毒汤"，被推荐为中西医结合治疗新冠肺炎使用。中医药积极参与全球抗疫，被多个国家借鉴和使用，成为疫情防控中国方案的一大亮点。

三、SWOT 医药案例解析

（一）××牙膏的成功

在饱和的中国牙膏市场，××牙膏突出重围，跳出日常护理牙膏和药物牙膏的"第三极"，成为一支真正意义上的"口腔全能膏"，并以跨行业的创新精神，创出了三个"第一"：

第一支：由医药企业打造的民族牙膏品牌。

第二支：突破牙膏低价迷局，成功卖出20多元高价的高端牙膏品牌。

第三支：在1年里盈利3000万，3年累计销量过6亿的本土牙膏品牌。

（二）××牙膏的 SWOT 分析

××牙膏成功地采用了 SWOT 分析法对医药市场营销环境进行分析和把握。

1. 分析背景　中国的牙膏行业，一直是外资品牌的天下，由于观念落后、产品缺乏创新等原因，加上被外资品牌打压，国内牙膏企业一直萎靡不振。

2005 年上半年，××牙膏刚准备投入市场，应采取怎样的营销策略才能更好地抢占市场呢？

2. ××牙膏 SWOT

（1）××牙膏的优势（S）

①××活性成分能激活血小板，促进血小板聚集，快速抑制机体出血。

②××牙膏能迅速抵制牙龈出血，修复口腔溃疡，改善牙龈肿痛，祛除口腔异味。

③××品牌已在消费者心中建立起良好的产品认知度和忠诚度。

④药企参照 GMP 等制药的要求生产牙膏，产品质量可靠。

⑤××集团拥有较强的销售队伍和药店这种特殊销售渠道。

（2）××牙膏的劣势（W）

①××牙膏不被消费者熟悉。

②牙膏市场的准入（尤其是新产品进入超市）成本较高，毛利空间较低。

（3）××牙膏面临的机会（O）

①中国 90% 的成年人都有不同程度的口腔问题，传统牙膏解决的大多是牙齿的问题（防蛀、清洁、美白、口气），却很少关注口腔健康问题（牙龈出血、肿痛、口腔溃疡）。

②政府对民族企业的有效支持。

③中草药作为本土传统的优势领域，品牌效应深入人心。

（4）××牙膏面临的威胁（T）

①加入 WTO 后，国际和国内同行业产品的竞争愈加激烈。

②国家对医药行业监管力度的加大、各项法律法规和医疗体制改革的完善等为医药企业的发展带来了新的挑战。

3. ××牙膏营销对策

（1）SO 策略　根据××牙膏的品牌和质量优势，抓住成年人因为口腔健康需要好牙膏的市场机会，生产出专门针对口腔疾病（牙龈出血、肿痛、口腔溃疡等疾病）的高质量牙膏。

优势 S　①活性成分能激活血小板，促进血小板聚集，快速抑制机体出血。②活性成分能迅速抵制牙龈出血，修复口腔溃疡，改善牙龈肿痛，祛除口腔异味；③品牌已在消费者心中建立起良好的产品认知度和忠诚度。

机会 O　中国 90% 的成年人都有不同程度的口腔问题，传统牙膏解决的大多是牙齿的问题（防蛀、清洁和美白），却很少关注口腔健康问题（牙龈出血、肿痛、口腔溃疡）。

（2）WO 策略　根据老百姓对中药产品和××品牌的认可，加大广告投入，高效地占领高端牙膏市场。

劣势 W　××牙膏对消费者而言还较为陌生。

机会 O　①政府对民族企业的有效支持；②中草药是本土传统的优势领域。

（3）ST 策略　根据集团零售药店销售渠道以及强大的销售队伍的优势，避免与其他品牌的正面竞争，开辟出药店这一特殊的销售渠道。

优势 S　××集团拥有较强的销售队伍和药店这种特殊销售渠道。

威胁 T　加入 WTO 后，国际和国内同行业产品间的竞争愈加激烈。

（3）WT策略　利用药企的优势，按照GMP和药品标准生产高质量的牙膏，通过高价销售，获取利润，从而避免与低端产品之间的恶性竞争。

劣势W　牙膏市场的准入（尤其是新产品进入超市）成本较高，毛利空间较低。

威胁T　①加入WTO后，国际和国内同行业产品间的竞争愈加激烈；②国家对医药行业监管力度的加大、各项法律法规和医疗体制改革的完善等为医药企业的发展带来了新的挑战。

总而言之，××牙膏达到的效果是显而易见的，××牙膏以制药级的态度和标准来研发和生产，同时采用最富创新力的实效宣传、推广手法，在中国牙膏市场迅速崛起，这已然成为民族医药企业进军日化领域的一种标杆、一种模式。

目标检测

答案解析

一、A型题（最佳选择题）

1. 代理中间商属于市场营销环境的（　）因素
   A. 内部环境　　　　B. 竞争　　　　C. 市场营销渠道企业
   D. 公众环境　　　　E. 人口

2. 下列属于有限但可以更新的资源的是（　）
   A. 水　　　　B. 森林　　　　C. 石油
   D. 煤　　　　E. 矿产

3. 市场营销环境中（　）被称为是一种创造性的毁灭力量
   A. 新技术　　　　B. 自然资源　　　　C. 社会文化
   D. 政治法律　　　　E. 人口

4. 理想业务的特点是（　）
   A. 高机会高威胁　　　　B. 高机会低威胁　　　　C. 低机会低威胁
   D. 低机会高威胁　　　　E. 不确定

5. 购买商品和服务供自己消费的个人和家庭被称为（　）
   A. 生产者市场　　　　B. 消费者市场　　　　C. 转售市场
   D. 组织市场　　　　E. 非盈利市场

6. 旅游业、体育运动业、图书出版业及文化娱乐业为争夺消费者一年内的支出而相互竞争，它们彼此之间是（　）
   A. 愿望竞争者　　　　B. 属类竞争者　　　　C. 产品形式竞争者
   D. 品牌竞争者　　　　E. 不是竞争

7. （　）指人们对社会生活中各种事物的态度和看法
   A. 社会习俗　　　　B. 消费心理　　　　C. 价值观念
   D. 营销道德　　　　E. 学习

8. （　）是指企业所在地邻近的居民和社区组织
   A. 社团公众　　　　B. 社区公众　　　　C. 内部公众
   D. 政府公众　　　　E. 媒体公众

9. 协助厂商储存并把货物运送至目的地的仓储公司的是（　）
   A. 中间商　　　　B. 财务中介　　　　C. 营销服务机构
   D. 实体分配公司　　　　E. 代理商

10. 身边没有孩子的老年夫妻是家庭生命周期的（　　）

    A. 空巢期   B. 满巢期   C. 孤独期

    D. 离巢期   E. 单身期

11. 消费习俗属于（　　）因素

    A. 人口环境   B. 经济环境   C. 文化环境

    D. 地理环境   E. 政治法律环境

12. 消费流行属于（　　）因素

    A. 社会文化环境   B. 人口环境   C. 地理环境

    D. 顾客环境   E. 政治法律环境

13. 以下哪个是影响消费者需求变化的最活跃因素（　　）

    A. 人均国民生产总值   B. 个人收入   C. 个人可支配收入

    D. 个人可任意支配收入   E. 恩格尔系数

14. 与企业紧密相连直接影响企业营销能力的各种参与者，被称为（　　）

    A. 营销环境   B. 宏观营销环境   C. 微观营销环境

    D. 营销组合   E. 媒体环境

15. SWOT 分析法中的 SWOT 四个字母分别代表（　　）

    A. 优势、劣势、威胁、机会   B. 机会、威胁、优势、劣势

    C. 优势、威胁、劣势、机会   D. 优势、劣势、机会、威胁

    E. 以上都不是

二、B 型题（配伍选择题）

    A. 人口环境   B. 供应商   C. 差异性   D. SWOT 分析法

1. 属于医药市场营销环境宏观环境之一的是（　　）

2. 属于医药市场营销环境微观环境之一的是（　　）

3. 医药市场营销环境分析常用的方法是（　　）

4. 属于医药市场营销环境的特征之一的是（　　）

    A. 环境威胁   B. 宏观环境   C. 市场机会   D. 微观环境

5. （　　）是指市场上存在着"未满足的需求"，市场机会的出现往往是因为受到环境的变化，市场的不协调或混乱，信息的滞后、领先或者缺口，以及市场中各种各样的其他因素的影响

6. （　　）（又称间接营销环境）是指所有与企业的市场营销活动有关系的环境因素

7. （　　）是指环境中不利于企业营销的因素及其发展趋势对企业形成的挑战或对企业的市场地位构成的威胁

8. （　　）（又称直接营销环境）是指与企业营销活动紧密相关的环境因素，直接影响企业营销能力的各种组织与行为者的力量和因素

三、X 型题（多项选择题）

1. 下列属于市场营销微观环境的是（　　）

    A. 辅助商   B. 政府公众   C. 人口环境

    D. 消费者收入   E. 国际市场

2. 人口环境主要包括（　　）

    A. 人口总量   B. 人口的年龄结构   C. 地理分布

    D. 家庭组成   E. 人口性别

3. 影响消费者支出模式的因素有（　　）

    A. 经济环境   B. 消费者收入   C. 社会文化环境

    D. 家庭生命周期   E. 消费者家庭所在地点

4. 以下属于宏观营销环境有（　　）

    A. 公众   B. 人口环境   C. 经济环境

    D. 营销渠道企业   E. 政治法律环境

5. 营销中间商包括（　　）

    A. 中间商   B. 物流公司   C. 营销服务机构

    D. 财务中介机构   E. 供应商

6. 企业面对的市场类型有（　　）

    A. 消费者市场   B. 生产者市场   C. 中间商市场

    D. 国际市场   E. 政府市场

7. 企业面对的公众有（　　）

    A. 融资公众   B. 社区公众   C. 中间商公众

    D. 企业内部公众   E. 消费者公众

8. 营销环境包括（　　）

    A. 宏观环境   B. 间接环境   C. 作业环境

    D. 微观环境   E. 人口环境

9. 研究收入对消费者需求的影响时，常使用的指标有（　　）

    A. 人均国民生产总值   B. 个人收入   C. 个人可支配收入

    D. 个人可任意支配收入   E. 恩格尔系数

10. 市场营销环境的特征是（　　）

    A. 客观性   B. 差异性   C. 不可控性

    D. 企业能动性   E. 相关性

11. 对环境威胁的分析一般着眼于（　　）

    A. 威胁是否存在   B. 威胁的潜在严重性   C. 威胁的征兆

    D. 预测威胁到来的时间   E. 威胁出现的可能性

四、综合问答题

1. 简述医药市场营销环境的特征。

2. 简述医药市场营销宏观环境。

3. 简述医药市场营销环境的微观环境。

（马翠兰）

书网融合……

重点回顾   习题

项目五　分析医药市场购买行为

PPT

导学情景

情景描述：某顾客来到药店，对店员小赵说："麻烦你把达克宁拿给我看一下。"小赵递过达克宁，顾客看了半天，说："再麻烦你把派瑞松拿给我看一看。"小赵又把派瑞松递给了顾客，顾客默默地看了半天，又说："我觉得皮炎平还是比较适合吧，麻烦你把皮炎平拿过来我看下。"小赵满心不情愿地拿了皮炎平给顾客，顾客沉默了半晌，终于又开口说："嗯，我还想看看那个皮康霜，麻烦您了！"小赵不高兴了，烦躁地说："你到底买不买的？挑来挑去，挑半天还挑不到吗？"顾客脸一红，生气地说："那我不在你这买了，外面药店有的是，我还怕买不到药?!"

情境分析：在这个案例中，小赵缺少服务的耐心，也缺少对顾客行为的了解认识。而只有了解顾客，才能为顾客提供最贴心的服务，最大程度地满足其消费需求，顺利完成销售任务。

讨论：顾客的表现说明了他的什么心理？怎样才能为这种顾客提供良好的服务？如果小赵当天因为失恋而心情不好，可以谅解他的服务态度吗？

学前导语：医药市场购买行为是指医药消费者或组织客户在一定的购买动机驱使下，为了满足某种需求而购买医药产品或服务的活动过程。医药营销人员要通过了解购买行为内容，分析医药市场购买的过程、模式、类型等因素，解读顾客或客户心理活动和购买行为之间的互动密码，从他们的需求出发，有效分析医药产品消费心理，准确把握顾客或客户购买行为，为医药企业的生产、经营和管理提供决策信息，最终实现医药企业的预期营销目标。医药市场按照购买者购买目的或用途的不同，可以分为医药消费者市场和医药组织市场。也就是说，医药产品的营销对象不仅包括购买医药产品的消费者，还包括制药企业、医药产品经营企业、医药产品使用机构等各类组织市场。这两种市场的主体性质和购买目的存在很大的差异，医药企业必须了解和研究这两者的购买行为，以便制定更有效的营销策略。

任务一　分析医药消费者市场购买行为

一、医药消费者市场的概念及特点

医药消费者市场是指是指个人或家庭为了满足其维护健康、预防疾病、治疗疾病等需要，而购买医药产品及相关服务所形成的市场。继家庭食品、教育支出后，医药卫生消费支出已成为中国居民的第三大消费，这样庞大的一个市场已成为国内外医药企业竞相争夺的一个目标。医药消费者市场的特点如下。

（一）医药消费的广泛性

消费者市场不仅购买者人数众多，而且购买者地域分布广，从城市到乡村，从国内到国外，消费者市场无处不在。我国人口基数庞大，医药消费者市场购买者数量多，购买范围广，医药消费者市场可谓是潜力巨大，这也为医药企业的发展带来了很好的机会。

（二）医药消费的被动性

除了仅占一部分比例的纯粹以保健为目的的医药产品消费外，绝大部分的医药产品消费发生的原因都是无法忍受的伤病或痛苦。可见，医药产品消费的产生通常都不是主观情愿的。另外，医药消费者在医药产品和服务方面的自主选择性也非常有限。在医药产品消费领域，患者的购买决策往往不是由一个人完成的。这是因为医药产品具有高度的专业性，而一般消费者不具备相应的医学和药学知识，在做出消费决策时往往会听从专业人士的指导。不同的购买渠道体现出不同的特色，选择医疗机构就诊的患者并不直接对所消费的医药产品进行选择，而是由医生代为决策。而通过社会药店达成的医药消费，尽管消费者的自主性有所增加，但也经常会受到销售人员的影响。

（三）医药需求的不确定性

疾病的发生、发展往往不可预期，这使得医药消费者的购买行为很难预测，波动性很大。即使是同一个患者患有的同样疾病，在不同时期由于生理特征、健康状况、心理状况和生活环境的不同，也会导致疾病的临床症状、体征、生理生化等指标不同，从而影响到医药产品需求的类型和数量。因此，医药产品消费需求具有不确定性，即很难预测具体的患病时间、疾病类型、严重程度和医药产品需求的类型和数量。

（四）医药需求的多样性

由于消费者个体上的差异，不同消费者对医药产品的需求千差万别，同一消费者在不同时间、不同情况下，对医药产品的需求也会有所不同。比如，在治疗感冒时由于用药的个体差异性，消费者对不同成分不同厂家的感冒药敏感度不同，消费者在关注疗效的前提下，会选择对自己治疗效果明显的感冒药；同一个消费者，在风寒感冒或风热感冒的不同情况下，也会选择不同类型的感冒药进行治疗。

（五）医药需求的季节性

不同季节气候环境会对人体产生不同的影响，引发季节性疾病，从而导致用药需求呈现出明显的季节性变化。例如，春冬之交是上呼吸道疾病的易发季节，此时治疗上呼吸道疾病的药物需求量大，销量增加。

（六）医药产品之间的替代性

有些医药产品互为替代品，这些产品之间存在着此消彼长的关系，一种产品的销售会限制另一产品的销售。比如，在治疗咽喉肿痛的中成药口含片市场，金嗓子喉片、西瓜霜润喉片、复方草珊瑚含片销量平稳，竞争格局清晰，他们的销量变化主要来自这三个品牌之间的此消彼长。

（七）消费情绪的低落性

俗话说"有什么别有病"。一方面，患有疾病本身就让人感到不适，影响个人情绪，另一方面，患者还要为此耽误学习或者工作，花费时间、精力和金钱去治疗疾病，在治疗疾病时，还可能遇到挂号、候诊、检查以及排队等候等各种问题，所以情绪就会比较低落。这也是医患纠纷发生比较多的原因之一。对此，医药工作者要有一个正确认识，不能因为患者的情绪影响自己，而是应该理解顾客，提供更加贴心的服务。

（八）医药信息的不对称性

信息不对称是指医药产品服务提供者与病人在医疗专业的信息与知识方面，存在着极为悬殊的不对称情形。由于医药产品使用过程中需要较多的专业知识，而大部分消费者缺乏医药产品知识，一旦遇到身体不舒服就会向医生求助，由医生来决定用药的品种、数量和方式。消费者也容易受到医药产品广告、宣传和他人的影响。针对这种情况，医药企业应该积极开展医药产品知识宣传教育和科学合理的指导消费者使用相关的医药产品。

（九）医药市场的发展性

随着社会经济的发展，人们生活水平提高，保健意识也越来越强，医药消费者市场的规模不断壮大。近年来，我国着力建设覆盖城乡居民的基本医疗保障体系，尤其是新型农村合作医疗制度运行良好，我国的人均医药产品消费水平将有极大的提高，对医药产品的消费需求，不论是从数量上还是从质量上，都在不断发展。

（十）保健品的消费容易受到影响

和医药产品不同，消费者对保健品具有完全自主的选择权，除了个人使用，还具有送礼、体现身份地位等社会功能。因此，企业除了强调其特定的保健功能外，还可以通过激发消费者美好情感、视觉冲击等多种方式促进保健品消费。例如，门店的促销活动、医药企业的广告宣传等，都会使消费者的潜在需求变为现实需求，微弱需求变成强烈的购买需求。

❤ 药爱生命

2019年3月，杨某从原公司离职后，利用其掌握的公民个人信息进行保健品的推销，经过分析筛选，将79岁的谢某列为优质客户。电话联系上谢某后，杨某根据固定剧本和话术与老人套近乎了解其身体状况，后又冒充教授分析病情，向谢某高额销售并不具备药品功能的保健品，骗其多次以1万至2万元的高价购买保健品共计193800元。

法院审理后认为，被告人杨某以非法占有为目的，虚构事实、隐瞒真相，骗取他人财物，数额巨大，其行为已触犯刑法第二百六十六条规定，构成诈骗罪；违反国家有关规定，通过偷拍、收受、交换等方式获取公民个人信息，情节严重，其行为已触犯刑法第二百五十三条之一第一款和第三款规定，构成侵犯公民信息罪。被告人杨某一人犯数罪，根据刑法第六十九条的规定，依法应数罪并罚。

作为一名医药工作者，在学习扎实的医药知识和专业技能的同时，还应具备高尚的情操、正确的价值观和高度的责任心。

二、影响医药消费者购买行为的因素

医药消费者行为的影响因素在基本分类上与普通商品基本类似，分为文化因素、社会因素、个人因素和心理因素。其中，个人因素和心理因素是内因，文化因素和社会因素是外因，共同决定消费者的购买行为。

（一）个人因素

个人因素是消费者购买决策过程最直接的影响因素，也是最容易识别的因素，它包括消费者的年龄、职业、经济状况、生活方式等。

1. 年龄　年龄不同的消费者，需要与欲望有所不同，即使是相同的，其需求也有较大差别。例如，儿童生长发育尚未完全，消化道面积较大，肾小球过滤性低，排泄功能差，用药时必须考虑这些因素，防止药品的不良反应。服药的方便性也是考虑的另外一个因素，儿童大多对片剂、胶囊剂吞咽感到困难，对口感又较挑剔，色、香、味、形俱全的制剂才易于被患儿接受。中青年消费者大多是上班族，生活节奏较快，选择用药时更倾向于服用次数少、作用时间长的制剂。老年消费者对保健品的需求量比较高，对医药产品信息比较关注。

2. 职业　职业对消费的影响常常是显而易见的。工人、农民、演员、运动员、教师等对食品、服装、娱乐等的消费需要有很大差异，在对医药产品的选择上也有所不同。例如，由于职业原因，上班族往往患有肩周炎和颈椎病等，而蓝领工人容易患有腰腿疼痛等疾病，业务人员及经理等应酬较多的人患脂肪肝和酒精肝的比例较高，因此，对医药产品的需求也不尽相同。

3. 经济状况　经济状况包括收入、储蓄、资产、债务、借贷能力以及对待消费与储蓄的态度等。消费者的经济状况决定着个人和家庭的购买能力，是制约其消费行为的一个基本因素。消费者经济状况好，其消费水平就高，容易做出购买决策；反之，就会制约其购买行为。

4. 生活方式　生活方式就是人们在活动、兴趣和思想见解上表现出的生活模式。不同的生活方式，会有不同的需求特征和购买行为。生活方式的影响主要通过改变疾病谱而表现出来。目前人类的疾病谱中，由于不良饮食习惯、吸烟、酗酒、缺乏运动等不健康的生活方式所造成的疾病几乎占50%。在我国，死亡率居前几位的疾病中（如高血压、心脏病、脑卒中、癌症和呼吸道疾病等），有44%以上的患病人群是由不良生活方式所致。另外，不同生活方式的人对同一种医药产品往往表现出不同的看法，这种看法会直接影响其购买行为。例如，有的消费者更重视时间，因此喜欢起效快的医药产品。有的消费者更重视金钱，会选择保守治疗甚至不治疗。有的消费者社会活动多，注意保健和美容，对美容产品和减肥产品的需求较大。

（二）心理因素

医药消费者的购买过程中有一些关键的心理活动，分别是动机、感觉、学习、态度、个性等，它们共同影响医药消费者的购买行为。

1. 动机　动机是引起人们为满足某种需要而采取行动的驱动力量，动机产生于未满足的某种需要，这时心理上就会产生一种紧张感，驱使人们采取某种行动以消除这种紧张感。心理学家提出许多有关人的需要、动机和激励的研究，最流行的有三种。一是亚伯拉罕·马斯洛提出的需要层次理论，将人的需要由低到高分成五个层次，依次是生理需要、安全需要、社会需要、尊重的需要和自我实现的需要。人的需要是由低层次向高层次发展的。需要层次论在一定程度上反映了人类需要的发展规律，对于研究消费者需求结构、购买动机和制定营销策略提供了基本的理论依据。二是弗雷德里克·赫茨伯格的双因素理论，认为引起人们动机的因素主要有保健因素和激励因素。只有激励因素才能够给人们带来满意感，而保健因素只能消除人们的不满，但不会带来满意感。三是西格蒙德·弗洛伊德的动机理论，认为造成人类行为的真正心理力量大部分是无意识的，企业应探究顾客的"无意识需求"。

2. 感觉　感觉是指医药市场消费者在购买商品时，通过自己的感觉器官，对医药产品及服务产生一定的印象。一切商品的推销和宣传，都只有通过消费者的感觉，才能影响其购买行为。医药消费者在购买到医药产品之前，对医药产品的认识只停留在功能和疗效上。因此对于功能同质化比较严重的医药产品，尤其是非处方药，医药产品营销人员要通过改变医药产品的形状、颜色、功效、味道、剂型、包装等，给予消费者感官上的刺激，以加深消费者的印象而促使购买。

感觉具有恒常性，人们一旦形成对某一事物的感觉，其后就会继续以这种感觉去认识这一事物。这种特点对建立顾客忠诚非常重要，一旦顾客对你的产品产生好印象，他就会有继续购买你的产品的倾向；反之，他第一次使用你的产品时印象就不好，那么你要再使他对你的产品建立好印象就很困难了。

3. 学习　人类有些行为是与生俱来的，但大多数行为，是通过学习而来的。学习是指人们经过实践和经历而获得的，能够对行为产生相对永久性改变的过程。心理学认为，学习是驱动力、刺激物、诱因、反应和强化诸因素相互影响和相互作用的过程。医药消费者对医药产品的学习途径主要有：观察家人、朋友、同事等相关群体的行为；通过媒体广告无意识的学习；通过科普讲座、专业人员讲解学习；非正式的自主学习等。例如，某个消费者在电视广告上看到了某一种新的感冒药，如果该消费者在看到消息的当天就去药店购买了这种医药产品，就表明他通过媒体广告对这种医药产品已经有了一定的了解。重复是促销活动的一个关键因素，它可以增加顾客对产品的学习，简单重复或同义重复是广告策略中最常用的方法。一般地，为了加强学习效果，广告采用较长时间周期重复播放要比集中在一段时间更好一些。

4. 态度　态度是一个人对待事物所持的一种较具持久性和一致性的心理倾向，这种见解和倾向表现为对外界所持有的偏爱或厌恶的特殊感觉。一般来说，消费者态度的形成主要有三个方面的依据：一是消费者本身对某种医药的感觉；二是相关群体的影响；三是自己的经验及学习知识。态度能帮助消费者选择目标，影响购买决策。态度是后天学习获得的，当一个产品满足了消费者的需要，对这一产品的积极的态度就强化了。反之，则形成消极的态度。因此，医药企业应根据消费者的态度设计和改进医药产品，或者利用促销手段不断改变消费者的态度，促进医药产品的销售。

5. 个性　每个消费者的个性都不同，心理学认为个性是一个人本质的、稳定的、倾向性的心理特征的总和。个性差别也会导致购买行为不同。例如，外向型的消费者，一般喜欢与销售人员交谈，表情容易外露，很容易了解其对医药产品的态度，比较容易被劝说；内向型的消费者大多沉默寡言，内心活动复杂，但不轻易表露，可以从身体语言方面了解其购买心理。

（三）文化因素

文化因素是影响消费者需求和购买行为的最基本因素。文化是知识、信念、艺术、法律、伦理、风俗和其他由一个社会的大多数成员所共有的习惯、能力等构成的复合体。每个人都会自觉不自觉地接受其所处的文化环境中的共同价值观、道德规范、风俗习惯和思维模式。因此，文化会对人们的消费观念和购买行为产生潜移默化的影响。例如，在中国以及受中国传统文化影响的日本、韩国，人们对中药持积极态度，甚至很多人会认为中药毒副作用小，安全性高，可以作为保健品常年服用，而很少去关注中药组方的成分和杂质。而在欧美国家，人们更重视药品的成分和含量，认为成分和含量均不明确的中药无法放心服用。在西方国家人们忌讳衰老，所以标有老年人专用的保健用品在西方国家并不受欢迎。

文化价值观并不是一成不变的，而会随着社会环境的不断变化而逐步调整。例如，由于生活节奏的加快，不易携带、服用剂量大、起效慢的传统中药剂型不再适合信息社会高效率的要求，现代化的中药缓控释制剂成为业界人士关注的重点。随着时代和科学的发展，健康观念深入人心，对健康不再局限于"没有疾病就等于健康"，还提出了"亚健康"的概念。以医药行业为龙头，预防、保健、健身、康复等行业为辅的健康产业苗壮发展，食用保健食品、购置保健器材等成为城市居民消费行为的新热点。

（四）社会因素

影响消费者行为的社会因素，主要包括消费者相关群体、家庭、社会角色与地位等。

1. 社会群体

（1）**成员群体** 是消费者隶属的群体，例如通过社交平台加入的社区群、工作群、爱好群、家长群等。与其他陌生人相比，消费者更偏于相信这些群体成员。另外，还有一些患者自发组成的特定的病友群，他们会定期组织活动，病友们互相交流治疗和用药经验。利用这种患者组织进行的促销活动（如出资赞助活动、宣传药学动态等）更容易得到消费者的信任，并影响到组织成员之间的消费行为。

（2）**参照群体** 是对消费者影响最大的群体类型，是个人作为行为向导的群体。例如专家和名人。专家是指在某一专业领域受过专门训练，具有专门知识、经验和特长的人。专家在进行药品介绍、推荐与服务时，较一般人更具有权威性，能够产生专家所特有的公信力和影响力。当然，医药企业在运用专家效应时，一方面应注意法律的限制，另一方面应避免公众对专家的公正性、客观性产生质疑。名人或公众人物如影视明星、歌星、体育明星，作为参照群体对公众具有巨大的影响力和感召力。因此，很多医药企业花巨额费用聘请名人做广告，往往能够起到比较理想的促销效果。运用名人效应的方式多种多样，如可以用名人作为产品或公司的代言人，也可以用名人来做广告，还可以采用名人及其类似名字进行产品冠名等。

2. 家庭 家庭是最主要的影响最大的相关群体，据调查，家庭几乎控制了80%的消费行为。一般来说，由夫妻及其子女组成的家庭组织是社会上最重要的消费者购买单位。

家庭购买决策权主要掌握在夫妻手中，夫妻决策权的大小取决于购买商品的种类、双方职业、家庭分工等各种因素。根据家庭成员对各种商品购买的参与程度和决定作用不同，社会学家将所有家庭分为四种类型：丈夫支配型，家庭购买决策权掌握在丈夫手中；妻子支配型，家庭购买决策权掌握在妻子手中；调和型，大部分购买决策由家庭成员共同协商做出；自治型，各个家庭成员对自己关心的商品可独立做出决策，其他人不加干涉。

另外，一个家庭的收入变化和需要商品的重点会随着家庭生命周期的变化而变化。西方营销学者将家庭生命周期划分成七个不同阶段。第一阶段：单身阶段；第二阶段：新婚阶段；第三阶段：满巢一，年轻夫妻且有6岁以下孩子；第四阶段：满巢二，年轻夫妻且有6岁或6岁以上孩子；第五阶段：满巢三，年纪较大夫妻且有已能自立的孩子；第六阶段：空巢阶段，年纪较大的夫妻，没有孩子与他们住在一起；第七阶段：寡居阶段，单身老人。随着家庭生命周期阶段的变化，消费者的消费心理和消费观念也会随之发生变化，会有不同的消费需要和偏好，从而导致其购买行为的变化。

? 想一想

家庭生命周期可以划分成七个不同的阶段，在这七个阶段中，您认为医药产品消费比较多的阶段可能是哪几个阶段？

答案解析

3. 社会角色和地位 社会角色和地位决定个人在社会中的位置，人们总是选择那些能够代表他们地位的产品。例如社会地位高的人群，就诊时会选择最好的医疗机构、最好的医生和最好的医药产品，以求尽快恢复健康。而处于社会底层的人群，就诊时会优先选择基层医疗机构、普通医生和廉价的医药产品，对价格十分敏感。消费者的购买行为会随着社会地位的变化而发生显著的变化。

三、医药消费者市场购买决策内容

医药消费者购买决策，就是消费者为了满足自身需求而寻找最适合的医药产品的过程。消费者购买决策的内容主要可分为六个方面，购买什么（what）、何时购买（when）、何地购买（where）、何人购买（who）、如何购买（how）、为何购买（why），简称"5W1H"。

（一）产品决策——购买什么

购买对象的确定是购买决策最基本的内容。满足消费者同一种需求的医药产品是多种多样的，消费者确定购买对象不只是确定要购买医药产品的类别，还包括要购买医药产品的品牌、价格、服务等。也就是说，消费者购买医药产品，不仅仅是关注医药产品本身的效用，还关注该医药产品带来的附加值。因此，医药企业在销售过程中，除了注重医药产品质量，还要不断塑造企业品牌、降低医药产品成本和价格、提供完善的服务，给消费者带来更多的附加利益。

（二）购买原因——为何购买

消费者购买行为主要是由其购买目的引起的。对于处方药，消费者主要依据医生的处方行为间接消费，医药企业能做的就是审方给药，指明医药产品所在位置，提供用药指导和健康指导，或根据病情推荐具有辅助作用的相关医药产品；对于非处方药、保健品或其他的医药产品，消费者有自己的偏好，不同消费者对医药产品的品牌、包装、价格、使用方法等也有不同的要求，医药企业应探明消费者的购买动机，了解消费者的购买需求。

（三）购买时间——何时购买

医药消费者购买时间的确定受很多因素影响，如消费者的闲暇时间、促销活动等，但最主要的还是消费者购买需要的迫切性大小。如消费者急需某种药品，就会很快进行购买，以解决自身需求。因此，医药企业要通过针对性营销活动，一方面让消费者产生购买的迫切感，使其尽快实现购买行为；另一方面，注意了解消费者购买医药产品的时间习惯和规律，以便适时满足消费者需求。

（四）购买渠道——何地购买

医药消费者购买地点的选择受购买经验、购买习惯、惠顾动机、个人偏好以及求便、求廉、求速等很多因素的影响。因此，医药企业要对消费者购买医药产品的地点做细致的研究，采取相应的营销对策。比如，选择在人口聚集的居民区和商业密集区开店，方便消费者购买；开展促销活动，并保障所销售的医药产品品种齐全、价格合理、质量过关，吸引消费者长期习惯性购买。

（五）购买人员——何人购买

消费者购买医药产品并非都是自己使用，同样，消费者使用的医药产品也并非都是自己亲自购买。一项已经确定了具体购买目标、购买时间、购买地点的购买决策，可能因购买人的不同而在执行过程中发生变化。因此，医药企业必须充分了解特定医药产品购买者的情况，包括购买者角色、主要的患病种类、年龄构成、收入情况、职业、地区分布等，才能更有针对性地开展营销活动。

（六）购买方式——如何购买

如何购买是指消费者怎么购买医药产品，如现金结算、赊销、邮购、网上订购等。消费者如何购买，受个性、职业、年龄、性别等若干因素的制约。医药企业须通过市场调研，了解消费者的购买动机、消费需求及流行消费趋势，如省市医保、合作医疗、现金结算等结算方式，以便为顾客提供更适合的服务。

◉看一看

购买角色

在药品的实际购买活动中，人们往往扮演不同的购买角色：

（1）发起者 首先想到并提出要购买药品的人。

（2）影响者 对最终决定有直接或间接影响的人。

（3）决策者 最终做出购买决策的人。

（4）购买者 实际去购买的人。

（5）使用者 药品的最终使用者。

例如儿童药品，使用者是儿童，但购买者和决策者往往是父母。药品企业在研究消费者时，必须弄清楚谁是购买者，谁是决策者，购买回去由谁使用，谁对购买决定有重大影响，这样才能有的放矢地实施产品、价格、渠道和促销策略。

四、医药消费者市场购买行为的主要类型

根据医药产品消费的地点不同，可以分为以下两种情况。

（一）医生对医药产品的态度类型

消费者购买医药产品主要听从医生的指导，以服从型消费为主。一般来说，医生对医药产品的态度可以分成以下五种类型。

1. 敌意型 医生不承认该医药产品的优点，对其持有反对态度。反对态度的形成可能是由于医生曾经与该医药产品的医药代表等人员发生过冲突，也有可能是由于该医药产品在使用中发生过一些不良事件，使医生对其不信任。持有这种态度的医生基本不会对此种医药产品开处方。

2. 未接触型 对于医药市场上出现的新产品，医生可能会不认识或者只是听说过，对其并无使用经验。出于医生的谨慎原则，他们一般不会开该种医药产品的处方。

3. 中立型 医生知道某种医药产品，对此也有过一两次的处方经验，但态度并不积极，不赞同也不反对，对其没有特殊的兴趣，只是根据以往的用药经验偶尔替代使用。

4. 赞同型 医生对某医药产品持积极的态度，这种态度可能来自于长期的处方实践，也可能来自于对某个药厂或者某个医药代表的喜爱。他们认同该医药产品的疗效或服务等优点，在同类病症中只开该医药产品的处方。

5. 支持型 与赞同型态度不同的是，医生除了肯定该医药产品的优点和坚持开处方外，还会在各种场合帮助宣传和推荐该医药产品。

（二）医药消费者的类型

医药消费者在药店购买的医药产品一般以非处方药（OTC 药品）为主，OTC 药品是消费者可以完全自主消费的药品，同普通商品无异。根据消费者购买行为表现出的态度，可以把医药消费者划分为以下七个类型。

1. 习惯型 消费者往往根据以往的购买经验和购买习惯反复购买某个品牌的医药产品，或者由于对某种医药产品或某家药店的信赖、偏爱而长期惠顾某药店。此种类型的消费者或者具备一定的医药知识，或者对某个药店产生了信任，他们对这些医药产品十分熟悉，体验较深，再次购买时往往不再花费时间进行比较选择，习惯于购买自己熟知的常用的医药产品，不会轻易改变购买目的。销售人员

应该以优惠的价格、强有力的宣传、良好的质量来扩大自己医药产品的影响力，使其成为消费者偏爱、习惯购买的对象。

2. 理智型 这种消费者在购买前会收集医药产品的相关信息，对同类产品经过周密的考虑和反复的比较，或者具备相应的专业知识。在购买时，他们的主观性较强，不易受到广告宣传和药店营业员的影响，过多的推荐反而会引起他们的反感。销售人员不应过多推荐其他品种的产品，以免引起反感，而应以准确的导购服务为主。

3. 经济型 指消费者购买时特别重视价格，对于价格的反应特别灵敏。购买无论是选择高档医药产品，还是中低档医药产品，首先考虑的是价格，他们对"清仓大甩卖"、"赔本销售"等低价促销最感兴趣。一般来说，这类消费者与自身的经济状况有关。销售人员应推荐一些经济实惠的品种，或进行各类低价促销活动，促进这类消费者的购买。

4. 价值型 这类消费者倾向于购买名牌医药产品，因为他们相信这种医药产品会给他们带来比同类医药产品更大的价值，也就是说具有更大的潜在价值。此类顾客一般能快速识别出，店员无需过多地介绍其他医药产品，只需询问一下患者的症状，推荐合适对症的名牌医药产品。

5. 冲动型 这种消费者往往缺乏应有的医药知识，很容易受到广告、医药产品外观、他人劝说等外界因素的影响。购买方向明确，但具体的购买品种不确定。销售人员可采取临时减价、独特包装、现场表演、医药产品展销会等策略促成这类消费者的冲动购买。

6. 疑虑型 消费者在购买过程中小心谨慎、行动迟缓，购买时三思而后行，对他人的劝说也往往疑虑重重。购买行为经常因为犹豫不决而中断，购买后还会疑心是否上当受骗。对此类消费者需要热情服务，耐心介绍医药知识，促使其购买行为的发生。

7. 躲闪型 这类消费者由于患有一些难以启齿的疾病或者由于涉及个人生活的私隐，在购买医药产品时有躲闪、不安等不自在的行为。销售人员对这类消费者不要有过多的询问和特别的关注，否则会令其感到不舒服甚至被吓跑，而应设法让消费者放松，适当地关心并引导其购买医药产品。

五、医药消费者市场购买行为决策过程

医药消费者在购买决策时，会遵循一定的基本程序，由认知需求、收集信息、评估药品、购买决策和购后行为五个阶段构成。其中，认知需求、收集信息、评估药品属于购买前过程；购买决策属于购买过程；购后行为属于购买后过程。

（一）认知需求

认知需求是消费者决策过程的第一步。例如，当口渴时，就会产生找水解渴的动机；感冒会引起鼻塞、头痛、发热等症状，患者希望赶快消除和缓解这种肉体上的不适，就会产生通过药物治疗和休息恢复健康的需要等等。确认问题才能产生药品消费需求，是医药消费者购买决策过程的第一步。这种需求也有可能是由外界的某种刺激引起，例如看到电视上某种药品的广告，消费者就会联想到自己的健康状况，以往认为无关紧要、不受重视的症状可能就会被放大，从而产生购买药品的需求。在这个阶段，营销者应通过各种调查手段去发现医药消费者的需求，引导其需求倾向，对医药消费者的需求做出积极、有效的回应，进一步强化消费者的需求。

（二）收集信息

当医药市场消费者产生需要时，一般情况下不会马上做出购买行为，而是为了更好决策去搜集各方面信息。首先会利用长期记忆中的相关信息确定是否有现存的令人满意的药品，各种药品有什么特

点等等，这就是内部收集，包括以前的使用经验、已有的药品知识、使用产品的过程等。如果通过内部收集不能找到满意的答案，那么就会寻求外部信息的帮助，这就是外部收集。外部收集的信息来源主要包括以下几种：个人来源（家庭成员、朋友、邻居、同事、其他熟人等）；商业来源（广告、推销人员、中间商、商品包装、商品陈列、产品说明书等）；公共来源（大众媒体如报纸、杂志、广播、电视、互联网的宣传报道，科普教育等）。在此阶段，营销任务是了解医药消费者收集信息的渠道和偏好。

（三）评估药品

医药消费者在获取足够的信息之后，要对备选的药品进行分析评估。评估项目一般包括三个方面：药品方面（包括适应证、安全性、疗效、毒副作用、价格、品牌形象、广告宣传等）；服务方面（包括销售门店数量、所处位置、门店的形象、服务项目、知名度、商品陈列、POP广告、店员的服务态度和质量等）；政策制度方面（包括医疗保险制度、处方药购买限制等）。

在这个阶段，企业要努力提高本企业医药产品的知名度，使其进入到消费者比较评价的范围之内。同时，还要调查研究人们比较评价某种医药产品的属性及权重，并突出这些因素相关方面的宣传，以对消费者的购买选择产生重大影响。

（四）购买决策

通过充分的产品评估，消费者在心目中会对各种医药产品进行排序，做出相应的购买决策。但从"购买意念"转变为"实际购买"的过程中，会受到两种因素的干扰：一是别人的态度，包括家庭成员、相关群体、医生、医药销售人员的态度等。这种影响往往取决于消费者与他人的密切程度、消费者对待他人意见的态度、他人对该消费者购买选择的反对程度等。他人与消费者关系越密切、越被消费者信赖、反对程度越激烈，对该消费者的购买决定影响也就越大。二是意外情况因素，也称风险因素或未知因素，是指消费者的预期与实际之间可能存在的差异，如财务风险、功能风险、生理风险、社会风险、服务风险等。在此阶段，营销对策是采取适宜的优惠促销手段和沟通技巧，坚定消费者的购买决心，促使消费者做出购买药品的行为。

（五）购后行为

购买医药产品以后，消费者在医药产品使用过程中，会对满足其需要的情况产生一定的感受，如满意、基本满意和不满意等。消费者是否满意，直接影响其以后的购买行为。满意感能强化消费者对所购医药产品的信念，增加其重复购买的可能性，而且他还有可能义务为该品牌作宣传；反之，不满意感则可能使消费者要求退货或放弃该品牌，并对该品牌作反宣传，甚至投诉。这种反宣传对其他消费者的影响巨大，将会在很大程度上抵消企业的各种促销努力。因此，企业必须十分注意消费者的购后评价，以提高消费者的购后满意感，并建立起专门接待顾客投诉抱怨的机构与相应的制度。

值得注意的是，并不是所有的消费行为都会完整地经历这五个阶段，有的购买行为往往会跳过其中的某些环节。

练一练

单选题：消费者买决策过程的第一阶段是（　　）

A. 收集信息　　　　　B. 评价方案　　　　　C. 认知需求　　　　　D. 决定购买

答案解析

任务二　分析医药组织市场购买行为

一、医药组织市场的特点和类型

医药组织市场是指医药产品的生产、经营企业向其他有关组织销售医药产品或服务形成的市场，即是由医药产品生产企业、医药产品批发企业、零售药店和医疗机构等组织对医药产品的需求所组成的市场。

（一）医药组织市场的特点

1. 购买者数量少，购买量很大　一方面，医药组织市场购买者的数量远比医药消费者市场购买者的数量少得多，组织市场营销人员比消费者市场营销人员接触的顾客要少得多；另一方面，组织市场单个用户的购买量却比消费者市场单个购买者的需求量大得多，医药市场上所有的产品都要经过他们的手才能形成或销售，每个购买者购买的数量之大，是任何个人消费者所不可比拟的。

2. 属于理性购买，专业性很强　与医药消费者不同，医药组织市场的购买人员都具备专业的医学和药学知识，对需要采购的医药产品非常熟悉，购买的理性程度很高。同时，他们还训练有素，具备一定的营销知识和谈判技巧，专业性非常强。从卖方来讲，要注意了解客户的业务要求，提供适合特定客户要求的医药产品，并做好所售医药产品的技术咨询、培训和服务工作。

3. 需求属派生需求，需求弹性小　医药组织市场的需求是从消费者对医药产品和服务的需求中派生出来的。因此，医药组织市场购买者的需求取决于医药消费者市场对最终产品的需求，如对原料药、中间体、化工原料、中药材等的需要量，取决于医药消费者市场对以这些材料为原料的产品的需求。由于市场结构原因，一般情况下，医药组织市场对中间产品价格的波动敏感性不大，需求弹性小。

4. 决策程序复杂，参与者众多　与医药消费者相比，医药组织参与购买决策的人员较多，审批程序复杂，受到的影响因素也较多。这就要求营销人员必须具备良好的专业素质，同时还要掌握相应的营销技巧。

5. 需求具有连续性，购买较稳定　由于医药组织购买专业性强、产品替代性差、质量要求严格、需求具有连续性和稳定性，因此医药组织经常从生产者或者供应商直接购买，尽量减少中间环节降低成本。一旦合作成功，其业务关系会长久维持下去。

（二）医药组织市场的类型

1. 医药产品生产者市场　指医药产品生产企业购买原料、辅料或半成品、成品以满足生产需要而形成的市场。

由于生产资料要按特定的技术要求进行交易，专用性强，所以生产者常常直接从生产厂商那里购买产品，而非经过中间商环节，尤其是那些技术复杂和珍贵的产品更是如此。生产者的需求波动大也是源于需求的派生性。因为一般来说，消费者对消费品需求的微小变动，就可能导致因生产者增加产出而引起生产资料需求的很大变动，经济学家把这种现象称为加速原理。

2. 医药产品中间商市场　指从事医药产品经营活动，购买医药产品并进行转售来获取利润所形成的市场，包括医药产品批发商市场、医药产品零售商市场。

由于中间商离最终消费者更近，所以中间商的需求更为直接地反映了消费者的需求；由于中间商的职能主要是买进卖出，而购买价格的高低往往直接影响最终消费者的购买量，所以它们对购买价格更为重视；由于中间商离市场更近，对市场变化反应更加灵敏，表现在他们只有对市场机会有足够把握时，才向供应商定货，而一旦发出定单，又希望尽快交货，对交货时间特别重视；由于中间商往往不只是销售个别厂家的产品,所以无力对各种产品做广告,常常需要生产厂家协助其做产品广告;由于中间商一般自己不制造产品,对产品技术不擅长,所以需要供应商协助其为顾客提供技术服务、产品维修服务或退货服务等。

3. 非营利性组织市场 非营利性组织是由那些为执行政府主要职能或社会职能而购买产品和服务的组织机构组成,主要包括政府和其他非营利性组织。

(1)政府市场 政府机构购买商品和服务一般是为了行使政府职能,一般而言,政府购买决策的特点是:受政府现行政策的影响较大,而且制度严格,程序复杂,所以往往决策迟缓。在采购方式上,政府购买通常采用公开招标或议价方式。前者是指政府购买者提出详细的购买要求,邀请能够满足要求的供应商进行投标,政府购买者从中选择报价最低、条件优越的供应商;后者是指政府直接与一家或几家供应商接触,在洽谈、比较的基础上,选定合适的交易对象。议价方式往往用于风险较大、技术要求较高的复杂购买项目,或者用于供应商之间不存在有效竞争的情况。

(2)其他非营利性组织 除了政府之外,还有许多非营利性组织,如医院、福利院、学校、博物馆等社会组织,它们也要为行使自己的社会职能而购买产品和服务。这些组织的购买行为与政府的购买行为既有相似之处,又有相异之处。这些组织的资金主要包括来自政府的资助、社会捐赠以及为社会提供特殊产品或服务取得的收入等。它们购买决策的特点是,产品既要能满足某一最低标准,又要价格低廉。这些组织的购买行为也在一定程度上受到政府规定和公众舆论的监督和控制。

二、影响医药组织市场购买行为的因素

影响医药组织购买行为的主要因素可分为四个方面:环境、组织、人际关系和个人。

(一)环境因素

医药组织市场的购买会受外部环境因素的重大影响,如经济环境、政治法律环境、科技环境、文化环境、竞争环境等。这些因素是多变而广泛的,可能给组织带来市场机会,也有可能为组织制造市场威胁。例如,基本药物制度的实施对医疗机构的采购影响非常大,未进入基本药物目录的药品很难列入基层医疗机构的采购计划。环境因素影响广泛,组织通常无法改变外在环境,只能想方设法地适应环境。营销人员应该密切关注这些外部环境的变化,做出正确判断,及时调整营销策略,以充分利用机会,避免环境威胁。

(二)组织因素

由于是一种组织购买,所以其内部组织状况对其购买行为的影响有着特殊的重要性。这种影响又可分为两个方面来考察:一方面,企业总体组织状况,如企业目标、经营政策、管理程序、组织结构等,都会影响企业的购买行为;另一方面,企业的采购部门状况,如采购部门的地位、采购决策权的集中与分散、采购政策的制定与执行、采购活动的管理制度等,都会直接影响企业的购买行为。医药企业的营销人员必须对这些方面进行充分了解,如医院的进药程序、药事委员会的构成、对供货时间、产品质量、付款时限的具体规定等,根据这些内容进行自我调整,尽量适应这些因素。

(三)人际关系

人际因素是指参与购买过程中各种角色的地位、态度及利益等因素和相互关系对购买行为的影响。医药组织购买过程中参与者多,所承担的角色和地位各不相同,因此组织内部的人际关系也会影响其购买活动。购买决策的参与者包括使用者、影响者、采购者、决定者和信息控制者,他们在组织中的地位、影响力、相互之间的关系会使组织的购买行为产生巨大的或微妙的不同。这是营销人员最难掌握的因素,因为它处于不断变化中,且没有太多的规律性,只有深入了解,建立良好的人际关系,才

能避免失误，取得成功。

（四）个人因素

组织市场的购买活动，最终都是要由人来完成的，即由购买决策参与者做出购买决定和采取购买行动。购买决策参与者的个人因素，如职位、权力、知识、经验、负责精神、风险态度、社交能力、个性特征等，以及他们在相互作用基础上形成的群体行为，都会对最终购买行为产生重要的影响。当然真正起作用的还是关键的个人。医药产品营销者应该仔细观察每个采购核心成员的性格特点和偏好，以便推动营销业务的开展。

练一练

多选题：影响医药组织购买行为的主要因素有（   ）

A. 环境因素   B. 组织因素

C. 人际关系因素   D. 个人因素

答案解析

三、医疗机构市场购买行为分析

据统计，目前我国接近80%的药品都是通过医院等医疗机构出售给最终消费者，需要执业医师或执业助理医生处方才可购买的处方药所占的比例更大。对于医药生产企业和医药批发企业而言，医院市场直接关系到企业的存亡，竞争势态尤为激烈。

（一）医疗机构采购的类型

医院等医疗机构承担着治病救人的任务，具有明显的公益性特征，因此在采购行为上更关注药品的质量、疗效和副作用。根据采购权限的不同，购买类型可分为自主采购、药品集中招标采购、药品备案采购和医药分开。

1. 自主采购　自主采购是指医疗机构的采购活动完全由医疗机构单独完成，医疗机构拥有自己的一套采购程序与制度，并且自己组织实施购买。由于营利性医疗机构为非公有制，以企业化管理模式运营，故在药品采购方面，多采用自主购买模式。

2. 药品集中招标采购　药品集中招标采购是指多个医疗机构通过药品集中招标采购组织，以招投标的形式购进所需药品的采购方式。我国自1999年开始实施药品集中招标采购制度，其目的是为了从源头上治理医药购销中的不正之风，规范医疗机构药品购销工作，减轻社会医药费用负担。药品集中招标采购范围包括：各省新农合报销药品目录、各省基本医疗保险、工伤保险和生育保险药品目录药品；临床普遍应用、采购量较大的药品；卫生行政部门或招标人确定实行集中招标采购的药品。

目前，药品集中招标采购制度已经覆盖全国所有县级以上公立医院，是我国医院药品采购规模最大、使用最为广泛、采购程序最为复杂的采购方式。根据2015年2月颁布的《国务院办公厅关于完善公立医院药品集中采购工作的指导意见》，医院药品集中采购应注意以下五个方面。

（1）实行药品分类采购　对临床用量大的基本药物和非专利药品，应多发挥省级集中批量采购优势。

（2）落实带量采购　医院应依照不低于上年度药品用量80%的采购量来制订采购计划和预算，并具体到品种、剂型和规格。

（3）加强药品购销合同管理　医院签订药品采购合同时，应当明确采购品种、剂型、规格、价格、数量、配送批量和时限、结算方式和时间等内容。

（4）加强药品配送管理　药品可由中标生产企业直接配送或委托有配送能力的药品经营企业配送

到指定医院。受委托的药品经营企业应在省级药品集中采购平台上备案。

（5）加强医疗机构药品使用管理 加强医务人员合理用药培训和考核，规范医生处方行为。建立健全以基本药物为重点的临床用药综合评价体系，推荐药品剂型、规格、包装标准化。加强对药品价格执行情况的监督检查，严厉打击制售假冒伪劣药品的行为。

👁 **看一看**

药品采购模式

在国家不断完善药品招标采购制度的同时，各地政府也在不断探索，并形成了一些典型的采购模式。

1. 四川挂网模式 挂网采购模式又被称为"滚屏网上竞价投标"。该模式总体来说，就是在网上公布药品目录和每个药品的最高限价，各医疗机构按照不超过挂网价格的要求进行网上竞价采购。

2. 河南四位一体模式 即利用计算机网络平台，借助网络完成投标、开标、评标、议标、交易、结算等程序。医院计划招标的药品公告、药品生产经营企业的投标、在规定的时间内开标均在网上完成，所有投标的药品，在局域网内由专家组对价格和质量进行评议，并最后确定中标品种。网络与银行联网，医院与药品生产企业根据中标结果，签订购销合同之后，在网上实现交易。

3. 上海闵行模式 对中标药品实行联合遴选，由政府部门集中采购，同一品规只选择一家生产商和一家配送商。医院药房实行存货托管，医院药品收入全额上缴财政专户，统一结算货款，以做到"医药分开"。这是组织购买中操作最为简单的一种类型。

---

3. 药品备案采购 药品备案采购是药品集中招标采购的一种补充，主要适用于以下药品：①不在招标采购目录中的急救药品；②血液制品；③特殊患者所用的专科用药、传染病、职业病、恶性肿瘤、罕见病等特殊药品；④药品集中招标采购周期内国家批准上市的新通用名药品；⑤在药品集中招标采购目录范围内，由于中标企业违约或其他原因不能供货且无替补的品种；⑥非本省医保目录药品、同时通用名不在上一轮招标采购目录中，在本轮招标时系首次在本省投标且不能提供外省中标价格的药品。

对于备案采购范围内的药品，遵循事先备案、目录管理、网上采购、严格监督的原则，企业按照一定程序进行议价，医院按照统一公布的议定价格进行采购。

4. 医药分开 是指医院等医疗机构不再承担供药责任，只承担提供医疗服务的责任，而提供药品的责任则由医药商业企业承担，给予患者更大的购药选择权。医药分家有利于打破医院对药品的垄断权，从而促进药品价格的市场化，同时有利于打破医院"以药养医"的格局，使患者能够买到低价的药品，缓解患者"看病贵"的问题。这是继集中招标采购方式之后，又一种新的购买方式，目前仍在试验和探索阶段。

（二）医疗机构采购行为的参与者

医院等医疗机构的采购行为除了专职的采购人员外，还有很多部门、人员的参与。同其他组织一样，这些参与者主要扮演使用者、影响者、决策者、采购者和批准者等角色。

1. 使用者 临床医生承担治疗病人的任务，是直接使用药品的人员。药品进入医院首先要考虑临床科室的需求，他们的需求决定了药品销售量的多少。因此，医药代表的工作重点往往就是临床医生。

2. 影响者 主要是临床科室主任，他们会协助采购工作，对新特药品进行审查把关。

3. 决策者 指有权决定药品数量、规格、品种、价格和供货单位的人，比如医院分管院长、药剂科主任等。

4. 采购者 指实际完成采购任务的人员。

5. 批准者 指批准采购方案的人员，如医院药事管理与临床药物治疗委员会。

（三）购买决策程序

1. 集中招标采购程序 根据国家有关规定，城镇职工基本医疗服务的临床使用药品、常规使用及用量较大的药品必须实行药品集中招标采购。药品集中招标采购工作的程序如下：

（1）医疗机构提出采购要求 根据临床需要和降低患者药品费用的原则，医院等医疗机构组织有关部门或人员编制本期拟集中采购的药品品种和数量计划，报药事委员会审核同意，然后提交给药品招标采购经办机构。

（2）药品招标采购经办机构按规定组织招标活动 药品招标采购经办机构将各医院的采购计划进行汇总，并组织专家委员会对采购计划进行审核，确定集中采购的药品品种、规格、数量，同时反馈给相关医疗机构。确定采购方式后，由药品招标采购经办机构发布招标采购工作文件，对投标企业进行合法、信誉、质量等方面的审核，组织开标、评标或谈判，确定中标企业。

2. 备案采购程序

（1）由医疗机构根据临床需要填写《医疗机构药品网上集中采购药品备案采购申请表》（表5-1），由法定代表人签字并加盖单位公章后，上报采购管理中心。

表5-1　××市医疗机构药品集中备案采购药品申请表

药品名称：		商品名：	
申请剂型：		规格及包装：	
生产企业名称：		质量层次：	
经营企业名称：			
申请采购者：			
申请理由：			
供货价：	国家或省定 最高零售价：		医疗机构 执行零售价：
申请医疗机构意见（盖章）：			
申报品种资料初审意见 （中介机构填写）：		备案意见 市药品医疗设备招采中心填写：	
初审员：　　　　　年　月　日		年　月　日	

注：该表一式三份，申请医疗机构、市药品医疗设备招标采购中心和中介机构各存一份。

（2）备案采购实行集中审查制，每月接受企业申请，每季度组织专家集中审查的方式进行审核，经主管部门同意后上网公示，公示结果报监督办公室备案存查。

（3）经主管部门审核批准备案的药品由采购管理中心添加到药品集中招标采购网电子交易平台上供医院采购。

（4）在"网上采购平台"上采购和签订购销合同。

（5）遇到各类突发事件，抢救、治疗急危重症病人需要备案的品种，可采取先采购后备案，但须在七日内完善备案手续，采购量应控制在一个月的使用量以内。

3. 特殊药品的采购程序 麻醉药品和第一类精神药品属于国家管制的特殊药品，医疗机构不进行药品集中招标采购，根据《麻醉药品和精神药品管理条例》，麻醉药品、精神药品实行定点生产、定点经营制度；如果医疗机构需要使用上述药品，应当在所在地区的市级人民政府卫生主管部门批准，取得《麻醉药品、第一类精神药品购用印鉴卡》。医疗机构凭《印鉴卡》向本省、自治区、直辖市行政区域内的定点批发企业购买麻醉药品和第一类精神药品。

四、药店市场购买行为分析

一些日常用药，或者常用药品、保健品、简易医疗器械，患者往往就近从药店购买。相比医疗机构，药店更加便捷，认知医药产品价格也较低。所以，药店市场是医药市场里面非常重要的一部分。

(一) 药店市场的分类

根据药品管理法的规定以及经营模式，药店市场分为药品零售连锁店、单体药店、药品专柜等。

1. 药品零售连锁店 药品零售连锁店是指在同一总部的管理下，使用同一个名称的若干个门店，采取统一采购配送、统一质量标准、采购与销售分离、实现规模化经营的一种组织形式。

2. 单体药店 是指以独立企业法人形式存在的药店终端。其营业场所及经营规模相对较小，服务对象是药店周围的居民。

3. 药品专柜 是指在百货商店、超市、宾馆等终端市场设立的专用柜台，以经营乙类非处方药品、保健品等为主。

(二) 连锁药店购买行为分析

1. 连锁药店采购的类型

(1) 根据采购渠道进行划分，可分为生产企业直接采购和批发企业采购。

生产企业直接采购的特点是可购医药产品的种类较少，但价格较低，由于地理位置的原因，运输成本可能会高一些；批发企业采购的特点是可购医药产品的种类较多，但医药产品的价格会高一些，由于运输医药产品种类和数量较多，可能会享受低的运输费率。

(2) 根据采购规模、时机、供货商数量等因素进行划分，可分为分散采购、集中采购、现卖现买、投机采购、预算采购、多货源采购和单货源采购等方式。

分散采购是依据采购计划和库存情况，在不同的供货商中购买所需医药产品。

集中采购是依据采购计划和库存情况，在一家供应商中购买所需的医药产品。

现卖现买是药店依据医药产品销售情况的多少，随时补充医药产品的库存。

投机采购是根据预测市场需求的波动，在需求高峰到来之前，提前大量囤积医药产品或依据市场价格的波动特征，在低价时大量买入某种医药产品的采购方式。

预算采购是根据连锁药店当期流通资金状况，考查可用资金数额的多少来计划采购医药产品的种类和数量。

多货源采购和单货源采购是指一种医药产品可以从多个供货商处采购或单个供货商处采购。如果有多个供应商，采购不到某医药产品的风险较小，供货可靠性高，讨价还价和选择不同医药产品规格的余地较大，但由于与各个供应商打交道，工作量较大，与供应商的关系较松散，供应商对长期合作的信心不足，责任心较弱。

2. 连锁药店采购的程序 连锁药店要根据医药产品经营质量管理规范（GSP）的要求制订进货质量管理程序，其目的是保证供货企业合法、购进的医药产品合法、购进企业的销售人员合法以及购进行为能保证医药产品质量。该程序的基本内容如下：

(1) 医药产品采购计划的编写。

(2) 确定供货企业的法定资格和质量信誉。

(3) 审核购入医药产品的合法性和可靠性。

(4) 对与本企业进行业务联系的供货单位销售人员，进行合法资格的验证。

（5）对首营品种，填写"首营医药产品审批表"，并经企业质量管理机构和企业主管领导的审核批准。

（6）签订有明确质量条款的购货合同。

（7）按购货合同中的质量条款执行。

3. 连锁药店采购的特点　药品零售连锁企业由于其购买主体的企业性质以及购买目的的不同，在购买行为上也表现出同其他医药组织不同的特点。

（1）注重供货单位法定资格和质量信誉的审核　供货企业的法定资格和质量信誉的确定是通过审核供货单位的生产或经营许可证和营业执照；索取全部供货企业的最新的药品生产许可证或药品经营许可证以及营业执照复印件，并在复印件上加盖企业公章；同时要注意确认其证照的有效期和经营范围。另外双方要签订质量保证协议，订货按程序签订有质量条款的正式合同。

（2）集中统一采购，体现成本优势　连锁药店一般实行总部集中统一采购，剔除中间代理环节，直接和上游厂家合作，以较大的订单数量来换取厂家或者供货商价格上的让利，将采购成本降到最低，实现最大的成本优势，同时连锁药店还可争取到更多的优势品种的独家经销权，仅限所属门店销售，以保证各门店的品种竞争优势。

（3）对医药产品价格敏感，重视高毛利品种　连锁药店是市场经济中自负盈亏的独立企业法人，因此在有效满足顾客防病治病需求的情况下，实现更多盈利是其最根本的目的。由于医药零售市场竞争非常激烈，连锁药店不仅要面对同类连锁药店的竞争还要受到单体零售药店、社区卫生医疗机构的市场竞争威胁，因此连锁药店在采购医药产品时，在保证医药产品质量的前提下，对医药产品的价格非常敏感，一旦发现有超低价格的医药产品或是高毛利品种，连锁药店马上会调整采购策略，重点布局高毛利品种，尽量保证进货医药产品的低价，运用高毛利品种创造更多利润，以实现企业利润的最大化。

4. 连锁药店采购行为的影响因素　影响连锁药店采购行为的因素包括宏观环境和微观环境因素，而连锁药店作为医药生产企业的下游市场，更多的是考虑消费者市场的变化。影响连锁药店采购行为的因素有以下几方面。

（1）医药供货商因素　主要包括供货企业基本情况、医药产品情况以及企业的市场运作情况三个因素。供货企业基本情况是指医药生产企业或医药批发企业的合法性、规模、信誉以及能否提供合格的产品报验资料、药检报告、授权委托书等基本情况；医药产品情况是指该医药产品的质量、价格、品牌、中间利润、是否为医保产品、是否为独家品种等信息；企业的市场运作情况是指供货企业能否提供优质的市场运行计划，包括广告力度、促销支持和服务水平等，有无严格的市场保护措施以及杜绝窜货和不正当竞争等。以上因素都将影响到连锁药店的采购行为。

（2）组织因素　是指连锁药店内部的采购程序、组织机构、采购目标、营销策略以及内部采购人员的调整和变动等组织内部因素。

（3）消费者因素　是指连锁药店的目标客户需求水平、消费特点、覆盖范围、顾客满意度、对拟购产品的接受程度等因素。

（4）竞争者因素　同行采购同种医药商品的竞争、供货方的竞争、单体零售药店的竞争、社区医疗服务机构的竞争等因素都是连锁药店采购所需考虑的。

（三）单体药店购买行为分析

单体药店由私人按照药品经营质量管理规范（GSP）的要求开设，经营方式灵活多变，其购买行为的特点如下。

1. 以需定购，勤进快销　单体药店以消费者的实际需求为出发点来组织货源，每次进货的批量比较少，但次数比较多，多销多进，少销少进，以保持合理的周转库存为限度。如对货源正常的医药产品少进，进销持平；对季节性的医药产品要根据季节变化和发病规律，季前多进，季中边销边进，季末逐步少进或不进，过季基本销光。

2. 货比三家，多渠道进货　医药产品零售市场的竞争异常激烈，单体药店为了最大程度的降低成本，在进货品种、规格、价格、厂家等方面会进行多家横向比较，由于当前医药批发企业众多，很多药店在供应商的选择上不单局限于本地区的医药批发公司，也同时选择跨区域的医药批发企业，实行多渠道比较进货，择优进货。

3. 规模小，但数量众多　单体药店的规模一般比较小，大部分药店的营业面积在 100 平方米以下，经营品种数量大多低于 3000 种，因此其单店的采购规模比较小，无法形成规模优势。但是单体药店的数量众多，整体的采购量非常大。为改变单体药店采购"势单力薄"的现状，我国部分区域成立了药店采购联盟，将多家药店的采购量整合在一起与上游供应商谈判，以获得更低的医药产品进价。但由于采购联盟组织松散并涉及到药店成员间责、权、利的划分，各药店成员本身存在竞争以及各药店成员所处发展阶段和经营策略不同，因此，采购联盟往往"名存实亡"，难以为继。

单体药店是私人开设的提供药学服务的营利性组织，其目的在于提供专业药学服务的同时赚取更多的利润，因此其购买行为的影响因素同私人诊所相似，主要是经济因素和单体药店负责人的个人因素。另外，供货商因素、消费者因素、竞争者因素也会对单体药店的购买行为产生影响。

目标检测

答案解析

一、A 型题（最佳选择题）

1. 以下不属于医药消费者市场特点的是（　　）

    A. 特殊性　　　　　　　　　　　B. 季节性

    C. 派生性　　　　　　　　　　　D. 广泛性

2. 以下有关医药组织市场的特点表述正确的是（　　）

    A. 市场的需求属于原发性需求　　　　B. 市场购买者数量少，但购买数量大

    C. 非专业购买，购买决策较为简单　　D. 市场较分散，多为小型购买

3. 疾病的发生、发展往往不可预期，这使得医药消费者的购买行为很难预测，波动性很大。即使是同一个患者患有的同样疾病，在不同时期由于生理特征、健康状况、心理状况和生活环境的不同，这体现了（　　）。

    A. 药品消费的广泛性　　　　　　　　B. 药品消费的被动性

    C. 药品需求的不确定性　　　　　　　D. 药品之间的替代性

4. 西方营销学者将家庭生命周期划分成（　　）不同阶段

    A. 三个　　　　　　　　　　　　B. 五个

    C. 七个　　　　　　　　　　　　D. 九个

5. 采取统一采购配送、统一质量标准、采购与销售分离、实现规模化经营的一种组织形式是（　　）

    A. 药品零售连锁店　　　　　　　　B. 单体药店

    C. 药品专柜　　　　　　　　　　D. 医药网店

6. 从事药品商品经营活动，通过购买药品商品进行转售来获取利润所形成的市场是（　　）

A. 药品中间商市场　　　　　　　　B. 药品批发商市场

C. 药品零售商市场　　　　　　　　D. 药品生产者市场

二、B 型题（配伍选择题）

A. 习惯型　　　　　　　　　　　　B. 理智型

C. 经济型　　　　　　　　　　　　D. 价值型

E. 冲动型　　　　　　　　　　　　F. 疑虑型

G. 躲闪型

1. （　）消费者由于患有一些难以启齿的疾病或者由于涉及个人生活的私隐，在购买药品时有躲闪、不安等不自在的行为

2. （　）消费者往往缺乏应有的医药知识，很容易受到广告、药品外观、他人劝说等外界因素的影响

3. （　）消费者在购买过程中小心谨慎、行动迟缓，购买时三思而后行，对他人的劝说也往往疑虑重重

4. （　）消费者购买时特别重视价格，对于价格的反应特别灵敏

5. （　）消费者在购买前会收集药品的相关信息，对同类产品经过周密的考虑和反复的比较，或者具备相应的专业知识

6. （　）消费者倾向于购买名牌药品，因为他们相信这种药品会给他们带来比同类药品更大的价值

7. （　）消费者由于对某种商品或某家药店的信赖、偏爱而长期惠顾某药店

三、X 型题（多项选择题）

1. 影响医药消费者购买行为的因素包括（　）

A. 文化因素　　　　　　　　　　　B. 社会因素

C. 个人因素　　　　　　　　　　　D. 心理因素

2. 个人因素是消费者购买决策过程最直接的影响因素，也是最易识别的因素，它包括（　）

A. 年龄　　　　　　　　　　　　　B. 职业

C. 经济状况　　　　　　　　　　　D. 生活方式

3. 需要层次论认为，人的需要分为五个层次，以下属于这五个层次的是（　）

A. 生理需要　　　　　　　　　　　B. 安全需要

C. 工作需要　　　　　　　　　　　D. 学习需要

E. 尊重需要

4. 一般来说，医生对药品的态度可以分成五种类型，以下不属于这种类型的是（　）

A. 敌意型　　　　　　　　　　　　B. 支持型

C. 未接触型　　　　　　　　　　　D. 赞同型

5. 医药组织市场的购买行为可以分为以下类型（　）

A. 直接重购型　　　　　　　　　　B. 新购型

C. 疑虑型　　　　　　　　　　　　D. 修正重购型

6. 影响药品组织购买行为的主要因素有（　）

A. 环境因素　　　　　　　　　　　B. 组织因素

C. 人际关系因素　　　　　　　　　D. 个人因素

四、综合问答题

1. 消费者购买决策的内容主要可分为哪六个方面？

2. 医药消费者市场购买行为决策过程有哪些？

3. 医药组织市场的特点有哪些？

4. 医院药品集中采购应注意哪几个方面？

（魏保华）

书网融合……

重点回顾　　　习题

模块三　制定医药市场营销战略

项目六　制定医药市场竞争战略

PPT

学习目标

知识目标

1. 掌握　医药市场竞争者的概念及分类；医药企业基本竞争战略的内容；医药企业竞争地位战略的内容。

2. 熟悉　识别竞争者需要注意的几个方面；医药市场竞争者常采用的竞争手段；波士顿矩阵的大致内容。

3. 了解　医药市场竞争者优劣势分析的主要内容；医药市场竞争者的反应模式。

技能目标

（1）掌握分析医药竞争者的方法和流程。

（2）能够根据市场占有率判断竞争地位及战略。

（3）能够说出医药市场基本竞争战略。

（4）能够阐述4种竞争地位战略的主要内容。

素质目标

（1）树立正确市场竞争观念，灵活理解医药市场现状。

（2）遵循市场商业秩序，遵守国家生产要求。

📖 导学情景

情景描述： 目前心血管疾病已经成为威胁人类最严重的疾病之一，我国心血管疾病用药的市场规模也随着患者的增多在增长，但是增速放缓。在我国心血管疾病的用药中，主要的针对药物是心脏、肾素–血管紧张素系统（RAS）和血脂调解药物。

（1）心血管疾病患病人数众多　根据最新的流行病资料显示，我国心血管疾病的患病率及死亡率仍处在上升阶段，心血管病死亡占居民疾病死亡构成的40%以上，位居城乡居民总死亡率的首位。

（2）心血管疾病药物市场规模逐年增长增速变缓　从2012～2019年公立医院心血管系统用药销售情况来看，近年来心血管系统用药的销售额逐年增长，但是增长率逐年降低。2019年我国公立医院心血管系统用药销售额达到1263.1亿元，同比增长2.2%。2020年上半年，销售额为517.9亿元。从公立医院心血管系统用药大类中药品销售占比来看，作用于RAS的药物在心血管系统药物中占大头，2020年上半年，其市场占比为23.05%。其次是钙通道阻滞剂、血脂调节剂和心脏病治疗用药，分别占比为19.71%、17.33%和17.27%。

（3）主要为心脏、RAS和血脂调解药物　2020年上半年，公立医院心脏病治疗用药产品中，单硝酸异山梨酯、环磷腺苷葡胺、曲美他嗪的用药占比相对较大，占比分别为13.70%、8.95%和8.64%。

2020年我国作用于RAS的药物产品竞争较为激烈，其中用药规模相对较高的三种药品分别为缬沙坦、缬沙坦氨氯地平和替米沙坦，市场占比分别为22.4%、8.68%和7.70%。公立医院调节血脂类药品中，阿托伐他汀占有较为重要的地位，2020年上半年销售金额占比为达39.3%，遥遥领先其他产品，市场竞争力较强。总体来看，调节血脂产品集中度较高。

情境分析： 中国心血管病患病率处于持续上升阶段。心血管疾病死亡率仍旧首位，每5例死亡中2例死于心血管病。农村心血管病死亡率从2009年起超过并持续高于城市水平。主要原因由于人群不健康行为普遍：吸烟问题，营养膳食问题（高钠摄入），饮酒问题，缺乏体育运动问题，成人、青少年超重和肥胖问题。

讨论： 你认为心脑血管类药物市场正处于一种什么竞争格局？

学前导语： 在市场经济中，竞争力最直观地表现为一个企业能够比其他企业更有效地向消费者（或者市场）提供产品或者服务，并且能够获得自身发展的能力或者综合素质。"更有效地"是指：以更低的价格或者消费者更满意的质量持续地生产和销售；"获得自身发展"是指：企业能够实现经济上长期的良性循环，具有持续的良好业绩，从而成为长久生存和不断壮大的强势企业。只有为市场所接受，即长期拥有较高的市场占有率的企业才能实现长期的赢利率，而只有拥有长期赢利能力的企业才能持续地保持较高的市场占有率。

任务一 识别医药市场竞争者

企业参与市场竞争，不仅要了解谁是自己的顾客，而且还要弄清谁是自己的竞争对手。从表面上看，识别竞争者是一项非常简单的工作，但是，由于需求的复杂性、层次性、易变性，技术的快速发展和演进、产业的发展使得市场竞争中的企业面临复杂的竞争形势，一个企业可能会被新出现的竞争对手打败，或者由于新技术的出现和需求的变化而被淘汰。企业必须密切关注竞争环境的变化，了解自己的竞争地位及彼此的优劣势，只有知己知彼，方能百战不殆。

一、医药市场竞争者的概念

医药市场竞争者的概念可以从广义和狭义两方面来理解。广义的竞争者是来自于多方面的，企业与自己的顾客、供应商之间，都存在着某种意义上的竞争关系。通俗地来说，广义的竞争者是指所有与本企业争夺同一目标顾客的企业，不仅包括现实竞争者，还包括潜在的竞争者。狭义地讲，竞争者是那些与本企业提供的产品或服务相类似、并且所服务的目标顾客也相似的其他企业。我们可以从产业和市场两个方面来看待竞争。

1. 产业竞争观念 提供同一类产品或可相互替代产品的企业，构成一种产业，如汽车产业、医药产业、养老产业等。从产业方面来看，如果一种产品价格上涨，该产品的需求减少从而引起另一种替代产品的需求增加，这就是产业竞争。产业竞争结构并非一成不变，就医药行业而言，国家对于医药产品生产管理标准、跨国医药企业的进入及非医药企业进军医药行业，都将深刻改变当前医药行业的竞争结构。医药企业想要在整个产业中处于优势地位，就必须了解本产业的竞争模式，以确定自己的竞争者范围。

2. 市场竞争观念 在市场竞争观念视角下，竞争对手不仅指同一行业内的竞争，还包括那些试图满足相同需求，或服务于同一顾客群的企业，甚至是满足消费者不同需求的企业。从市场需求角度出发，竞争者又可以分为愿望竞争者、属类竞争者、形式竞争者和品牌竞争者。以市场观点来分析竞争者，可以使医药企业拓宽视野，更广泛地认清企业的现实竞争者与潜在竞争者。

（1）**愿望竞争者** 是能够满足购买者各种愿望的提供者，即提供不同产品以满足不同需求的竞争者。如医药生产企业可以将生产食品、保健品、化妆品乃至家用电器的厂商视为自己的竞争者。这种竞争的实质是如何能促使消费者更多地购买医药产品。

（2）属类竞争者　指的是行业内提供不同规格的产品以满足同一种需求的竞争者。以抗生素为例，青霉素生产厂家与头孢氨苄等厂家之间属于属类竞争者。

（3）形式竞争者　即生产同一产品但不同规格、式样、型号的竞争者。如活性物质为环丙沙星的抗菌药，有盐酸盐、乳酸盐、醋酸盐等多种效果一致的形式存在，每种盐又存在片剂、胶囊等相似的口服剂型而形成的竞争者。

（4）品牌竞争者　是指能满足购买者同一愿望的同种产品的不同品牌提供者，即生产产品形式相同，并且规格、式样、型号也相同，但拥有不同品牌的竞争对手。如六味地黄丸就有河南宛西、江西汇仁、湖南九芝堂等不同品牌之间的竞争。

二、识别竞争者

从产品和市场两个角度结合在一起的分析是最客观的：既考虑与本企业所提供的产品（或服务）的相似性和替代性，更要考虑与本企业所满足的消费者的一致性。一般情况下，如若这两方面的相似程度都最高，便可以认定该企业为本企业的主要竞争对手。

1. 从本行业角度来识别竞争者　由于竞争者首先存在于本行业之中，医药企业先要从本行业出发来识别竞争者。提供同一类产品或服务的企业，或者提供可相互替代产品的企业，共同构成一个行业。由于同行业企业产品的相似性和可替代性，彼此间形成了竞争关系。例如抗血小板聚集药物，有阿司匹林、氯吡格雷、奥扎格雷等。在同行业内部，如果一种商品的价格变化，就会引起相关商品的需求量的变化。因此，企业需要全面了解本行业的竞争状况，制定企业针对行业竞争者的战略。

2. 从市场消费需求角度来识别竞争者　医药企业还可以从市场、从消费者需求的角度出发来识别竞争者。凡是满足相同的市场需要、或者服务于同一目标市场的企业，无论是否属于同一行业，都可能是企业潜在的竞争者。比如治疗感冒的药物种类繁多，大体可分四类。

（1）抗过敏类　这类药物均含有马来酸氯苯那敏（扑尔敏）或苯海拉明成分，如氨咖黄敏胶囊、感康、泰诺感冒片、白加黑、快克、泰诺儿童感冒液、小儿速效感冒颗粒、感冒清片、感冒通片、VC银翘片、新康泰克胶囊。

（2）解热镇痛药类　如复方阿司匹林（APC），对乙酰氨基酚（扑热息痛）、泰诺林（对乙酰氨基酚缓释片）、复方苯巴比妥注射液（安痛定）等。

（3）抗病毒类　利巴韦林、阿昔洛韦等。

（4）中成药　银翘解毒丸、桑菊感冒片、抗感颗粒、清热解毒口服液（或胶囊）、正柴胡饮颗粒、银黄颗粒、板蓝根颗粒、双黄连口服液（或胶囊、片）、清开灵颗粒（或胶囊）、抗病毒口服液、莲花清瘟胶囊等。

从满足消费者需求出发识别竞争者，可以从更广泛的角度认识现实竞争者和潜在竞争者，有助于企业在更宽的领域中制定相应的竞争战略。

3. 从市场细分角度来识别竞争者　为了更好地别竞争者，医药企业可以同时从行业和市场这两个方面，结合产品细分和市场细分来进行分析。假设市场上同时销售5个品牌的某产品，而且整个市场可以分为10个细分市场。如果某品牌打算进入其他细分市场，就需要估计各个细分市场的容量、现有竞争者的市场占有率，以及各个竞争者当前的实力及其在各个细分市场的营销目标与战略。从细分市场出发识别竞争者，可以更具体、更明确地制定相应的竞争战略。

三、确定竞争者的目标与战略

确定了谁是企业的竞争者之后，医药企业还要进一步了解每个竞争者在市场上追求的目标和实施的战略是什么，以分析竞争者行为的内在动力。假如每一个医药企业的目标都是获取利润，但不同的竞争者对于实现最终盈利目标所制定的子目标组合与侧重点都不同。了解竞争对手的目标可以判定他们对不同竞争行为的反应。

1. 竞争者的市场目标分析

（1）不同竞争者的目标组合的侧重点不同　竞争企业的市场目标可能存在着差异，从而影响到企业的经营模式。例如竞争者是寻求长期业绩还是寻求短期业绩最大化，将影响到竞争者在利润与收入增长之间的权衡。竞争者的目标差异对企业制定营销战略有影响。每个竞争者都有各自侧重不同的目标组合，如现金流量、投资报酬率、市场占有率、技术领先、服务领先、低成本领先、信誉领先、品牌忠诚等。医药企业要了解每个竞争对手的重点目标是什么，才能对不同的竞争行为反应恰当。比如，一个以低成本领先为目标的医药企业会对竞争对手在制造过程中的技术突破做出强烈反应，对竞争企业增加广告投入则可能不太在意。竞争者的目标选择不同也带来经营模式的差异。

（2）竞争者的市场目标及其行为变化　通过密切观察和分析竞争者目标市场及其行为变化，可以为企业的竞争决策提供方向。例如，当发现竞争者开辟了一个新的细分市场时，也就意味着有机会产生一个新的市场机会；当发现竞争者试图打入自己的市场时，需要加以认真对待。

（3）竞争者的市场目标存在的差异　企业必须跟踪了解竞争者进入新的产品细分市场的目标。若发现竞争者开拓了一个新的细分市场，这对企业来说可能是一个发展机遇；若企业发现竞争者开始进入本企业经营的细分市场，这意味着企业将面临新的竞争与挑战。对于这些市场竞争动态，企业若了如指掌，就可以争取主动，有备无患。

2. 判定竞争者的战略　医药企业所采取的战略越相似，医药行业内部的竞争就会越激烈。根据医药行业所采取的主要战略不同，可将医药企业竞争者划分为不同的战略群体。医药战略群体即医药行业内推行相同战略的一组企业。战略的差别表现在产品线、目标市场、产品档次、性能、技术水价格、服务、销售范围等方面。区分战略群体有助于认识以下三个问题。

（1）不同战略群体的进入与流动障碍不同　各医药企业的实力决定着该企业进入新的战略群体的难易度不同。比如，某医药企业在老年病、多发病治疗方面积累了丰富的经验，且成本控制能力强，则进入低价格、质量适中、大规模的全民基本医疗战略群体较为容易；具有一线专利优势的医药企业则适合进入高端处方药的战略群体。

（2）同一战略群体内的竞争最为激烈　处于同一战略群体的企业在目标市场、产品类型、质量、功能、价格、分销渠道和促销战略等方面几乎无差别，每一企业的竞争战略都会受到其他企业的高度关注并在必要时做出强烈反应。我国制药行业企业之间的竞争十分激烈，不论是在市场争夺还是规模扩张过程都出现了过度竞争现象。例如，东盛集团和太太药业先后在收购丽珠集团、潜江制药过程中展开了激烈争夺，而且各有胜负。这说明医药行业内部竞争对手之间势力相当，竞争十分激烈。

（3）不同战略群体之间存在现实或潜在的竞争　除了在同一战略群体内存在激烈竞争外，在不同战略群体之间也存在竞争。因为某些战略群体可能具有相同的目标客户且顾客可能分不清不同战略群体的产品的区别，如分不清同类医药产品的区别。对于医药企业来说，属于某个战略群体的医药企业可能改变战略，进入另一个战略群体，如制造高档医药产品的企业可能转向开发普通医药产品。每个战略群体都力图扩大自己的市场，涉足其他战略群体的领地，在企业实力相当或流动障碍小的情况下尤其如此。

👁 **看一看**

2021年全球医药产品市场规模及竞争格局分析——中国药企竞争能力逐渐增强

随着科技的发展以及人们的健康意识不断增强，药企之间的市场竞争也将愈发激烈。根据美国

《制药经理人》（Pharm Exec）杂志公布的 2021 年全球制药企业 TOP50 榜单，中国药企首次有 5 家企业入选，分别是云南白药、恒瑞医药、中国生物制药、上海医药和石药集团，排名均有所提升，中国药企的竞争能力逐渐增长。从全球制药企业 TOP50 榜单里看中国企业的发展情况。2019 年中国药企首次入围，包括中国生物制药以 31.42 亿美元收入排在第 42 名，恒瑞医药以 25.70 亿美元收入排在第 47 名；2020 年共有 4 家中国制药企业上榜，依据处方药销售收入的排名从前至后依次是云南白药、中国生物制药、恒瑞医药、上海医药；到 2021 年共有 5 家中国药企入选，分别是云南白药（第 37 名，47.41 亿美元）、恒瑞医药（第 38 名，42.03 亿美元）、中国生物制药（第 40 名，38.93 亿美元）、上海医药（第 42 名，35.85 亿美元）和石药集团（第 44 名，32.42 亿美元）。整体反映出中国药企的竞争能力逐渐增长。

任务二　分析医药市场竞争者

分析医药市场竞争者的优劣势和反应模式

1. 竞争者优劣势分析的必要性　在医药市场竞争中，医药企业需要分析竞争者的优势与劣势，做到知己知彼，才能有针对性地制定正确的市场竞争战略，以避其锋芒、攻其弱点、出其不意，利用竞争者的劣势来争取市场竞争的优势，从而来实现企业营销目标。

2. 医药市场竞争者优劣势分析的主要内容

（1）医药产品　竞争企业产品在市场上的地位、产品的适销性、产品系列的宽度与深度。

（2）销售渠道　竞争企业销售渠道的广度与深度、销售渠道的效率与实力、销售渠道的服务能力。

（3）市场营销　竞争企业市场营销组合的水平、市场调研与新产品开发的能力、销售队伍的培训与技能。

（4）生产与经营实力　竞争企业的生产规模与生产成本水平、设施与设备的技术先进性与灵活性、专利与专有技术、生产能力的扩展、质量控制与成本控制、区位优势、员工状况、原材料的来源与成本、纵向整合程度。

（5）研发能力　竞争企业内部在产品、工艺、基础研究、仿制等方面所具有的研究与开发能力；研究与开发人员的创造性、可靠性、简化能力等方面的素质与技能。

（6）资金实力　竞争企业的资金结构、筹资能力、现金流量、资信度、财务比率、财务管理能力。

（7）组织　竞争企业组织成员价值观的一致性与目标的明确性、组织结构与企业策略的一致性、组织结构与信息传递的有效性、组织对环境因素变化的适应性与反应程度、组织成员的素质。

（8）管理能力　竞争企业管理者的领导素质与激励能力；协调能力；管理者的专业知识；管理决策的灵活性、适应性、前瞻性。

3. 波士顿矩阵分析法（BCG 法）　波士顿矩阵（BCG Matrix）（图 6-1），又称市场增长率—相对市场份额矩阵。市场增长率是指战略业务单位所在市场或行业在一定时期内销售增长的百分比。市场占有率是企业在该市场总销量中所占份额，相对市场占有率则是它的市场占有率和最大竞争对手之比率。

在矩阵中，纵坐标代表市场增长率，可以以年为单位。划分市场增长率的高低应该根据行业、企业的具体情况具体分析。横坐标为相对市场占有率，表示各业务与最大竞争者在市场占有率方面的相对差异。划分相对市场占有率高低同样要考虑行业企业的具体情况。

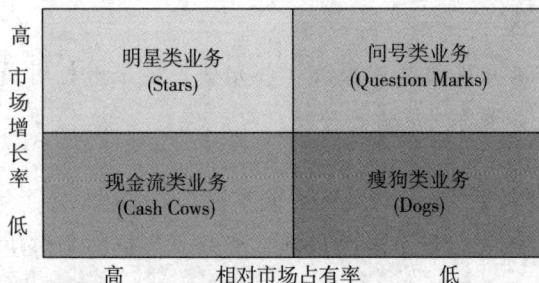

图 6-1　波士顿矩阵

该矩阵有四个象限。企业所有战略业务单位或业务也相应分为四种类型。企业对每一个战略业务单位加以分析评价后，就要确定对每个战略业务单位应当采取的战略，以实现企业资源的优化配置。

1. 问号类业务　大多数业务都是从问号类开始，该业务特征是相对市场占有率比较低，市场增长率高。说明该类业务单位所在的行业成长性比较好，但竞争力相对比较弱。针对问号类业务需要慎重决策，判断其是否具有发展潜力。如果判定其有持续的成长性，可以选择发展战略，反之，应该选择放弃战略。企业没有问号类业务可能缺乏发展后劲，问号类业务过多，应该考虑战略重点领域，使业务结构更合理。

2. 明星类业务　问号类的战略业务单位经过持续的资源投入，业务单位会发展壮大，此时，它会转为明星类业务。一般而言，明星类业务需要大量资源投大，以保证它们的发展能跟上市场的扩大。可见，明星类业务短期内不会给企业带来可观的收益，甚至投入大于产出，但可能是未来的"财源"。如果一个企业没有明星类业务，那么该企业的经营情况应该引起重视。

3. 现金流类业务　现金流类业务单位具有较高的相对市场占有率，而所处的行业已经降到企业认为的低增长率。市场增长率降低，意味着不再需要大量资源的投入，相对市场占有率较高，说明这些经营单位有较好的收益，可以支持企业的其他经营单位。

4. 瘦狗类业务　指市场增长率和相对市场占有率都较低的经营单位。该类业务盈利甚少或有亏损，一般难以成为"财源"。

5. 识别医药市场竞争者的市场地位　企业在一个目标市场的竞争地位，可分为如下六种。

（1）主宰型　这类企业控制着其他竞争者的行为，有广泛的战略余地选择。

（2）强壮型　这类企业可以采取不会危及其长期地位的独立行动，竞争者的行为很难撼动其长期地位。

（3）优势型　这类企业在特定战略中有较多的力量可以利用，有较多机会改善其战略地位。

（4）防守型　这类企业的经营状况令人满意，但受主宰型企业的控制，其生存地位改善的机会很少。

（5）虚弱型　这类企业的经营状况不能令人满意，但仍然有改善的机会，不改变就会被迫退出市场。

（6）难以生存型　这类企业经营状况很差且没有机会改变被淘汰的命运。

对医药企业而言，企业战略目标的有效实现取决于其资源与能力的构成。因此评估竞争对手需要收集并分析其在业务上的关键数据，如销售额、市场份额、品牌资产与商誉、利润率、投资收益、现金流量、发展战略等。数据的收集不是件容易的事情，医药企业可以通过间接的方式取得，如二手资料、别人的介绍等。也可以通过观察法、问卷调查等形式对中间商和顾客进行调查而取得。

❓ 想一想

如果你的企业主要生产含有马来酸氯苯那敏（扑尔敏）或苯海拉明成分的抗过敏类感冒药，你的竞争对手有哪些？并请你对其进行分析。

答案解析

6. 医药市场竞争者的反应模式　竞争者的目标、战略、优势与劣势决定了它对降价、促销、新产品开发等市场竞争战略的反应。竞争者对各种竞争行为的反应，还要受到企业的经营哲学、内在文化、主导信念和心理状态的影响。当企业采取某些挑战性的措施或行动后，不同的竞争者会做出不同的反应。竞争者中常见的反应模式有以下四种。

（1）迟钝型竞争者　指某些医药竞争企业对市场竞争措施的反应不强烈，行动迟缓。可能造成此类反应的原因是：竞争者对自己的竞争力过于自信，认为顾客忠诚度高，不会转移购买，判断对手的攻击行为不会对本企业的目标市场产生较大影响；或者是该医药企业某些业务需要收割，于是对于攻击行为无反应。还有可能是因为竞争者受到自身在资金、规模、技术等方面的能力的限制，无法作出适当的反应。

（2）选择型竞争者　指医药企业只对某些特定的攻击行为做出反应，并不是对所有的竞争行为都有反应。这类竞争者只是针对触及其战略环节或核心领域的行动做出反应。比如某些竞争企业对降价这样的价格竞争措施总是反应敏锐，倾向于作出强烈的反应，力求在第一时间采取报复措施进行反击，而对改善服务、增加广告、改进产品、强化促销等非价格竞争措施则不大在意，认为不构成对自己的直接威胁。

（3）强烈反应型竞争者　竞争企业对市场竞争因素的变化十分敏感，一旦受到来自竞争挑战就会迅速地作出强烈的市场反应，进行激烈的报复和反击，势必将挑战自己的竞争者置于死地而后快。这种报复措施往往是全面的、致命的、甚至是不计后果的，不达目的决不罢休。这些强烈反应型竞争者通常都是市场上的领先者，具有某些竞争优势。一般企业轻易不敢或不愿挑战其在市场上的权威，尽量避免与其作直接的正面交锋。

（4）随机型竞争者　指对攻击行为的反应具有随机性，是否有反应及反应强弱无法根据其以往的情况加以预测。许多小企业属于此类竞争者。

7. 选择竞争对策时应考虑的因素　明确了主要的竞争对手，分析了竞争者的优劣势及反应模式，医药企业就要明确自己的对策，即进攻谁、回避谁。一般应考虑以下因素。

（1）竞争者的强弱　大多企业认为应瞄准弱竞争者，因为攻击弱竞争者提高市场占有率所需耗费的资源和时间较少，可以事半功倍，但对自身能力提高有限，利润增加也较少。反之，攻击强竞争者可以提高自己的生产、管理和促销能力，更大幅度地扩大市场占有率和利润水平。

（2）竞争者的远近　竞争者的远近是竞争者与本企业的相似程度高低。多数企业重视同近竞争者对抗并力图摧毁对方，但竞争胜利可能招来更难对付的竞争者。反之，攻击远竞争者则可能"坐收渔翁之利"。

（3）竞争者表现的好坏　每个行业的竞争者的表现都有好坏之分。"好"竞争者的特点是：遵守行业规则；对行业增长潜力提出切合实际的设想；按照成本合理定价；把自己限制在行业的某一部分或某一市场细分中；推动他人降低成本，提高差异化；接受为他们的市场份额和利润规定的大致界限。"坏"竞争者的特点是：违反行业规则；企图靠花钱而不是靠努力去扩大市场份额；敢于冒大风险；生产能力过剩仍然继续投资。总之，他们打破了行业平衡。一般来说，企业应支持"好"竞争者，攻击"坏"竞争者。

药爱生命

屠呦呦（1930年～），女，药学家。屠呦呦多年从事中药和中西药结合研究，突出贡献是创制新型抗疟药青蒿素和双氢青蒿素。2015年12月10日，屠呦呦因开创性地从中草药中分离出青蒿素应用于疟疾治疗而获得当年的诺贝尔医学奖。这是在中国本土进行的科学研究首次获得诺贝尔奖。1968年，中药研究所开始抗疟中药研究，39岁的屠呦呦担任该项目的组长。经过两年的研究对象筛选，并受到中国古代药典《肘后备急方》的启发，项目组将重点放在了对青蒿的研究上。1971年，在失败了190次之后，项目组终于通过低温提取、乙醚冷浸等方法，成功提取出青蒿素，并在接下来的反复试验中得出了青蒿素对疟疾抑制率达到100%的结果。在没有先进实验设备、科研条件艰苦的情况下，屠呦呦带领着团队攻坚克难，面对失败不退缩，终于胜利完成科研任务。青蒿素问世44年来，共使超过600万人逃离疟疾的魔掌。未来，屠呦呦希望通过研究，让青蒿素应用于更多地方，为更多人带来福音。几十年潜心钻研传承创新、甘冒风险以身试药诺贝尔生理学或医学奖得主屠呦呦执着一生，让中医药造福全人类，89岁仍在科技攻关一线孜孜不辍，诠释着一名科学家"心中有国家、造福无国界"的大爱情怀。

任务三　医药企业基本竞争战略

竞争战略是医药企业关于如何实现战略目标的基本设想，制定竞争战略的实质是将医药企业与医药市场经营环境连接。医药企业所处的行业、行业结构及行业竞争状态是医药市场经营环境中的关键组成。美国著名战略学家迈克尔·波特于20世纪80年代初提出对企业战略制定影响深远的五种力量模型，认为有五种力量综合影响着行业的吸引力及现有企业的竞争战略决策，这五种力量分别是：潜在竞争者进入的能力、替代品的替代能力、供应商的讨价还价能力、购买者的讨价还价能力及现有厂商之间的竞争。迈克尔·波特进一步从竞争优势的角度提出三种基本竞争战略：成本领先战略、差异化战略、专一化战略。

一、成本领先战略

成本领先战略又称为低成本战略。企业努力减少生产及分销成本，使价格低于竞争者的产品价格，以提高市场占有率。即企业努力发现和挖掘所有的资源优势，特别强调生产规模和出售一种标准化的产品，在行业内保持整体成本领先地位，从而以行业最低价格为其产品定价的竞争战略。

成本领先战略有一定的适用范围：市场需求价格弹性大；产品生产标准化，工艺简单，便于制造；产品差异度小，主要依靠价格竞争。工业企业、品种比较老化的企业和中小企业会选择成本领先战略。从价值链分析，成本领先来源主要是规模大、劳动力成本低、内外部物流成本低、环保成本低等。典型的如浙江仙居药业依靠规模优势建立"强的松（醋酸泼尼松）"的低成本竞争优势，其市场占有率达到90%以上；在国际市场出口占优势的维生素C、咖啡因等产品生产企业也普遍采用成本领先战略。所以成本领先要求坚决地建立起高效规模的生产设施，在经验的基础上全力以赴降低成本，抓紧成本与管理费用的控制，以及最大限度地减小研究开发、服务、推销、广告等方面的成本费用。为了达到这些目标，就要在管理方面对成本给予高度的重视。尽管质量、服务以及其他方面也不容忽视，但贯穿于整个战略之中的是使成本低于竞争对手，当别的医药企业在竞争过程中失去利润时，这个医药企业依然可以获得利润。

赢得总成本最低的有利地位通常要求具备较高的相对市场份额或其它优势，诸如与原材料供应方面的良好联系等，或许也可能要求产品要便于制造生产，易于保持一个较宽的相关产品线以分散固定成本，以及为建立起批量而对所有主要顾客群进行服务。

获得总成本领先地位非常吸引人。一旦企业赢得了这样的地位，所获得的较高的边际利润又可以重新对新设备、现代设施进行投资以维护成本上的领先地位，而这种再投资往往是保持低成本状态的先决条件。

二、差异化战略

差异化战略又称差别化战略，是让企业在产品、服务和企业形象等方面与行业对手有较大差异，以获得行业内具有独特性竞争优势的战略。该战略的重点是开创全行业、顾客都认为独具一格的产品、服务。差异化战略对于医药企业就是指提供与众不同的产品和服务，满足顾客特殊的要求，形成具有竞争优势的战略。医药企业运用这种战略主要是依靠产品和服务的特色，而不是产品和服务的成本。这样可以很好地防御行业中的竞争，获得超额利润，其主要是：一是形成进入壁垒。由于产品和服务的特色，顾客具有很高的忠实程度。潜在的进入者要参与其竞争，则需要克服这个壁垒。二是防止替代品的威胁。基于能够赢得顾客的信任，所以才有专门可在与替代品的较量中，比有同类产品的企业处于更有利的地位。如果差异化战略成功地实施了，它就成为在一个医药产业中赢得高水平收益的积极战略，因为它建立起防御阵地对付五种竞争力量，虽然其防御的形式与成本领先有所不同。波特认为，推行差异化战略有时会与争取占有更大的市场份额的活动相矛盾。推行差异化战略往往要求企业对于这一战略的排它性有思想准备。这一战略与提高市场份额两者不可兼顾。在建立企业的差异化战略的活动中总是伴随着很高的成本代价，有时即便全产业范围的顾客都了解企业的独特优点，也并不是所有顾客都将愿意或有能力支付企业要求的高价格。

差异化战略的实施一般需要通过客户细分找准市场定位，分析竞争对手，开展技术和企业文化的创新同时注重客户反馈，检验差异化效果，提升企业服务理念。医药企业实施差异化战略的途径是产品差异化、服务差异化、形象差异化及渠道差异化等。

1. 产品差异化　产品差异化是生产企业差异化战略实施的核心，没有一流的产品就不会有一流的医药企业。产品差异化的切入点有功能差异化、外形差异化等，其核心在于从功能上满足消费者的差异化需求。因此，实施产品差异化战略的起点是分析消费者的差异化需求。

随着经济增长带来的生活水平提高，人们的生活习惯也在不断地改变，对药品的使用消费也呈现多样化需求。如在剂型和口味上出现了更适合儿童服用的药物；成年人工作压力大、生活节奏快，需要方便携带和服用简单的药物等。根据对药品消费的偏好和多样化需求，医药企业据此实施差异化战略，生产和销售满足不同需求的药品，通过实施差异化战略赢得市场，提高企业的市场竞争力。

2. 服务差异化　无论是医药生产型企业还是流通服务型企业，服务差异化战略是赢取竞争优势的最有的竞争武器之一。当前医药流通行业间的竞争已发展成为"白热化"竞争，由于服务质量和特定服务提供者有紧密的联系，且差异化服务很难被竞争对手学习，为终端客户提供的差异化服务是企业获取核心竞争力的有效途径之，从而使企业保持持久的竞争优势。为终端客户提供服务主要包括医药产品配送、客户培训、咨询、信息化服务，以及医药产品售前、售中和售后服务。

3. 形象差异化　形象差异化是指产品或服务在终端客户中寻找一种特殊的、永久的、优异的定位，便于开展品牌拓展，在激烈的竞争中为企业提供保护。通过强烈的品牌意识、成功的形象战略，借助媒体的宣传，使企业在消费者心目中树立起优异的形象，从而培养顾客认可品牌及购买的习惯，把企业的品牌和形象根植于顾客的心目中。

以中成药"六味地黄丸"为例，全国曾有 500 多家企业争夺中成药六味地黄丸的市场，其中"仲景""同仁堂""九芝堂""汇仁"等主导品牌占据很高的市场份额。同一剂型的六味地黄丸，具有较高的同质性，价格相差却高达几倍，且价格高的市场份额也高。其根源在于企业从顾客价值出发，更注重塑造企业品牌或产品品牌，如宛西的仲景牌六味地黄丸向消费者传递的是"药材好，药才好"；同仁堂的六味地黄丸的价值主张是"精挑细选，精工细做"；九芝堂的六味地黄丸主打"不含糖"，更符合糖尿病患者。

4. 渠道差异化 医药生产企业可以通过对自己分销渠道的设计获得竞争优势，如提高渠道的覆盖率、专业性和效益。以印度医药企业为例，他们注重对国际市场分销渠道的开发，出口主要面向欧美市场的高附加值制剂及特色原料，市场容量大、利润高。

三、专一化战略

专一化战略又称为集中战略，是指企业集中力量于某几个细分市场，而不是将力量均匀地投入所有市场，可分为成本集聚和差异性集聚战略两种。即企业将目标集中在特定的顾客或某一特定的地理区域上，即在行业内很小的竞争范围内建立独特的竞争优势。

与成本领先战略和差异化战略不同的是，专一化战略不在于达到全行业内的目标，而是围绕一个特定的目标开展经营与服务。或者说，专一化战略的结果是，通过满足特定对象的需要实现差异化，或者在为这一对象服务时实现了低成本，或者两者兼得。就医药产业而言，技术领先和中成药企业可选择专一化战略。

相比较而言，成本领先和差异化战略一般是在广泛的产业部门范围内谋求竞争优势，而专一化战略则着眼于在较窄的范围内取得优势。从企业长期经营目标出发，医药企业要发挥持久的竞争优势，必须在竞争性定位上进行选择，如果医药企业专执行某种战略，其竞争优势的追求与发挥越显著（表6-1）。

表6-1 医药企业基本竞争战略对比

医药企业基本竞争战略	主要做法
成本领先战略	企业努力减少生产及分销成本，使价格低于竞争者的产品价格，以提高市场占有率
差异化战略	让企业在产品、服务和企业形象等方面与行业对手有较大差异，以获得行业内具有独特性的竞争优势的战略。差异化途径：产品差异化、服务差异化、形象差异化、渠道差异化
目标集聚战略	企业集中力量于某几个细分市场，而不是将力量均匀地投入整个市场

✕ **练一练**

单选题：让企业在产品、服务和企业形象等方面与行业对手有较大差异，以获得行业内具有独特性的竞争优势的战略是（　）

A. 成本领先战略　　　　　　　　B. 差异化战略
C. 专一化战略　　　　　　　　　D. 服务化差异战略

答案解析

任务四　医药企业竞争地位战略

医药企业竞争地位是指医药企业在目标市场中所占据的位置，它是企业规划竞争战略的重要依据。在同一目标市场中，各个企业所占有的市场份额不同，这就决定了它们在竞争中所处的地位不同。根据地位的不同，可将它们分为市场领导者、市场挑战者、市场追随者和市场利基者（图6-2）。按照企业各自在目标市场上的地位和扮演的不同角色，要求各企业制定不同的竞争战略。

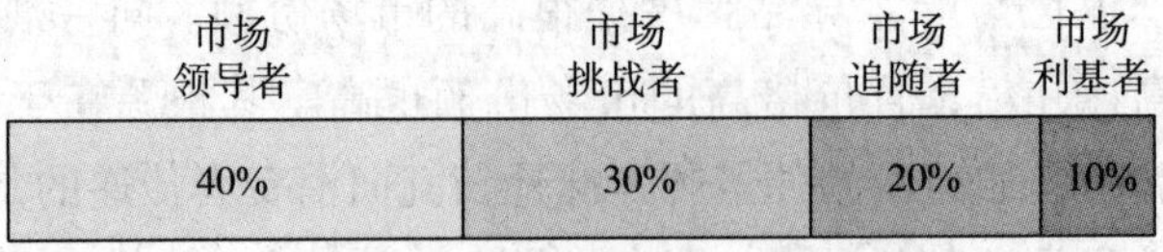

图 6-2　市场竞争格局图

一、市场领导者战略

市场领导者是指在相关产品的市场上占有率最高的企业，它的市场份额占到40%以上。一般来说，大多数行业都有一家企业被认为是市场领导者，它在价格变动、新产品开发、分销渠道的宽度和促销力量等方面处于"主宰"地位，并为同行业者所公认。例如，默沙东企业在 ARB 类降压药市场处于领导者地位；恒瑞医药是国内最大的抗肿瘤药物的研究和生产基地，抗肿瘤药销售在国内排名第一。值得注意的是，这种领导地位是在竞争中自然形成的，且非固定不变的。

市场领导者时刻面临三大挑战：扩大总体市场需求、保护市场份额和扩展市场份额。为了维护自己的优势，保住自己的领先地位，市场领导者可采取三种战略：一是扩大市场需求总量；二是保护市场占有率；三是提高市场占有率。

1. 扩大市场需求总量　当行业总的市场规模扩大时，市场领导者往往受益最大。通常企业可以通过寻找新用户、开辟新用途和增加使用量来达到目的。

（1）寻找新用户市场　市场领导者可以利用自身技术、品牌等优势，通过转变未使用者或进入新的细分市场、进行地理扩展等方式寻找到新的用户，从而扩大市场需求总量。

（2）开辟新用途　开辟新用途是指设法找出产品的新用法和新用途以增加销售量。医药领域有很多老药新用的实践，如痢特灵（呋喃唑酮）原用于治疗肠炎、菌痢、尿路感染等病，近年的临床实践证实，该药也可用于治疗消化性溃疡病、慢性胃炎、口腔溃疡。

（3）增加使用量　市场领导者通过说服消费者在更多场合更多地使用该产品，常见的方法是增加使用产品的频率与增加每次消费者的使用量，从而在顾客规模不变的条件下也能增加产品销量。

2. 保护市场占有率　市场领导者也是市场上最易受攻击的对象，要时刻注意保护自己的"阵地"。在努力扩张总市场的同时，必须时刻注意保护自己的现有业务不受竞争对手的侵犯。为了保护现有的市场份额，市场领导者可以采用多种防御方法。防御战略的目标是减少受攻击的可能性，使攻击转移到危害较小的地方，并削弱其攻势。典型的做法是企业向市场提供较多的产品品种和采用大面积分销覆盖面。

（1）阵地防御　阵地防御是一种静态、被动的防御，市场领导者在其现有的市场周围建造一些牢固的防卫工事，以各种有效战略、战术防止竞争对手侵入自己的市场阵地。这是防御的基本形式，但不是唯一的形式。如果将所有力量都投入这种防御，最后可能导致失败。对企业来说，单纯采用消极的静态防御，只保卫自己目前的市场和产品，容易患上"市场营销近视症"。

（2）侧翼防御　侧翼防御是指市场领先者除保卫自己的阵地外，还应建立某些辅助性的基地作为防御阵地，或必要时作为反攻基地。特别是注意保卫自己较弱的侧翼，防止对手乘虚而入。

（3）以攻为守　这是一种"先发制人"式的防御，在竞争对手尚未动作之前，先主动攻击，并挫败竞争对手，在竞争中掌握主动地位。具体做法是当某一竞争者的市场占有率达到对本企业可能形成威胁的某一危险高度时，就主动出击，对它发动攻击，必要时还需采取连续不断的正面攻击。当竞争者的市场占有率达到某危险的高度时，就对它发动攻击；或者是对市场上的所有竞争者全面攻击，使人人自危。有时这种方法是利用心理攻势来阻止竞争者的进攻，而不发动实际攻击，这种虚张声势的做法只能偶尔为之。

（4）反击防御 当市场领导者遭到对手发动降价或促销攻势，或改进产品、占领市场阵地等进攻时，不能被动应战，而是主动反攻入侵者的主要市场阵地，以切断进攻者的后路，迫使其撤回部分力量守卫其本土；也可以向进攻者实行"侧翼包抄"或"钳形攻势"，以切断进攻者的后路。

（5）运动防御 市场领导者把自己的势力范围扩展到新的领域中去，而这些新扩展的领域可能成为未来防御和进攻的中心。市场扩展可通过两种方式实现：市场扩大化和多角化经营。

（6）收缩防御 市场领导者若在所有阵地上进行全面防御，有时会得不偿失，必要时可实行战略收缩。所谓收缩防御，即放弃某些疲软的市场阵地，把力量集中用到主要的市场阵地上保证资源集中在优势业务。

3. 提高市场占有率 一般而言，如果单位产品价格和经营成本均保持不变，企业利润会随着市场份额的扩大而提高。但需注意的是，市场占有率达到一定水平（如60%左右）后，其增长会与获利率成反比关系。因为，这时再要扩大市场份额，成本会迅速上升。原因在于市场领导者的市场份额扩张到一定程度后，仍坚持不买的顾客可能是不喜欢本企业，或忠于其他竞争者，或有某种特殊偏好，这些倾向往往是难于改变的。另外，竞争者也可能为保卫其仅有的市场份额而努力，这样的企业若继续坚持扩张市场份额，必须要花费更高昂的公关、广告等促销成本。另外，许多国家有反垄断法，当企业的市场占有率超过一定限度时，就有可能受到指责和制裁。所以，企业领导者应善于把握火候，适可而止，及时转移战略重点。总之，市场领导者必须善于扩大市场需求总量，保卫自己的市场阵地，防御挑战者的进攻，并在保证收益增加的前提下提高市场占有率，这样，才能持久地占据市场领先地位。

二、市场挑战者战略

市场挑战者是指市场占有率仅次于领导者（约30%），并有实力向领导者及其他竞争者发动全面攻击的企业。市场挑战者首先必须确定自己的战略目标和挑战对象，然后再选择适当的进攻战略。

1. 确定战略目标和挑战对象 战略目标与进攻对象密切相关，一般来说市场挑战者可在下列四种对象中选择攻击目标，并确定相应的战略目标。

（1）攻击市场领导者 这是一种高风险但具有潜在高回报的战略。当市场领导者在其目标市场的服务效果不佳，或者有某个较大的细分市场未给予足够关注的时候，采取该战略会有显著利益。

（2）攻击与自己规模相同，但是不善经营或者资金短缺的公司 实力相当、结构相仿的企业是挑战者最主要的敌手。挑战者要选择那些创新不足、财力拮据不佳的同类企业，依靠产品创新及价格折扣等策略，迅速夺取对方的市场份额。

（3）攻击地区性小企业 市场挑战者还会以"大鱼吃小鱼"的方式，对一些地区性小企业展开攻击，蚕食对方市场，迅速壮大自己的经营规模。

（4）攻击行业现状 市场挑战者不会以特定的某个公司为公司对象，而是将整个行业作为比较，或是思考没有被充分满足的消费者需求。

2. 选择进攻战略 在确定了战略目标和进攻对象之后，市场挑战者接下来就要考虑采取何种进攻战略。通常，市场挑战者普遍的攻击战略有五种。

（1）正面进攻 正面进攻就是集中全力向对手的主要市场阵地发动进攻，即进攻对手的强项而不是弱点。在纯粹的正面攻击中，进攻者在产品、广告、价格和分销方面与对手进行正面比拼。这种力量比拼原则上意味着拥有更多资源的一方会取得最终胜利。如果市场领导者不反击，或者进攻者能让市场相信其产品可媲美领导者的话，一种改良的正面攻击，如降价这种方式将会起作用。正面进攻的胜负取决于双方力量的对比。正面进攻的另一种措施是投入大量研究与开发经费，使产品成本降低，从而以降低价格的手段向对手发动进攻，这是持续开展正面进攻战略最可靠的基础之一。

（2）侧翼进攻　侧翼进攻是识别那些正在导致市场空缺形成的转移，然后快速填补市场空缺的别称。侧翼进攻也是一种有效和经济的战略方式，对于资源较少的挑战者来说，这种策略尤其具有吸引力，且胜算也比正面攻大。另一种侧翼攻击战略是去满足那些未被覆盖的市场需求。

（3）包围进攻　包围进攻是一个全方位、大规模的进攻战略，当挑战者掌握了上等的资源时，可采用这种战略。

（4）迂回进攻　迂回进攻是一种间接的进攻战略，即绕过所有的对手来进攻最易夺取的市场。具体办法有三种：一是多样化发展不相关产品，二是多样化发展新的地理市场，三是跃进式发展新技术来排挤现有产品。

（5）游击进攻　游击进攻由发动小型的、断断续续的攻击组成，骚扰对手使其士气低沉，从而最终赢得持久的立足之地。采取游击战的挑战者同时使用常规和非常规的进攻方式，其中包括选择性降价、频繁的广告促销战以及不时的法律行动。游击战的成本不菲，尽管花费可能会小于正面攻击、围堵攻击或者侧翼攻击，但它通常必须以一次更强的进攻作为后盾来击败对手。

营销方案的任何方面都可能作为攻击的基础，如低价或打折的产品、新的或改良的产品和服务、更加多样化的产品供应或者是新颖的分销战略。挑战者的成功取决于如何结合各项战略来逐渐提升自身地位。市场挑战者一旦成功，即使成为市场领导者都必须保持挑战者心态，强调做事的不同方式。

三、市场跟随者战略

许多企业宁愿跟随而不愿意去挑战市场领导者。市场追随者指那些在产品、技术、价格、渠道和促销等大多数营销战略上模仿或跟随市场领导者的企业。在很多情况下，追随者让市场领导者和挑战者承担新产品开发、信息收集和市场开发所需要的大量经费，自己坐享其成，减少支出和风险。许多位居第二位及以后位次的企业往往选择跟随而不是挑战。

但这也并不是说市场跟随者缺乏战略。一个市场跟随者必须清楚如何保留现有顾客和如何赢得新顾客。每个跟随者都试图在选址、服务或者财务等方面为其目标市场创建独特性优势。跟随者必须时刻保持低廉的制造成本、优质的产品和服务质量，因为它通常都是挑战者攻击的首要目标。当挑战者有所行动时，跟随者必须准备随时进入新的市场。跟随者需要设计一条适合本企业的成长路线，前提是这条路不会带来竞争性报复。

1. 紧密跟随（克隆者）　效仿领导者的产品、名字和包装，加以少许的变动。由于他们与市场领导者的产品、品牌与包装只在细微之处有稍微区别，顾客不易觉察，价格略低，利用市场领导者的投资和营销组合策略去开拓市场，自己跟在后面分一杯羹，故被视为"寄生者"。

2. 距离跟随（模仿者）　距离跟随也称为模仿者，是指追随者与领导者保持一定差异，主要是在包装、广告、定价和选址等方面保持差异性。只要距离跟随者不发起强烈攻势，不危及市场领导者的市场计划执行，领导者就不会对此太过介意。我国医药企业原研能力比较弱，一般走仿制和仿创结合的新药开发之路。

3. 选择跟随（改良者）　选择跟随是指在某些方面紧跟领先者，但它不是盲目跟随，而是在择优跟随的同时还要发挥自己的独创性，但不进行直接的竞争，他们可能选择在不同的市场销售产品。在这类跟随者中，有些可能发展成为挑战者。

四、市场利基者战略

市场利基者也称市场补缺者，是指除上述三类企业以外的规模较小、实力较差，且市场占有率较低的企业，它们专注于市场上被大企业忽略的某些细小部分，在这些小市场上通过专业化经营来获取最大限度的收益，也就是在大企业的夹缝中求得生存和发展。市场利基者可以发展成为小市场中的领导者。市场利基者竞争的关键是选择一个或几个安全并且有利可图的"利基"市场。对于利基者来说，一个理想的利基市场具有以下特点：具备一定的发展性和盈利性；不为有实力的竞争者所重视；企业有提供独特价值的资源和能力。

那些只有较小市场份额的公司也可以通过明智的市场利基来获取高额利润。这些公司非常了解顾客的需求，以至于他们可以通过提供高性价比和强势的公司文化与愿景的方式，来比竞争对手更好地满足顾客需求。

市场利基者有三项任务：创造利基、扩大利基、保护利基。市场利基者战略要面临的主要挑战在于市场利基的枯竭或者遭遇攻击。这样公司可能会陷入困境，因为它所拥有的高度专门化资源可能没有其他高价值的替代使用方法。企业必须不断创造新的市场，因为利基市场可能会逐渐变弱。

目标检测

答案解析

一、A 型题（最佳选择题）

1. 以不同的产品满足购买者同一需求的竞争对手是市场竞争观念中（　）
   A. 愿望竞争者　　　B. 形式竞争者　　　C. 属类竞争者　　　D. 品牌竞争者

2. 能满足购买者同一愿望的各种产品型号提供者，生产同一产品但不同规格、式样、型号的竞争者是（　）
   A. 愿望竞争者　　　B. 属类竞争者　　　C. 形式竞争者　　　D. 品牌竞争者

3. （　）是生产企业差异化战略实施的核心
   A. 服务差异化　　　B. 产品差异化　　　C. 渠道差异化　　　D. 形象差异化

4. （　）战略是赢取竞争优势的最有力的竞争武器之一
   A. 服务差异化　　　B. 产品差异化　　　C. 渠道差异化　　　D. 形象差异化

5. 全面模仿领导者，完全不创新，这种做法是市场追随者地位中的（　）
   A. 紧密跟随　　　B. 距离跟随　　　C. 选择跟随　　　D. 随意跟随

二、B 型题（配伍选择题）

   A. 攻击行业现状

   B. 攻击市场领导者

   C. 攻击地区性小企业

   D. 攻击与自己规模相同，但是不善经营或者资金短缺的公司

1. （　）是一种高风险但具有潜在高回报的战略

2. （　）会以"大鱼吃小鱼"的方式，对一些地区性小企业展开攻击，蚕食对方市场，迅速壮大自己的经营规模

3. 市场挑战者不会以特定的某个公司为公司对象，而是将整个行业作为比较，或是思考没有被充分满足的消费者需求（　）

4. （　）依靠产品创新及价格折扣等策略，迅速夺取对方的市场份额

   A. 正面进攻　　　B. 侧翼进攻　　　C. 包围进攻

   D. 迂回进攻　　　E. 游击进攻

5.（　）是一种间接的进攻战略，即绕过所有的对手来进攻最易夺取的市场

6.（　）是一个全方位、大规模的进攻战略，当挑战者掌握了上等的资源时，可采用这种战略

7.（　）是识别那些正在导致市场空缺形成的转移，然后快速填补市场空缺的别称

8.（　）是集中全力向对手的主要市场阵地发动进攻，即进攻对手的强项而不是弱点

9.（　）由发动小型的、断断续续的攻击组成，骚扰对手使其士气低沉，从而最终赢得持久的立足之地

三、X型题（多项选择题）

市场挑战者可用的进攻战略有（　）

A. 正面进攻　　　　B. 侧翼进攻　　　　C. 包围进攻　　　　D. 游击进攻

四、综合问答题

1. 试述市场领导者面临的挑战和可采取的战略。

2. 医药企业基本竞争战略有哪些？

（张　谧）

书网融合……

🔖 重点回顾　　　📑 习题

项目七 制定医药目标市场战略

学习目标

知识目标

1. 掌握 医药市场细分、医药目标市场、医药市场定位的内涵；医药市场细分的原则；医药目标市场的影响因素，医药目标市场营销策略；医药市场定位的策略。

2. 熟悉 医药市场细分的变量，医药市场细分的方法；医药目标市场的选择模式；医药市场定位的方法。

3. 了解 医药市场细分的步骤；医药市场定位的步骤。

技能目标

（1）能对实际的医药产品进行有效的市场细分。

（2）能根据医药产品特点选择出对应的目标市场。

（3）能根据医药产品特点进行有效的市场定位。

素质目标

（1）养成敬畏生命、诚实守信、认真严谨的个人素养。

（2）培养学生热爱医药市场营销事业，树立良好的职业道德。

导学情景

情景描述： 在2018年世界杯期间，成都市除火锅、龙虾等销售暴增外，润喉片、江中健胃消食片、痔疮软膏等药品也受到老百姓的欢迎。这背后隐藏着什么机遇？

我们一起来回顾江中健胃消食片的销量情况，在上市初期，电视广告受到很多消费者的喜欢，销售迅速提升，到1997年销量达1亿多元后就一直无法突破，2001年销量1.7亿元。2002年约4亿元，2003年约7亿元，2004年、2005年约8亿元，2006年约9亿元，2007年9.5亿元，2008年10.7亿元，2009年14.3亿元，2010年约15亿元，持续6年位居国内OTC药品单品销量第一。

情境分析： 江中健胃消食片为什么能从最初的1亿元左右的销售额，10年内销量增加15倍，销售额达到15亿元，而且连续6年位居国内OTC药品单品销量第一。其生产厂家在产品营销前做了充分的研究，发现在消化不良用药领域中，消费者的认知中仅有一个强势品牌吗丁啉，没有明显的第二、三品牌，市场格局并不清晰。而从长远看，任何市场最终将形成两大主要品牌进行竞争的局面。当时消化不良用药市场上仅吗丁啉一枝独秀，再无其他强势品牌，也进一步证实了消化不良用药市场远未成熟，即确定了争取第二品牌的营销定位，最终取得成功。

讨论： 你认为医药产品该如何进行市场细分？你觉得江中健胃消食片如何在众多治疗消化性疾病的药物中进行有效市场定位？

学前导语： 随着社会经济的不断发展，消费者需求也更加多样化、个性化。在这种情况下，不管实力有多强大的医药企业都无法满足市场内所有客户所需要的所有产品和服务。因此，根据消费者的不同需要或需求，把市场划分为不同的细分市场或子市场，然后企业根据细分市场的消费者的特点和自身企业的竞争优势，企业为细分后的市场的消费者提供有效的服务，满足其需求。这就是目标市场营销战略，简称"STP"战略，企业有效地实施目标市场营销战略需要经过三个步骤：医药市场细分（Segmenting），即识别并描绘出因需要和需求不同而形成的独特购买者群体；选择医药目标市场（Targeting），即选择一个或多个细分市场进入；医药市场定位（Positioning），即对选定的目标细分市场，确立并传达公司产品或服务的独特优势，制定相应的目标市场营销策略。

任务一　细分医药市场

市场细分是美国市场学家温德尔·史密斯（Wendell R. Smith）于1956年提出的。在此之前，企业把消费者看成具有相同需求的整体市场，企业生产单一的产品，为所有的购买者进行大量生产、大量分配和大量促销，即采用同一种营销策略。单一的营销策略是可以以最低的成本，进而以较低的价格获取较高的毛利。但是随着人们的收入水平不断提高，消费者的需求日益多样化，单一的营销策略无法满足消费者的需求，从而导致了市场细分概念的提出。这一概念一诞生即被业内人士广泛接受和应用，许多营销专家都把细分看作是继"以客户为中心"观念之后的又一次营销革命。

一、医药市场细分的内涵

（一）医药市场细分的概念

医药市场细分是指医药企业在市场调查的基础上，根据消费者对医药产品需求倾向、购买习惯和购买行为等差异性，将整个医药产品市场分为若干个子市场的过程。即每一个医药产品细分市场的消费者，都有相似的需求和偏好，而分属不同医药产品细分市场的消费者的需求和偏好存在明显的差异。医药市场细分是按照疾病谱（或疾病种类）、消费者年龄特征、消费者居住的地域等细分变量来细分的。

市场细分理论自提出以来得到了广泛认可，被应用于指导企业市场营销活动。市场细分理论在指导企业的过程中，自身也吸收实践经验得以完善和发展，逐渐向两个方向衍化，分别是超市场细分理论，以及反市场细分理论。超市场细分理论认为现有的细分市场可以再度细分，实现一对一的为顾客提供个性化服务。这种做法无疑会提高顾客对于品牌的忠诚度，但过度追求极致的个性化，会给企业带来沉重的负担。超市场细分理论的提出是在互联网技术高速发展的背景下，在美国诞生并受到推崇的新的市场细分理论，由于互联网技术的成熟以及在生产生活中的广泛应用，使得超市场细分理论所提出的观点有了更多实际的意义。但是目前这种模式仍是难以实现。

超市场细分模式主要有以下几个要素：①维系顾客忠诚：通过对顾客个性化需求的偏好分析，并加以满足，从而提升顾客对品牌的忠诚度。②寻求价值客户：企业提供一对一的个性化服务，就必须寻找能给企业带来最大价值的客户。③建立动态数据库：超市场细分依赖于顾客数据库的分析结果，所以数据应当及时、有效、无误，要审慎的建立数据库，并时常加以更新和检查。④设计个性化的服务：企业应当收集顾客的购买记录，以及顾客的反馈建议等，从中分析顾客的需求偏好，不仅是显性的需求，更应当包括隐性的需求，从而更好的服务于每一个顾客，为其提供量身定做的个性化服务。

超市场细分理论追求的营销模式使得很多市场被过度细分，产品价格因此不断攀升，对销量和企业利润产生影响，尤其当一对一的个性化定制服务在实践过程中受到阻碍之后，人们才意识到，市场细分不一定是要分得越细越好。在这种情况下，反市场细分理论被提出来了。反市场细分理论的观点并不是反对市场的细分，而是在总结归纳并满足多数消费群体的共同需求的前提下，合并一些过于细分的市场，这样就可以利用规模营销优势，降低成本，实现以较低的价格为较大的市场提供消费服务。反市场细分模式在实践过程中主要有两种方式：第一种是合并一些过度细分的市场，形成较大的市场，利用规模营销优势来获得利润；第二种是缩减现有的产品线，从而减少对应的细分市场，规避不必要的营销支出。

（二）医药市场细分的依据

医药市场细分的前提是消费者需求的差异性。这里必须指出的是，医药市场细分不是根据医药品种、系列来进行的，而是从医药消费者的角度进行划分的。从需求的角度可以将市场分为同质市场和异质市场。同质市场是指消费者对某种商品的需求和对企业的营销策略的反应是一致的，如日常生活中的普通食盐市场，药品中某些原料药市场都属于这一类。既然消费者的需求是相同的，企业就没有区分的必要。所谓异质市场是指消费者对某种产品的要求不尽相同，消费者的需求、欲望、购买行为和购买习惯等方面存在较大差异性的市场，这种差异是受消费者的文化背景、地理位置、职业、年龄、个性、行为习惯等方面所影响的。绝大多数的产品市场都属于异质市场。实际上，市场细分就是按照"求同存异"的原则把一个大市场划分为若干个彼此间具有异质性的小同质市场的过程，即任何两个细分子市场之间的需求明显不同，而同一子市场内部的需求基本相同。对同类医药产品的某种特性的需求偏好相似的消费者群，则构成一个医药子市场。如药品市场中，有的消费者习惯用中药，有的习惯用西药。

同质市场与异质市场并不是绝对一成不变的，随着社会消费水平的提高、科技的进步、价值观念的改变，同质市场和异质市场可以相互转化，如食盐市场中也出现了加钙盐、加碘盐等满足不同顾客需求的产品。如果只承认需求的差异性，细分同样无法进行。因为这样企业就要面对每个个体消费者，分别满足他们的需求，进行一对一的营销，事实上这是很难做到的，也是没有必要的。因此，市场细分的实质是求大同、存小异的过程。

（三）医药市场细分的作用

1. 有利于选择医药目标市场和制定医药市场营销策略 医药市场细分后的子市场比较具体，比较容易了解消费者的需求，企业可以根据经营思想、方针及生产技术和营销力量，确定企业的服务对象，即目标市场。针对目标市场，制定适合的营销策略。同时，在细分的子市场上，信息容易了解和反馈，一旦消费者的需求发生变化，企业可迅速改变营销策略，制定相应的对策，以适应市场需求的变化，提高企业的应变能力和竞争力。

2. 有利于医药企业发掘市场机会，开拓新的医药市场 通过市场细分，企业可以对每一个医药细分市场的购买潜力、满足程度、竞争情况等进行分析对比，探索出有利于本企业的市场机会，使企业及时作出投产、制定销售决策或根据本企业的生产技术条件编制新产品开拓计划，进行必要的医药产品技术储备，掌握医药产品更新换代的主动权，开拓新的医药市场，以更好适应市场的需要。

3. 有利于医药企业集中人力、物力、财力投入目标市场，减少资源浪费 任何一个企业的资源、人力、物力、财力都是有限的。通过细分市场，选择了适合企业的目标市场，企业可以集中人、财、物及资源，争取局部市场上的优势，然后再占领企业的目标市场，更好满足消费者需求。

4. 有利于医药企业规划医药市场营销方案

（1）帮助医药企业确立准确的产品概念及产品定位 医药企业在医药市场细分的基础上，可以根据消费者的需求和消费者所追求的利益来针对性地开发产品，并用消费者可以理解的语言表述出来，从而形成更准确的产品概念；同时，将这种概念通过各种营销手段传递给消费者，使消费者能准确地理解医药企业的产品能为消费者带来的、有区别于竞争对手的利益，这就是产品定位。

（2）帮助医药企业制定产品、价格、促销及分销渠道策略 细分后的子市场是由具有相同或相似的需求、购买行为、购买习惯的消费者组成的。通过市场细分，医药企业可以更好地了解子市场中的消费者能够并愿意付出的价格；获取该类医药产品的销售渠道，如有的消费者习惯在药店买药，而有的消费者习惯在医院由医生开药；医药企业也可以从中了解不同的促销手段对他们的影响，并以此作为医药企业制定各种营销策略的依据。

5. 有利于医药企业更好地满足消费者的用药需求　现代市场营销学的核心就是满足消费者的需求。通过医药市场细分，医药企业才能更准确地了解不同细分市场中消费者的用药需求，并有针对性地去满足。当市场中越来越多的企业奉行市场细分策略时，医药产品就会日益多样化，消费者的需求就会得到更好地满足。如藿香正气水里面含有酒精，对开车的司机就不适合使用；有人不喜欢藿香正气液的特殊的味道，就选择使用藿香正气软胶囊。

6. 有利于医药企业及时应对医药市场变化，调整营销策略　在较小的细分市场即子市场上开展营销活动，市场调研的针对性强，反馈市场信息快，医药企业易于掌握子市场的需求变化，并迅速、准确地调整营销策略，从而取得市场主动权。

7. 有利于医药企业对未来业绩的预测　细分后的子市场范围更为明确，医药企业也较容掌握消费者的需求。因此，医药企业可以更准确地预测子市场的规模及其变化，有利于企业预测未来的经营业绩。医药市场细分的作用越来越被医药企业所重视，但需注意的是市场细分的目的是发现市场机会，而不是为细分而细分，不是分得越细越好。因为市场细分最大的问题就是有可能增大市场成本。企业为了满足不同细分市场的需求要开发生产多种产品，并分别采取不同的分销渠道及促销手段，这都会促使成本增长，规模经济效益变小，因此，医药市场细分必须适可而止。

二、医药市场细分的原则

从市场营销的角度看，无论消费者市场还是产业市场。并非所有的细分市场都有意义。医药企业要想实施成功的、有效的市场细分，必须注意市场细分的实用性和有效性，医药市场细分时遵循以下原则。

1. 可衡量性原则　是指细分后的子市场应是可以识别衡量的，亦即细分出来的子市场不仅范围明确，而且对其容量大小也能大致做出判断。首先要确定用来细分市场的变量应是可以识别的；其次，对细分后的市场规模、市场容量应是可以计算、衡量的。否则细分的市场将会因无法界定和度量而难以把握，市场细分也就失去了意义。

2. 可区分性原则　是指不同的细分市场的特征具有明显的差异性，可清楚地加以区分。比如补益类保健作用的产品按性别不同划分为男性补益类的产品和女性补益类的产品，而男性补益类的产品又可依据产品的功效作用变量划分为更多的细分市场。这些被细分后的子市场之间的差别是显而易见的。

3. 可进入性原则　是指医药企业通过营销努力可以有效地进入市场并为之服务。对于医药企业来说，要求有能满足细分市场的相应的人力、财力、物力、技术等条件；要求企业必须要通过一定的传播渠道和宣传手段将医药产品的相关信息顺利地传递给市场上的目标消费者，并使消费者能够准确理解企业的产品概念；要求医药企业必须能在一定时期内将医药产品通过一定的分销渠道运送到目标市场。

4. 细分市场足够大原则　是指细分出来的市场容量或规模要大到足以使企业获利并具有发展的潜力。这里所说的市场容量不是单纯的市场中的消费者的人数，而是指需要并有购买力的消费者群体。这就要求医药企业在进行市场细分时，必须考虑细分市场上顾客的数量，以及他们的购买能力和购买产品的频率。如果细分市场的规模过小，市场容量太小，细分工作烦琐，成本耗费大，获利小，就不值得去细分。

5. 可发展性原则 是指细分市场应该有一定的发展潜力。医药企业应该选择的细分市场是具有发展前景的，即市场容量在未来将会变大的市场，而不是一个正处于衰退的市场。另外，企业所选择的细分市场应该与企业的经营战略方案匹配，企业具有在某些方面修改营销战略的空间，才能使企业灵活地应对市场的瞬息变化，及时调整自己的市场营销策略，在变化的市场中得以生存和发展。

6. 细分市场稳定性原则 是指细分市场的特征应在一定时期内保持相对的稳定。因为在细分过程中，调查分析本身需要一定时间，没有一段稳定期，这个细分的市场也就没有意义了。同时，市场调查及开发新产品、调整营销策略都会给企业带来成本的增长，过于频繁的市场变化会影响企业的经济效益。

练一练

多选题：下列属于医药市场细分原则的是（　　）
A. 可发展性原则　　　　　B. 可进入性原则　　　　　C. 可细分性原则
D. 市场稳定性原则　　　　E. 可衡量性原则

答案解析

三、医药市场细分的变量

消费者需求的差异性是进行医药市场细分的依据，称市场细分的标准或变量。医药消费者市场与医药生产者市场的需求因素不同，市场细分的变量也不尽相同。

（一）消费者市场的细分变量

消费者市场的细分变量主要有地理变量、人口变量、心理变量和行为变量和患者病程细分等。消费者的社会经济地位、生理特征、健康意识、药品知识、消费心理等不同，对药品的信赖品牌偏好、追求的利益、广告感受度、价格的承受能力、对分销渠道的信任度等也不同。这些都可以作为消费者市场细分的变量。具体的消费者市场的细分变量和具体内容，详见表7-1。

表7-1 消费者市场细分变量

细分变量	具体变量
地理因素	国别、地理区域、城乡、气候条件、城市规模、人口密度、交通运输等
人口因素	年龄、性别、收入、职业、受教育程度、家庭生命周期、家庭规模、宗教信仰、医患关系、患者医疗保障等
心理因素	社会阶层、生活方式、性格、兴趣等
购买行为因素	购买时机、利益、使用状况、使用频率、品牌偏爱度、消费者态度等
患者病程因素	症状、疗程、用药地位

1. 地理因素 所谓地理因素就是医药企业按照消费者所处的地理环境来细分市场。这是一种传统的划分市场的方法，这一细分因素包括国别、地理区域、城乡、气候条件等方面，是大多数医药企业采用的主要标准之一。主要因为这一因素相对于其他因素比较稳定，比较容易分析。

（1）地理区域 我国地域辽阔，生活在不同地理区域的消费者，在消费需求和消费习惯等方面可能存在着很大的差异。如华中、华北地区经济发展水平较高，消费者保健意识强，对保健品的需求较高。

（2）气候条件 地区气候的不同，会影响消费者对医药产品的需求，我国南方和北方的气候条件不同，发病情况也会出现差异，对医药产品的需求也因此会出现差异。例如我国北方寒冷干燥，呼吸道疾病多，呼吸系统用药需求高；南方温暖潮湿，真菌性疾病发生率高，皮肤病用药需求旺盛；高原、平原、森林与盆地居民，生活方式不同，发病特点也不同。一些传染病、地方病及突发病与气候密切相关，作为医药企业，应了解这些特点，营销对路的药品，才能充分满足相关消费者的需求。

（3）城市乡村　城乡存在区别，人们的消费水平、消费理念等区别都会造成市场上消费需求和消费规模的不同。按城乡变量可将消费者市场细分为城市、郊区、乡村（农村）市场等。例如，保健品在城市和农村的需求量明显不同。城市居民对保健滋补品、新特药、进口药的需求多，农村市场消费者受教育程度、收入较低，购买医药产品时更关注价格，也更容易受他人的影响。目前全国农村市场除发达地区外，用药总量、用药数量、用药品种、用药档次、单位药价、新药普及率等都是以递减的方式发展。

按照国别、地理区域、气候条件、城市乡村、城市规模、交通运输等进行市场细分是必要的，这些因素是较稳定的，消费者需求又是存在差异和不断变化的，因此单用地理因素对市场细分必然存在缺陷，还要考虑到其他细分因素。

2. 人口因素　人口因素指各种人口统计变量，是市场细分惯用的和最主要的标准，主要包括年龄、性别、收入、职业、受教育程度、家庭生命周期、家庭规模、宗教信仰等。这些人口因素与需求差异性之间存在密切的因果关系。不同年龄、受教育程度不同的消费者在价值观念、保健意识、生活方式等方面会有很大的差异。如化妆品是按性别分类为主的；保健品则按年龄、性别、收入等进行分类。

（1）年龄　根据消费者的年龄结构，可以细分成许多具有特色的医药市场，如婴幼儿医药市场、儿童医药市场、青少年医药市场、成人医药市场和老年医药市场。由于生理、习惯、生活方式、社会角色等方面存在差异，不同年龄的消费者必然会有不同的需求特点。一方面，不同年龄段的疾病发生情况有很大差异，例如，高血压、骨质疏松为中老年的多发病，而在青年人中较少见；另一方面，不同年龄段的消费者对医药产品的选择也有很大的差异。例如，老年人购买医药产品时通常以经济、方便为首选条件，较少受广告的影响，而年轻人具有时尚、不在意价格、易受广告影响的消费特点。

（2）性别　由于生理上的差别，男性和女性在医药产品需求与偏好上有很大的不同。比如女性比较关心美容、减肥、抗衰等方面的产品，这一特点随着生活水平的提高而日趋明显。不少医药企业为此开发出大量的抗衰、美容、减肥等产品。由此可见，由于男性和女性的生理特点和社会角色不同，他们对医药产品的需求以及购买行为也有着明显的差异。

（3）收入　消费者的收入决定了购买能力，收入层次不同的消费者对产品的需求会有很大的区别。毕竟只有那些既有购买欲望又有购买能力的人才能真正成为市场上的需求者。消费者收入水平直接影响到用药结构、用药习惯和消费观念，如高收入阶层的消费水平较高，选择药物时，较多考虑疗效，对于新药、特药的需求较强；而低收入阶层则消费水平较低，选择用药时更多考虑价格因素。

（4）受教育程度　消费者受教育程度不同，其价值观、文化素养、认识水平不同，对医药产品种类的选择和购买行为不同。受教育程度越高，获取药品知识能力越强，自我保健意识也较强，理性购买程度越高，重视医药产品的长期疗效和不良反应等，受教育程度低的消费者，购买行为易受他人和广告的影响。

（5）职业　职业的不同，对药品的需求与习惯有很大差异。如教师职业的消费者对咽喉类产品需求较高；白领和长期使用电脑的消费者对眼科用药、腰颈椎病药品的需求高等。

（6）家庭生命周期　家庭生命周期表现了一个家庭生活的变化过程，在家庭生命周期的家庭生活时段的变化带来了对家庭支出模式的影响。家庭生命周期分为 7 个阶段：未婚阶段、新婚阶段、满巢阶段Ⅰ、满巢阶段Ⅱ、满巢阶段Ⅲ、空巢阶段Ⅰ、空巢阶段Ⅱ。

不同家庭生命周期对药品的需求也不同。如未婚阶段、新婚阶段，消费者身体状况正处于最佳阶段，自身抵抗力强，相对来说对医药产品的需求相对较小；满巢阶段Ⅰ时孩子还小，对儿童用药如高质量的钙片、维生素等和保健品的需求较强。满巢阶段Ⅱ到孩子高中阶段，学习的压力大，家长会更多地为孩子选择益脑、提高记忆力的保健品等；空巢阶段Ⅱ是退休和孤寡老人时期，老年性疾病和慢性疾病增多，收入减少，对慢性疾病如高血压、糖尿病和保健品等用药需求旺盛。

（7）医患关系　现代 OTC 药品的细分以消费者为中心，处方药的细分主要是发挥医生的作用。由于药品知识的使用专业性强，消费者在购买和使用时，会十分关注专业人士如医生、药剂师等的意见。医生处方中的 OTC 药品对患者以后自己选择 OTC 用药有着重大影响。所以对 OTC 药品的市场细分应考虑医生的因素。

（8）患者医疗保障　随着我国医疗体制改革，医疗保险制度逐步完善，患者医疗保障将会对药品市场结构需求产生较大影响。

3. 心理因素　心理因素比较复杂，往往难以准确把握，但确实有很多消费者在地理因素和人口因素相同的情况下，因社会阶层、生活方式、性格、兴趣等方面的不同，导致在消费行为、消费习惯和购买趋向等方面产生了不同的消费习惯和特点，这是由消费者的消费心理导致的。因此，医药企业可以按照消费者心理进行市场细分，常用的心理细分标准有社会阶层、生活方式、性格等。

（1）社会阶层　是消费者在社会中的层次结构处于不同地位的社会群体，是按照消费者的价值观、职业、收入、教育等多种因素来划分的。同一阶层的成员具有类似的价值观、兴趣、爱好、行为方式。识别不同社会阶层消费者的消费需求特点，对市场细分起到重要作用。医药企业可以通过药品品牌、药品功效、设计特点、分销方式和广告宣传等营销组合把医药产品送达以社会阶层细分的目标市场。

（2）生活方式　是指人们对消费、工作和娱乐的特定习惯和行为倾向。消费者追求的生活方式不同，对商品的追求和喜好就会不同，有的追求冒险，有的追求安静稳定，生活方式不同的消费者有不同的购买习惯。如白领女性对美容、养颜、抗衰、减肥等医药产品的需求较强。医药企业从事市场营销活动时，应注意不同购买者的生活方式，善于细分出某些追求相同生活方式的购买者，为他们专门设计、开发能更好地满足其需求的医药产品。

（3）性格　性格是指消费者比较稳定的心理倾向和心理特征，它使得消费者对所处的环境做出相对一致的行为反应，如习惯型、理智型、冲动型、想象型、外向型、内向型、开放型和保守型等。不同性格的人，购买行为的差异是很大的。例如，外向型、开放型性格的人，会尝试购买新药特药，经常出现冲动性购买；内向型、保守型性格的人，则更注重药品的疗效和毒副作用的大小，比较倾向理智型、习惯性购买。所以医药企业要根据消费者性格因素进行市场细分，针对不同消费者群体的性格，赋予产品相应的品牌个性。

4. 购买行为因素　随着我国市场经济的发展和人们收入水平的提高，消费者购买行为的差异越来越明显，购买行为因素是市场细分的重要细分变量。购买行为细分，是指企业按照消费者的购买时机、利益、使用状况、使用频率、品牌偏爱度等行为因素进行市场细分。

（1）购买时机　按消费者提出需要、购买和使用产品时机的不同细分，可将消费者划分为不同的群体。不同的季节或时期，消费者可能会出现不同的健康状况，因此，消费者的购买和使用医药产品的时机也会不同。例如，夏季人们会经常购买藿香正气液、清热解毒类药物；冬季人们会经常购买冻疮膏或鼻炎类药物。

（2）利益　消费者购买产品时有不同的购买动机，追求的利益也是不同的，如有的追求经济实惠，有的追求疗效迅速，有的追求安全可靠，有的追求持久耐用，有的追求方便快捷等。医药企业可以根据细分市场追求的利益不同，使自己产品的某一特征突出出来，有针对性地满足消费者所追求的利益。以感冒药为例，有些消费者购买感冒药白加黑，注重白天服白片，不瞌睡从而不影响工作。

（3）使用状况　消费者的使用状况可以按照其使用程度分为未使用者、潜在使用者、曾经使用者、首次使用者、经常使用者。消费者的使用状况不同，其对产品的需求也不同，因此，医药企业应根据消费者不同的使用状况，制定不同的营销策略，以满足各消费者的不同需求。

（4）使用频率　根据消费者的使用频率细分可分为大量使用者、中量使用者和少量使用者。经常购买且大量使用某种产品的人数，可能在市场总人数中所占比重很小，但他们购买的产品数量比重却很大。因此，许多企业把大量使用者作为自己的销售对象。掌握消费者使用频率，有助于医药企业恰当地制定产品价格、选择分销形式和广告宣传促销的方式。

（5）品牌偏爱度　品牌在 OTC 药品中的影响是很大的。如对于 OTC 药品来讲，有些消费者注重药品的品牌、价值、企业声誉等因素，购买药品时主要看是否名牌、是否进口、是否名贵的新药，而不考虑药价。因此，医药企业在宣传药品功效的同时要突出企业形象，通过各种促销提升企业和药品的品牌形象，最大限度地取得消费者的品牌认同，培养消费者的品牌偏好。有的购买者和处方者经常变换品牌，也有的则在较长时期内专注于某一或少数几个品牌。对有品牌偏爱者推广新药是很困难的。

5. 患者病程因素　由于医药产品本身的特殊性，常用的地理、人口、心理和购买行为四大细分变量在医药营销策划中作用往往有限，精确度也不够。所以，可以根据疾病的运行特点及相应的治疗模式，提出一个新的精准化医药营销细分的病程变量，把治疗某种疾病看成一个市场，则疾病的每个发展期、治疗期或者不同时期的症状都可能看做是不同的细分市场。

（1）症状细分　对于某个疾病，如果呈现多种症状，医生在治疗疾病中，一方面可能考虑是否彻底治愈该疾病，一方面可能要考虑消除不适症状。在某类疾病治疗中，治疗症状与治愈疾病同等重要或更重要，或者某药品在治愈疾病上的优势不大，而在症状消除上有较好的效果，则在细分时可以选择症状细分变量，根据药品自身的治疗优势，重点瞄准一个或几个症状作为细分市场。如某品牌感冒药蓝色装针对一般感冒（鼻塞、打喷嚏、流鼻涕、流眼泪等症状），某品牌感冒药红色装针对严重感冒（发烧、四肢酸痛、咽痛、咳嗽等症状）。

（2）疗程细分　疾病的治疗过程，因疾病的类型不同而有所不同，可以分为轻症和重症、急性病和慢性病等。而疾病的治疗模式有彻底治疗，或者是先维持不发展再考虑治愈，或者是控制并发症及生命体征等。根据疾病的治疗过程进行细分，并运用病理和药理理论和实验数据，将疾病过程分为若干个阶段，根据药品本身的治疗优势和药理指标，找准该药品在整个疗程中的哪个阶段有优势，或选择最具有吸引力的疗程阶段，或改变既有疗程治疗模式。选择合适的目标市场进行定位和诉求。这种细分工具特别适合处方药营销策划，对于 OTC 药品也有较大的适用空间。

（3）用药地位细分　一般医生用多种药进行组合治疗某种疾病，药物组合中有主药和辅药之分。从药理学的角度来说，根据用药目的可以把药物作用分为对因治疗和对症治疗，对因治疗的目的在于消除致病因素，即为治本，对因治疗的药物称为主药；而对症治疗的目的在于消除或减轻疾病症状，即为治标，对症治疗的药物称为辅药。在运用用药地位的细分变量时，就可以根据药品在治疗过程中所处的作用及功效特点进行细分选择。

（二）生产者市场的细分变量

生产者市场与中间商、政府市场一样，都是组织市场，属于集团性购买，与消费者市场有很大区别。

1. 最终用户的要求　生产者市场的购买活动是为了不同的生产需要或为了出售，满足最终用户的需求。同类产品最终用户往往有不同的要求，追求不同的利益，从而对产品提出不同的质量标准和使用要求。如最终用户的直接要求就是一个细分市场。由于各细分市场运行规律不同，其对原料药供应的要求各不相同。

2. 用户规模　这是市场细分的重要变量，用户的经营规模决定了其购买力大小，一些大用户，数量最少，但其生产和经营规模大，购买的数量和金额就多；小的用户数量多，分散面广，购买数量和金额有限。企业应针对大、小用户的特点，采取不同的营销策略。

3. 用户的地理位置　按用户的地理位置来细分市场，可使医药企业把一个地区的目标用户作为一个整体考虑。企业的促销和广告宣传针对性强，可以节约促销费用和广告成本，节省推销人员往返于不同用户之间的时间，还可有效地规划运输路线，节约运用费用和提高效益。

4. 用户的行业特点　我国零售药品销售结构与医院用药结构差异较大，大多高价进口、合资企业生产的药品主要通过医院药房消耗。按行业特点细分市场，使得目标市场更加集中，容易分析研究市场的变化，及时掌握市场动态，有助于节省医药企业的研制产品、开发市场支出以及促销宣传等费用。

四、医药市场细分的方法

医药市场细分的一般方法有完全细分法、单一变量细分法、多个变量综合细分法和系列变量细分法。

1. 完全细分法　就是对某种产品整体市场所包括的消费者的数目进行最大限度细分市场的方法，按照这种方法细分，最终每一个消费者就是一个细分市场。完全细分法的极限程度成为定制营销。

2. 单一变量细分法　就是根据影响消费者需求的某一个重要因素进行市场细分。如根据年龄这一变量可以将感冒药市场分为成人与儿童两个市场，如"快克"和"小快克"分别针对成人市场和儿童市场。

3. 多个变量综合细分法　就是根据影响消费者需求的两种或两种以上的因素进行市场细分。比如，针对滋补品的市场细分，可按年龄（儿童、青少年、中年、老年）及药物成分大类（中药、西药）将市场细分为 8 个不同的子市场（图 7-1）。采用多个变量综合细分法，当使用的变量增加时，细分市场的数量会按几何级数增加，这会给细分市场的选择带来困难。因此医药企业选择哪些主要因素作为细分市场的依据，应该具体问题具体分析，而且细分市场的依据也要随市场营销环境的变化而变化，以便寻找新的、更有利可图的细分市场。

	中药	西药
儿童		
青少年		
中年		
老年		

图 7-1　多个变量综合细分法

4. 系列变量细分法　就是根据企业经营的特点并按照影响消费者需求的诸因素，由粗到细地进行市场细分。这种方法可使目标市场更加明确而具体，有利于企业更好地制定相应的市场营销策略。如某医药企业的销售市场采用此种方法进行细分，如图 7-2 所示。

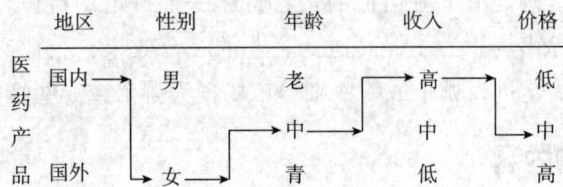

图 7-2　系列变量细分法

五、医药市场细分的步骤

市场细分是一项复杂而具体的工作，医药企业应该依据市场实际状况，按照切实可行的市场细分程序进行细分。医药企业的市场细分大致可分为以下七个步骤。

1. 选定产品市场范围 这是市场细分的基础。产品的市场范围不是以产品的特性来确定，而是以消费者的需求为前提来确定的。因此医药企业要进行细致的市场调研，分析消费者的现实需求状况及其发展变化趋势，掌握影响需求变化的因素，同时结合企业自身的资源和实力作出决策。这实际上就是从整体市场中划分出一个局部市场，并对选出的局部市场进行科学评价。目的是在市场细分之前，测出局部市场及可能存在的各子市场的规模。

2. 设计方案并组织调查 医药企业要依据所确定的市场范围对相关的消费者市场进行调查，以取得大量翔实的、与细分变量有关的数据和资料。

3. 确定细分变量 这是市场细分的依据，市场细分必须采用有利于区别消费者不同需求的变量来进行。不同的医药市场有不同的特点，细分变量也不同。医药企业要根据主观经验和客观标准对市场上的现实需求和潜在需求作出尽可能全面详实分析研究，进而确定符合市场细分原则的细分变量。

4. 初步细分市场 根据确定的市场细分变量与用户需求的具体内容，医药企业要对调查资料进行分析，将具有同类型的需求归为一类，然后初步划分出一些差异最大的细分市场，至少从中选出三个细分市场。

5. 筛选细分市场 根据市场细分原则，对所有的细分市场进行分析，剔除不符合细分原则的细分市场，再对各个细分市场进行比较，挑选出企业最能发挥优势的、潜力较大的细分市场。剔除不符合要求、无用的细分市场。

6. 命名细分市场 检查各个细分市场符合细分变量和细分原则的情况后，进一步深入分析每个子市场的需求，并对细分市场进行必要的合并和分解，进而形成更加明确具体的细分市场，再根据各个细分市场的消费者特点及其购买行为特征，对每个经过筛选后的可能存在的细分市场赋予一定的名称。

7. 确定细分市场 企业在市场调研的基础上，结合细分市场的消费者特定地理环境、人文环境等因素，评估每个细分市场的顾客需求和消费情况，再根据分析结果和企业的实际情况，综合估计每个细分市场的发展潜力、发展趋势、现有规模和未来可能形成的规模，最终确定一个或几个具有现实效益和发展前景的细分子市场作为企业的目标市场。继而有针对性地开展市场定位、产品开发、渠道选择、价格策略、促销等营销策略，充分满足目标顾客的需要和实现企业的经营目标。

以上七个步骤，医药企业在具体应用时，可以根据企业的实际情况和市场情况进行必要的简化和合并。

任务二 选择医药目标市场

著名的市场营销学者麦卡锡提出了应当把消费者看作一个特定的群体，称为目标市场。市场细分的目的是有效选择并进入目标市场。为了提高医药企业的经营效果，企业必须细分市场，根据自己的任务目标、资源、特长等，决定进入哪个或哪些细分市场，为哪个或哪些细分市场服务。

一、医药目标市场的内涵

（一）医药目标市场的概念

医药目标市场是医药企业在市场细分的基础上，依据企业资源和经营条件所选定的、准备以相应的医药产品或服务去满足其需要的那一个或几个细分市场，即医药产品和劳务销售、服务的对象。医药企业的一切营销活动都是围绕医药目标市场展开的，而选择医药目标市场需要在评估医药细分市场的基础上进行。

医药企业选择目标市场是在市场细分的基础上进行的。二者既有区别又有联系，市场细分是将一个整体市场按照某种标准或依据划分为几个子市场，而选择目标市场是从众多的子市场中选择一个或几个作为医药企业营销活动的对象。因此，市场细分是目标市场选择的基础和前提，目标市场选择是市场细分的目的。科学的、符合实际的市场营销决策必须与准确的目标市场选择有机地结合起来，才能使企业获得长期稳定的发展。

（二）评估医药细分市场

由于医药企业资源的有限性，市场细分后，并不一定有能力进入和愿意进入细分市场中的每个子市场，也不是所有的子市场都有同等的吸引力。因此企业的经营活动受到限制，这就要求企业首先要对细分后的子市场进行评估，评估后医药企业才会考虑进入相应的目标市场。在评估各个细分市场时，最少必须考虑以下三个因素：有一定的规模和发展前景、企业目标与资源、细分市场的竞争情况。

1. 有一定的规模和发展前景 细分市场的预计规模是企业决定是否进入该细分市场的主要因素，没有足够的销量是无法构成现实的市场。医药企业进入某市场的目的是期望有利可图。当然细分市场的规模不是越大越好，一定要考虑企业现有的经营能力。所选目标市场的规模最好具有与企业规模相匹配的销售量和合理的盈利水平，且有良好的发展趋势。一般大企业应该选择市场规模较大的市场进入，而小企业则应该选择市场规模较小的市场进入。虽然小企业规模小、实力弱，没有资源和能力为较大规模的细分市场服务，但可以结合自身优势和市场需求为大企业不屑一顾的小市场服务，也能获得丰厚的利润。

细分市场的发展前景也是企业选择细分市场的一个重要指标，所有的企业都希望能够进入朝阳行业，而不是一个衰退期的行业，但拥有较好的发展前景的行业内的市场竞争激烈。要判断市场的预期增长程度，需要企业综合考虑行业相关的政治环境、经济环境、人口环境、技术环境、自然环境、社会文化环境等众多因素。

2. 企业目标和资源 在众多有利可图的子市场中仅有一部分子市场可以成为目标市场。企业的任何活动都必须与企业的目标保持一致，如果某一细分市场的选择虽然能给企业带来短期的利益，但不利于企业长期目标的实现或者偏离企业的既定发展轨迹或者对企业主要目标的完成带来影响，这时企业一定要慎重。所以医药企业只能选择那些本身有能力满足其需要且与企业营销目标相一致的细分市场作为自己的目标市场。而对一些适合企业目标的细分市场，企业必须考虑它是否具有在该市场获得成功所具备的条件，如人力、物力、财力等方面。

3. 细分市场的竞争情况 一般说来，最理想的市场是没有竞争对手；或是有竞争者，但竞争对手很少，市场也尚未被竞争对手占领和控制的细分市场，这样企业就有机会进入该细分市场并取得一定的市场份额。但是如果该细分市场已经被竞争者控制和占领，并且竞争比较激烈，那么，企业就要有足够的实力和资源，只有在能赶超竞争对手的情况下，选择该细分市场才有意义。医药企业可以通过"波特五力"法对行业内部竞争、潜在竞争者、替代产品、购买者、供应商等进行评价后再考虑是否进入该细分市场。

二、医药目标市场选择模式

在对不同的细分市场进行评估后，医药企业选择可进入的目标市场有很多。医药目标市场选择模式有以下五种。

1. 市场集中化 又称密集单一型市场。医药企业在众多细分市场中集中全力只生产一类产品，选取一个细分市场进行集中营销，供应单一顾客群体。选择此种模式时需要充分确定该细分市场中没有或少有竞争对手；企业资金有限，只能经营一个细分市场；企业应具有在该细分市场从事专业化经营或取胜优势条件，以此为出发点，取得成功后向更多的细分市场扩展。该模式优点是成本较小，但缺点是风险较大，一旦该细分市场不景气或有强大的竞争者出现，企业就会陷入困境 [图7-3 (a)]。

2. 产品专业化 医药企业集中生产一种产品来满足几个目标市场消费者的需求。企业在产品上的专一，企业容易塑造良好的品牌形象。企业由于规模化的采购和生产，大大降低了生产成本。使用统一的市场营销策略，还可以降低企业的运营成本。但当该产品领域内的技术有了进步或出现一种全新的替代品时，企业产品的销售量将大大降低，企业将面临巨大威胁 [图7-3 (b)]。

3. 市场专业化 医药企业用多种类型的产品来满足特定顾客群体的需要，即面对同一市场生产不同的产品。此模式能有效的分散经营风险，可与消费者群体建立长期、稳定的关系，并树立良好的形象，容易打开产品销路。当这类顾客由于某种原因购买力下降或者消费者的偏好发生了较大变化时，企业将会面临较大的危机 [图7-3 (c)]。

4. 选择专业化 医药企业选取若干个细分市场作为目标市场，其中每一个细分市场都具有良好的吸引力，且符合企业的目标和资源。该目标市场模型中各个细分市场间较少或基本不存在联系，针对每个细分市场将提供不同的产品和服务。此模式可以分散企业风险，即使某个细分市场失败也不会影响其他细分市场取得赢利，但成本较高。选用此模式的企业应具有较强的资源和营销实力，但也要避免选择太多的细分市场，以免分散企业的资源 [图7-3 (d)]。

5. 市场全面化 医药企业生产多种产品去满足各种消费者群体的需要。选用此模式的只有实力雄厚的超大企业 [图7-3 (e)]。

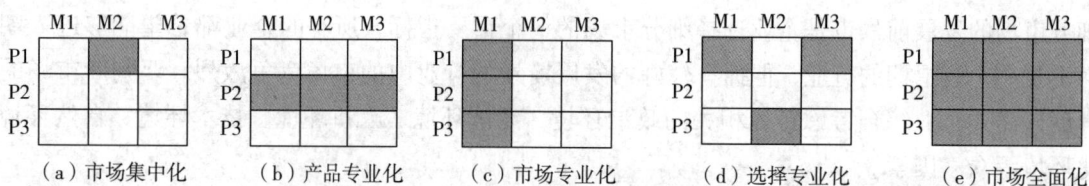

（a）市场集中化　　（b）产品专业化　　（c）市场专业化　　（d）选择专业化　　（e）市场全面化

图7-3 医药目标市场选择模式

✎ **练一练**

单选题：某医药企业生产了专门治疗痔疮疾病的药物，来满足各种痔疮患者的需求。该企业在选择目标市场时适合下列哪一种模式（　　）

A. 市场集中化　　　　B. 产品专业化　　　　C. 市场专业化

D. 选择专业化　　　　E. 市场全面化

答案解析

三、医药目标市场营销策略

企业选择进入目标市场的模式不同，目标市场的确定范围不同，所采用的营销策略也不同。企业可供选择的目标市场策略有3种：无差异性市场营销策略、差异性市场营销策略和集中性市场营销策略（图7-4）。

1. 无差异性市场营销策略 是指医药企业把一个产品的整体市场看作是目标市场，不考虑消费者对此种产品需求的差别，只向市场提供单一产品，采用一种市场营销组合策略。

采用无差异性市场营销策略主要基于以下两点指导思想：第一是从传统的产品观念出发，以产品为中心，不考虑消费者需求的差异性。第二是企业经过市场调研后，认为某种产品的消费者需求差异较小甚至无差异。

```
┌──────────────────┐      ┌──────────────┐
│  企业市场营销组合  │─────▶│   整个市场    │
└──────────────────┘      └──────────────┘
```

无差异性市场营销策略

```
┌──────────────────┐      ┌──────────────┐
│ 企业市场营销组合1 │─────▶│   细分市场1   │
├──────────────────┤      ├──────────────┤
│ 企业市场营销组合2 │─────▶│   细分市场2   │
├──────────────────┤      ├──────────────┤
│ 企业市场营销组合3 │─────▶│   细分市场3   │
└──────────────────┘      └──────────────┘
```

差异性市场营销策略

```
                          ┌──────────────┐
                          │   细分市场1   │
┌──────────────────┐      ├──────────────┤
│  企业市场营销组合  │─────▶│   细分市场2   │
└──────────────────┘      ├──────────────┤
                          │   细分市场3   │
                          └──────────────┘
```

集中性市场营销策略

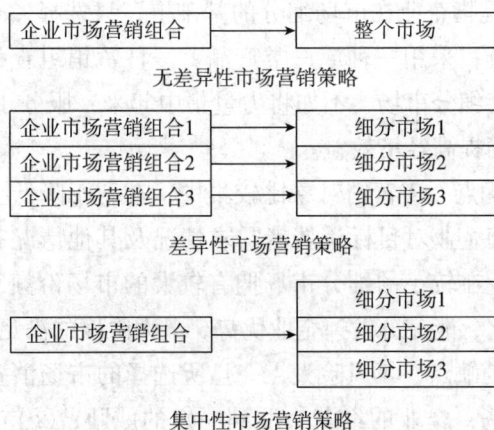

图7-4 医药目标市场营销策略

（1）无差异性市场营销策略的优点 无差异性市场营销策略主要优点是其成本的经济性。具体优点有以下几方面：①单一产品生产批量较大，可实现规模化生产，降低单位产品的生产成本；②单一产品可以减少储存量，节约存货成本；③单一产品的促销方案一致，可以节省促销费用；④单一产品采用流通渠道一样，可以节省渠道成本；⑤单一产品不进行市场细分还可以减少市场调研、新产品研制、制定市场营销组合策略的人、财物等方面的投入。此外，无差异性营销策略还有助于企业提高产品质量，可争创名牌。

（2）无差异性市场营销策略的缺点 ①随着经济的发展和消费者收入的提高，消费者需求的差异性日益明显，个性化需求时代已经到来，而无差异策略恰恰忽略了这种差异性；如果同一市场中众多的企业采用这一策略，就会加剧整体市场的竞争，造成两败俱伤；②采用这策略的企业反应能力和适应能力较差，当其他企业提供有特色、有针对性的产品时，企业容易在竞争中失利。

无差异性市场营销策略主要适用于具有广泛需求和大批量需求，公司也能够大量生产、大量销售的产品。药品中的原料药即具有这样的特点，可以采用这种策略。只有这样无差异性市场营销策略的优点即成本的经济性才能体现出来。

2. 差异性市场营销策略 是指企业在市场细分的基础上，选择若干细分市场作为企业的目标市场，并针对所选择的细分市场分别生产不同的产品，制定不同的营销组合，满足不同细分子市场需求的市场营销策略。采用这种营销策略的企业一般都有多种产品、小批量、多规格、多渠道、多种广告形式的营销组合，来满足不同消费者的需求。

（1）差异性市场营销策略的优点 ①可以更好地满足消费者的需求，提高企业的市场份额和企业声誉。企业通过提供有针对性的产品和强有力的营销组合，可以同时在几个细分市场上发挥优势并扩大产品销售量，提高市场占有率。②可以降低企业经营风险。由于细分市场间的关联性不大，一个细分市场出现问题不会威胁到整个企业的利益。③有特色的产品及其营销策略可以提高企业知名度，有利于企业对新产品的推广。

（2）差异性市场营销策略的缺点 ①成本较高。企业需要根据不同的细分市场需求，生产不同的产品、批量小，由此导致生产成本、研制成本、分销渠道成本、广告宣传成本、人员配备成本等费用的增加。②会增加企业管理的难度，影响企业的营销效益。差异性市场营销策略要求企业拥有较强的资本实力、技术水平和较高素质的管理人员，要求企业有比较完善和科学的管理制度，要求企业能灵活应对市场上的千变万化，这些无疑都增加了企业管理的难度。所以对于人力、财力、物力比较有限的中小企业要量力而行，要十分谨慎地采用这种策略。

采用这一策略的企业要求有较好的实力，有较强的技术水平、新产品开发及管理水平。

3. 集中性市场营销策略　是指企业在市场细分的基础上，只选择一个或为数较少的几个性质相似的细分市场作为企业的目标市场，采用一种或一类产品、一种营销组合为其提供服务。企业认为与其将有限的力量分散地投入于各个细分市场，不如将力量集中起来，服务于一个或少数几个重要的市场，从而取得较高的市场占率，从而提高经济效益。

（1）集中性市场营策略的优点　①营销对象比较集中，有利于降低生产和分销成本，提产企业盈利水平；②市场集中，便于医药企业对目标消费者需求情况及其他情况有较为深入的了解，能够及时获得市场信息反馈；③医药企业在较小的细分市场拥有较大的市场份额，可以提高企业声誉；④有利于医药企业实行生产经营专业化，能充分发挥企业优势，最大限度的满足消费者的需求。

（2）集中性市场营销策略的缺点　①风险大，一旦所选择的市场消费者需求突然发生变化，或者有强大的竞争者进入该细分市场，企业的经营会受到一定的威胁；②市场空间有限，市场规模较小，不利于医药企业的长远发展。因此采用这种策略时，医药企业要密切注意目标市场的动向，充分做好应变准备。

中小型医药企业适宜采用这策略。中小型企业资源有限、生产设备较差、管理水平较低、开拓市场的能力也不强，如果采用集中性市场营销策略，就可以避开与大企业的正面竞争，进入和占领那些大企业未注意或不愿进入的市场，而且往往更易获得成功。

❓ **想一想**

集中性市场营销策略与差异性市场营销策略都有市场细分，二者的区别与联系是什么？

答案解析

四、医药目标市场策略选择的影响因素

1. 医药企业实力　主要是指医药企业的物力、财力、管理能力等综合反映。一般说来医药企业实力雄厚，生产能力和技术能力、销售能力等较强的，可以根据自身的情况和经营目标对目标市场选择无差异性市场营销策略或差异性市场营销策略；资源有限、实力不强的中小型企业，适宜采用集中性市场营销策略。

2. 医药产品自身特点　主要是指医药产品的同质化。同质化高的产品其质量剂型、规格疗效无差异，那么竞争主要集中在价格和服务上，如原料药、中药材等，只要价格适宜，消费者通常没有别的要求，企业可以采用无差异化市场营销策略，特别是具体专科类药品其成分、配方、含量差别较大，价格也有明显差别。消费者往往对药品的质量、价格、规格、包装等要进行反复比较后决定是否购买；因此医药企业面对的竞争者多，竞争形式较复杂。为了应对竞争，医药企业宜采用差异性市场营销策略或集中性市场营销策略。

3. 市场差异性　如果细分市场上消费者的需求在一定时期内较接近，且对企业的市场营销组合刺激的反应相似，表示出市场的类似性。企业可对目标市场采用无差异性市场营销策略；如果市场上消费者的需求差异较大，则采用差异性市场营销策略或集中性市场营销策略。

4. 医药产品生命周期　医药产品处在不同的市场生命周期阶段，医药产品的竞争、销售等情况是不同的，所采用的营销策略不相同。①当处于导入期的药品，由于同类竞品不多，消费者对产品不够了解，医药企业的营销重点在于开发和建立消费者的偏好，挖掘消费者对产品的基本需求，宜采用无差异化市场营销策略；针对某一特定的细分市场实行集中化市场营销策略，进一步挖掘市场需求和潜在客户。②当产品进入成长期和成熟期，市场竞争非常激烈，为使本企业的产品区别于竞争者，确立

产品的竞争优势，应采用差异性市场营销策略或集中性市场营销策略。③当产品进入衰退期时，市场需求量逐渐减少，企业不宜进行大规模生产，更不能将资源再分散于多个市场份额小的细分市场，宜采用集中性市场营销策略。

5. 市场供求趋势　当产品在一定时期内供不应求时消费者没有选择的余地，不考虑需求的差异性，采用无差异性市场营销策略以降低成本；当供大于求时，消费者的需求出现多样化，采用差异性市场营销策略或集中性市场营销策略。

6. 竞争对手的营销策略　任何企业采用营销策略时都要考虑竞争对手的营销策略。如果企业竞争实力不强，不愿意与竞争对手正面交锋，可以采用与竞争对手不一致的目标市场选择策略。如果企业的竞争实力较强，或者虽然实力没有竞争对手强大，但想要挑战竞争对手的市场地位，则可以采用与竞争对手一致的目标市场选择策略。

❤ 药爱生命

没有全民健康，就没有全面小康。党的十八大以来，党中央把维护人民健康摆在更加突出的位置，召开全国卫生与健康大会，确立新时代卫生与健康工作方针，印发《"健康中国 2030"规划纲要》，提出建设"健康中国"的号召，明确了建设"健康中国"的大政方针和行动纲领，人民健康状况和基本医疗卫生服务的公平性可及性持续改善。

由于工业化、城镇化、人口老龄化，随着疾病谱、生态环境、生活方式不断变化，我国仍然面临多重疾病负担并存、多重健康影响因素交织的复杂状况，特别是突发急性传染病传播迅速、波及范围广、危害巨大。同时人民群众多层次、多样化健康需求持续快速增长，健康越来越成为人民群众关心的重大民生福祉问题。"十四五"时期我国将进入新发展阶段，加快提高卫生健康供给质量和服务水平，是适应我国社会主要矛盾变化、满足人民美好生活需要的要求，也是实现经济社会更高质量、更有效率、更加公平、更可持续、更为安全发展的基础。

作为医药院校的学生，我们要坚守医学生誓言：我志愿献身医学，热爱祖国，忠于人民，恪守医德，尊师守纪，刻苦钻研，孜孜不倦，精益求精，全面发展。我决心竭尽全力除人类之病痛，助健康之完美，维护医术的圣洁和荣誉，救死扶伤，不辞艰辛，执着追求，为祖国医药卫生事业的发展和人类身心健康奋斗终生。

任务三　进行医药市场定位

医药企业选择了目标市场后，就要在目标市场上进行市场定位，即医药企业需要清楚地知道自己应如何在众多的竞争者中塑造自己的特色和形象，如何使消费者在众多的产品中识别自己。市场定位是医药企业营销战略计划中的一个重要组成部分，它关系到医药企业能否在市场竞争中占有一席之地，从而求得长远的发展。

一、医药市场定位的内涵

定位是由美国学者于 1972 年提出来的。他们认为："定位始于一件产品，一次服务，一家公司，一个机构，或者甚至一个人……然而，定位并不是你对一件产品本身做些什么，而是你在有可能成为顾客的人的心目中做些什么。也就是说，你得给产品在有可能成为顾客的人的心目中确定一个适当的位置。"它专注于使产品在顾客心中留下的某种印象，而和产品本身几乎没有什么关系。科特勒给了定位更简单的定义，他认为："定位是为了适应消费者心目中的某一特定地位而设计公司产品和营销组合的行为。"

医药市场定位，是指根据竞争者现有的医药产品在市场上所处的位置和购买者与医生对医药产品的特征属性的重视程度，塑造本企业医药产品与众不同的个性，并把这种个性传达给购买者和医生，以确定本企业医药产品在市场上的位置。

医药市场定位的实质就是让医药企业的产品建立鲜明的特色或个性，使本企业的产品与其他企业严格区分开来，使消费者明显感觉和认识到这种差别，这种差别不仅是药品本身的差异，如药品的成分、剂量、剂型疗效等方面；也可以是服务、价格渠道形象上的差别；从而在清费者心目中塑造出独特的市场形象。

二、医药市场定位的步骤

医药市场定位的关键是企业要设法在自己的产品上找出比竞争者更具有竞争优势的特性。竞争优势一般有两种基本类型：一是价格竞争优势，就是在同样的条件下比竞争者定出更低的价格。这就要求企业采取一切努力来降低单位成本。二是偏好竞争优势，即能提供确定的特色来满足顾客的特定偏好。因此，医药市场定位的全过程可以通过以下三大步骤来完成。

1. 识别企业潜在的竞争优势 识别企业的潜在竞争优势是市场定位的基础。一般是通过广泛的市场调研这个途径，掌握消费者的需求特征以及目标顾客需求被满足的程度，了解目标市场上的竞争者及其产品的总体状况，找出本企业比竞争对手在成本或产品差异化上存在的各种竞争优势。

2. 选择竞争优势，初步确定目标市场定位 通过分析、比较企业与竞争者在经营管理、技术开发、采购、生产、市场营销、财务和产品等七个方面究竟哪些是强项，哪些是弱项。借此选出最适合本企业的优势项目，以初步确定企业在目标市场上所处的位置。

3. 设计定位点，显示独特的竞争优势 医药企业要通过一系列的宣传促销活动，将其独特的竞争优势准确传播给潜在顾客，并在顾客心目中留下深刻印象。为此，企业首先应使目标顾客了解、知道、熟悉、认同、喜欢和偏爱本企业的市场定位，在顾客心目中建立与该定位一致的形象。

4. 持续传播定位，强化定位效果 医药企业通过各种努力持续传播定位，强化目标顾客形象，保持目标顾客的及时沟通，通过稳定目标顾客的态度和加深目标顾客的感情来巩固与市场相一致的形象。最后，企业应注意目标顾客对其市场定位理解出现的偏差或由于企业市场定位宣传上的失误而造成的目标顾客模糊、混乱和误会，及时纠正与市场定位不一致的形象，强化定位效果。

三、医药市场定位的方法

医药市场定位的宗旨是要寻求使患者和医生认同的特色。要想准确，合适地定位，就要找到我们可以定位的方向，即树立自身特色的角度。

1. 类别定位 根据药品的成分、性能、功效划归的类别，以突出产品鲜明的特征。如为突出治疗作用，一些药品突出宣传自己是"药品"，而不是"保健品"。

2. 使用者定位 就是要使客户群体产生这种药品就是专门为他们而生产的、是最能满足他们的需求的这一印象，使消费者觉得如果要满足自己这一方面的需求，就非这种产品莫属。如有的产品就突出宣传是专为看望患者而生产的产品，某美容口服液定位于中年妇女阶层等。

3. 利益定位 任何消费者购买产品都不是购买产品本身，而是购买产品能为其带来的利益。产品本身只是形式，利益才是消费者所追求的核心。购买药品所追求的核心利益是健康，但同时也有附加利益，如药品味道、服用方便、药效发挥时间等。如儿童使用的药品除了宣传其功能外，突出不打针、不吃药，方便儿童使用，为患者带来方便。

4. 质量和价格定位　产品的品质和价格是消费者最关注的两个因素。因此，宣传高质低价是很多医药企业采用的方式。当然，不同的行业、产品及用途，消费者对质量和价格的要求也不尽相同。因此，医药企业在对产品进行质量和价格定位时，还应结合企业、消费者需求、竞争者及市场的实际情况来制定。

5. 用途定位　根据药品的治疗适应证来突出自身的特色，使自己的药品和同类药品区别开来。药品定位必须在用途上找准自己的优势和特色，进行准确定位，只有这样，才能真正找准市场，获取利润。例如，"白加黑"的定位宣传为"白天服白片，不瞌睡，晚上服黑片，睡得香"，就取得了很大的成功。

6. 复合定位　消费者所关注的医药产品属性往往不是单一的，很多医药企业在市场定位时，采取复合定位的方法，将以上多种因素结合起来，使患者觉得本企业的药品具有多重特性和多重功能。

市场定位实质是基于消费者心理的差异化，还可以从产品差异化、服务差异化、渠道差异化、员工差异化、形象差异化等方面进行分析，确定定位方向。

👁 看一看

医药市场定位的有效性

为了保证药品市场定位的有效性，企业在进行定位时应遵循以下原则。

1. 重要性　市场定位最关键的是要始终围绕消费者的需求，即医药企业所突出的特色应是消费者所关注的，更好的满足消费者的需求。

2. 独特性　医药企业市场定位应是区别于竞争对手的，与众不同的，做到特色鲜明，竞争对手无法模仿。

3. 难以替代性　医药企业定位需要有较高的技术含量，让竞争者无法代替和超越。

4. 可传达性　医药企业通过广告、渠道等将信息传递给客户并被客户正确理解。

5. 可接近性　消费者有购买这种医药产品的能力。

6. 可盈利性　医药企业通过这种定位能获取预期的利润。

四、医药市场定位的策略

医药市场定位除了要树立自己的特色，还要考虑竞争对手的影响，确定自己在竞争中的地位。定位方式不同，竞争态势也不同，医药企业必须采用科学的、可行的、符合本企业实际情况的定位策略。企业采用的市场定位策略主要有以下几种。

1. 避强定位策略　又称错位定位策略，是指医药企业力图避免与实力最强的或较强的其他医药企业直接发生竞争，而将自己的产品定位于另一个市场区域内，使自己的产品在某些特征或属性方面与最强或较强的竞争对手有比较显著的区别。

避强定位策略优点在于能使企业较快地在市场上站稳脚跟，并能在消费者或用户中树立形象，风险小。但是避强往往意味着企业必须放弃某个最佳的市场位置，很可能使企业处于最差的市场位置。

2. 迎头定位策略　又称针锋相对式定位策略，是指医药企业根据自身的实力，为占据较佳的市场位置，不惜与市场上占支配地位的实力最强或较强的竞争对手发生正面竞争，而使自己的产品进入与对手相同的市场位置。迎头定位策略优点在于竞争过程中往往相当惹人注目，甚至产生所谓轰动效应，医药企业及其产品可以较快地为消费者或用户所了解，易于达到树立市场形象的目的。但是具有较大的风险性。使用这种定位策略要求医药企业在产品质量、包装、服务、价格等方面有选择地改进。实行这种定位策略，必须知己知彼，特别要清醒估计自己的实力，不一定试图击败对方，只要能平分秋色就是巨大的成功。

3. 创新定位策略　是指寻找新的尚未被占领但有潜在市场需求的位置，填补市场上的空缺，生产市场上没有的、具备某种特色的产品。医药企业可以通过调研等方式发现空隙市场，然后成为市场的先行者，这就能够帮助医药企业避开竞争对手，而且还能在新的市场内建立起进入壁垒，然后占据市场的主导位置。进行创新定位需要具备一定的条件，首先市场上还存在尚未被发现的需求；其次市场有足够的市场容量，能给公司带来合理而持续的盈利；第三以企业现有的资源，作为能够进入这个市场并获益。

4. 重新定位策略　重新定位通常是指对销路少、市场反应差的产品或者是产品本身好，但为了进一步扩大市场占有率，能有效的与竞争对手相抗衡的二次定位。医药企业在选定了市场定位目标后，如定位不准确或虽然开始定位得当，但市场情况发生变化时，如遇到竞争者定位与本企业接近，侵占了企业的部分市场，或由于某种原因消费者或用户的偏好发生变化，转移到竞争者方面时，就应考虑重新定位。重新定位是以退为进的策略，目的是为了实施更有效的定位。

5. 共享定位策略　又称"高级俱乐部"战路。医药企业根据实际情况模糊地把产品置于一个具有影响力或有意义的最佳产品群体中。有些医药企业把自己划归到某"高级俱乐部"内，因为医药企业认为这个俱乐部的成员都是最佳的，我是这个俱乐部的，所以我也是最佳的。

医药市场定位是设计医药企业产品和形象的行为，以使企业明确在目标市场中相对于竞争对手自己的位置。企业在进行市场定位时，应慎之又慎，要通过反复比较和调查研究，找出最合理的突破口。避免出现定位混乱、定位过度、定位过宽或定位过窄的情况。而一旦确立了理想的定位，企业必须通过一致的表现与沟通来维持此定位，并应经常加以监测以随时适应目标顾客和竞争者策略的改变。

✍ 练一练

单选题：医药企业力图避免与实力最强的或较强的其他医药企业直接发生竞争，而将自己的产品定位于另一个市场区域内，此种市场定位是（　　）

A. 共享定位策略　　　　B. 创新定位策略　　　　C. 重新定位策略

D. 避强定位策略　　　　E. 迎头定位策略

答案解析

目标检测

答案解析

一、A 型题（最佳选择题）

1. 按照有的消费者追求疗效迅速、有的追求安全可靠，有的追求社会形象等来细分市场，这种细分方法是（　　）

A. 购买动机　　　　　　B. 消费者追求的利益　　　　C. 使用状况

D. 使用频率　　　　　　E. 品牌偏好

2. 医药市场细分是对（　　）的划分

A. 消费者　　　　　　　B. 产品　　　　　　　　　　C. 生产者

D. 供应者　　　　　　　E. 商品

3. 采用无差异性营销战略的最大优点是（　　）

A. 市场占有率高　　　　B. 市场适应性强

C. 成本的经济性 D. 需求满足程度高

4. 同质性较高的产品，宜采用（ ）策略

A. 产品专业化 B. 市场专业化 C. 无差异营销策略

D. 差异性营销策略 E. 集中性营销策略

5. 下列哪种产品适合采用无差异性市场营销策略（ ）

A. 原料药 B. 所有中成药 C. 化妆品

D. 营养保健品 E. 西药

6. 某医药企业实力雄厚，公司生产不同类别产品满足消费者的需求，该公司选择目标市场时可采用（ ）模式

A. 市场集中化 B. 产品专业化 C. 全面专业化

D. 选择专业化 E. 市场专业化

7. 对于资源有限、实力不强的中小型企业，对于目标市场适宜采用（ ）策略。集中性市场营销策略。

A. 无差异营销策略 B. 差异性营销策略 C. 重新定位策略

D. 市场专业化策略 E. 集中性营销策略

二、B 型题（配伍选择题）

A. 地理细分 B. 行为细分

C. 文化细分 D. 人口细分

1. 某医药集团将其目标市场划分为国内市场、国外市场，其市场细分划分依据属于（ ）

2. 根据消费者比较稳定的心理倾向和心理特征，使得消费者对所处的环境作出相对一致的行为反应，对消费者市场进行细分。这种细分变量属于（ ）

3. 某医药企业的主导市场是婴幼儿药品和儿童使用的专科用药，该企业是细分市场的依据是（ ）

A. 市场集中化 B. 产品专业化 C. 全面专业化

D. 选择专业化 E. 市场专业化

4. 某药厂只生产抗生素药，满足被感染产生炎症的各类患者的需要，这是（ ）模式

5. 企业生产不同的医药产品满足女性顾客群体的需要，即面对同一市场生产不同的产品，这是（ ）策略

6. 某药厂只生产治疗高血压的药物来满足高血压患者的需要，这是（ ）模式

三、X 型题（多项选择题）

1. 医药市场有效细分的原则是（ ）

A. 可区分性 B. 可衡量性 C. 可进入性

D. 细分市场稳定性原则 E. 可发展性

2. 下列关于无差异性市场营销策略的说法正确的是（ ）

A. 能降低产品的生产成本和分销成本 B. 有利于自动化生产

C. 有助于企业提高产品质量 D. 满足不同细分子市场需求

E. 有利于企业对新产品的推广

3. 企业在选择目标市场涵盖战略时需考虑的主要因素有（ ）

A. 企业资源 B. 产品同质性 C. 市场同质性

D. 产品生命周期 E. 竞争对手的战略

4. 医药目标市场策略选择的影响因素有（　　）

   A. 无差异性市场策略　　　　B. 产品专业化市场策略

   C. 集中性市场策略　　　　　D. 差异性市场策略

   E. 消费者分析策略

四、综合问答题

1. 市场全面化策略的优缺点是什么？

2. 医药市场细分的程序是什么？

3. 无差异性市场营销策略的不足有哪些？

（李洁玉）

书网融合……

     📄 重点回顾　　　　　🕐 习题

模块四 设计医药市场营销组合策略

项目八 设计医药产品策略

PPT

学习目标

知识目标

1. **掌握** 医药产品的整体概念；医药产品生命周期不同阶段的特点和策略。
2. **熟悉** 医药产品生命周期的概念；产品组合的策略；医药产品的品牌策略。
3. **了解** 医药产品的包装策略。

技能目标

（1）能熟练运用医药产品生命周期的原理分析各阶段的特点，并针对各个阶段的不同特点采取相应的营销策略，并解决医药产品组合中遇到的问题。

（2）能熟练运用品牌传播的技能；能进行简单的品牌设计与策划。

（3）能根据医药企业营销实际选择适当的价格策略。

素质目标

（1）培养敬畏生命、诚实守信、认真严谨的个人素养。

（2）树立敬佑生命、甘于奉献、守法敬业的职业精神。

导学情景

情景描述：21 金维他作为国内首创的第一个多维元素产品和中国营养协会第一个推荐使用的维生素类产品，深为百姓熟知。它自 1984 年上市至今，畅销 20 余年，被业界公认为是可以与善存、金施尔康等外资、合资复合维生素产品抗衡的民族品牌。

情境分析：2010 年 11 月 3 日，21 金维他的生产企业杭州民生药业与法国医药巨头赛诺菲－安万特组建合资公司的协议正式获得商务部批准。根据协议，21 金维他将被纳入合资公司，而合资公司由赛诺菲控股。至此，21 金维他成为又一个消逝的民族品牌，复合维生素市场全盘"沦陷"。打造一个非处方医药产品品牌，至少需要 3～5 年持续不断的投入。如果是打造一个全国性的 OTC 品牌，这期间在媒体广告方面投入的资金就需要 3 个亿以上。与此相比，赛诺菲－安万特选择直接把 21 金维他放入合资公司进行经营，则省去了很多先期的投入。

讨论：请利用医药产品的生命周期及其策略原理，解释 21 金维他为什么"阵地失守"？

学前导语：医药企业通过市场细分选定了目标市场并有了市场定位后，后续的市场营销组合策略是在目标市场上进行的。而营销组合策略的基石是医药产品策略，因为市场需要的满足只能通过提供相应的医药产品和服务来实现，它直接影响和决定着其他几个市场营销组合因素的管理，其他几个市场营销组合因素的制定必须以正确的医药产品策略为基础和支柱。

任务一 制定医药产品组合策略

一、医药产品整体概念

现代市场营销学将产品分为狭义的产品和广义的产品。狭义的产品是指具有某种物质形态和用途的劳动生产物，例如，手机、中性笔、抗高血压药等。这种对产品概念的理解是狭义的、不全面的，它把像产品形象、销售服务等非物质形态的产物排除在外。广义的产品是指凡用于满足消费者某种需求和欲望的任何物品或服务的总和，既包括具有某种物质形态的有形产品，也包括非物质形态的无形产品。简言之，产品 = 有形产品 + 无形产品。

可见，产品是指企业能提供给市场、用于满足人们某种欲望和需要的任何事物。有形产品包括产品的实体及其品质、特色（如色泽、气味等）、规格、款式、品牌和包装等无形产品包括销售服务、送货上门、质量、服务、场所、承诺、产品形象、市场声誉、咨询等。这一概念就是现代市场营销学的"产品整体概念"，医药营销者向市场提供的应是整体产品。

从医药市场营销观念来看，医药产品应为满足消费者防病、治病、保健等方面需要和欲望的任何东西。不仅包括有形产品，还包括无形产品，如医药产品实体、用药咨询、用药指导以及医药产品销售的场所，医药企业经营的思想、理念，都是医药产品的范畴，这就是医药产品的整体概念，具体来讲，可划分为三个层次：核心医药产品、形式医药产品和附加医药产品，如图8-1所示。

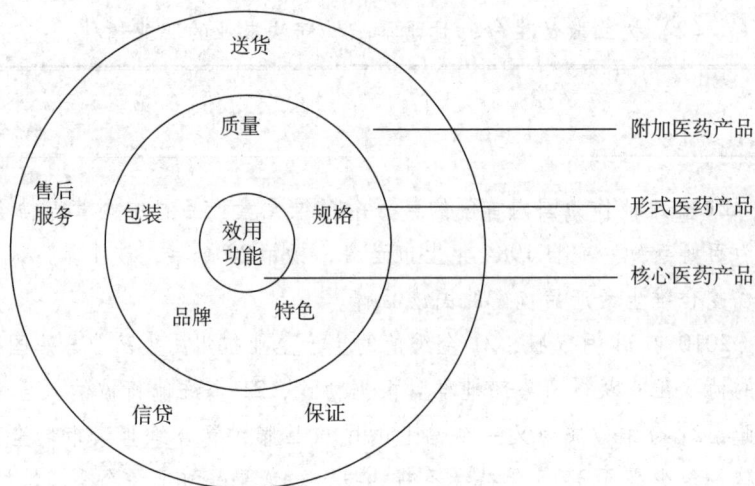

图8-1 医药产品整体概念的三个层次

（一）核心医药产品（医药产品的实质层）

核心医药产品是医药产品整体概念最基本和最主要的层次，亦即消费者真正所要购买医药产品时所追求的基本效用和利益，是消费者需要的最本质的东西。消费者之所以愿意支付一定的货币来购买医药产品，就在于医药产品的基本效用，拥有它能够从中获得满足某种需要的利益或欲望。所以，医药企业的市场营销人员在推销医药产品过程中，应善于发现顾客购买医药产品时所追求的核心利益，把安全有效、疗效可靠的医药产品推荐给消费者，以保证消费者的核心利益得到满足。

（二）形式医药产品（医药产品的实体层）

形式医药产品是指核心产品所展示的全部外部特征，即呈现在市场上的医药产品的具体形态或外在表现形式，主要包括医药产品实体及其规格、质量、特色、品牌及包装等。这样才使核心利益成为一种看得见、摸得着、叫得出、认得清的具体东西。形式医药产品向人们展示的是医药产品的外部特征，它能满足同类消费者的不同需求，也能满足不同消费者的同一需求。因此，医药企业进行医药产品设计时，除了要重视消费者所追求的核心利益外，也要重视如何以独特形式将这种利益呈现给目标顾客。

（三）附加医药产品（医药产品的延伸层）

附加医药产品是指顾客购买形式医药产品时，附带获得的各种利益的总和，包括咨询、提供信贷、免费送货、维修、培训、售前服务、售中服务、售后服务、医药企业和医药产品形象、医药产品说明书、质量保证或承诺等，这是医药产品的延伸或附加，它能够给顾客带来更多的利益和更大的满足。

二、医药产品整体概念的意义

（1）建立完整的医药产品概念，有利于实施以消费者需求为中心的营销观念。医药产品整体概念以消费者的基本利益为核心，指导整个医药产品市场营销活动，是医药企业遵从市场营销观念的基础。

（2）建立完整的医药产品概念，有利于提高医药企业的营销水平，能够使医药企业了解到消费者接受医药产品过程中的满意度。消费者的满意度既取决于三个层次中每一层次的状况，也取决于医药产品整体组合效果。

（3）建立完整的医药产品概念，有利于明确医药产品与医药企业营销策略间的关系。医药产品整体概念的各个层次对医药企业策略有不同程度的影响。医药企业在考虑医药产品组合整体效果的前提下，对不同层次侧重程度的确定要与医药企业营销策略相吻合。

三、医药产品组合策略

当今科学信息技术飞速发展，现代医药企业为了扩大销售，增加利润，往往生产和经营多种产品。医药产品好比人一样，都有其成长到衰退的过程。因此，医药企业不能仅仅生产和经营单一的产品，但是企业所生产和经营的医药产品并不完全是越多越好，必须根据市场需求和自身能力状况，来确定生产和经营哪些产品，明确产品之间的配合关系，这就涉及到产品组合的问题。

（一）医药产品组合相关概念

1. 医药产品组合　是指一个医药企业所生产或经营的全部产品项目和产品线的组合方式。医药企业的产品线和产品项目如何组合，要适应消费者的需求，与医药企业的目标市场和市场营销策略有着密切的关系。

2. 医药产品项目　是指某特定医药企业生产的特定商标、种类和型号的医药产品。通俗地说，就是指产品线中不同型号、档次、规格、大小、价格、外观等的医药产品，即医药企业产品目录表上列出的每一个产品都是一个产品项目。例如同一厂生产的6粒/板与1粒/板装的头孢氨苄胶囊，板兰根冲剂、口含片与分散片等就属于不同的产品项目。

3. 医药产品线　产品线也称为产品大类、产品系列，是指一组密切相关的产品项目。通俗的讲就是产品能满足消费者同种需要，或者是卖给同类顾客，或者有类似的功能。例如，药厂生产的盖中盖片、乳酸钙片。

（二）医药产品组合的变化要素

1. 产品宽度　指医药企业的产品线的数量。

2. 产品深度　指一条产品线上包含的产品项目的数量。

3. 产品长度　指医药企业各条产品线所包含的平均产品项目数。

4. 产品关联度　又叫产品密度，指每条产品线之间在最终用途、生产条件、销售渠道以及其他方面相互关联的程度。

企业在进行产品组合时，涉及到三个层次的问题需要做出抉择，即是否增加、修改或剔除产品项目；是否扩展、填充和删除产品线；哪些产品线需要增设、加强、简化或淘汰（以此来确定最佳的产品组合）。

产品组合的四个要素和促进销售、增加利润都有密切的关系。一般来说，拓宽、增加产品线有利于发挥企业的潜力、开拓新的市场；延长或加深产品线可以适合更多的特殊需要；加强产品线之间的一致性，可以增强企业的市场地位，发挥和提高企业在有关专业上的能力。

辉瑞是全球最大的制药公司，产品覆盖了包括化学药物、生物制剂、疫苗、健康药物等治疗及健康领域。企业结合产品组合要素，通过不断的并购、资产重组、进行资产整合，通过一流的营销，创造重磅产品及组合线，逐渐转型成为一家以科学为基础的、创新的、以患者为先的生物制药公司，从一个强大的商业组织进化为一流的科学巨擘。

（三）医药产品组合策略

医药企业根据市场情况，考虑企业经营目标和企业实力，对产品组合的宽度、深度和关联度实行不同的组合，做出最佳决策，称为产品组合策略。

由于医药产品组合状况直接关系到企业销售额和利润水平，医药企业必须经常就现行产品组合对未来销售额、利润水平的发展和影响做出系统和科学的分析和评价，并决定是否增加或去除某些产品线或产品项目。实现医药产品组合最优化包括两个重要方面，一方面是分析、评价现行产品线上不同产品项目所提供的销售额和利润水平，另一方面是分析各产品线的产品项目与竞争者同类产品的对比状况，全面衡量各产品项目与竞争者同类产品的市场地位。医药产品组合策略是医药产品流通市场营销策略的重要组成部分。常用的产品组合策略有以下几种。

1. 扩大医药产品组合策略　包括开拓产品组合的宽度和加强产品组合的深度，前者指在原产品组合中增加产品线，扩大经营范围；后者指在原有产品线内增加新的产品项目。

2. 缩减医药产品组合策略　市场繁荣时期，较宽较深的产品组合会为企业带来更多的盈利机会。但是在市场不景气或原料、能源供应紧张时期，缩减产品线反而能使总利润上升，因为去除那些获利小甚至亏损的产品线或产品项目，企业可集中力量发展获利多的产品线和产品项目。

3. 医药产品线延伸策略

（1）向下延伸　是把企业原来定位于高档市场的产品线向下延伸，即在高档产品线中增加低档产品项目。企业采取这一策略主要原因是：①利用高档名牌产品的声誉，吸引购买力水平较低的顾客慕名购买此产品线中的低档廉价商品，以扩大市场占有率和销售增长率。②企业在高档产品市场方面受到激烈竞争，就决定以拓展低档产品市场的方式作为反击。③高档产品销售增长缓慢，且企业的市场范围有限，资源设备没有得到充分利用，不能为企业带来满意的利润。为赢得更多的顾客，企业不得不将产品线向下延伸。④企业最初步入高档产品市场，是为了树立其质量形象，然后再向下延伸。⑤企业增加低档产品，是为了补充企业的产品线空白，不使竞争者有机可乘。

（2）向上延伸　是指企业原来定位于低档产品，后来决定在原有的产品线内增加高档产品项目使企业进入高档产品的市场。实行这一策略的主要原因有：①高档产品市场具有较高的潜在成长率和利润率的吸引。②社会对高档产品的需求加大。随着市场经济的发展，人们的收入水平越来越高，货币支付能力越来越强，越来越多的消费者在购买医药产品时追求的质量档次越来越高。③企业的技术设备和营销能力已具备加入高档产品市场的条件。④企业准备重新进行产品线定位，使自己成为生产种类全面的企业。

采用向上延伸也要承担一定的风险，因为改变原有产品在消费者心中的地位和印象是相当困难的，处理不当，不仅难以收回开发高档新产品的项目成本，还会影响老产品的市场声誉。

（3）双向延伸　是指原来定位于中档产品市场的企业掌握了市场的优势以后，决定向产品线的上下两个方向延伸，一方面增加高档产品的生产和销售，另一方面增加低档产品的生产和销售，以扩大市场占有率。但双向延伸也可能导致战线过长，如果资源有限，企业的损失将会非常惨重。

（4）产品线现代化　在某些情况下，产品大类的长度虽然是适当的，但产品还停留在以往的水平，这就必须对产品线实行现代化改造，把现代化科学技术应用到生产过程中去。产品大类现代化可以采取两种方式：渐进式和激进式。是逐步实现技术改造，还是以最快的速度用全新设备更换原有产品线。逐渐实现现代化可以节省资金耗费，但缺点是竞争者很快就会觉察，并有充足的时间采取措施与之抗衡；快速现代化策略虽然在短时间内耗费资金较多，却可以减少竞争者。

任务二　运用医药产品生命周期理论

一、医药产品生命周期内涵

医药产品生命周期是一个非常重要的概念，它和医药企业制定医药产品策略以及其他营销策略有着直接的联系。医药企业管理者为了使他的医药产品有一个比较长的销售周期，以便赚取丰厚的利润作为补偿在推出该医药产品时所作出的一切努力和经历的一切风险，就必须认真研究和运用医药产品生命周期的理论。此外，医药产品生命周期也是营销人员用来描述医药产品和市场运作方法的有力工具。

（一）医药产品生命周期概念

医药产品就像企业的孩子，每个医药企业的管理者都希望它能经久不衰，而为公司带来更多的利润。如拜耳药业的阿司匹林肠溶片就实现了这一愿望，它已经在临床使用一百多年了，至今还是那么充满活力，不断发展，没有表现出衰退的迹象。而国内有些医药企业研发的新产品，生产和销售几年就基本停止。为什么有的企业医药产品生命周期长，有的企业医药产品生命周期短呢？

医药产品生命周期是指医药产品从试制成功进入市场开始，直到最后被市场淘汰为止的全部过程所经历的全部时间。医药产品生命周期是把一个医药产品的销售历程比作人的生命周期，要经历出生、成长、成熟、老化、死亡等阶段。那么就医药产品而言，也要经历一个导入、成长、成熟、衰退的阶段。所以医药产品的生命周期可以分为导入期、成长期、成熟期和衰退期四个阶段，如图8-2所示。

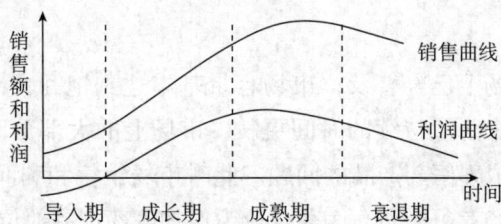

图8-2　典型的医药产品生命周期曲线图

（二）医药产品生命周期概念的理解

任何一种医药产品在市场上不可能永远经久不衰，都会对应一个或长或短的生命周期。医药产品生命周期是一个假设概念和一条理论曲线，对医药产品生命周期含义的理解应注意以下几点：

1. 医药产品的生命周期是指医药产品的市场经济生命，是指医药产品在市场上的变化过程，是针对医药产品的社会形象和销售状况而言的，决定医药产品生命周期长短的是市场因素，与科技发展、社会需要、市场竞争、消费者爱好等社会市场因素有关，它是抽象的、无形的演变，是医药产品的"市场寿命"。而医药产品寿命周期是指医药产品的具体物质形态变化，是针对医药产品的实体的消耗磨损和耐用程度而言，医药产品使用寿命长短主要是受医药产品本身自然因素的影响，与医药产品本身的性质、性能、使用条件、使用频率、使用时间等因素有关，这是具体的、有形的变化，是一种"自然寿命"。因此，医药产品的生命周期与医药产品寿命周期并无必然的联系。

2. 医药产品种类、医药产品形式、医药产品品牌的生命周期是各不相同的。医药产品种类的生命周期最长，有些医药产品种类受人口、经济等因素的影响，其周期的变化无法预测，几乎可以无限期地延续下去，如抗生素类医药产品、心血管类医药产品、解热镇痛类医药产品等；医药产品品牌的生命周期变化很不规律，企业可以长期使用下去，但也可以经常变化；医药产品形式的生命周期是最典型的，它比医药产品种类能够更准确地体现标准的医药产品生命周期的历程，它的发展变化过程有一定的规律可循。

3. 医药产品的市场生命周期是就整个医药行业或整个市场而言。各种不同医药产品、同一医药产品的不同阶段在市场上所经历的时间长短是不同的。而且还有许多医药产品没有按医药产品生命周期的正常规律发展。医药行业在不同的国家，其医药产品的生命周期长短也是不一致的。有的医药产品在发达国家已经进入成熟期或衰退期，而在发展中国家则可能刚进入导入期。

总之，医药产品生命周期由于受到各种因素的影响产生各种变化，但总的形态基本上还是呈正态分布的，并且随着市场的竞争和科学技术的发展，多数医药产品的生命周期都在不断地缩短。

二、医药产品生命周期划分的依据

（一）导入期

导入期又称为介绍期或引入期，是指新药首次正式上市后的最初销售时期。新药产品刚上市，知名度低，销售增长缓慢，同时由于引进医药产品费用高，几乎没有收益，甚至亏损，没有竞争者或者只有极少的竞争者。独家保护品牌基本没有竞争对手。

（二）成长期

成长期是指医药产品已被消费者接受，企业批量生产，销售迅速扩大的时期。医药产品经过一段时间试销成功后，逐渐被市场接受，销售快速增长，利润显著增加。但由于市场及利润增长较快，后期竞争者陆续增加。

（三）成熟期

成熟期是指医药产品在市场上已经普及，市场容量基本达到饱和，销售量变动较少，竞争最激烈的时期。通常这一阶段比前两个阶段持续的时间更长，市场上的大部分医药产品均处在该时期，所以企业管理者也大多数是在处理成熟医药产品的问题。此时市场销售和利润的增长达到顶峰后速度减缓，并开始有下降的趋势。由于市场竞争激烈，医药企业为保护医药产品地位需要投入大量的营销费用。

（四）衰退期

衰退期是医药产品已经老化，进入到逐渐被市场淘汰的时期。这一时期医药产品销售量急剧下降，利润也大幅度滑落。优胜劣汰，市场竞争者也越来越少，医药产品逐渐老化，转入医药产品更新换代的时期。

三、医药产品生命周期各阶段特点

（一）导入期的特点

1. 销售量低，生产量小 由于医药产品刚刚问世，知名度低，除少数追求新奇的顾客外，几乎无人实际购买该医药产品，市场尚未接受该医药产品，医生和患者不了解，大多数顾客不愿放弃或改变自己以往的消费行为，有处方权的大部分医生也不愿意轻易改变自己的处方习惯，导致销售量低，生产量小。

2. 成本高生产批量小 设备利用率较低，购买原材料的数量少，价格高，试制费用、开辟营销渠道的费用、宣传费用高，所以导致成本高。

3. 利润低 由于销售量小、生产成本高、费用高、所以一般利润较低，甚至亏损。生产量小，单位产品制造费用高，加之开辟营销渠道及宣传费用大，使企业成本高，利润低，甚至出现亏损。许多新产品在这个阶段夭折，风险较大。

4. 市场竞争尚未形成产品前途莫测，竞争者处于观望状态，尚未加入。

（二）成长期的特点

1. 销售量迅速上升 消费者对新药产品已经熟悉，开始接受并使用，医药产品需求量和销售量迅速增长，企业的销售量迅速增加。

2. 成本下降 医药产品已定型，技术工艺比较成熟，大批生产能力形成，产量扩大，分摊到单位医药产品上的制造成本和销售费用降低，成本下降。

3. 利润上升迅速 生产成本下降，促销费用减少，销售量上升，结果使企业利润上升很快。

4. 竞争者加入 市场竞争激烈竞争者看到新医药产品试销成功，有利可图，大批竞争者相继加入，仿制品出现，市场竞争加剧。

5. 建立了比较理想的营销渠道。

（三）成熟期的特点

1. 销售量大 这是医药产品走入大批量生产并稳定地进入市场销售阶段，随着购买医药产品的人数增多，销售量达到最高阶段，即达到顶峰，但市场也达到饱和程度，销售量呈相对稳定状态，增长速度放慢，并逐渐出现缓慢下降趋势，少数用户的兴趣开始转向其他医药产品和替代品。

2. 生产量大 产量达到最高点，设备利用率高。

3. 成本低 因大批量生产、大批量销售、渠道畅通，营销费用相对下降，成本降至最低点。

4. 利润高 利润在成熟期升至最高点。但为了应付竞争，降低价格，因而利润也有可能开始下降。

5. 竞争激烈 这一阶段竞争最激烈，但到后期，有些能力不足的竞争者因无力与强大竞争者抗衡开始退出。

（四）衰退期的特点

1. 销售量迅速下降 顾客的兴趣已经转移，销售量迅速下降。

2. 生产量减少 由于销售量下降，企业原有的生产能力不能充分发挥作用，必须压缩生产规模。

3. 成本上升 由于销售量下降，固定费用不变，原材料购买量减少，折扣让价比例下降，因而成本上升。

4. 利润迅速下降 由于销售量下降，而成本上升，导致利润下降。

5. 竞争淡化 竞争成败已成定局，而成本上升，利润下降，不少医药企业出现无利经营甚至亏损经营，竞争者纷纷退出市场，该类医药产品的生命周期也就陆续结束，转入研制开发新药，竞争者数量大大减少。

医药产品各时期的特点总结如下，见表8-1。

表8-1 药品生命周期各个阶段的特点

	导入期	成长期	成熟期	衰退期
销售量	低	增加	大	下降
生产量	小	扩大	大	萎缩
成本	高	降低	低	上升
利润	低	上升	高	下降
消费者	创新采用者	早期采用者	早晚期大众	落后采用者
竞争者	少	加剧	激烈	淡化

练一练

单选题：当医药产品处于（ ）时，市场竞争最为激烈

A. 导入期   B. 成长期   C. 成熟期

D. 衰退期   E. 开发期

答案解析

四、医药产品生命周期各阶段营销策略

（一）导入期的营销策略

在医药产品导入期，由于新医药产品刚刚进入市场，消费者对医药产品还十分陌生，医药企业必须通过各种促销手段把医药产品引入市场，来提高医药产品的市场知名度。所以医药企业的引入需要高水平的促销手段以达到：告诉医生和患者他们说不知道的新医药产品；引导他们使用新医药产品；快速建立销售通路进入医院和药店。营销者通常采用先推出一个概念，然后利用专家的影响、学术的支持、媒体的广告、业务代表的推广，让消费者逐渐接受这一概念，从而接受与其相配套的医药产品。这一时期营销策略的重点主要集中在价格高低和促销费用方面，可供选择的策略如图8-3所示。

促销费用

高 ←————————————→ 低

	高	低
价格水平 高	高价高促销策略	高价低促销策略
价格水平 低	低价高促销策略	低价低促销策略

图8-3 导入期的策略

1. 快速掠取策略（高价高促销策略） 也称双高策略，是指企业以高价格和高促销费用推出新产品，把产品价位定的较高，并能取得较高的利润，可尽快收回开发时的投资。高促销活动是为了引起目标市场消费者的注意，加快市场渗透过程，尽快占领市场。实施这一策略须具备以下条件：市场上有较大的需求潜力；产品需求弹性小，消费者求购心切；产品有特色，技术含量高，不易仿制，如专利医药产品。

2. 缓慢掠取策略（高价低促销策略） 也称高低策略，是指企业以高价格低促销费用推出某种新产品，这种策略可以获得高的单位利润，对于医药企业而言这当然是最理想的销售模式。该策略特点：

在采用高价格的同时，只用很少的促销努力，从而获取尽可能多的赢利。高价格的目的在于能够及时收回投资，获取利润；低促销的方法可以减少销售成本。

3. 快速渗透策略（低价高促销策略）　也称低高策略，是指用较低的价格和较高的促销费用推出新产品，以求尽快打入市场，在短时间内占有较高的市场份额。高促销是为了集中力量以最快的速度将产品打入市场，而低价格本身就是一种促销手段。本策略的特点是可以使医药产品迅速进入市场，有效地限制竞争对手的出现，为医药企业带来巨大的市场占有率。该策略的适应性很广泛。

4. 缓慢渗透策略（低价低促销策略）　也称双低策略，是指企业用低价格低促销费用推出某种新产品。低促销费用可降低产品成本，获得更多的利润。低价格促使消费者容易接受产品，有利于扩大销售量，提高市场占有率。这种策略适用于消费者对价格比较敏感、市场容量大、知名度高的产品。

在导入期市场营销策略的重点是要突出一个"快"字和"准"字。"快"即尽量缩短导入期的时间，以最快的速度使医药产品进入成长期；"准"就是看准市场机会，正确选择新药投入市场的时机，确定适宜的医药产品价格。

练一练

单选题：在市场面积比较小、市场上大多数消费者已熟悉该新药、购买者愿意出高价、潜在竞争威胁不大的市场环境下宜使用（　　）

A. 快速掠取策略　　　　B. 缓慢掠取策略　　　　C. 快速渗透策略
D. 缓慢渗透策略　　　　E. 产品扩展策略

答案解析

（二）成长期的营销策略

成长期是医药产品生命周期中的关键时期，医生和患者都已接受医药企业推出的产品。这一时期医药企业的任务是使医药产品迅速得到普及，扩大市场占有率，尽可能地延长产品的成长阶段，并保持销售增长的好势头。这一阶段可以适用的具体策略有以下几种：

1. 产品策略　根据消费者需求和其它市场信息，一方面要提高产品质量，完善产品性能，提高产品自身的竞争实力；另一方面改进产品式样及包装等，努力发展产品的新剂型、新型号等，从而增强产品的竞争力和适应性。

2. 价格策略　企业应根据生产成本和市场价格的变动趋势，分析竞争者的价格策略，保持原价或适当调整价格，以保持产品的声誉和吸引更多的购买者。当然，降价有可能暂时减少企业的利润，但是随着市场份额的扩大，长期利润还可望增加。此阶段不可轻易提高价格，否则容易引起消费者的波动。

3. 渠道策略　企业应巩固原有的营销渠道，积极开辟新的销售渠道，加强销售网点的联系，开拓新的市场领域，促进市场份额的提高。进一步开展市场细分，创造新的用户，如"尼莫地平注射液"由原来的原发性蛛网膜下腔出血的细分市场到外伤性蛛网膜下腔出血这一细分市场。

4. 促销策略　在继续作好促销宣传工作的基础上，工作的重心应从建立产品知名度转移到树立产品形象上，主要目标是建立顾客的品牌偏好，争取新的顾客。如公司的广告目标从产品的知名度、概念的推广建立转移到说服医生开处方及患者主动购买医药产品上来。

成长期是医药企业销售的黄金时期，营销策略的重点应该突出一个"好"字，即保持良好的产品质量和服务质量，设法使医药产品的销售和利润进一步增长，扩大市场占有率，掌握市场竞争的主动权，获取最大的经济效益。切勿因产品畅销而急功近利，片面追求产量和利润。同时要加强品牌宣传，力争创名牌，树立良好的产品声誉和企业信誉。

（三）成熟期的营销策略

产品的销售成长率达到某一点后将放慢步伐，进入相对的成熟阶段。它分为成长中的成熟、稳定中的成熟、衰退中的成熟三个阶段。由于销售增长的减缓，使整个行业中的生产能力过剩，从而使竞争加剧。

这一时期医药企业一方面要努力延长成熟期，另一方面要采取措施，确保市场占有率，应采取的营销策略有：

1. 市场调整策略（市场多元化策略）　即开辟新的细分市场、寻找新的顾客，重新为医药产品定位；创造和挖掘新的消费方式，从广度和深度上开拓新市场。

2. 医药产品调整策略（医药产品再推出）　提高产品质量、改变产品的剂型、改变产品性能、开辟产品新用途。从而达到稳定老顾客，吸引新顾客、开拓新市场的目的。如20世纪70年代初，美国某医药产品公司所生产的"珀克"溴盐不再是治疗晕厥的主打产品，就在逐渐走向衰退之时，公司并没有轻易地淘汰掉这种医药产品，而是采用了新配方，同时配合一种时髦而又迷人的包装，为"珀克"溴盐开辟了一片新的广阔的市场。

3. 营销组合调整策略　通过改变定价、销售渠道及促销方式来延长医药产品的成熟期。一般是通过改变一个或几个因素的配套关系来促进或扩大消费者的购买。手段主要有：通过降低售价来加强竞争力；改变广告方式以引起消费者的兴趣；采用多种促销方式，如举行大型展销会等；扩展销售渠道，改进服务方式或者贷款结算方式等。

总之，成熟期由于竞争最为激烈，企业应根据竞争能力的强弱，采取进攻与防御并用的策略，营销策略的重点要突出"争"的意识，因此，这一阶段的主要任务是集中一切力量，尽可能延长产品的成熟期，为企业带来更多的利益，积累更多的资金，提高自身的竞争力，最终争取延长产品生命周期。

（四）衰退期的营销策略

当产品进入衰退期时，大多数产品形式和品牌最终会衰退，市场份额、销售额、利润均降低，如四环素、土霉素、链霉素等。但是同时也要注意到，原来的医药产品可能还有其发展潜力，医药企业不能简单地加以放弃，而要必须认真研究医药产品在生产中的真实地位，最后决定是继续经营下去还是放弃经营。通常有以下几种策略：

1. 维持策略　即医药企业保持医药产品传统特点，在目标市场、价格、销售渠道、促销等方面维持现状，以适应新老产品的交替，为新产品的上市创造有利的条件。待到适当时机，便停止经营，退出市场。

2. 缩减策略　即在保证获得边际利润的条件下，有限地生产一定数量的医药产品，来满足部分老顾客的需求，医药企业仍然留在原来的目标上继续经营，只是根据市场变动的情况和行业退出障碍水平在规模上做出适当的收缩。

3. 撤退策略　即医药企业决定停止经营某种医药产品撤出目标市场。

销售衰退的原因很多，包括技术的进步，新产品的替代，消费者用药习惯的改变，竞争的加剧，疗效不佳，产品的副作用被发现、认知或重视等等。在这一时期，企业可根据该产品在市场上尚有一定的需求，一方面维持或减少生产经营，另一方面采取办法，延长其生命周期。

综上所述，任何一种产品都有其生命周期。分析产品生命周期是为了更好地判断产品发展趋势，并根据产品在其生命各周期的特点，采取适当的市场营销策略。从产品生命周期各阶段的特点可以看出，成长期和成熟期是企业利润较高的时期，而导入期和衰退期会对企业发展带来威胁。因此企业制定策略的整体要求为：缩短导入期，使产品尽快的让消费者接受；延长成长期，使产品销售尽可能保持增长势头；维持成熟期，保持产品高销售利润；推迟衰退期，使产品尽量延缓被其他产品所取代。

任务三 制定医药产品品牌策略

一、医药产品品牌和商标

医药产品品牌是医药企业的一种重要的无形资产，是产品整体概念的重要组成部分。医药企业应努力争创名牌产品，保护名牌产品，这是医药企业市场营销策略中的一项重要内容。

（一）认识品牌

品牌的英文单词是 Brand，源出古挪威文 Brandr，译为"烧灼"。百姓用这种方式来标记自家家畜等需要与他人相区别的私有财产。中世纪欧洲，手工艺匠人用打烙印的方法在自己的手工艺品上烙下有特点的标记，以便顾客能够识别产品的生产者。后来部分比较有名的生产者用烙印区分自己作品的标记放在自己的产品上，或者在产品包装上采用特殊的标记来标明其生产者，这就是产品品牌的雏形和来源。

美国市场营销协会（AMA）给品牌下的定义为："品牌是一个名称、名词、符号、象征、设计和组合，用以识别一个或一群出售者之产品或劳务，使之与其他竞争者相区别。"营销学者菲利普·科勒特所下的定义："品牌就是一个名字、称谓、符号或设计，或是上述的总和，其目的是使自己的产品或服务有别于竞争者。"

所以可以理解为，品牌就是俗称的牌子，是生产商或经销商加在商品上的标识，其目的就是为了把不同生产企业或经销商的产品区别开来。品牌一般是由品牌名称、品牌标识、商标等组成。品牌应该是目标消费者及公众对于某一特定事物的心理的、生理的、综合性的肯定性感受和评价的综合体。

1. 品牌名称 品牌名称是指品牌中可以用语言称呼的部分，即品牌中的可读部分，是词语、字母、数字或词组的组合，如"同仁堂""999 感冒灵""黄金搭档""脑白金"等都是品牌名称。

医药产品的名称有通用名和商品名之分，以药品为例，药品的通用名指中国药品通用名称（China Approved Drug Names，简称 CADN），由国家药典委员会按照《中国药品通用名称命名原则》组织制定并报国家卫生主管部门备案的药品法定名称，是同一种成分或相同配方组成的药品在中国境内的通用名称，具有强制性和约束性。因此，凡上市流通药品的标签、说明书或包装上必须要用通用名称，其命名应当符合《中国药品通用名称命名原则》的规定，不可用作商标注册。而药品的商品名是药品生产厂商自己确定，经药品监督管理部门核准的产品名称，具有专有性质，不得仿用。在一个通用名下，由于生产厂家的不同，可有多个商品名称。医药产品的品牌名称通常由医药产品的商品名构成。

2. 品牌标识 品牌标识是指品牌中可以被认识，但不能用语言称谓的部分。品牌标识常为某种符号、象征、图案以及其他特殊的设计，如西安古城墙的变形与兵马俑组成的西安杨森的品牌标识。品牌标识是一种视觉语言。

3. 商标 商标是法律概念，是已获得专属权并受法律保护的品牌或品牌中的一部分。企业在政府相关主管部门注册登记以后，即享有使用某个品牌名称和品牌标识的专属权。这个品牌名称和品牌标识受到法律保护，其他任何企业都不得效仿使用。我国习惯上对一切品牌不论其注册与否，统称商标，而另有"注册商标"与"非注册商标"之分。用"®"明示则为注册商标，受到法律保护，正在申请注册商标在没有取得商标注册证以前在使用中与未注册商标一样对待，是不准标注注册标记的，否则就是冒充注册商标。非注册商标则不受法律保护。

（二）医药产品品牌的设计

医药产品品牌的设计可以从名称、标识、标语口号、象征口号、主题背景音乐、卡通形象和包装七大识别要素着手，每一个要素都各具特征和功能。把品牌的各要素加以整合、规划、综合设计，才有可能产生更好的效果，促进品牌的传播和打造。医药产品品牌设计应重点从品牌名称及品牌标志两个方面进行设计。

1. 医药产品品牌名称的设计 医药产品的品牌名称是医药产品品牌构成中可以用文字表达的并能用语言进行传播交流的部分，是品牌传播中最重要的元素之一。设计出较好的品牌名称可以快速、准确地表达出医药产品品牌的中心内涵和关键联想，让消费者对品牌产生深刻的印象，从而使企业产品家喻户晓。

医药产品品牌名称的设计方法主要有以下几种：

（1）地域法 将医药企业产品品牌与地域名联系起来，有助于借助地域文化积淀，使消费者从对地域的信任与认同，进而产生对产品的信任与认同。例如沈阳红药，就是利用沈阳这一地名作为企业品牌，将具有特色的地域名称与企业产品联系起来。

（2）人名法 将名人、明星或产品创始人的名字作为产品品牌，充分利用人名含有的价值，促进消费者认同产品。

（3）企业名称法 将企业名称作为产品名称来命名，运用企业名称法来进行产品品牌命名，有利于形成产品品牌和企业品牌相互促进，达到有效提升企业形象的目的。

（4）数字法 用数字为企业命名，借用消费者对数字的联想效应，促进医药产品品牌的特色，使消费者对品牌增强差异化识别效果。如"三九药业"的品牌含义就是"999"健康长久、事业恒久、友谊永久，又如"21金维他"等。

（5）目标客户法 将品牌与目标客户联系起来，进而使目标客户产生认同感。比如"小儿氨酚黄那敏颗粒"是药厂针对于儿童研发的感冒药，此品牌使消费者一看到医药产品品牌，就知道是专为儿童设计的产品。

（6）功效法 用产品功效为品牌命名，使消费者能够通过品牌对产品功效产生认同，比如"泻立停"等品牌。

（7）形象法 运用动、植物和自然景观来为品牌命名，如"葵花牌"桑菊感冒片、"金鸡"胶囊等。借助动、植物的形象，可以使人产生联想与亲切的感受，提升认知速度。

（8）中外法 运用中文和字母或两者结合来为产品命名，使消费者对产品增加"洋气"的感受，进而促进产品销售。

2. 医药产品品牌标志的设计 医药产品品牌标志的设计主要有文字型、图案型以及图文结合型三种方法。

（1）文字型标志设计 文字型标志是以文字表现的标志，包括中文文字商标和外文文字商标。文字型标志有视觉效果，一般都可以用声音表达出来。随着经济全球化和企业经营的国际化，众多文字型标志在国际市场上同时使用两种或两种以上的文字，以适应市场需要。

（2）图案型标志设计 图案型标志是以图形表现的标志，不能用声音表达，只能凭视觉来辨认，但图形标志具有更强的冲击力。图案型标志可以采用天文、地理、名声、人物、动物、植物、抽象图案等形式来显示。

（3）图文结合型标志设计 图文结合型标志是指把文字与图形结合在一起来表现的标志设计，两者互为补充说明。此种设计在现代品牌标志中有较好的表现力与识别力，也是最常见、最常用的设计。

二、医药产品品牌的作用

医药产品是一种特殊的商品，市场上的医药产品种类繁多，一般的消费者不具备判断医药产品优劣的能力，因而他们将重点放在了对医药产品品牌的关注上，他们会购买一些知名度比较高或者是经常听说的老字号的医药产品，由此企业应该加强对医药产品的品牌管理，这不仅对消费者有着现实的意义，而且也将树立起企业的品牌，赢得更大的经济效益和社会效益，同时对国家医药行业也有着举足轻重的作用。

（一）品牌对消费者的影响

1. 有助于减少患者的购买风险，增强患者的安全感　产品不好，使得消费者要付出再次选择另一个品牌的机会成本，降低这些风险最好的办法就是创建品牌。在医药产品市场上众多的制药企业和种类繁多的医药产品，让消费者一时间难以做出选择。尤其是作为特殊商品的医药产品更是不能有任何的疏忽，医药产品的质量、疗效、毒副作用、禁忌、价格等都是需要考虑的因素。医药产品的品牌对于消费者而言意味着安全、放心。如患者到医院或零售药店购买胃肠道药品，面对多种不同医药企业的产品，可能会优先考虑修正药业的斯达舒；购买感冒类医药产品，可能会想到三九药业的 999 感冒灵、哈药集团的双黄连等。这就是品牌带给消费者的方便和利益，之所以首先会想到这些医药产品就是因为他们认为这些医药企业的产品是安全有效的，让他们放心，增加了他们的安全感。

2. 有助于消费者识别产品的来源，减少对诸多医药产品的选择时间　医药市场众多的产品让消费者不能在短时间内选择某一医药企业生产的医药产品，特别是在消费者对医药产品行业生疏的情况下更是难以筛选。当消费者心中有了某个医药产品的品牌，就会大大的减少他们的购药时间与精力，品牌的魅力也正在于此。

3. 有助于消费者形成品牌偏好　通常消费者购买医药产品都会选择以往购买过的品牌，所以会对消费者形成一定的导向作用。品牌偏好不仅仅是顾客情感上的反应，更多的是顾客的一种态度和倾向的表达，通过这种偏好的选择方式，来表达其对该品牌的情感上的喜爱。

（二）品牌对医药企业自身的影响

当今社会是一个竞争异常激烈的社会，谁占有了更多的客户群体、谁更能赢得客户的信任谁就等于赢得了市场。医药行业亦是如此，因此品牌对于医药企业就变得更加重要了。医药企业的品牌对于医药企业自身来说不仅有着巨大的商业价值，也饱含着无限的社会价值。

1. 医药企业品牌的建立能够增强医药企业的经济实力，获得更大的利润　医药企业通过不断地努力树立起自己的品牌，不断地积累的客户，而品牌忠诚度的价值是巨大的。一个成功的医药企业品牌孕育着巨大的商业价值，它能源源不断的为企业带来可观的利润，稳固医药企业在市场竞争中的有利地位，增强企业的经济实力。

2. 医药企业品牌的建立有利于医药企业走出国门，进入国际市场　随着经济全球化和经济一体化的进一步发展，医药企业要获得长期稳定的发展，就应该占有国内、国际两个市场，而不能拘泥于国内市场，闭关锁国式的经营。医药企业品牌的建立和巩固能够使医药企业有足够的资金、渠道和市场，为医药企业进入国际大市场奠定了坚实的基础。

3. 医药企业品牌的建立有利于保障医药产品鲜明的特色性　在医药市场上同种医药产品的生产厂家多之又多，如何让患者记住并进行二次消费以至培养忠实客户是至关重要的。医药产品牌竞争力的真正来源就在于医药产品的排他性和唯一性。同样是六味地黄丸，不同厂家的就会各有所不同，患者就会有不同的选择，因此医药产品牌的建立能够保障自身企业医药产品的特色，其他的生产厂商是无法复制出这种唯一性的。

4. 医药企业品牌的建立能够为企业新产品的上市营造良好的环境　激烈的市场竞争使得每个医药企业都会投资研制开发新医药产品，但是医药产品能否成功的上市销售成了企业的又一个难提。尼尔森公司和安永公司在一项研究发现，美国新推出的消费类产品的失败率为95%，欧洲的失败率为90%。

已拥有好的声誉的品牌能充分利用其品牌声望,将消费者对原品牌的认同顺利转移到新产品上,从而降低新产品开发失败所带来的成本,提高新产品上市的成功率。这些数据表明品牌对企业新产品的上市推出是具有重要影响力的推动力,它不仅为原有医药产品的销售保驾护航,也为新医药产品的成功上市顺水推舟,利用原有医药产品品牌的信誉度来转移视线到新的医药产品上来,进而推出的新医药产品就会容易被患者接受,从而使新医药产品更容易的上市销售。产品延伸的目的是以降低营销成本的形式来进入新的细分市场和扩大品牌的市场份额。延伸的产品是否成功的重要基础之一是母品牌是否具有强大的品牌资产。因此一个强大的医药企业品牌将更有利于医药企业新医药产品和延伸医药产品的上市销售。

5. 医药企业品牌的建立有助于缓解医药企业的危机和风险 任何一个医药企业都有可能会在某个阶段或环节出现一些困境、危机,如何将遇到的风险降至最低的损失是医药企业不得不考虑的重要问题。医药企业品牌的力量的确会在企业风险当中起到缓冲的作用。

6. 医药企业品牌的建立能够吸引和留住医药人才 对于医药企业的人才来讲,一个优秀的医药企业品牌意味着良好的发展空间和机会,他们会在这片热土上实现自己的人生价值,同时为企业创收。相应地,医药企业想要得到长期的发展,也必须要靠专业知识好、管理能力强、业务水平高、创新意识强的医药人才,而想要吸纳和留存这样的精英强大的医药产品品牌的影响力是功不可没的。

7. 医药企业品牌的建立能够帮助企业产品顺利进入医院和医药零售企业 医药企业的品牌暗含着消费者对这个医药企业以及该企业医药产品的肯定和认同,因此说,有了医药企业的品牌就拥有了市场。各大医院和零售药店会选择在市场上销售的好的医药产品,以此获得利润。相反,如果医药企业和其所生产的医药产品是一些不为人知的医药产品,即使功效不错,恐怕在短时间内也无法顺利进入医院或者各零售药店进行销售。所以,医药企业品牌的建立为其所拥有的医药产品顺利的进入销售渠道铺平了道路。

(三)品牌对国家的影响

品牌不仅是一个企业开拓市场、赢得竞争者的有利武器,更是一个国家实力和整个民族财富的象征。在医药领域,医药产品品牌的发展水平体现着这个国家的医疗水平、民族医药、医药创新、医药保护等方面的能力与状况。

中药是我国的一项瑰宝,是极具特色的民族产业,近年来,中国中医药产业正在向国际化迈进,为我国的医药产品品牌树立了光辉的典范。例如云南白药作为民族的医药产品品牌正在一步步地发展壮大,自问世之日起,云南白药就以其功效卓著而享誉国内外,吸引了无数的消费者,树立了良好的品牌形象,堪称中华传统中医药中最知名的品牌之一。云南白药集团不仅壮大了自己的品牌实力,也为民族医药事业做出了巨大的贡献,为国家争得了荣誉。培育一流的国际化医药产品品牌也成为了中国医药产业实现强大目标的关键。

三、医药产品品牌价值

(一)品牌价值概述

品牌价值是指品牌在需求者心目中的综合形象——包括其属性、品质、档次(品位)、文化、个性等,代表着该品牌可以为需求者带来的价值。

价值理论的多样化,使得品牌价值被赋予了不同的内涵。根据劳动价值理论:品牌价值是品牌客户、渠道成员和母公司等方面采取的一系列联合行动,能使该品牌产品获得比未取得品牌名称时更大的销量和更多的利益,还能使该品牌在竞争中获得一个更强劲、更稳定、更特殊的优势。这一定义强调了品牌价值的构成因素和形成原因;而根据新古典主义价值理论:品牌价值是人们是否继续购买某一品牌的意愿，可由顾客忠诚度以及细分市场等指标测度，这一定义则侧重于通过顾客的效用感受来评价品牌价值。由此可以看出，品牌作为一种无形资产之所以有价值，不仅在于品牌形成与发展过程中蕴涵的沉淀成本，而且在于它是否能为相关主体带来价值，即是否能为其创造主体带来更高的溢价以及未来稳定的收益，是否能满足使用主体一系列情感和功能效用。所以品牌价值是企业和消费者相互联系作用形成的一个系统概念。它体现在企业通过对品牌的专有和垄断获得的物质文化等综合价值以及消费者通过对品牌的购买和使用获得的功能和情感价值。

一个没有高科技信息含量的所谓品牌，也就是一个名称而已。所有的企业，苦心经营和维护自身的品牌，就是求得一个公众认可的品质质量知名度，让公众认为具有"诚信、守法、可靠、专业、价值、经济、高效"这样的美誉。管理和经营品牌，求得基业常青、卓越杰出，就是为了获得品牌价值。品牌价值是品牌在某一个时点的，用类似有形资产评估方法计算出来金额，一般是市场价格。也可以说是品牌在需求者心目中的综合形象。品牌价值既可以是功能性利益，也可以是情感性和自我表现型利益，对于某一个具体品牌而言，它的核心价值究竟是以哪一种为主？这主要应按品牌核心值对目标消费群起到最大的感染力并与竞争者形成鲜明的差异的原则。

品牌价值的计算分为三个步骤：

1. 品牌收益　公司收益中有多大比例是"在品牌的旗帜下"产生的？

首先，确定公司总收益中由使用该品牌的每一项业务产生的收益所占比例。

从品牌收益中扣除基建投资。这确保了计算的价值完全是投资者要求对该品牌的任何投资所能赚取的价值以外的价值，即品牌给企业增添的价值。这便提供了一种自下而上式的品牌业务收益全貌。

2. 品牌贡献　在上述品牌收益中，有多少收益是因品牌与其客户的密切关系而产生的？

这些收益中只有一部分可视为是由品牌资产驱动的。这便是"品牌贡献"，这个指标反映的是品牌在产生收益上所发挥作用的大小。

此项是通过对 Brand Z 数据库中国家、市场和品牌特定客户调查结果的分析得出的。

3. 品牌倍数　品牌驱动收益的增长潜力有多大？

在最后一个步骤，将把这些品牌收益的增长潜力考虑在内。会使用财务预测和消费者数据。该指标还将品牌特定增长机会和障碍考虑在内。

表示每个品牌成长性的 Brand Momentum TM 度量标准便是基于这一评估。该指标显示为一个 1 至 10（最高）范围内的指数。

2021 年 7 月，英国品牌评估机构"品牌金融"（Brand Finance）发布"全球医疗保健品牌"价值榜，云南白药入选"全球制药品牌价值 25 强"榜单，品牌价值为 280 亿元。共有云南白药、上海医药等 4 个中国品牌上榜。

（二）品牌提升策略

1. 创不如买　据一家国际权威机构的分析报告，创立一个名牌，仅媒体投入就至少需要 2 亿美元。如果是一家企业试图进入一个全新市场，或者另一个国家的市场，其在品牌拓展上无疑将投入更为巨大的财力和精力，而且还要遭遇原有市场各种力量的排挤。这时，运用资本的力量拓展品牌、提升品牌价值就成为一些企业首选的策略。

2. 强强联手　品牌价值的提升同样也可以通过与其它品牌联手来迅速地扩展自己的品牌形象，从而创造更多的附加值。对于知名的国际级大企业，他们往往很善于利用其在各自行业中的强大品牌号召力和市场优势，与其他行业的领导者进行"强强"品牌联手，以期在更大的市场深度和广度上进行扩展，来强化自己的品牌形象。而由于这种联手往往是基于合作双方或多方的品牌共赢，因此也较容易得到来自合作伙伴和市场的积极反馈。

3. 品牌延伸　中国企业的品牌战略,很多是借鉴日本等亚洲企业的一些具体做法。最明显的共同点就是,中国企业和日本企业一样,大多采用统一品牌战略,以一个品牌覆盖企业的全部产品,而较少采用品牌延伸战略。品牌延伸战略包括副品牌战略和多品牌战略。副品牌战略是介于一牌多品和一牌一品之间的品牌战略。它是利用消费者对现有成功品牌的信赖和忠诚,推动副品牌产品的销售。

4. 渠道渗透　拓展、提升一个品牌首先就要让你的目标及潜在用户经常见到你的品牌,因为品牌价值最终要归结到用户的购买行为上,而要使用户完成购买行为就首先要降低实施这一行为的成本,这包括心理成本和行为成本,也就是说要让用户比较容易想到你、熟悉你、买你产品的时候少一些不信任和担心,之后在想到你时比较容易地买到你。而要达到这种效果就需要强有力的渠道支持,特别是要"密集"售终端,加大对区域市场的渗透。

(三) 品牌创新策略

1. 差异化　品牌的价值关键体现在差异化价值的竞争优势上,一是由产品的质量、性能规格、包装、设计、样式等所带来的工作性能、耐用性、可靠性、便捷性等差别。二是由服务带来的品牌附加价值。首先要保证服务时间的迅速性。顾客在消费产品的时候,存在诸多服务问题。企业要对顾客反应灵敏、行动快捷,尤其是针对投诉问题;其次要保证技术的准确性。技术的准确性是指企业在提供支持服务时,所采用的措施、策略和方法必须适当、可靠、适用,并能够彻底解决问题;再次要保证服务的全面性。企业在提供服务的时候,必须按照承诺,提供全过程、全方位的服务;最后还要保证服务人员足够的亲和力。服务过程中,使无形服务有形化,员工们的态度和热情会形成不同的人员价值,这对于顾客的价值感知和满意度是具有重要意义的。三是塑造品牌联想和个性。品牌联想能够影响顾客的购买心理、态度和购买动机,所以品牌能够提升顾客感知价值。品牌联想是品牌内涵塑造和个性强化的结果,要想构建品牌联想价值差别优势,必须首先塑造品牌的内涵,强化品牌的个性。

2. 定位创新　对品牌进行定位,品牌定位决定品牌特性和品牌发展动力。常见的定位有:

(1) 品牌的差异性定位　品牌性能联想,如由品牌联想到的那些能够为客户带来利益,从而促进消费的产品特性;联想与品牌的可靠性、耐用性和服务能力等有关;联想包括服务的有效性、效率等;联想由设计和风格等组成;与价格和价值有关的联想能够有助于把你的品牌和竞争者分开。

品牌形象联想,如什么人在什么情况下使用;企业的文化特征;经营内容;产品的特点以至企业精神等。

洞察消费者内心的联想,如消费者需求多样化和个性化等。

(2) 品牌的竞争性定位　对于差异性定位,差异性特征要有意义、切实可行并是基于客户的某种利益的定位、需要先发制人且易守难攻。最终在将来的产品扩张过程中,形成了如下品牌结构:品牌DNA、品牌主张、品牌个性、产品范围、各产品利益点。品牌进行定位后,还必须有一个清晰、丰富的品牌识别,创造或保持与品牌有关联的事物和理念。与品牌形象(品牌外部的关联物)不同,品牌识别富有启发性,暗示着品牌形象需要哪些增加或改变。品牌识别体现了企业组织希望品牌所代表的东西,所有涉及品牌工作的人,包括品牌团队和他们的合作者必须既能理解品牌识别的内容,又能关心它的发展,其中一点做不到,品牌也许就难以发挥潜力,就会处于无差别产品和价格竞争夹击的危险境地之中。市场上有太多盲目、不知所云的品牌,它们喜欢鼓吹价格优势、热中折价或是杂乱无章地涌向电视频道,这些都是典型的缺乏整体性的症状。由于品牌识别被用于推动所有的品牌创建工作,它的内容就必须具有深度、广度和关联度,而不只是一句广告口号或一个定位的说明。

3. 把握时机　想塑造强势品牌,对品牌进行价值创新,首先是对品牌历史及当前真相的审视。发现品牌历史上的主要里程碑或转折点;其次是要把握品牌发展的机会。分析出未来品牌发展的行业趋势(在用户表面描述与心理描述方面、在通路方面、在服务方式方面、在用途扩展方面等);最后是品牌的未来。将目标人群、品牌主张、个性和洞察有效相结合，找到一个能够刺激创意、具差别化的品牌平台，从而找出品牌的DNA。品牌的DNA是对品牌实质的一种速记，它简明、区别、持久、具吸引力，是单一的点，不是广告和口号。

（四）品牌价值创新和文化关联

1. 价值创新　所谓品牌价值创新，就是在一定的成本范围内，在不断改进产品、服务的基础之上，用新的品牌价值去满足顾客对原有产品或服务的更高价值目标的追求。品牌价值创新可以是更改品牌价值属性，也可以是赋予品牌全新的价值属性（比如对现有品牌深度、广度和相关度的开发延伸，拓展品牌新的领域），还可以是企业通过品牌的新的经营策略，实现对品牌价值的管理和维护，达到品牌价值创造和价值增值的目的。

2. 文化关联

（1）在品牌文化与品牌价值的桥梁中找到品牌发展方向。品牌发展方向突出表现在品牌定位、品牌定性、和品牌定型三个方面的营造。明晰品牌发展方向是为更好的突出品牌文化与品牌价值的互换关系。

（2）实现品牌文化中内涵迁移是达成品牌形象价值互换的前提。也就是充分发掘品牌要素，并找到品牌文化与品牌价值的利益互换点，从而实现品牌在内在基因与外在利益在形式上的统一。

（3）品牌文化对品牌价值的促进与延伸意义。如果说文化的本质就是思想，它也一定有着时间段和地域性的概念，那么怎样的品牌思想才是适合于市场的，才是适合于品牌传递的，才是与现阶段品牌传递内容服务所适合的，这必须要通过审视市场大局与竞争环境以及品牌发展自身的多方面综合来考虑，才能形成真正的价值转移。

？ 想一想

请思考医药产品品牌的内涵主要体现在哪几个方面？

答案解析

四、医药产品的品牌策略选择

医药产品品牌策略是指医药企业如何合理地使用品牌，以促进产品销售，主要包括品牌化策略、品牌名称策略、品牌归属策略、品牌战略策略和品牌重新定位策略。

（一）品牌化策略

品牌化策略决定某一产品是否使用品牌进行营销。在当今激烈的市场竞争中，品牌对于消费者、医药企业以及整个社会均有重要的作用。一般不使用品牌的产品可分为以下四类：

1. 产品本身不具备因企业不同而形成的质量特点的产品，如钢材、水泥。

2. 通常不必认定品牌购买的产品。

3. 生产工艺简单，没有特定技术标准，对消费者选择性不大的产品，如小商品等。

4. 临时性或一次性生产的商品。不使用品牌的营销企业主要目的是为了节约广告和包装成本，增加市场竞争力，吸引低收入的购买者。

那么对于医药产品来说，就得必须使用品牌，可以使医药企业得到以下好处：可以使企业易于管理订货；可使企业的产品特色得到法律保护，防止其他企业抄袭；品牌化使企业有可能吸引更多的品牌追随者；有助于企业细分市场；有助于树立良好的企业形象。消费者为了获得产品信息的重要来源，也需要医药产品建立自己的品牌。所以说，品牌化既可以使购买者了解各种产品的质量好坏，也有助于提高购买者的购物效率。

（二）品牌名称策略

1. 统一品牌策略 即企业所有的产品（包括不同种类的产品）都统一使用一个品牌。采用统一品牌策略的好处是当企业推出新产品时，可以节省品牌的设计费、广告费；当已有品牌在市场上有良好的形象和口碑时，有利于新产品迅速进入。在统一品牌下，各种产品能互相影响，扩大销售，比如三九药业所生产的各种医药产品都统一采用"999"这一品牌，这些产品在市场上的销售都非常不错。

2. 个别品牌策略 是指企业对各种不同的产品分别使用不同的品牌。主要有两种形式：一是各种产品分别命名，二是各类产品分别命名。这种策略的最大好处是不会因为个别产品的失败或信誉下降，而影响企业的声誉和其他产品的推广于销售，提高了企业抗风险的能力。最大缺点是加大了产品的促销费用。个别品牌策略较适用于那些经营产品线较多而关联度较小，生产技术条件及产品档次差异较大的企业。

3. 企业名称加个别品牌并用的策略 医药企业对不同产品统一使用企业名称或同一大品牌的同时，再根据每种医药产品的不同特性采用不同的名字。企业多把此种策略用于新产品的开发。在新产品的品牌名称上加上企业名称，可以使新产品享受企业的声誉，而采用不同的品牌名称，又可使各种新产品显示出不同的特色，保持相对的独立性。

（三）品牌归属策略

对于医药企业来说，一般决定对产品使用品牌，就要决定产品选择谁的品牌来使用。一般来说有以下三种选择。

1. 制造商品牌 也称生产者品牌，是医药生产企业使用自己企业的品牌。现在绝大多数制药企业的产品还是使用制造商品牌，自己的产品使用自己企业的品牌，更有利于树立产品的品牌，树立企业的品牌，体现企业的经营特色与经营优势。

2. 经销商品牌 又称中间商品牌，即中间商向医药产品生产企业大量购进产品或加工订货，用中间商的品牌把产品销售到市场上。这样的运作过去在医药行业中使用的较少，主要集中在百货公司、超市等零售行业中。但是目前随着医药商业的不断发展，实力增强，这种经销商品牌也逐渐开始呈现。

3. 制造商和经销商共存品牌 即医药产品生产企业将自己的产品一部分使用自己企业所赋予产品的品牌，另一部分则使用产品销往的中间商所属的品牌。这种产品品牌的使用方法多见于一些中小型医药产品生产企业。

（四）品牌战略策略

企业在适应品牌进行营销时需要研究一些品牌战略决策，以便更科学、更有效地运营品牌。主要包括：品牌扩展策略、品牌延伸策略、多品牌策略、新品牌策略和合作品牌策略。

1. 品牌扩展策略 品牌扩展策略就是指企业利用其成功品牌的声誉来推出改良产品或新产品，新产品借助成功品牌的市场信誉在节省促销费用的情况下顺利地抢占市场。值得注意的是，品牌扩展策略是一把双刃剑。若利用已成功的品牌开发并投入市场的新产品不尽人意，消费者不认可，也会影响该品牌的市场信誉。

2. 品牌延伸策略 企业将某一知名品牌或某一具有市场影响力的成功品牌扩展到与成名产品或原产品不尽相同的新产品上，以凭借现有成功品牌推出新产品的过程。

3. 多品牌策略 多品牌策略即企业同时为一种产品设计两种或两种以上互相竞争的品牌的做法。这种策略由宝洁公司（P&G）首创并获得得了成功。运用多品牌策略可以在产品销售过程中占有更大的货架空间，进而压缩或挤占了竞争者产品的货架面积，为获得较高的市场占有率奠定了基础。而且还应看到，多种不同的品牌代表了不同的产品特色，多品牌可吸引多种不同需求的顾客，提高市场占有率。但采取此品牌策略应慎重。

4. 新品牌策略　为新产品设计新品牌的策略称为新品牌策略。企业在新产品类别中推出一个产品时，可能发现原有的品牌名称并不适合于这个新产品，或是对新产品来说更好、更合适的品牌名称，企业就需要设计新的品牌名称。

5. 合作品牌策略　两个或者两个以上的品牌在一个产品上联合起来。每个品牌都期望另一个品牌能强化整体的形象或购买意愿，从而对品牌的影响力产生积极的促进作用。

（五）品牌重新定位策略

品牌重新定位策略也称再定位策略，就是指全部或部分调整或改变品牌原有市场定位做法。医药产品的品牌名称常常预示出产品的定位，比如"小儿氨酚黄那敏颗粒"中的小儿这一名称就直接表明了这种医药产品的消费者是儿童。品牌名称本身就具有明确而有力的定位营销力量。但有时医药企业迫于一些情况，不得不对产品进行重新定位。比如与竞争者产品接近，竞争者品牌定位靠近本企业的品牌并夺去部分生产，使本企业的市场份额减少；消费者偏好变化，形成某种新偏好的消费群，而本企业的品牌不能满足顾客的偏好；或者是当初企业推出产品时对品牌定位不准或营销环境发生了变化。

企业在进行重新定位时，一定要慎重决策。要综合考虑两方面的因素：一是品牌重新定位的成本，二是品牌重新定位后的收益。企业营销管理者应对各种品牌重新定位方案可能的成本与收益进行综合分析，从而选择最佳方案。

任务四　制定医药产品包装策略

一、医药产品包装内涵

（一）包装的定义

包装是指为在流通过程中保护产品、方便贮运、促进销售，按一定技术方法而采用的容器、材料及辅助物等的总称。

（二）包装的基本要素

主要包括包装对象、材料、造型、结构、防护技术、视觉传达等。产品包装的基本要素包括商标或品牌、形状、颜色、图案和材料等。

1. 商标或品牌　是包装中最主要的构成要素，在包装位置上占据突出的位置。

2. 包装形状　是产品不可或缺的要素，有利于储藏和运输、陈列及销售。

3. 包装颜色　是包装中最激励销售作用的构成要素，突出色调组合，不但能加强品牌特征，而且对消费者具有强烈的吸引力。

4. 包装图案　包装上的图案如同广告中的画面，其重要性不言而喻。

5. 包装材料选择　既影响包装成本，也影响产品的市场竞争力。

6. 产品标签　是产品的性质属性，包含了该产品的所有基础信息。如包装内容、主要成分、品牌标志、生产厂家、生产日期、有效期和使用方法等。

（三）包装的功能

当今，产品的包装主要承担着推销的职责，其功能主要有以下几方面：

1. 实现商品价值和使用价值，也提高了产品的自身价值。

2. 起到了保护作用，如避免自然因素的侵袭，防止渗漏、挥发、融化、污染、挤压、碰撞及盗窃等损失。

3. 为市场流通环节提供便利。

4. 使产品美化，更好地吸引顾客，促进销售。

（四）包装的分类

包装的分类有多种，可按照包装制品材料、包装使用次数、产品种类、功能、技术方法等进行分类。如果按照包装的形式分，则分为内包装、中包装和外包装。

1. 内包装 俗称小包装或销售包装，直接或者间接接触产品的内层包装，在市场流通过程中起到保护产品、方便使用、促进销售的作用。特点是在终端销售市场直接陈列展销，不再重新包装、分配和度量。主要起着包裹盛装产品的作用，并赋予了产品与消费者之间联络、沟通及交流思想感情的功能。

2. 中包装 主要是为了计划生产和供应，有利于营销，计数和保护内包装而设计的，一般设计比较简单，根据是否与消费者直接见面来确定设计方案。

3. 外包装 也称运输包装，事企业为了便于计数、堆放、仓储、装卸和运输等，把相同体积的产品集中起来装成大包装，即为外包装。由于其不直接和消费者见面，所以不必过多的考虑外观设计，可以再外包装上标明货号、品名、数量、规格、体积等，以及图形标记等信息。

（五）医药产品包装的定义

医药产品是一种特殊的商品，与普通商品包装不同的是：对内包装所使用的材料或容器要求严格，所以我们对医药产品包装的界定是针对内包装来说的。

医药产品包装是指采用适当的材料或容器、利用包装技术对药物制剂的半成品或成品进行分（灌）、封、装、贴签等操作，为医药产品提供品质保证、鉴定商标与说明的一种加工过程的总称。对医药产品包装本身可以从两个方面去理解：从静态角度看，包装是用有关材料、容器和辅助物等材料将医药产品包装起来，起到应有的功能；从动态角度看，包装是采用材料、容器和辅助物的技术方法，是工艺及操作。医药产品包装按其在流通领域中的作用可分为内包装和外包装两大类。根据新修订的《药品管理法》第四十九条规定：药品包装应当按照规定印有或者贴有标签并附有说明书。标签或者说明书应当注明药品的通用名称、成份、规格、上市许可持有人及其地址、生产企业及其地址、批准文号、产品批号、生产日期、有效期、适应症或者功能主治、用法、用量、禁忌、不良反应和注意事项。标签、说明书中的文字应当清晰，生产日期、有效期等事项应当显著标注，容易辨识。麻醉药品、精神药品、医疗用毒性药品、放射性药品、外用药品和非处方药的标签、说明书，应当印有规定的标志。

二、医药产品包装的作用

医药产品包装是医药产品生产的继续，医药产品只有经过包装才能进入流通领域，实现它的价值和使用价值。

1. 保护医药产品和环境 是包装最基本、最重要的作用，使医药产品在存储、运输、销售等流通过程中免受污染和损伤。做好防潮、放热、防冷、防挥发、防污染、防虫蛀、防易碎、防变形及防泄漏等工作。

2. 方便医药产品流通和消费 是合理包装必备的特征。适当的包装既可以重新组合又能够分开，以适用于多种装运条件和分货的需要。

3. 装饰医药产品、促进销售精美的包装 不但使医药产品看上去更美观、具有吸引力，而且能使消费者产生情感触发，激发消费者购买的欲望。好的包装也是一种广告宣传，能够较好地传递医药产品信息，向消费者介绍医药产品的性能、使用方法和注意事项，引导消费者购买医药产品，促进销售。

4. 增加医药产品的附加值 尽管医药产品的质量是增强市场竞争力的基础，但是精美的包装可以使其与高质量的产品相得益彰，使产品增值。随着人们生活水平的不断提高，消费理念有所转变，消费者愿意多花一部分钱去购买包装精美的商品。特别是一些名贵的中药或高档保健品、节日送礼佳品等，更需要通过精美的包装来提高产品的档次，满足交往礼仪的需要。

三、医药产品包装的要求

（一）医药产品包装设计要求

主要从商标、图案、造型、色彩、材料等要素出发，在考虑商品特性的基础上，应遵循以下原则来设计。

1. 安全性 安全是医药产品包装设计中最基本的原则。包装材料要适合医药产品的物理、化学、生物特性，确定产品不与包装材料发生化学反应，不被损伤、不变质、不变形、不渗漏等。

2. 方便性 包装尽可能以缩小产品总体积，便于节省包装材料和运输、储存费用。如输液瓶用现在的塑料瓶替代玻璃瓶，既减少方便运输、减少破损，又避免玻璃杂质混入药液。

3. 价值匹配性 医药产品包装档次和成品使用要与医药产品本身价值及质量相匹配。既不能太贵，耗费过多的成本，又不能太节省，使档次较高的医药产品因为包装简陋而大打折扣，做到使消费者能够感到名副其实，价格合理。

4. 美观性 包装的作用里包含促销，主要是因为销售包装具有美感。具有美感的包装能给人以美的感受，富有艺术感染力，成为激发顾客购买欲望的主要原因。

5. 合法性、合理性 包装的设计必须遵循《中华人民共和国药品管理法》《医疗器械说明书、标签和包装标识管理规定》和《医药产品包装管理办法》等相关法律法规，同时也要遵守社会风俗、民俗的规定，具有合理性。对于出口的产品，更要尊重他国的宗教信仰和风俗习惯，切忌出现有损消费者宗教情感的产品包装。

（二）医药产品包装图案的设计要求

从医药产品流通市场营销学的角度说，医药企业重点还是在产品的包装上来研究，因为包装称之为"无声的推销员"，具有陈列促销的重要作用。在设计的过程中，又主要是以图案设计为主，图案中的商品图片、文字和背景的配置，必须要吸引消费者的注意力，直接推销品牌。在进行包装图案的设计时，首先形式与内容要统一，具体鲜明，使消费者一看到产品包装便可知晓该产品。其次包装图案要充分展示产品，一般医药企业都以医药产品的商品名称显示，包装图案要有文字表述，还要有关于产品的原料、配制、功效、使用方法和养护等具体说明。最后包装图案要强调产品的形象色。一般医药产品大多以白色、绿色、蓝色、红色或者粉色等为主题色彩。

四、医药产品包装策略选择

医药企业除了在医药产品的包装设计上下功夫之外，需要使用一等的包装策略，以使能够促进产品销售、品牌的传播。

（一）配套包装策略

配套包装策略是指按消费者的消费习惯，将数种有关联的产品配套包装在一起成套销售，便于消费者购买、使用和携带，同时还可降低包装成本，扩大产品销售。配套包装也是根据消费者的购物心理特点，诱发消费者的购买欲望，从而扩大商品销售。有利于企业以新产品带动老产品，使消费者不知不觉地习惯使用新产品。

（二）类似包装策略

类似包装策略是指一个企业生产的各种产品，在包装上采用类似的图案、色彩或其他共同特征的一种策略。采用这种策略有助于增进消费者对新产品的信任感，使上市的所产品不需广告宣传就能打开销路。对于忠实于本企业的顾客，类似包装无疑具有促销作用，企业还可因此而节省包装的设计、制作费用。但类似包装策略只能适宜于质量相同的产品，对于品种差异大，质量水平悬殊的产品则不宜采用，否则会影响名优产品的信誉。

（三）再使用包装策略

再使用包装策略指原包装的产品用完后，包装容器可转作它用的策略，又称"双重用途包装策略"可提高包装的利用率，节约材料、降低成本，有利于环保，使消费者和社会均受益。另外，还可以激发消费者的购买欲望，促进产品销售。但要注意，使用此策略时要注意包装物与产品的价值比，避免因成本增加引起价格提高而影响产品的销售。

（四）改变包装策略

由于科学技术的日益发展，人们生活质量不断提高，消费需求不断更新，为使商品保持畅销，除了改进销售方式和商品本身外，与时俱进地改变包装，是一种很好的策略。改变包装策略的实施使产品形象焕然一新，提高了产品的魅力，促进产品销售。所以，医药企业在运用此策略时必须配合做好广告宣传工作，消除消费者以为产品质量下降或者其他的误解。另外，改变包装策略有利于防伪，打击假冒伪劣产品。

（五）习惯使用量包装策略

习惯使用量包装策略是医药企业根据消费者的使用习惯设计不同分量的包装。如某维生素医药产品，分别有 10 粒小瓶旅行装、30 粒中瓶月份装和 100 粒大瓶家庭装。此策略既能给消费者带来方便，又能起到促销作用。

（六）附赠品包装策略

附赠品包装策略是指在包装容器内附赠某些小商品，以吸引消费者购买的一种策略。附赠品可以是学习用品、图书连环画、玩具、奖券等，一般价格低廉，对儿童和青少年有一定的吸引力，可引起消费者多次重复购买。如在儿童医药产品的包装中赠送杯子、卡通拼图等。

（七）绿色包装策略

绿色包装策略也称生态包装，是指包装材料可重复使用或可再生、再循环，包装废物易处理或对环境影响无害化的包装。在医药产品生产企业制造过程中节约能源，使用后材料容易腐化分解、对身体和外界环境无害物质的包装，此策略对为人类提供健康保健的医药产业来说尤为重要。

（八）性别包装策略

性别包装策略是根据消费者性别不同而设计不同的包装。女性医药产品包装体现温馨、典雅、新颖等风格，男性医药产品包装追求刚正、质朴、潇洒等风格。在医药产品上，针对于性别包装策略在营销方面不失为一个好办法。

（九）透明包装策略

透明包装策略是采用透明材料包装产品，使消费者能够看见内装商品。透明包装策略涉及的包装除了全透明外，还可采用半透明包装，即纸盒开窗包装，目前半透明包装应用很广，许多商品都开始采用这种半透明的包装，它既能看得见，又比全透明包装成本低廉，经济实惠。这种包装策略特别适用于名贵中药材、保健品等的包装，使消费者能够看到内容物，觉得货真价实，在购买时心里觉得踏实，并且提高产品外包装的美观度。

医药产品包装的使用策略并不仅仅是为了保护医药产品安全，其在市场营销中的作用已越来越得到医药界的认同和重视。充分运用心理学、美学等原理，把医药产品包装提升到产品品牌形象建设的高度，巧妙发挥医药产品包装带来的广告作用，传播产品品牌，已成为不少医药企业的市场策略之一。

目标检测

答案解析

一、A 型题（最佳选择题）

1. 美国市场营销学家莱维特教授断言：未来竞争的关键，不在于工厂生产什么产品，而在于其产品所提供的（ ）

   A. 核心利益　　　　　　B. 核心利益　　　　　　C. 质量

   D. 附加价值　　　　　　E. 品牌

2. 药品特色属于药品整体概念中的（ ）部分

   A. 核心　　　　　　　　B. 附加　　　　　　　　C. 形式

   D. 特设　　　　　　　　E. 品牌

3. 当药品处于（ ）时期时，市场竞争最为激烈

   A. 导入期　　　　　　　B. 成长期　　　　　　　C. 成熟期

   D. 衰退期　　　　　　　E. 开发期

4. 销量增长减慢，利润增长接近0时，说明产品已进入（ ）

   A. 研发期　　　　　　　B. 导入期　　　　　　　C. 成长期

   D. 成熟期　　　　　　　E. 衰退期

5. 企业现有的产品线使用同一品牌，当该产品线增加新产品时，仍沿用原有的品牌，成为（ ）

   A. 产品线扩展策略　　　B. 品牌化策略　　　　　C. 个体品牌策略

   D. 群体品牌策略　　　　E. 产品缩减策略

6. 在市场面积比较小、市场上大多数消费者已熟悉该新药、购买者愿意出高价、潜在竞争威胁不大的市场环境下宜使用（ ）

   A. 快速 – 掠取策略　　　B. 缓慢 – 掠取策略　　　C. 快速 – 渗透策略

   D. 缓慢 – 渗透策略　　　E. 产品扩展策略

7. 品牌中可以用语言称呼的部分，可以是词语、字母、数字或词组等的组合，称为（ ）

   A. 品牌标志　　　　　　B. 品牌名称　　　　　　C. 品牌颜色

   D. 商标　　　　　　　　E. 品牌形状

8. 品牌中可以被识别的但又不能用语言称呼的部分，称为（ ）

   A. 品牌标识　　　　　　B. 品牌名称　　　　　　C. 品牌颜色

   D. 商标　　　　　　　　E. 品牌资产

9. 企业所有的产品，在包装外形、图案、颜色等方面，采用同一形式是指（ ）

   A. 配套包装策略　　　　B. 类似包装策略　　　　C. 再使用包装策略

   D. 改变包装策略　　　　E. 习惯使用包装策略

二、X 型题（多项选择题）

1. 下列说法正确的有（　　）

   A. 药品的生命周期又称为药品的市场寿命，也就是药品的使用寿命

   B. 药品的生命周期又称为药品的市场寿命，与药品的使用寿命无关

   C. 药品的整体概念说明药品价值的大小不是由生产者决定的，顾客才是最终的裁决者

   D. 药品的整体概念说明药品价值的大小是由生产者决定的，顾客无权裁决

   E. 典型的药品生命周期一般可以分成导入期、成长期、成熟期和衰退期四个阶段

2. 品牌标识的设计方法有（　　）

   A. 文字型标识设计　　　　　B. 图案型标识设计

   C. 图文结合型标识设计　　　D. 综合性标识设计

   E. 花色品种型标识设计

3. 品牌对消费者的作用（　　）

   A. 品牌有助于消费者识别产品的来源

   B. 品牌有助于消费者形成品牌偏好

   C. 品牌有助于消费者减少购买风险

   D. 品牌有助于消费者形成形成品牌收藏

   E. 品牌有助于消费者增加财富

4. 企业在产品导入期采取快速掠夺策略的条件是（　　）

   A. 产品有特色、鲜为人知　　　　　B. 市场规模和容量都较小

   C. 消费者对产品有极大的兴趣　　　D. 竞争者容易进入该市场

   E. 企业欲树立产品优质高价的形象

三、综合问答题

1. 简述药品的品牌策略有哪些？

2. 药品的整体概念中包括哪些层次？

3. 药品生命周期中的成熟期和衰退期各有什么特点？

4. 药品包装策略包括哪些？

（郝　强）

书网融合……

🔲重点回顾　　　🔲习题

项目九　医药产品价格策略

PPT

学习目标

知识目标

1. **掌握**　医药产品价格的内涵；影响医药产品定价的因素；医药产品定价的基本方法、基本策略及其适用条件。
2. **熟悉**　新医药产品的定价策略和价格调整策略；医药产品的定价目标。
3. **了解**　政府对药品价格的管理。

技能目标

(1) 学会分析影响医药产品定价的内、外部因素。
(2) 学会分析医药产品的定价方法和定价策略。
(3) 学会制定和调整医药产品价格策略，具备医药产品各种定价方法的计算能力。

素质目标

(1) 培养公平良性的市场竞争意识、诚实守信、认真严谨的学习态度。
(2) 培养敏锐的市场价格分析和策划能力。

导学情景

情景描述：2002 年 5 月 18 日，漱玉平民大药房一枪破晓，在齐鲁大地第一个举起了"平价药店"的大旗。"第一个"的先发效应是无与伦比的，仅仅两年多的时间，"漱玉平民"已成为济南最知名的药店品牌，同时，付款及时使资金实力并不雄厚的漱玉平民与供应商建立了诚信的伙伴关系，漱玉平民一开始就在采购源头上实现了"平价"，平价带来客源滚滚，漱玉平民很快就进入了良性循环。与其他药店相比，漱玉平民的门店经理可以持有门店股份，这样的一种激励制度当然令在销售最前线的"指挥官"们全力以赴。

截至 2020 年末，漱玉平民已经拥有直营连锁门店 1800 余家，营销网络覆盖济南、泰安、聊城、烟台等山东省 15 个地市，客户群体品牌忠诚度高，公司会员人数已超过 1100 万人。

情境分析："漱玉平民"的发展历史告诉我们，价格因为有可以被迅速调整的特点，成为医药市场营销组合中最富有弹性的因素。价格的变化，直接影响着消费者的购买行为，关系到企业的市场份额和赢利率。因此，价格是企业有力的竞争武器，但是"漱玉平民"最后的成功又说明：价格并不是竞争的全部。

讨论：你认为平价药店成功的必备条件是什么？

学前导语：药品价格是药品价值的货币体现，也是消费者决定是否购买药品的重要因素之一。因此，如何通过制定合理的价格来吸引顾客，成为药品企业的工作重点。越来越多的药品企业开始通过制定合理的价格来实现自己的营销战略，价格制定是否成功，也成为公司销售能否成功的关键因素。制定药品价格，首先应该确定定价策略，进而在符合国家的相关法令、法规的前提下，根据药品成本，利用适当的定价方法制定合适的价格。

任务一 认知医药产品价格

一、医药产品的价格内涵

价格是一种产品和服务的标价，表现为消费者在交换中所获得和使用的产品或服务的价值。企业为了有效地实现营销目标，提高销售收入和利润，需要给自己的产品制定价格，并根据要求对价格进行调整。在市场营销组合中，价格是唯一直接产生收入的因素，也是最富有弹性的因素，它直接关系到市场对产品的接受程度，涉及生产者、经营者及消费者等各方面的利益，医药产品价格亦是如此。因此，价格作为一种重要的竞争手段，需要企业去认真对待。

（一）医药产品价格体系

医药产品从生产企业出厂后往往要经过批发、零售等环节，才能到达消费者手中，每经过一个环节就形成一次买卖，也就必然有不同的价格形式。

1. 医药产品出厂价 医药产品生产企业向医药产品批发或零售企业销售时的价格。用公式表示为：出厂价＝生产成本＋企业利润＋流通费用＋税金。

2. 医药产品批发价 医药产品批发企业向零售企业，包括医院、诊所批量销售时的价格。用公式表示为：批发价＝出厂价＋进销差价。

3. 医药产品零售价 零售药店和医院、诊所等医疗机构向消费者销售时的价格。用公式表示为：零售价＝批发价＋批零差价。零售价是最重要的价格形式，国家主要通过限定医药产品最高零售价来调控医药产品市场。

医药产品价格体系如图9-1所示。

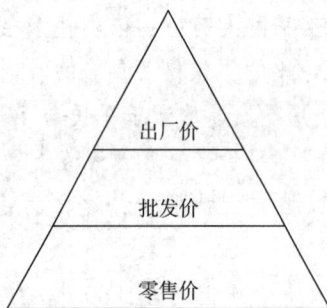

图9-1 医药产品价格三级定价

（二）医药产品价格的构成要素

一般来说，医药产品的出厂价由生产成本、流通费用、税金和利润四个要素构成，批发价格由出厂价格和进销差价构成，零售价格由批发价格和批零差价构成。

1. 生产成本 生产成本是企业为生产医药产品而发生的各项生产费用。它包括四个方面：

（1）原料、辅料、包装材料、燃料动力消耗费用的支出。

（2）生产工人和管理人员的工资支出。

（3）企业厂房和机械设备等固定资产的折旧。

（4）其他直接支出。例如企业排污减排的环保成本。

生产成本是制定医药产品价格最主要、最基本的要素，也是制定医药产品价格的最低经济界限。

如果一个企业的医药产品价格低于其生产成本，就会导致企业的亏损甚至倒闭。

2. 流通费用　流通费用是指医药产品从生产领域到消费领域转移过程中发生的各种费用。医药产品的流通费用包括：

（1）推广促销费用，如广告、宣传、推广费用。

（2）销售机构费用，如销售人员工资、奖金、福利、培训等。

（3）市场费用，如市场调查、管理等费用。

（4）上市费用，如医药产品注册、临床试验等费用。

（5）发运费用，如运输、保险、仓储等费用。

在目前的市场经济环境中，广告推销是医药产品实现其价值的重要手段，用于广告推销的费用在产品成本中所占的比重也日益增加。

3. 国家税金　税金是国家财政的一个重要来源，生产经营者必须按税法义务缴纳税金。它具有无偿性、强制性的特点。它是药品价格构成的要素之一。

4. 企业利润　企业利润是生产经营者出售医药产品所得到的收入减去生产和经营这种医药产品所支出的成本及税金的余额。企业利润也是医药产品价格构成的要素之一。

二、影响医药产品定价的因素

由于医药产品的特殊性，其价格受多种因素的影响，因此企业定价时应充分考虑影响价格的因素，包括内部因素如产品生产成本、企业定价目标、市场营销组合策略、产品自身的特性等。外部因素如市场供求状况、市场竞争情况、需求的价格弹性、消费者的心理因素、法律法规与政策等。

（一）产品生产成本

任何企业都不能随心所欲地制定价格，企业要维持再生产的正常进行，在实际定价中，首先考虑的就是产品成本，它是产品定价的基础，产品的成本决定了产品的最低价格。

根据其不同的特征和支出项目，成本可以分为总成本、固定成本、变动成本等类型。

1. 总成本　生产成本及流通费用构成了产品的完全成本，它分为固定成本和变动成本两部分。

2. 固定成本　在某一时期内，不随医药产品产量的变动而变动的成本，比如机器、设备、厂房折旧费用、一般管理费用、厂部管理人员的工资等。

3. 变动成本　在某一时期内，随医药产品数量变化而变化的成本，比如原材料、包装材料、销售提成等。

4. 平均总成本　平均每一个单位医药产品需要的成本，它等于总成本除以产量。

5. 平均固定成本　平均每一个单位医药产品所分摊的固定成本，它等于固定总成本除以产量。

6. 平均变动成本　平均每一个单位的医药产品所分摊的可变成本数量，它等于可变总成本除以产量。

7. 边际成本　在现有产品数量基础上，每增加或减少一个单位的产量时，总成本所增加或减少的数量。

医药企业应区分不同种类的成本，在不同的情况下采用合适的成本类型进行定价。

（二）企业定价目标

企业定价目标是企业发展战略的一部分，是影响企业定价的一个重要内部因素。医药企业所处的发展阶段、市场营销环境不同，其经营发展目标也会有所不同，因而也就有不同的定价目标。一般来说，企业定价目标主要有以下五种。

1. 以获取最大利润为定价目标　在市场经济条件下，利润是反映企业经济活动效果的重要指标，是企业生存和发展之本，它还直接关系到企业职工的切身经济利益。获取最大利润往往是企业的主要目的。

2. 以获取合理利润为定价目标　企业在市场竞争压力下，为了保全自己，减少风险，及限于力量不足，只能加上适度利润作为医药产品的价格。这样既能稳定市场价格，避免不必要的竞争，又能使企业获得长期利润，而且价格适中，消费者愿意接受，又符合政府的价格指导方针，所以是一种兼顾企业和社会利益的定价目标。

3. 以提高市场占有率为定价目标　市场占有率指一个企业的销售量（或销售额）在市场同类产品中所占的比重，是企业的产品在市场上所占份额，也就是企业对市场的控制能力。市场占有率的提高，一方面意味着产品的销售量提高，从而使企业利润增加；另一方面生产批量加大，产生规模经济效应，促使生产成本下降。许多企业采取低价策略而不惜放弃目前的利润水平，其目的就是以较低的价格提高市场占有率。

4. 以适应市场竞争为定价目标　价格是最有意义和最敏感的竞争手段。许多医药企业在定价时，通常是以对价格有决定影响的竞争者的价格为基础，在审慎权衡之后再制定本企业产品的价格。一般情况下，具有竞争实力的企业多采用高于竞争者的价格；竞争实力弱的企业可采用低于对手的价格；竞争实力相当的企业可采用与竞争者接近或相同的价格。

5. 以维持企业生存为定价目标　如果医药企业面临激烈竞争、市场需求发生变化、医药产品积压滞销等情况，就需要把维持企业生存作为定价的首要目标。为了使存货尽快出手而回笼资金，企业制定较低的价格以提高销售量，确保企业继续经营下去。当然，维持生存只能作为一种暂时目标，从长远来看，企业渡过难关后仍需设法提高产品价格。

（三）市场营销组合策略

企业在选定的目标市场上，综合考虑环境、能力、竞争状况对企业自身可以控制的因素，加以最佳组合和运用，以完成企业的目的和任务。其中，价格、产品、分销和促销是企业实现市场营销目标常用的市场营销组合策略。价格作为其中的一种，在定价时必须与产品、分销和促销一起综合考虑，协调一致。

公司常常以价格高低为产品定位，然后综合考虑其他因素以确定市场营销组合策略。例如，依靠许多中间商的生产商在定价时，需要给中间商较多的商业折扣，因为他们要进行销售和促销活动。高质量产品的市场定位，意味着销售商必须制定较高的价格，来补偿较高的成本。产品定位关乎产品和企业的形象，需要通过产品本身的设计、包装、价格、广告宣传、服务等多种手段传达给消费者才能使之充分理解。产品形象一旦树立，还要通过各种努力加以维护，特别是高价产品，在调整价格时需谨慎。

值得注意的是，价格、产品、分销和促销代表了销售者的观点，即卖方用于影响消费者的营销工具。但是，因为每一个营销工具都意味着为顾客提供利益，所以卖家确定的市场营销组合策略必须与顾客需求相对应、相匹配，经济方便地满足顾客，并有效地同顾客保持沟通。

（四）产品自身的特性

不同的产品能满足不同层次的市场需求，产品自身的特性将直接影响到企业价格策略的选择，一般包括以下几方面。

1. 产品满足的需求层次　产品满足消费者需求的不同，消费者对各类产品注重的因素会有所不同，其需求价格弹性也往往存在较大差别。

2. 产品的质量　一些医药企业为了在市场上树立一个产品质量最优的形象，往往在生产成本、产品开发研究以及促销方面作了较大投入，为了弥补这些支出，往往都给自己的产品制定一个较高的价格。因此，产品的质量是影响产品定价的重要内在因素。

3. 产品生命周期的不同阶段　医药产品定价也会受到其在生命周期中所处位置的影响。通常而言，在新产品投放市场初期，价格可能偏高也可能偏低，这要根据产品特征及企业营销策略而定。到了市场成熟期价格将视市场情况与营销策略做适当调整，到了饱和期和衰退期更是要做较大的价格调整，以适应企业整体营销策略的要求。此外，在与国际经济联系越来越紧密的今天，国际市场上同类产品的价格水平将越来越多地影响国内医药产品市场的价格，这也是医药企业制定医药产品价格时不能忽视的。

4. 产品的科技含量　新药的开发需要巨额的研发成本。因此，在制定药品价格时，研究和开发成本、时间成本（包括投入和获得收益的时间、从研究到审批的时间）均要考虑。研究和开发的成本可以看作为沉没成本，包括工厂投入的固定设备等成本，但有时其不能直接影响到市场的真正价格，因为无论制定的药品价格是高还是低，药厂的前期投入已经存在了。实际上，最主要的影响因素是与市场上已有的药品治疗效果的比较。对于疗效更好的新药，医生、患者和医疗机构会愿意支付更高的费用。决定药价的主要因素，是新旧药物的相对效果，而不是投入研发的费用有多少。

（五）市场供求状况

医药产品价格受供求状况的影响很大。一般来说，供给增加，会引起价格下跌；供给减少，会引起价格上升。需求增加，会引起价格提高；需求减少，会引起价格降低。反过来讲，价格上升会引起供给量增加或需求量减少；价格下跌会引起供给量减少或需求量增加。当然，也存在"买涨不买跌"的情况，虽然医药产品进行了提价，但人们预期医药产品的价格近期还会再提高时，销售量反而增加的特殊案例。

（六）市场竞争情况

企业在制定价格时，需要进行医药产品市场调研，针对竞争者分析市场竞争情况，这样才能知己知彼，制定相应的价格竞争策略。医药企业产品在不同的竞争状态下，应采取不同的定价策略。

1. 完全竞争的状况　"完全竞争"是指市场中有众多的医药产品的生产经营者生产同种产品，在性质和质量上都没有差别。任何一家企业所占比重极小，其经济行为不能影响市场价格。在完全竞争市场上，企业不能抬高产品价格，否则它的产品就卖不出去。降低价格也没有必要，因为按正常的市场价格，它可以卖出自己的产品。因此在完全竞争市场上，卖方只能按照由市场供求关系决定的市场价格来出售自己的产品，即只能采取随行就市的灵活的定价策略。

2. 完全垄断的状况　完全垄断是指在一个行业中某种产品的生产和销售完全由一个卖主独家经营和控制，这种产品一般专用性强，无替代品。在完全垄断的情况下，由于一个行业中只有一个卖方，没有别家竞争，这个卖方就完全控制了市场价格，它可以在国家法律和政策允许的范围内定价。

3. 不完全竞争状况　不完全竞争是少数几家大企业控制并操纵某种产品的生产与销售，价格不是由市场供求状况决定的，而是由大企业之间以其共同利益为基础通过协议和默契来决定的。不完全竞争是市场经济社会里普遍存在的典型的竞争状态，介于完全竞争和完全垄断之间。

（七）需求的价格弹性

需求的价格弹性是用需求量的变动的百分比与价格变化的百分比的绝对比值来表示的，反映了医药产品价格的变化对需求量变化的影响。如果某医药产品的价格稍有变化，需求量就会发生很大变化，说明此类医药产品的需求价格弹性较大，即此类医药产品的需求量对价格变化的反应是非常灵敏的（如名贵中药材）。对这类医药产品，企业采用较低的价格或降价，可以促进消费的增加，争取更大利润，这就是俗话说的"薄利多销"。如果某类医药产品价格的较大变化只会使需求量发生较小的变化，说明此类医药产品的需求价格弹性较小，即此类医药产品的需求量对价格的反应比较迟钝（如处方药品类）。对这类医药产品，企业采用低价或降价的手段意义不大，而采用较高的定价是有利的。

相对于其他商品，医药产品往往只有在患者生病时才会购买，需求价格弹性都比较小。一般来说，医药产品替代品越多、医药产品重要性越低、临床应用范围越广、消费特征越接近日用消费品，需求价格弹性就越大。

（八）消费者的心理因素

消费者的心理反应会因个人条件、销售场地、环境、商品等客观因素的不同影响而有所不同。医药产品营销人员在定价时应研究分析消费者的消费心理使产品价格能与消费者的心理预期基本吻合，促进产品销售。在现实生活中影响消费心理的因素很多，不同商品、不同价格、不同消费者有不同的认识，有多种多样的心理反应，消费者的消费心理一般有以下几种。

1. 习惯价格心理　消费者在购买商品时往往是与同类商品的价格或者与其他商品的价格进行比较，确定对所购商品期望价格的上限和下限。价格处于上下限之间时，消费者才会考虑接受。由于长期购买某种商品，其价格在消费者头脑中留下了深刻印象，形成了习惯价格心理，所以说这种习惯价格心理一般是不易改变的。

2. 高价炫耀心理　一般来说需求与价格呈反方向运动，价格越高需求量越少。价格低，需求量就大。但是由于消费者的经济地位和收入不同，往往使部分消费者在购买商品时追求档次和品位，以符合其身份，在医药产品的消费上也存在类似的倾向。

3. 按价论质心理　在这种心理的驱使下，消费者比较看重医药产品的品牌、医药企业的信誉和实力、产品疗效等，就是通常所说的"一分钱一分货，好货不便宜，便宜没好货"。造成这种心理的原因主要是消费者不具备鉴定商品价值和质量的能力。特别是医药产品，消费者为了早日康复，往往认为进口药或价格高的产品疗效好。

4. 比较价格心理　比较心理是消费者根据商品的性能、质量、外观、造型及所用的材料来判断商品的价格是否合理。一般消费者主张求新、求实、求廉、愿意购买中低档商品，既体现它的使用价值又体现自身的身份和地位。

5. 跟随和等待心理　又称价格逆反心理，当某种商品在价格大幅度上涨时，市场需求量不但不下降而且还会增加，价格在大幅度下降时，销量不但不增加，还会下降。在日常生活中常见到或听到的，如某种商品价格上涨了，人们就会产生恐慌心理，就会大量购买、甚至排队抢购。当某种商品价格下降时，人们就认为这种商品供过于求，价格还会下降，持观望态度。所以医药企业在产品降价时，要注意控制降价幅度和调价频率。

6. 物美价廉心理　主要针对收入水平和消费水平较低的群体，他们总是希望用较少的钱换取较大、较好的物品，追求实惠和物美价廉，这种心理主要表现在对一些生活必需品上。因此，要求企业经营者在制定价格时考虑消费者这种求廉心理，来增加收益。

（九）法律法规与政策

由于药品是防病治病、康复保健的特殊商品，在医药产品零售市场上，大多数医药产品的使用和疗效不易为一般消费者所掌握，消费者购买行为多数是由专业人士（如医生、药师）所主导，消费者对于产品价格的约束力很弱。因此，为保护消费者权益或规范医药产品市场，世界上大多数国家，包括一些市场体制发育完善的西方国家，都对药品价格实行不同程度的管制。我国政府也不例外。

根据国家宏观调控和市场调节相结合的原则，我国药品价格目前实行政府定价、政府指导价和市场调节三种形式。实行政府定价的药品，仅限于列入国家基本医疗保险药品目录的药品及其他生产经营具有垄断性的少量特殊药品，包括国家计划生产供应的精神药品、麻醉药品、预防免疫药品、计划生育药品等；政府指导价则限定药品的最高零售价。政府定价和政府指导价以外的其他药品实行市场调节价，由经营者根据市场供求关系自行定价。因此，药品生产经营企业应该充分了解通常的商品定价过程与方法，并掌握国家相关的政策规定，结合药品企业自身、药品与市场的特点，采取正确的价格策略，合理地制定药品价格，才能促进企业营销工作的顺利开展。

此外，经济状况对企业定价策略影响很大，影响消费者对产品价格和价值的承担能力。因此，企业在经营过程中应密切注意货币政策、贸易政策、法律和行政调控体系等对市场流通和价格的影响，尽可能地规避市场风险。

练一练

多选题：以下属于影响医药产品定价因素的是（　　）

A. 产品生产成本　　　　　B. 边际成本

C. 企业定价目标　　　　　D. 市场营销组合策略

答案解析

看一看

药品价格形成的利器——国家药品团购

这里的国家药品团购指的是国家药品集中招标采购，是指多个医疗机构通过药品集中招标采购组织，以招投标的形式购进所需药品的采购方式。药品集中招标采购的目的是为了保证城镇职工基本医疗保险制度的顺利实施，从源头上治理医药购销中的不正之风，规范医疗机构药品购销工作，减轻社会医药费用负担。

2020年11月5日，国家高值医用耗材集中带量采购在天津举行，经过本次集采，支架价格从均价1.3万元左右下降至700元左右。医疗机构临床常用的主流产品基本中选，覆盖医疗机构意向采购量70%以上。本次集采有多款百元支架出炉，其中山东吉威支架报价低至469元，与最新挂网价格13300元相比，降价超过96%。

2021年6月23日，国家再次"团购药品"，实现以量换价，此次集采药品品种达到61种，为历次国家药品集采品种数量最多的一次，拟中选药品平均降价56%。此次集采品种覆盖高血压、冠心病、糖尿病、抗过敏、抗感染、消化道疾病等常见病、慢性病用药。

任务二　选择医药产品定价方法

企业为了实现其定价目标，就要采取适当的定价方法。根据定价依据的不同，定价的方法通常可分为三大类：成本导向定价法、需求导向定价法和竞争导向定价法。在这三类中，每一类又包含了多种不同的定价法。在制定价格策略时必须慎重选择。

一、成本导向定价法

（一）成本加成定价法

成本加成定价法是以单位产品成本为基础，再加上一定比例的加成（预期利润）的定价方法。其计算公式为：

$$单位产品价格 = 单位产品成本 \times （1 + 成本加成率）$$

例题1：某医疗器械厂生产一台家用真空拔罐器的平均变动成本为75元/台，月固定成本65000

元，月产量 1000 台，如想获得 40% 的成本加成率，则这一家用真空拔罐器的售价应定为多少？

第一步，计算单位产品成本：

单位产品成本＝单位产品分摊的固定成本＋单位产品的变动成本

$$=（65000÷1000）元＋75 元＝140 元$$

第二步，计算产品单价：

销售价格＝单位成本×（1＋成本加成率）

$$=140 元×（1＋40%）$$

$$=196 元$$

成本加成定价法的关键问题是确定加成率。为此需综合考虑市场供求状况及行业的平均利润水平等来确定。各个企业的成本水平有差异，因此，当各企业产品的市场销价大致相同时，成本低的企业就能够获得较高的利润，并且在价格竞争时也会有更大的回旋空间。

🔧 **练一练**

简答题：某企业生产一种药品，固定总成本为 300000 元，单位变动成本为 10 元，预计企业药品产量为 10000 件，企业期望获取的利润率为 20%，求该药品的销售价格。

答案解析

成本加成定价法是一种最基本、最普遍和最简单的定价方法，而且准确性较高，对于买者和卖者都易于理解与操作。其优点是在正常情况下，可使企业获得预期的一定利润。缺点是这种方法从主观愿望出发，盲目性很大，忽略了市场竞争与市场需求的价格影响，也没有考虑产品生命周期的问题，灵活性较差，不容易给企业带来最佳效益。成本加成定价法通常适合于供求稳定且基本平衡的市场。

（二）变动成本定价法（边际贡献定价法）

变动成本不是企业的完全成本，在一些特殊情况下，如产品供过于求，卖方竞争异常激烈时，或者企业将价格作为主要的市场竞争手段打击或排斥竞争对手，以及固定成本已经被主要产品分摊完等情况下，企业就可以采用变动成本定价法，即企业使产品销价低于平均总成本，而以单位产品的变动成本为最低限度，只要是高于单位产品变动成本的价格，都是可以接受的。

例题 2：某厂生产的感冒药 A，变动成本为 16 元/盒，总投资计划 5 年分摊完毕，每个月需摊销的固定成本是 20000 元，预计月销售量 10000 盒，根据市场条件，该药只能卖 17 元/盒，而该产品的平均成本是（20000÷10000）元＋16 元＝18 元，企业是否应该停止生产？

求解分析：

若停产，固定成本的支出仍然存在，则企业亏损 20000 元。

若在 17 元的价格水平继续生产，则销售收入为 170000 元，而企业的总成本是 180000 元，亏损 10000 元。可见继续生产的损失比停产的损失要小些，所以应继续生产。

从例题 2 分析可知：采用变动成本定价时，因为销价（17 元/盒）大于单位产品变动成本（16 元/盒），所以每销售一盒感冒药的收入在补偿了产品的变动成本后，还剩 1 元可用于补偿部分固定成本，因而亏损减少了。产品价格与变动成本的差额被称为边际贡献，因此，变动成本定价法又被称为边际贡献定价法。该定价法的基本点是尽量减少亏损，如果边际贡献不能完全补偿固定成本，企业就会出现一定程度的亏损；如果边际贡献能全部补偿固定成本，则企业不盈不亏；如果边际贡献大于固定成本时，企业就可盈利了。按变动成本定价，企业易于掌握降价的幅度，比较灵活也比较富于竞争性，但如果销售价格低于变动成本，则销售越多赔得越多，就没有必要继续生产了。因此，单位产品的变动成本是企业定价和参与价格竞争的最底线。

？ 想一想

某药店以前生意一直不错，但最近本地段道路需要改造，周边的居民很多开始绕路而行，导致顾客明显减少，估计这条道路需要一年半才能完工。药店每天的营业额下降到了1000元，进货成本800元，店员工资、水电费每天需支出120元，每天的房租120元，而且两年的房租已经支付。请计算分析这家药店是关门歇业还是继续开门营业？

答案解析

（三）固定报酬定价法

固定报酬定价法也称为目标收益率定价法。此定价法是根据企业的总成本和计划完成的总销售量，并在此基础上把价格定在能补偿所需成本费用并完成一定的成本利润率的价格水平上。这种方法实质是将利润作为产品成本的一部分来看待，此时的成本和利润是预期的，因而可称做目标成本或目标价格。

其计算公式是：

药品单价 = （总成本 + 固定报酬）÷产量

例题3：某医药企业年固定总成本为500万元，平均变动成本为10元/件，某产品年产量为20万件，企业希望每年获得100万元的固定报酬。则该产品的单价必须为：

药品单价 = （500 + 10 × 20 + 100）÷20 = 40（元/件）

固定报酬或目标收益定价法属于生产者追求长期利润而非短期利润的定价方法。一般适合于经济实力雄厚，有发展前途的生产者和产品，特别适宜于新产品的定价。因为新产品如果按试制成本、小批量生产成本定价，往往会使价格大大高于市场所能接受的水平，使产品打不开销路。而按目标成本定价则可以将试制成本转移到设备潜力能较大利用的批量上，成本水平就会低得多，按这样的成本加成定价，就可以为市场接受，并为企业提供期望利润。同时这种方法也能保证企业的投资按期收回，能保本求利，且简单方便。

（四）收支平衡定价法（量本利分析法）

收支平衡定价法也称损益平衡定价法、保本点定价法，它是运用盈亏平衡的原理确定价格的一种方法。即在假定企业生产的产品全部可销的条件下，决定保证企业既不亏损也不盈利时的产品最低价格水平。这是在预测市场需求的基础上，以总成本为基础制定价格的方法。这一方法的关键是计算收支平衡点（即保本点）。

通常的盈亏平衡销售量计算公式：

销售量 = 固定总成本÷（单位产品价格 – 单位变动成本）

上述公式是从已知的成本和价格推导出销售量，我们也可以根据已知销售量和成本推导得出其应有的价格水平来。公式为：

单位产品价格 = （固定总成本 + 单位变动成本）÷销售量

如果企业考虑预期利润，则可将利润当做固定总成本的组成部分来看待，此时公式为：

单位产品价格 = （固定总成本 + 利润额 + 单位变动成本）÷销售量

例题4：某医药企业年固定总成本为2100万元，预期销售量为1万件，单位变动成本为1500元，需要实现利润100万元。则此时产品的单价应为：

单位产品价格 = （21000000 + 1000000）÷10000 + 1500 = 3700（元/件）

采用收支平衡法定价，优点是企业可以在较大范围内灵活掌握价格水平，且运用简便，但前提是应掌握企业成本总量、预期销售量、预期的利税等，并且产品能够全部销售出去。

二、需求导向定价法

需求导向定价法是指根据市场需求的强弱和消费者或用户对药品价值的理解和需求差别来制定价格。在产品供过于求的买方市场，企业运用需求导向法定价，效果会更好。具体有以下几种方法。

（一）反向定价法

反向定价法又称可销价格倒推法，是指企业根据产品的市场需求状况，通过价格预测、试销和评估，先确定消费者可以接受和理解的零售价格，然后倒推批发价格和出厂价格的定价方法。这种定价方法的依据不是产品的成本，而是市场的需求，力求使价格为消费者所接受。其计算公式为：

$$出厂价 = 市场可销零售价 \times (1 - 批零差价率) \times (1 - 进销差价率)$$

或

$$出厂价 = 市场可销零售价 - 批零差价 - 进销差价$$

例题5：根据市场调研，某药品的市场可销零售价为20元，进销差价率为10%，批零差价率为15%，则出厂价应为多少？

分析：出厂价 = 20 × （1 - 15%） × （1 - 10%） = 15.3（元）

三种定价方法的关系，如图9-2所示。

（二）理解价值定价法

所谓理解价值定价法，是根据消费者对商品价值的理解程度来决定商品价格的一种方法。其关键在于企业对消费者理解的商品"价值"有正确的估计。如果估计过高，定价超过了消费者的价值判断，消费者就会拒绝购买；如果估价过低，定价低于消费者的价值判断，消费者又会不屑购买；只有当产品定价同消费者的价值判断大体一致时，消费者才会乐于购买。

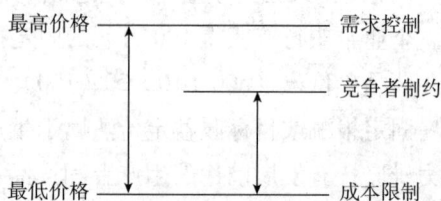

图9-2 三种定价方法的关系

采用理解价值定价法时，企业并非完全处于被动地位，而是可以在充分了解消费者对商品理解值的基础上，尽可能地采用多种手段去影响消费者对商品价值的理解。这些手段可以概括为两大类：

1. 提高消费者对医药产品的品质感受 当消费者认为某医药产品比其他同类产品的品质要高时，就愿意支付较高的价格。企业在产品的品牌知名度、出售产品的商铺名气、所提供的产品质量保证、售后服务、包装等因素上下功夫，都可以提高消费者对产品的品质感受，进而要求较高的价格。消费者对产品的品质感受是与同类产品相比较而言的，因此，企业还应从产品整体概念出发，将产品的各种利益点进行概念化，与竞争产品进行巧妙的比较，通过市场定位使本产品的高品质在消费者的头脑中形成印象。

2. 降低消费者获得医药产品的牺牲感受 顾客在购买产品时不仅要支付一定的价格，还要在产品的挑选和搜寻过程中牺牲大量的时间，同时还要承担在产品搜寻和购买中因挫败、冲突和焦虑所带来的心理成本。在顾客做购买决定的过程中，"产品的标价"只是考虑的成本因素之一，因此，企业必须通过充分的市场调研来了解顾客认为牺牲成本中的哪种成分最重要，通过一定的方法降低顾客的牺牲感受，从而收取较高的价格。

（三）需求差异定价法

指同一质量、功能、规格的商品，可以根据消费者需求的不同而采用不同的价格。即价格差别并非取决于成本的多少，而是取决于消费者需求的差异。

1. 需求差别定价法的主要形式

（1）以顾客为基础差别定价　消费者收入不同，其需求的弹性也就不同，据此可对同一产品制定不同的价格。即同样的产品或服务对不同顾客设定不同的价格。

（2）以地理位置为基础定价　同样成本的产品，在不同地域销售实行不同的价格。

（3）以时间差异为基础定价　同一产品或服务在不同的时间如销售淡季、旺季制定不同的价格。

（4）以产品为基础定价　即对不同批号或式样的商品（如普通型、加强型）制定不同价格，价格的差异并不以成本差别为基础，主要反映额外的心理需求。

2. 差别定价顺利实施的条件

（1）不同细分市场必须表现出需求上的差别。

（2）差别定价须不致引起顾客的反感或不满。

（3）细分市场成员在接受较低的价格以后，不能有机会将产品拿到其他子市场重新以高价销售。

（4）市场分析费用不能超过通过价格差别带来的收益。

（5）差别定价的做法不要引起消费者不满。

（6）符合法律。

三、竞争导向定价法

这种定价方法主要考虑的不是产品成本，也不是市场对产品需求的变动情况，而是以本企业本产品的主要竞争对手的价格为定价基础，并以此来确定本企业产品价格。这种方法的特点是着眼于竞争者的价格，以竞争对手的价格为转移。一般有以下几种。

（一）随行就市定价法

指与本行业同类产品的价格水平保持一致的定价方法。适用随行就市定价法的产品，一般需求弹性小、供求基本平衡、市场竞争较充分，且市场上已经形成了一种行业价格，企业轻易不会偏离这个通行价格，除非它有很强的竞争力和营销策略。采用这种方法的优点是：可以避免挑起价格战，与同行业和平共处，减少市场风险，同时可以补偿平均成本，获得适度利润，易为消费者所接受。因此，这是一种较为流行的保守定价法，尤其为中小企业所普遍采用。

（二）竞争价格定价法

指根据本企业产品的实际情况及与对手的产品差异状况来确定价格的方法。这是一种主动竞争的定价法，一般为实力雄厚、产品独具特色的企业所采用。

它通常将企业估算价格与市场上竞争者的价格进行比较，分为高于竞争者定价、等于竞争者定价、低于竞争者定价三个价格层次：①高于竞争者定价适合在本企业产品存在明显优势，产品需求弹性较小时采用。②等于竞争者定价适合在市场竞争激烈，产品不存在差异的情况下采用。③低于竞争者定价适合在具备较强的资金实力，能应付竞相降价的后果且需求弹性较大时采用。

（三）密封投标定价法

按相关法规政策，医疗机构普遍实行集中招标进行药品采购。当有招标时，众多药品生产企业竞争投标，密封递价，最终买方按质优价廉的原则确定中标者。此时，投标价格是企业能否中标的关键因素。通常企业报价高，虽然利润大，但中标的可能性较小；反之，报价低，虽然中标的机会大，但企业利润低。因此，投标企业需在分析竞争对手的实力和可能的报价基础上，权衡目标利润和中标概率，确定最佳的投标报价。

任务三　运用医药产品定价策略

一、心理定价策略

心理定价策略是针对顾客心理而采用的一类定价策略，主要应用于零售业。心理定价策略主要有以下七种形式。

（一）尾数定价策略

尾数定价又称零头定价，即给医药产品定一个零头数结尾的非整数价格，如 0.99 元、9.98 元、99.9 元等。这种定价策略容易让消费者感觉到该产品价格是经过精确计算，购买不会吃亏，从而产生信任感。更重要的是，此定价策略给人一种低一位数的感觉，符合消费者求廉的心理愿望。这种策略通常适用于价格需求弹性较大的普通医药产品零售价格的制订。

（二）整数定价策略

整数定价与尾数定价的目的正好相反，医药企业有意将医药产品价格定为整数，以显示产品具有较好的品质。例如，将某种产品定价为 2000 元，而不是 1998 元。对于价格较贵的高档产品，顾客对质量较为重视，往往把价格高低作为衡量产品质量的标准之一，容易产生"一分价钱一分货"的感觉。整数定价多用于价格较贵的医药产品，提升产品形象，有利于增加销量。

（三）声望定价策略

声望定价和整数定价策略是针对同种消费心理，即针对消费者"便宜无好货、价高质必优"的心理。声望定价策略可以对在消费者心目中享有一定声望，具有较高信誉的医药产品制订高价。声望定价策略适合于名牌医药产品、带有礼品用途的医药产品和稀有的医药产品。购买这些产品的人往往不在乎产品价格，而最关心产品能否显示其身份和地位，价格越高，心理满足的程度也就越大。当然，企业也要确保其医药产品质量上乘，并不断提高产品质量，以取得消费者的信任感。

（四）习惯定价策略

有些医药产品在长期的市场交换过程中已经形成了为消费者所适应的价格，成为习惯价格。企业对这类医药产品定价时要充分考虑消费者，可以采用"习惯成自然"的定价策略。对消费者已经习惯了的价格，医药企业不宜轻易变动。因为提高价格会使消费者产生不满情绪，降低价格会使消费者怀疑产品质量，都会导致购买的转移。当然在成本或需求等因素发生较大变化而不得不提价时，可以采取改换包装或品牌等措施，减少消费者抵触心理，并引导消费者尽快适应新价格。如一盒抗生素原来是每盒 10 片，售价是 15 元，现在改为每盒 8 片，售价是 13 元。从表面看，似乎没涨价，实际上每片却涨了 0.125 元。

（五）招徕定价策略

招徕定价是指将医药产品价格定得低于一般市价，个别的甚至低于成本，以吸引具有求廉心理的顾客，以扩大销售的一种定价策略。此策略是用一种或几种低价医药产品带动其他医药产品的销售，这几种低价产品不赚钱，甚至亏本，但从总的经济效益看，企业还是有利可图的。

（六）分档定价策略

分档定价是指把同类医药产品分成几档，每档定一个价格。因为购买高档商品和购买低档商品的消费者，其心理需求是不尽相同的，这样的分类可以更好地满足消费者不同的心理需求，也符合具有不同购买力消费者的实际情况。

（七）最小单位定价策略

当某种医药产品价格过高，容易超过消费者的心理价位，从而会让消费者望而生畏，不敢问津。如果采用最小单位标价，就不容易超过心理价位，会给人较便宜的感觉，从而促进交易。例如某种昂贵针剂，每盒 10 支，每支 100 元的标价可能会比每盒 1000 元的标价更容易让消费者接受。

二、折扣定价策略

折扣定价策略是指企业为了鼓励消费者大量购买、淡季购买或及早收回货款而在原价的基础上给予顾客一定的价格优惠以吸引顾客购买的一种定价策略。这种策略通过直接或间接降低价格来争取顾客、扩大销量。

（一）数量折扣

数量折扣是指企业对购买医药产品数量大的顾客给予价格优惠。尽管数量折扣使产品价格下降，单位产品利润减少，但销量的增加、销售速度的加快，使企业的资金周转次数增加了，流通费用下降了，产品成本降低了，导致企业总盈利水平上升，对企业来说利大于弊。

数量折扣一般分为两类。一类是累计数量折扣，即在一定时期内购买医药产品累计达到一定数量所给予的价格优惠。这种方法经常在批发及零售业务中使用，目的是鼓励客户固定在一家企业购买医药产品。另一类是非累计数量折扣，即一次购买某种医药产品达到一定数量或购买多种医药产品达到一定金额所给予的价格优惠。非累计数量折扣对短期交易的商品、季节性商品、零星交易的商品，以及过时、滞销、易腐、易损商品的销售比较适宜。数量折扣有利于培养顾客的购买忠诚度。

（二）现金折扣

现金折扣是对以现金或在规定期限前付款的购买者给予一定的价格优惠，因此也叫付款期折扣。这种折扣策略有利于改善销售企业的现金流动性，降低呆账风险和收款的成本。例如，A 公司向 B 公司出售商品 30000 元，付款条件为 2/10，1/30，N/60，如果 B 公司在 10 日内付款，货款折扣 2%，只须付 29400 元；如果在 30 天内付款，货款折扣 1%，须付 29700 元；如果在 60 天内付款，则须付全额30000 元。

现金折扣的折扣率确定非常关键，通常折扣率应低于企业由于加速资金周转所增加的盈利，但要比同期银行存款利率稍高一些，否则这个策略实施的意义不大。

（三）交易折扣

交易折扣是指企业根据中间商担负的不同功能及对企业贡献的大小来给予不同的折扣优惠。一般来说，给予批发商的折扣要大于零售商，给予规模大的零售商的折扣要大于规模小的零售商。

交易折扣有两种算法。第一种方法是根据医药产品的零售价格和比率对不同的中间商倒算折扣率。例如，某企业生产的某种药品的零售价为 50 元，贸易折扣为 40% 和 10%，则表示零售商享受的价格为50 ×（1 − 40%）＝30 元，批发商享受的价格是在此基础上再折扣 10%，即 30 ×（1 − 10%）＝27 元；另一种是先确定药品的出厂价，然后再按不同的差价率依次制定出各种批发价和零售价。例如，某企业生产的某种药品的出厂价为 20 元，给批发商的差价率为 20%，给零售商的差价率为 40%，则批发价为 20 ×（1 ＋20%）＝24 元，零售价为：20 ×（1 ＋40%）＝28 元。

（四）推广让价

推广让价是指在新医药产品的导入期，为了鼓励中间商积极销售新医药产品而给予的价格优惠。推广让价一般是给予零售商的。零售商单独或与批发商、生产商联合刊登广告，有利于医药企业的产品开拓市场，而推广让价就作为对其开展促销活动的报酬或费用。

（五）季节折扣

季节折扣指对在非消费旺季购买产品的客户提供的价格优惠。目的在鼓励批发商、零售商淡季购买，减少厂商的仓储费用，以利于产品均衡生产和上市。

（六）运费让价

有些医药产品定价中已经包括了送货费用（一般西药和中成药已包含了运费），对购买方理应负责代为托运，送货到站（港）或送货上门。倘若购买方有条件自行提货，应给予价格优惠。采用运费让价策略的好处有：可以充分运用社会运输潜力，减轻卖方的运输压力，使购买方减少支出，提高医药产品价格的竞争力。

（七）折让

折让是价目表上的另一种降价形式。现实举例："以旧换新折让"是对在购买新商品时交还一个旧商品的顾客提供的优惠方式。

三、需求差别定价策略

需求差别定价策略是指对同一医药产品针对不同的顾客或不同的市场制订不同价格的策略。其种类主要有以顾客为基础的差别定价策略、以产品为基础的差别定价策略、以销售地点为基础的差别定价策略和以销售时间为基础的差别定价策略。

1. 顾客细分定价策略　是指医药企业按照不同的价格把同一医药产品或服务销售给不同的顾客。例如，企业对购买医药产品数量不同的顾客给予不同的价格水平。

2. 产品式样定价策略　是指医药企业对不同品牌、规格、包装的医药产品制订不同的价格，但这个价格与它们各自的成本是不成比例的。例如，对于同一保健品，企业对包装精美的保健品制订的价格高于散装的保健品。

3. 地点定价策略　是指医药企业对于处于不同地点的同一医药产品制订不同的价格，即使在不同地点提供的商品成本是相同的。

4. 时间定价策略　是指医药企业对于不同季节、不同时期，甚至不同时间的医药产品或服务分别制订不同的价格。

医药企业实行需求差别定价策略必须满足一定的条件：医药企业对价格必须有一定的控制能力；市场能够细分，且不同细分市场之间的需求存在差异；不同的市场有不同的价格弹性，针对不同市场的不同价格弹性，企业实行差别价格，即价格弹性大的市场，价格定得低一点，弹性小的市场价格定得高一点，以获取最大的利润，使总收入量最大。如果弹性相同，分割市场就失去意义。

四、产品组合定价策略

（一）产品组合策略

产品组合策略就是在销售产品时将不同的产品进行组合销售的策略。衡量产品组合通常根据产品组合的宽度、长度、深度以及产品组合的一致性，即产品组合中不同产品之间相关程度的高低。一般来说，同类产品组合销售的一致性较好，管理难度也小，但是风险相对比较大；而一致性差的产品组合虽然管理难度大，但是涉及的范围比较广，风险也相对较低。因此产品组合的关键在于努力提高产品组合的宽度，延伸产品组合的长度，加大产品组合的深度，并在此基础上实现产品组合的多元化，分散风险，扩大经营范围。

产品组合是金融行业也是药品行业发展的一个趋势。现在消费者需要的不仅仅是保障类的医药产品，医药产品已经成为消费者一个重要的投资工具。因此，药品生产企业也不再是单一医药产品的提供商，而越来越成为全方位的金融产品组合顾问，帮助消费者实现自己的投资目标。

（二）产品组合定价策略

产品组合定价策略包括产品线定价策略和产品组合定价策略两个层次。产品线定价的关键是要忽略产品线中不同产品的细小差别，拉开不同产品之间的差距，即要在产品线中确定一个基本的产品项目作为定价的基准，将其他产品的定价与该基准产品进行比较，以相等的定价差异来表现不同的产品项目差异。这种定价方法的好处是降低产品线的总体成本，尤其是产品线的目标消费者和市场一致时，不会导致顾客的流失。

产品组合定价的前提是必须确保安全性的原则，即产品组合的价格能满足提取准备金和费用以及未来赔付的需要，同时在此基础上还要保证一定的利润额。如果市场的风险因素发生了变化或环境发生了变化导致需要调整价格，就应该对可能发生的风险进行考虑，及时采取措施，以确保价格的充足性。

五、地理区域定价策略

地理区域定价策略是一种根据医药产品销售地理位置不同而制订差别价格的策略。地理差别价格可以分为产地交货价格和买主所在地交货价格，具体形式主要分为以下五种类型。

1. 产地交货价格 又称离岸价格或船上交货价格，是卖方按出厂价格交货或将货物送到买方指定的某种运输工具上交货的价格。交货后的产品所有权归买方所有，运输过程中的一切费用和保险费均由买方承担。产地交货价格对卖方来说较为便利，费用最少，风险最小，但不利于扩大销售。

2. 目的地交货价格 又称到岸价格或成本加运费和保险费价格，是由卖方承担从产地到目的地的运费及保险费的价格。目的地交货价格由出厂价格加上产地至目的地的手续费、运费和保险费等构成，虽然手续较繁琐，卖方承担的费用和风险较大，但利于扩大产品销售。

3. 统一交货价格 又称送货制价格，即卖方将产品送到买方所在地，不分路途远近，制订统一价格。该策略可减轻较远地区顾客的价格负担，使买方认为运送产品是一项免费的附加服务，吸引消费者购买，有利于医药企业扩大市场占有率。同时，也有利于企业能维持一个全国性的统一价格，易于管理。该策略适用于运费较低或运费占成本比例较小的医药产品。

4. 运费津贴价格 主要针对距离较远的买主，医药生产企业为减轻其运杂费、保险费等负担，由卖方补贴其部分或全部运费。该策略有利于减轻边远地区顾客的运费负担，使企业保持市场占有率，并不断开拓新市场。

5. 分区运送价格 又称区域价格，指卖方根据顾客所在地区距离的远近，将产品覆盖的整个市场分成若干个区域，在每个区域内实行统一价格。这种价格介于产地交货价格和统一交货价格之间。如果实行这种办法，通常是距离越远的区域价格越高。

任务四 进行新产品定价与医药产品价格调整策略

一、新产品定价策略

新产品以何种方式上市非常重要，价格策略就是其中的一个部分。除国家价格管理与控制外，本节注重学习新产品的定价策略与方法。

新产品可能具有竞争程度低、技术领先的优点，但同时也会有不被消费者认同和产品成本高的缺点，因此，在为新产品定价时，既要考虑能尽快收回投资，获得利润，又要有利于消费者接受新产品。新产品的定价策略一般有以下几种。

（一）撇脂定价策略

撇脂定价策略，又称为厚利销售策略，是一种以高价进入市场的策略。撇脂原是指在煮牛奶时，先把浮在牛奶表面上的奶油撇取出来。这里即指药品生产企业将医药产品价格制定得远远高于其成本，以高价卖给收入较高、对价格不太敏感或追求时尚的消费者，迅速获得厚利，然后随着成本的降低和竞争者的加入，逐步降低产品价格，以开发购买力较低的消费者，并提高产品的竞争能力。这种定价策略主要在市场没有同类商品的情况下使用。由于没有竞争对手，采用高价格策略可以吸引一定数量的消费者，借以弥补新产品开发的成本。对于一些独特的细分市场或者是垄断性的药品市场，由于没有竞争，新产品开发后一般可采用高价格的策略。

撇脂定价策略要求产品具备的条件：独特优越性；高档性；时尚性；先进性；专利性；不可替代性；需求弹性缺乏性；生产条件严格性。

此方法优点在于：①在产品导入期实行高价，可以在短期内收回开发、研制和高额促销等费用，并能获得高额利润；②由于高价策略主要是针对高收入阶层，产品的高价格不会对销量产生抑制作用，再加上看齐效应的影响，也会吸引一部分中等收入消费者加入，从而扩大商品市场占有率；③如果产品质量、服务与产品价格相符，就能树立起产品的名牌形象，乃至企业形象，为产品和企业的发展奠定良好的基础。

缺点在于：①利润丰厚容易引起竞争者加入，从而缩短产品生命周期；②容易诱导盲目竞争，产品供给急增，使产品价格大幅下降，损害企业形象；③排斥中等收入阶层的消费者，从而引起企业收益的减少。

（二）渗透定价策略

渗透定价策略又称薄利多销策略、低价策略，它是将投入市场的医药产品价格定得尽可能低，使医药产品迅速被顾客接受，以迅速打开和扩大市场。

采用渗透定价策略需要具备的条件有：①考察医药产品的需求者数量足够多并且该医药产品需求弹性比较大，由此使得价格的降低会引起需求量的大幅度增加，从而增加企业的收益；②企业的生产能力且原材料供应充足，由此保证充足的医药产品供给量。

这种策略的优点是：企业能够利用医药产品价格优势，迅速打开销路，占领市场同时，较低的价格还能排斥竞争者的介入，可以较长时间地占领市场。

这种策略的缺点是：企业实行"薄利多销"，需要较长时间才能收回投资，造成投资报酬率低；另外，由于医药产品价格较低，容易在消费者心目中造成低档药品的印象。

（三）满意定价策略

满意定价策略，又称为中间价格策略、合理价格策略、平价销售策略，是指医药企业在制定价格时，不仅考虑到自身成本和利润的因素，而且还考虑到顾客是否会接受，从而使两者均能满意的价格策略。

满意定价策略主要适合于价格弹性弱的常用医疗用药物和重要的药品生产资料。

满意定价策略的优点是：①既可避免高价带来的竞争风险，又可防止低价带来的损失，企业能在一个相对稳定的市场环境中获取平均利润；②价格不会出现较大的波动和失控，有利于维护物价总水平的基本稳定，有利于维护广大消费者的利益。

满意定价策略的缺点是：①随着生产技术的不断成熟、生产规模不断扩大，在生产规模达到经济规模效益之前，单位产品成本随时间的推移不断降低，价格也在不断变化。因此，中价水平不易保持长期稳定。②对于新产品，特别是市场上首次出现的全新产品，无相关参照物可比较价格，缺乏可操作性。

（四）仿制药定价策略

我国制药企业的新产品中仿制药品占相当大的比重，仿制药品是企业合法模仿国内外市场中某种畅销产品而制造的新产品。这类产品定价的关键在于如何进行市场定位，仿制品的定位应尽量与市场上原有创新者的定位保持一定的价格差。如：目前中外合资企业生产的仿制品普遍采用优质中价、中质低价、低质廉价的降档定价策略。

二、医药产品价格调整策略

医药企业的某种产品价格确定之后，并不是一成不变的。当市场营销环境发生变化后，企业必须对现行的价格进行调整，适当地降价或提价，以适应环境的变化。

（一）制定调价计划

在调价前，医药企业必须要了解各方面的情况，广泛收集市场信息，认真做好调查研究。在确认调价后，应制订周密的调价计划，以免出现失误。调价计划主要包括以下四方面的内容。

1. 确定调价幅度 开展市场调查，摸清消费者的购买心理和经济承受能力。

2. 寻找调价时机 调价时机的选择对新旧价位能否顺利过渡有重要影响。对于调价来说，通常淡季是企业调价的黄金季节。淡季市场销售量比旺季时小得多，这时调价即使销售量发生锐减，对分销商和零售商的影响也不大。因为企业可以有充足的时间和精力加强营销推广，启动市场。反之，旺季则不适宜调价，因为旺季产品调价后，大批消费者容易转向其他品牌，分销商也会因此放弃产品的经营，这会给竞争者抢占市场提供可乘之机。如果调价失败再恢复原价，后果将更加严重。

3. 确定调价步骤 合理的调价步骤是实现调价目标的有效保证。是一次还是几次完成调价目标，这是医药企业调价前需要斟酌的问题。一次性完成调价耗费时间短，但单次影响程度大；几次完成调价目标耗费时间长，但每次影响较小。企业应该根据所处环境，竞争对手和消费者的情况选择合适的调价步骤。

4. 其他营销策略的调整 当价格策略调整之后，产品策略、渠道策略和促销策略也进行相应的调整，协助企业顺利完成价格的调整。

调价之后，医药企业还要继续观察分析企业的营销状况和环境的变化。首先，要分析该医药企业市场占有率和利润的变化。如果这两者都是上升的，那么说明企业的价格调整策略是成功的，反之，则要分析存在的问题，并及时进行调整。其次，企业要了解和分析顾客对调价的反应。最后，还要研究竞争对手对企业价格调整的反应，以便采取有针对性的有效策略。

（二）降价策略

降价策略是指医药企业为了适应市场环境和内部条件的变化，把医药产品的价格调低。

医药企业降价的原因有：①市场竞争激烈，企业的市场占有率下降，迫使企业通过降低价格来维持和扩大市场份额。②企业的生产能力过剩，企业库存积压严重，需要扩大业务，但是企业又不具备通过产品改良和加强促销等手段来扩大销售的能力，迫使企业通过降价来提高销售量。③在宏观经济不景气的形势下，市场需求不足，降低产品价格是许多企业借以渡过经济难关的重要手段。④为了扩大市场份额，企业可以通过降低成本、降低价格的方式，吸引顾客购买，提高其销售量。⑤根据医药产品所处生命周期的不同阶段进行调整。通常，产品进入成长期后期和成熟期，市场竞争会不断加剧，企业可以通过下调价格来吸引更多的消费者，维持市场占有率。

医药企业会根据产品所处的环境以及引起降价原因的不同而选择不同的降价方式，主要有直接降价和间接降价两种降价方式：①直接降价，即直接降低医药产品价格，如直接降低某种药品的标价。②间接降价，即医药企业保持产品价格目录表上的价格不变，但是会通过赠送礼品、增加产品的份量或者增大各种折扣、回扣等手段，在保持名义价格不变的前提下，降低产品的实际价格。

（三）提价策略

提价策略是指医药企业为了适应市场环境和内部条件的变化，把原有医药产品的价格提高。

医药企业提价的原因有：①当医药产品供不应求时，产品短缺，而且这种市场状况会提高消费者对该产品的心理价位，企业可以提高产品价格，获取更多利润。②当医药产品成本上涨时，企业利润减少，企业可以通过提价来转嫁负担。③当医药产品经改良后，质量和性能等方面得到大幅度提升，产品市场竞争力提高，企业可以提价。④医药企业市场竞争策略的需要，企业可以通过产品的高价位策略，显示产品的高品质。

医药企业会根据产品所处的环境以及引起提价原因的不同，会选择不同的提价方式，主要有直接提价和间接提价两种提价方式：①直接提价，即直接提高产品价格。如直接提高某种药品的标价，某品牌降压药，之前卖30元一瓶，现在卖35元一瓶。通常，降价容易提价难，调高产品价格往往会使消费者减少对该产品的购买。因此，在使用提价策略时必须慎重，尤其应掌握好涨价幅度和时机，并加强与消费者沟通。②间接提价，即医药企业采取一定方法使产品价格表面保持不变，但实际隐性上升。例如，缩小产品的尺寸、份量；使用便宜的代用原料；减少价格折让；取消赠品等。

（四）应付竞争者的调价策略

在市场竞争中，如果竞争者率先调整了价格，医药企业必须了解竞争者的价格调整目的和可能持续的时间，对此做出明确的反应和决策，是跟着调整价格还是维持原价。

1. "人涨我涨，人降我降" 这是一种追随策略，即保持与价格调整者同方向运作。这种情况适合同质市场。当然，企业在进行价格营销决策时，应该尽可能避免发动价格战。单纯地相互比拼低价以赢得市场可能会影响产的质量，降低企业提高产品研发、创新的动力，从而使企业与消费者利益都受到损害，所以应注意价格调整幅度问题。

2. "人涨我降，人降我涨" 即保持与价格调整者反方向运作。如果别的医药企业在涨价时，本企业通过改进生产技术条件，加强规模经济的方式来降低成本，并调低价格，以吸引大量的消费者，这样，尽管单位医药产品获利较少，但总利润可能会增加。当别的医药企业降价时，本企业可能提高医药产品质量，加强宣传、树立企业药品的高档次形象，以增强市场竞争力。这是一种逆反性思维在价格策略中的运用。

3. "人涨我不涨，人降我不降" 就是以不变应万变。这种策略适用于以下情况：价格调整是短期的，企业的市场份额不会失去太多，而且以后可以恢复；调整价格对企业利润的增加无实质意义；维持价格可以稳定市场，并提高企业的信誉与形象。当然，企业也可采取一些非价格竞争手段，以提高消费者对本企业药品的理解价值，如完善和优化服务、加强营销沟通等。

目标检测

答案解析

一、A 型题（最佳选择题）

1. 随行就市定价法是（ ）市场的惯用定价方法
   A. 完全垄断
   B. 异质产品
   C. 同质产品
   D. 垄断竞争

2. 为鼓励顾客购买更多物品，企业给那些大量购买产品的顾客的一种减价称为（ ）
   A. 功能折扣
   B. 数量折扣
   C. 季节折扣
   D. 现金折扣

3. 企业的产品供不应求，不能满足所有顾客的需要。在这种情况下，企业应该（ ）
   A. 降价
   B. 提价
   C. 维持价格不变
   D. 降低产品质量

4. 按照单位成本加上一定百分比的加成来制定产品销售价格的定价方法称为（ ）定价法
   A. 成本加成
   B. 目标利润
   C 认知价值
   D. 诊断

5. 随行就市定价法的优点在于（ ）
   A. 是应用最普遍的定价方法
   B. 可以保证企业获得稳定的利润
   C. 能扩大市场占有率
   D. 可以避免挑起竞争带来的风险

6. 在某一时期内，不随药品数量变化而变化的成本是（ ）
   A. 总成本
   B. 固定成本
   C. 变动成本
   D. 边际成本

7. 企业按照行业的平均价格水平来制定价格的方法是（ ）
   A. 随行就市定价法
   B. 需求差异定价法
   C. 主动竞争定价法
   D. 理解定价法

8. 在定价时只计算变动成本，而不计算固定成本的定价方法是（ ）
   A. 变动成本定价法
   B. 盈亏平衡定价法
   C. 目标利润定价法
   D. 反向定价法

9. 以下不属于消费者消费心理的是（ ）
   A. 习惯价格心理
   B. 高价炫耀心理
   C. 物美价廉心理
   D. 朴实心理

10. （ ）是一种最基本、最普遍和最简单的定价方法，而且准确性较高，对于买者和卖者都易于理解与操作
    A. 成本加成定价法
    B. 变动成本定价法
    C. 固定报酬定价法
    D. 收支平衡定价法

二、X 型题（多项选择题）

1. 适合采取提价策略的情况有（ ）
   A. 通过产品的高价位策略，显示产品的高品质
   B. 产品进入成长期后期和成熟期

C. 医药产品经改良后，质量和性能等方面得到大幅度提升

D. 市场竞争激烈，企业的市场占有率下降

2. 固定报酬定价法的优点在于（   ）

    A. 可以为市场接受，并为企业提供期望利润

    B. 可使企业获得预期的一定利润

    C. 一定能实现既定的目标利润

    D. 能保证企业的投资按期收回，能保本求利，且简单方便

3. 药品价格的构成要素有（   ）

    A. 生产成本　　　　　　　　　　B. 流通费用

    C. 税金　　　　　　　　　　　　D. 利润

4. 医药产品价格体系包括（   ）

    A. 医药产品出厂价　　　　　　　B. 医药产品批发价

    C. 医药产品零售价　　　　　　　D. 生产成本

5. 以下属于心理定价策略的是（   ）

    A. 尾数定价策略　　　　　　　　B. 整数定价策略

    C. 习惯定价策略　　　　　　　　D. 最小单位定价策略

三、填空题

1. 影响医药产品定价的内部因素有_____、_____、_____、_____。

2. 影响医药产品定价的外部因素有_____、_____、_____、_____。

3. 根据国家宏观调控和市场调节相结合的原则，我国药品价格目前实行_____、_____、_____三种形式。

四、综合问答题

1. 影响药品价格的因素有哪些？

2. 医药产品的定价策略有哪些？

（胡瀚文）

书网融合……

       📑 重点回顾　　　　　　📋 习题

项目十 医药分销渠道策略

学习目标

知识目标

1. 掌握 医药分销渠道的概念、渠道类型；渠道模式、中间商概念和类型。

2. 熟悉 医药分销渠道管理的内容、医药O2O分销渠道。

3. 了解 医药分销渠道的发展趋势和线上医药分销渠道。

技能目标

(1) 能够区分不同类型的医药分销渠道，能够区分不同类型的渠道冲突。

(2) 学会选择渠道成员和管理渠道成员。

(3) 能够有效分析医药线上分销渠道。

素质目标

(1) 养成诚实守信、认真严谨的学习态度和药事管理方面的法治意识。

(2) 培养对医药分销渠道的兴趣、行业敏锐意识及抗压意识。

(3) 培养学生团队协作意识和良好的沟通能力。

导学情景

情景描述：目前，中国有4700多家制药企业，但仅有600多家在市场上有自营队伍，其他药企以代理模式为主进行营销，随着"两票制"以及国家食品药品监督管理局"关于整治药品流通领域违法经营行为的公告"（94号文）等政策推开，无自营队伍的制药企业营销将陷入难以为继的状态。

"两票制"的出台定位于"规范药品流通秩序、压缩流通环节、降低虚高药价"，以及"净化流通环境，打击过票洗钱、强化医药市场监管"，旨在治理医药流通行业的顽疾。

情境分析：大量的商业企业被推出"两票制"体系之外，很多虚拟商业可能随时面临崩盘的危险，而很多制药企业与这些虚拟商业企业有大量的应收账款存在，这给制药企业形成了巨大的应收风险。渠道结构逐步进入混乱状态，部分制药企业原有的商业结构发生变化，营销难以为继，会造成销量的不断下滑。

讨论：你认为"两票制"给制药企业会带来什么影响？你觉得"两票制"对医药商业企业又会又怎样的影响呢？"两票制"后对医药分销渠道会带来怎样的变革呢？

学前导语：未来的制药企业是看谁在激烈的竞争环境中生存的更久，比拼的是企业管理模式和创新能力。整合资源、改变思想、以开放包容的心态迎接变化，拥有宏伟目标和核心长久正向价值观的企业，才能在大浪淘沙的市场竞争中，走的更远。那么，什么是医药分销渠道呢？医药分销渠道在新环境、新背景下应该怎样管理呢？

任务一 认识医药分销渠道

一、医药分销渠道的内涵

（一）医药分销渠道的含义

营销渠道也称销售通路或营销网络。著名的营销学家菲利浦·科特勒认为："市场营销渠道是与为消费者和商业用户的使用或消费提供产品或服务的过程相关的一整套相互依存机构。"营销学家斯特恩和艾尔·安塞利对营销渠道所下的定义是："一条分销渠道是指某种货物或劳务从生产者向消费者转移时取得这种货物或劳务的所有权的所有企业和个人。"美国市场营销协会（AMA）认为营销渠道是"企业内部和外部的代理商和经销商（批发和零售）的组织机构，通过这些组织，商品（产品或劳务）才得以上市销售。"

分销渠道又称为分销、渠道，是指产品从生产商向最终消费者转移过程中取得产品所有权或帮助所有权转移的所有组织或个人，即产品从生产领域向消费领域转移过程中经过的所有路径和通道，包括生产商、终端消费者，以及生产商和消费者之间的各种组织实体和个人。简而言之，分销渠道是指产品在其所有权转移过程中从生产领域进入消费领域的过程。

医药分销渠道是指医药产品从生产者向消费者转移过程中一切取得其所有权或帮助转移其所有权的所有企业和个人，主要包括中间商，如医药批发企业、医药零售企业、医疗机构等，以及处于渠道起点的医药产品生产企业，其终点为医药产品的消费者。

（二）医药中间商的内涵

1. 医药中间商的定义 中间商是通过医药商品买卖或提供服务来促成医药商品的买卖的经济组织，通常指进行医药产品代理、批发和零售的专业医药公司或医疗单位，它是联系生产和消费的中间环节，因此人们习惯上称之为中间商。

医药中间商可根据不同的标准，分为如下类型：第一，按照在商品流通中是否拥有所有权划分，可分为经销商和代理商。经销商是拥有一定资金、场地、人员的法人，在其经营中，通过购进商品和销售商品实现商品所有权的转移，获得相应的经营利润。代理商则是在商品流通中为购销双方提供穿针引线服务，促成商品交易的实现，获得一定的服务手续费或佣金。第二，按照中间商在商品流通中的地位不同，可分为批发商和零售商。批发商处在商品流通的起点，其经营特点是批量购进批量销售。零售商处在商品流通的终点，其经营特点是批量购进，零星销售。

2. 医药中间商存在的必要性 医药中间商的存在是十分必要的，如果没有医药中间商众多的制药企业需要去寻找数量更多的医院和药店终端，这样需要大量的人力、物力和财力（图10-1）。然而，如果拥有中间商，这众多的制药企业只需要对接几家中间商就可以将自己的产品销往各大医院和药店，终端的医院和药店需要的大量品种可能只需要几家中间商就可以实现所有商品的采购（图10-2）。

此外，医药生产者由于产品、市场、财力、营销经验、管理水平、国家政策规定等方面的原因，几乎不能直接向消费者进行销售，而要通过中间商进行。随着市场经济的发展，社会分工越来越细，商品流通量也越大，中间商存在的必要性和作用就越大。

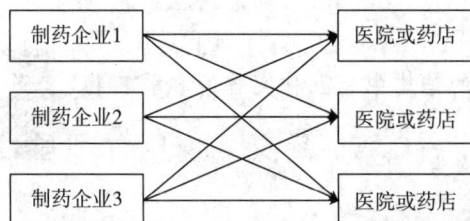

图 10 - 1　市场中无中间商情况　　　　　　　图 10 - 2　市场中有中间商情况

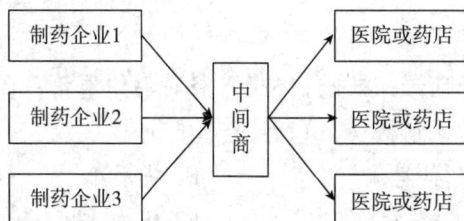

（三）医药分销渠道的结构

医药产品在分销渠道中流通时，我们可以看到其中存在几种以物质或非物质形态运动的"流"。同时，一些企业如银行、保险公司、运输公司、仓储公司、咨询公司、广告公司等机构虽不介入医药商品所有权的转移过程，但与渠道运行有着密切的联系。菲利浦·科特勒将这几种"流"归纳为"五流"，即商流、物流、货币流、信息流、促销流（图10-3）。

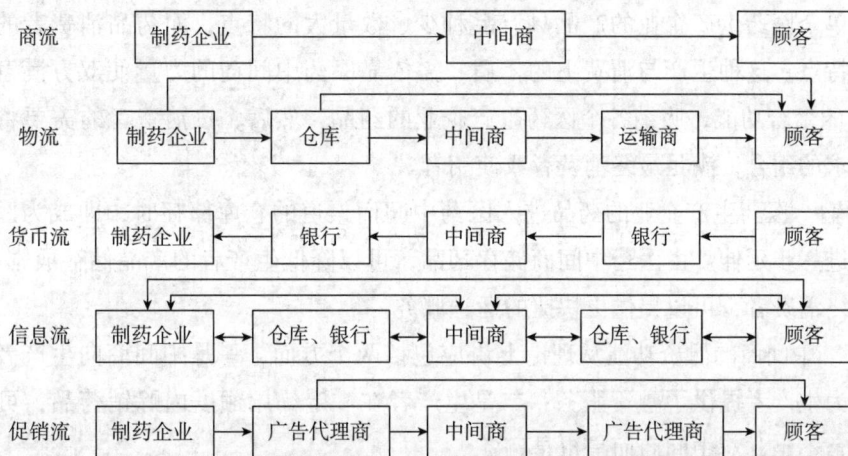

图 10 - 3　医药商品分销渠道中五种流程模式

1. 商流　是指医药产品从生产领域向消费领域转移过程中的一系列买卖交易活动。在这一活动中，实现的是产品所有权由一个成员到另一个成员的转移。如原材料所有权从供应商转移到制造商，产品所有权由制造商转向经销商，最终向顾客转移。所有权的转移是医药产品交易的中心。

2. 物流　是指医药产品从生产领域向消费领域转移过程中的一系列产品实体运动。它包括产品实体的储存、运输，也包括与之相关的产品包装、装卸、加工等活动。物流活动从实质上保证了医药产品由生产领域向消费领域的安全转移。

3. 货币流　是指医药产品从生产领域向消费领域转移的交易活动中所发生的货币活动。它与商流的方向相反，即由顾客将货款支付给中间商，再由中间商扣除佣金或差价后支付给生产者，一般要以银行或其他金融机构作为中介。

4. 信息流　是指医药产品从生产领域向消费领域转移过程中所发生的一切信息的收集、传递和处理活动。它既包括生产者向中间商、顾客的信息传递，也包括中间商及其顾客向生产者所进行的信息传递。所以信息流的传递是双向的。

5. 促销流　是指医药产品从生产领域向消费领域转移过程中，生产者通过广告公司或其他宣传媒体向中间商及其顾客所进行的一切促销活动。它主要通过广告、宣传、销售推广和公共关系等促销手段，影响消费者的购买行为，促进销售。

练一练

多选题：根据菲利普·科特勒的理论，医药分销渠道的结构中有五种实物的和非实物的流动，包括（　　）

A. 信息流　　　　　B. 货币流　　　　　C. 促销流

D. 商流　　　　　E. 物流

答案解析

二、医药分销渠道的功能

医药分销渠道在医药产品的流通过程中有着十分重要的作用，其具体的功能主要有以下几个方面。

1. 销售与促销　医药中间商是从事医药批发零售业务的专业性组织，医药生产企业借助这些专业机构，使药品能够快速到达最终消费者手中。

2. 整买零卖　医药中间商有助于解决药品生产与消费之间的在数量、品种、规格、时间与地点上存在着的矛盾。单个医药生产企业的产品具有品种少、数量大的特点，而药品消费者的需求表现出数量小、品种多的特点。这种生产与消费上的矛盾，需依靠医药中间商的力量使双方满意。中间商首先发挥"蓄水池"的聚合功能，吸纳各个医药生产企业的药品，然后，按消费者的需要将各种药品组成一个个有特殊要求的组合，满足最终消费者或使用者。

3. 仓储与运输　医药生产企业的药品进入医药中间商渠道的仓库储存时，即成为医药生产企业仓储与配送功能的进一步延伸。由医药中间商储存药品，可以降低生产者的产品储存成本和风险；另外，中间商更接近最终消费者，可以提供更快捷的运送服务。

4. 融资功能　中间商的融资功能从理论上讲应包括两个方面，一是中间商向生产者预购或者及时付款，就相当于为生产者提供了融资服务；二是生产者在一定信用额度内赊销药品，可在一定程度上解决中间商的资金不足，对中间商而言也是融资。

5. 风险承担　医药生产企业可将部分商业风险转嫁给中间商。医药生产企业与中间商建立销售业务后，中间商要承担药品分销过程中的破损或者超过有效期的风险，另外还可在一定程度上避免医疗机构拖欠货款的风险。

6. 信息沟通　医药中间商是生产者与消费者之间信息沟通的桥梁，它既能将生产信息通过各种方式传递给市场及其最终消费者从而促进市场需求，又能将市场需求信息反馈给生产者，以便于生产者及时调整生产计划和营销策略，更好地满足医药消费者的需求。

看一看

大路货：从经济角度上讲，大路货指的是市场上价值/品质关系比值最一般的产品。所谓的"最一般"，主要是指其合理性。我们需要特别提示的是，大路货不是指劣质货，其内涵是指服务于大众的产品。所以一般把绝大多数普药称为大路货。

一般来讲，普药的技术含量低，在疗效和生产技术上都没有显著特点和优势，容易仿制；普药品种多，当前大约有上万种药品是普药，同一品种其生产厂家很多，市场竞争激烈；档次比较低、包装差、剂型普通、价格较低，竞争集中在价格上。在销售渠道上，普药更多在第二、第三终端上进行销售。

合适的渠道模式，通常包括以下三种。一是寻找个体代理商。普药的特点决定了其代理商中个体较多，且个体代理商作为渠道是可行的。二是大流通渠道模式。比较典型的全国性大流通医药公司有九州通、双鹤、西部医药等，这些公司都是采用快进快出的快批模式。快批模式对于新特药，尤其是没有广告的新特药是不好操作的，但它却是普药的绝好渠道。对一些无力开发市场的中小医药企业而言，与这些公司合作不失为一种较好的渠道选择方法。三是建立多级通路网络模式。组建自己的销售队伍和销售通路网络。

三、医药分销渠道的类型

1. 根据分销渠道中中间商有无可分为直接渠道和间接渠道。

（1）直接渠道　是指生产企业直接将医药销售给消费者或用户，没有经过任何中间商的渠道。这是原料药销售的主要渠道。其特点是：可及时了解市场信息；缩短药品的流通时间；提高医药企业的经济效益。但会增加营销费用，分散生产者的精力，还要承担市场风险。直接渠道适用于医药工业产品。

（2）间接渠道　是指医药产品从生产企业到消费者手中经过若干中间商的渠道，是医药市场上占主导地位的渠道类型。其特点是：减少了每个生产企业与各大终端的交易次数；提高了市场占有率；有利于增加生产投入；减少生产者的经营风险。但延长了流通时间，影响了服务的质量及对消费者情况的及时反应。间接渠道适用于药品。

2. 按渠道内中间环节的多少可分为长渠道和短渠道。

（1）长渠道　是指医药生产企业使用两个及以上不同类型的中间商来推销其产品。其特点是：市场覆盖面大，利于扩大产品的销售。但削弱了产品的价格竞争力，影响了生产者的决策，增加了药品的损耗和不利于药厂与社会各界建立密切的合作关系。适用于普通药品。

（2）短渠道　是药厂在营销过程中只使用一个环节或没有经过中间环节来销售其产品。其特点是：增强了产品的价格竞争力和生产者的决策力，也利于药厂与中间商的合作。但市场覆盖面小，生产者所承担的市场风险也大。适用于单位价值高的新特药、进口药，同时体积较大，流通过程中不方便的医药产品。

3. 按渠道中每一环节使用同类中间商的多少可分为宽渠道和窄渠道。

（1）宽渠道　是指药厂在每一个流通环节上选用两个以上的同类中间商推销其产品。其特点是：可增加营销量，提高整体营销效率，利于生产者对渠道成败的评价、取舍。但中间商的忠诚度难以保证，生产者对营销渠道也难以控制。适用于OTC药品和普通药品。宽渠道优点主要是能使产品迅速进入流通和消费领域，有利于中间商展开竞争，不断提高产品销售效率，迅速实现产品价值及满足消费需求；缺点主要是中间商多，使产销之间关系松散，不容易取得所有中间商的合作，生产者要花较多的精力、时间处理与中间商的关系。

（2）窄渠道　是指药厂在每一个流通环节上只选用一个中间商推销其产品。其特点是：药厂与中间商的关系密切，对中间商的支持很大，也利于对中间商的控制和管理。但对中间商的依赖性太大，所承担的风险也大。适用于单位价值高的处方药、进口药和新特药。窄渠道优点是生产者与中间商关系非常密切，相互依附关系强。生产者主要依靠所选择的中间商推销自己产品，中间商也依赖生产者而存在发展。由于利益关系密切，双方可通力合作提高销售竞争能力。如生产者可以向中间商传授产品技术，给予资金、人力等支持，全力指导和支持中间商开展销售业务；中间商会随时将市场信息传达给生产者。但是，窄渠道风险较大，双方都将自身命运与对方连在一起，万一对方发生变化就会使自己陷于被动。

4. 根据产品类型分为药品销售渠道和医药工业品渠道。医药产品按其最终使用者的不同可分为个人消费者与生产者组织两大类，因此就终端消费者使用的药品而言，有五种渠道到达消费者手中；而另外的医药工业品最终销售给医药生产企业，有四种渠道最终到达医药生产企业，由于这两类医药产品的销售管理方式的不同，其分销类型如图10-4所示。

药品销售渠道　　　　　　　　　医药工业渠道

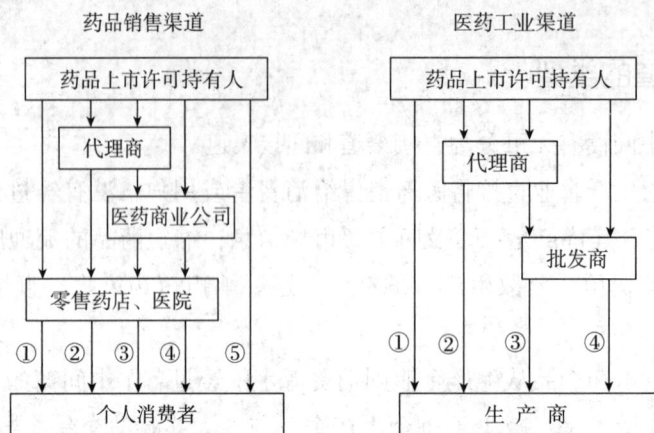

图 10-4　医药产品营销渠道的类型

任务二　设计医药分销渠道

一、医药分销渠道设计的目标

医药分销渠道目标是渠道设计者对渠道功能的预期，体现着渠道设计者的战略意图。制定目标是营销渠道管理的重要环节，它是在全面分析环境变化和正确评估企业实力与条件的基础上，对营销渠道功能与效果应达到的水平提出的要求。对批发商来说，渠道设计的目标是发展的方向，又是投入各类资源包括人力、物力、财力、信息等的要求。企业在确定营销渠道设计目标时会有多种选择。根据营销职能及分销渠道的性质，医药营销渠道设计的目标主要有以下几个。

1. 经济目标　医药分销渠道设计的首要目标为经济目标，基本经济目标就是以最小的收入，获得最大的效益。建立低成本的分销策略使企业能赢得需求弹性大的市场部分，将费用节约的好处让给消费者，并通过挑战竞争对手的价格而获得满意的利润。比如，企业可以通过自动化、租用低租金设备（零售药店）等来降低成本。企业设计分销渠道的首要目的是追求利润。当销售成本相同的情况下，应选择能使销售量达到最大的分销渠道；或销售量相同的情况下，选择销售成本最低的分销渠道。在缺少渠道中的中间商资源的情况下，制造商利用自身销售资源为其产品进行推销，其费用要比通过中间商推销的费用高，而当销售量达到一定规模时，中间商的费用会越来越高。因此，规模较小的企业或在销售量比较少的市场上销售的大企业，应当利用中间商来销售；当销售量达到一定规模时，企业则应自行设立分销机构。所以，医药企业应随着销售量的变化来不断调整分销渠道模式。

2. 控制目标　一般而言，医药企业自身拥有医药分销渠道可以较好地控制医药分销渠道，可以依据企业的整体战略，在不同时期突出不同的重点；采用销售代理的方式，生产企业往往在控制方面显得力不从心，销售人员往往不愿意推销没有把握的新产品，也不能有效地配合企业的整体战略。由于中间商独立于制造商而存在，会同时代理很多相同或相近的产品，成为多家制造商的分销机构，不可能一切行动完全听命于某一家制造商，表现出一定程度的不可控制性。为此，医药企业可根据自己营销目标的需要，充分考虑分销渠道的可控性。中间商在理解和执行制造商的促销方案、维系与顾客的关系、了解产品的技术细节等方面可能无法达到预期的营销要求，医药生产企业对分销渠道的这种不可控性，应采用相关的方法和手段回避，减少其给自己可能带来的风险。

3. 适应目标　医药企业面临的环境是不断变化的，所以，医药企业营销活动的设计就要与环境变化相适应，在分销渠道设计方面，不能一成不变。分销渠道的设计要本着适应环境和企业总体发展规划要求，灵活应变。当一种分销模式或一条分销渠道建立后，就意味着制造商与中间商、中间商与中间商之间存在了一定区域、一定时间上的联系，即客户关系，而这种关系难以随意调整和更改。当市场变化时，企业在选择分销渠道时应考虑渠道的适应性。一方面是地区适应性，在某一地区设立分销渠道应综合考察该地区的市场竞争状况、消费水平等；另一方面是时间上的适应性，每一个渠道方案都会随着时间的延长而失去某些功能，某些原有的渠道成员间的承诺无法实现，渠道方案随之失去弹性。所以，在制定渠道方案时应注意签订合同的时间。

4. 声誉目标　医药企业的声誉影响企业对分销渠道的选择，医药企业要精心选择中间商，对声誉差的中间商，拒绝与其建立业务关系，同时，要适当激励渠道中对企业贡献大的中间商，达到品牌和声誉的共赢。

二、影响医药分销渠道设计的因素

（一）医药产品的特性

根据医药产品的特性来设计与选择营销渠道，主要从药品的单价、重量、技术含量、有效期限、适用性、市场生命周期等方面考虑。

1. 药品的单位价值　若医药产品的单位价值高，如生物制品、进口药品、新药等，在选择营销渠道时应采用短渠道或用直接渠道，因为每经过一个环节，都要增加一定的费用。而单位价值低、使用面广、量大的医药产品，其营销渠道可以长而宽，以增加市场覆盖面。

2. 产品的体积　产品体积大或重的医药产品，渠道宜短，中间环节宜少，这可以节约运输、储存费用和减少商品损耗，如大型医疗器械。

3. 时效性或有效期　季节性强或有效期短的产品，应将渠道简化到尽可能短，以减少流通时间和中转环节对产品质量的影响。

4. 科技含量　药品技术含量高，宜采用直接渠道或短渠道。因为大多数医药产品，特别是刚上市的新特药，对技术服务要求很高。

5. 适用性　常用药品由于适用性较广、销量大，宜选择间接渠道、宽渠道；相反，一些特效药如抗癌药的分销渠道则可采用直接渠道、短渠道，甚至是直销渠道。

6. 生命周期　产品所处的市场生命周期不同，渠道选择也应不同。在导入期由于推广比较困难，经销商往往不愿经销，为了尽快使产品进入市场，同时收集产品销售信息，企业不得不自己销售或选择短渠道或直接渠道；成长期则应在巩固原有渠道的基础上，增加渠道宽度；成熟期为适应竞争，吸引更多的顾客，应拓展渠道宽度，增加销售网；衰退期为了缩减开支，渠道宜窄、短。

（二）医药产品的市场特性

医药产品本身的特殊性，如适用性、集中性、突发性等因素影响药品分销渠道的选择。药品市场的特性主要包括以下方面。

1. 医药产品的适用范围　如果药品适用范围广、市场分布区域宽，企业无法自销，应采用较长较宽的渠道；反之，则可采用短渠道。

2. 消费者集中程度 如果消费者集中或有区域性特征，可采用短渠道，以在保证渠道功能的前提下降低渠道成本；如果消费者比较分散，则应选择长而宽的渠道，以更多地发挥中间商的功能，推广企业的产品。

3. 销售批量和频率 销售批量大，交易次数少的药品可采用短渠道；销售批量小，交易次数频繁的药品，则应采用较长和较宽的渠道。

4. 突发流行性疾病 季节性流行性疾病等病种流行期，医药企业应拓宽分销渠道；否则应减少中间环节，收缩分销渠道，比如新冠肺炎期间的口罩、酒精等医药产品。

（三）竞争特性

生产者分销渠道的选择，应考虑到竞争对手的分销渠道设计和运行状况，并结合本企业药品的特点，有目的地选择与竞争对手相同或不同的分销渠道。

（四）顾客特性

生产企业在选择分销渠道时，还应充分考虑消费者的分布状况和顾客的购买频率、购买数量以及对促销手段的敏感程度等因素。当某一市场的顾客数量多、购买力大时，企业应利用有较多中间商的长渠道；反之，则使用短渠道。

（五）企业特性

1. 企业的规模和声誉 企业的规模大、声誉高、资金雄厚、销售力量强，具有强有力的管理销售业务的能力和丰富的经验，在渠道的选择上主动权就大，一般会采用比较短的分销渠道或者自己建立销售机构。如果企业规模小，品牌的知名度低，就应当依赖中间商的分销能力来销售医药产品。

2. 企业的营销经验和能力 营销经验丰富、营销能力强的企业，可以采用较短的分销渠道；反之，则应依靠中间商来销售。

3. 企业的财务能力 财务能力差的企业，一般都采用"佣金制"的分销渠道，利用能够并且愿意承担部分储存、运输、融资职能的中间商来销售产品。

4. 企业控制渠道的愿望 企业控制分销渠道的愿望有强弱之分，如果企业希望控制分销渠道，以便控制药品的价格和进行统一的促销，维护市场的有序性，就可以选择短渠道；有的企业无意于控制分销渠道，就可以采用长渠道。

（六）中间商特性

设计分销渠道时，还须考虑中间商的特性。一般来说，中间商在执行运输、广告、储存、接纳顾客等方面，以及在信用条件、退货特权、人员培训、送货频率、营销方案策划等方面，都有不同的特点和要求。

（七）相关政策、法律法规

有些药品的分销渠道还受国家或地方的相关政策、法律法规限制。如由国家或主管部门实行严格控制的特殊管理药品，其分销渠道有明确的规定和限制。比如，我们国家对于医院药品实施的"两票制"。

"两票制"是指药品从药厂卖到一级经销商开一次发票，经销商卖到医院再开一次发票，以"两票"替代目前常见的七票、八票，减少流通环节的层层盘剥，并且每个品种的一级经销商不得超过2个。2017年1月，国务院医改办会同国家卫生计生委等8部门联合下发的一份通知明确，综合医改试点省（区、市）和公立医院改革试点城市的公立医疗机构要率先推行药品采购"两票制"，鼓励其他地区执行"两票制"，以期进一步降低药品虚高价格，减轻群众用药负担。

三、医药分销渠道长度和宽度的设计

（一）医药分销渠道长度的设计

医药分销渠道长度的设计可以分为直接分销渠道设计和间接分销渠道设计。

1. 直接分销渠道设计　医药生产企业总是希望把自己的产品直接卖给消费者，这是我们通常所说的直销模式，但是药品作为一种特殊的商品，如果销售对象是普通消费者，从药学服务和国家法律法规的角度必须有零售药店或者医院、诊所等医疗单位销售药品给消费者；然而，对于原料药而言，其销售对象为医药生产企业，因此可以采取零级渠道即直销模式。这种类型的渠道适用于技术性强、资金密集的大型医药生产企业生产的原料药和其他非药品类的医药产品，除了原料药的非个体消费者外，技术性较强的医疗器械比如制氧机、血糖仪等技术含量高的产品也可以采取直接分销渠道。

2. 间接分销渠道设计　指生产者通过流通领域的中间环节把商品销售给消费者的渠道。基本模式为：生产者——中间商——消费者。间接渠道是社会分工的结果，通过专业化分工使得商品的销售工作简单化，医药产品相对于其它产品其专业性更强，因此，大多数医药产品从生产者流向最后消费者的过程中都要经过若干中间商转手，也就是说，间接分销渠道是医药产品分销途径的主要类型。间接分销渠道又有一级渠道、二级渠道、三级甚至更多级渠道，一般而言，渠道越多，其医药产品的流通费用会越高，这些中间商承担着生产企业"价值链"中的销售环节。

（二）医药分销渠道宽度的设计

确定分销渠道的宽度，企业在确定分销渠道的长度后，应确定分销渠道的宽度，即同级中间商数目的多少，根据具体情况可考虑选择密集分销、选择分销、独家分销等形式。

1. 密集分销　密集分销是指医药生产企业在某一地区尽可能地通过多家合适的批发商、零售商推销其产品的分销模式，这种方法主要适用于医药产品中的常备药、OTC 药品、消毒用品、口罩、小器械类等量大价低的商品，以及医药产业用品中的原料药等。

2. 选择分销　选择分销是指制药企业在某一地区只通过为数不多的、经过精心挑选的中间商来推销其产品的分销模式。这种模式适用于销售需求弹性大的保健品、药食同源类中药饮片等。由于这类商品有很多替代品，需要中间商有效合作和忠诚，因此适当数量的中间商有利于制造商的可靠有效控制，同时实现产品较快进入市场。选择分销的优点有利于提高中间商经营积极性高，责任心强；有利于培植生产企业和商业企业之间的合作关系；有利于保护产品在用户中的声誉。

3. 独家分销　独家分销是指制药企业在某一地区仅选择一家中间商推销其产品的分销模式。独家经销是最窄的渠道，制造商在一个地区只选择一家中间商，便于控制价格和促销活动，并监督占领市场。这种模式一般是制药企业和分销商通过合同的形式，规定经销商不得经营制药企业竞争对手的产品，经销商的单位回报率较高。独家分销适合专业技术含量高、服务要求高的医药产品，比如：大型高端医疗设备、创新原研药等。

※ **练一练**

多选题：根据医药分销渠道的宽窄情况，可以将医药分销渠道分成以下哪几种类型（　　）

A. 长渠道　　　　　　B. 短渠道　　　　　　C. 密集分销

D. 选择性分销　　　　E. 独家分销

答案解析

任务三　管理医药分销渠道

一、医药分销渠道成员管理

医药营销渠道的管理在实际工作中通常被称为客户管理，它是指当企业设计并选择了适合本企业的营销渠道之后，就必须对营销活动中所有的药品批发商、药品零售商、医疗单位等进行具体的管理工作。

（一）医药分销渠道成员的选择

不同的医药企业招募能力也不同，有些企业能轻易地找到特定地医药分销商，而有的企业比较困难。在经销商的选择上，制药企业必须结合自身综合因素以及拥有的资源来进行分析决策，企业自身的综合实力、营销战略、产品线的广度、宽度、深度以及相容度、产品的定位、目标客户群体等各方面都应考虑周全，找到最适合自己的经销商。

1. 基本资料　主要指中间商最基本的原始资料，如名称、地址、电话、经营药品的证照、法人代表等情况。以及中间商法人的相关信息，如姓名、年龄、籍贯、学历、兴趣爱好、职称、科研成果等各详细信息。

2. 经营特征　包括经营理念是否与自己的经营观念、目标基本一致，是否有共同愿景，合作性，规模和资金实力等经营销售方面的内容。

3. 业务状况　网络覆盖和掌控能力；经销竞争产品的情况；其他条件如销售体系的组织架构和销售队伍的人员素质、仓储和物流配送的能力及地理位置；商业信用及信誉等情况。

4. 交易情况　各中间商的交易情况主要包括客户的销售活动现状、存在的问题、保持和扩大产品市场占有率的可能性及优劣势、未来的变化及对策、企业形象、声誉、信用状况、交易条件等。其中特别需要着重考虑的是信用状况，该商业客户的销售回款额、在外应收款数量、回款期限、会计事务所审计报告、银行信誉等。

（二）医药分销渠道成员的激励

激励渠道成员是渠道管理中最基本的内容，它是指生产企业在中间商选定之后，为促进渠道成员实现渠道目标，使之不断提高业务经营水平而采取的一切措施或活动。

1. 直接激励　是指生产企业以物质或金钱作为奖励刺激渠道成员。具体措施如下：

（1）协助市场开发　通常非处方药需要做大众促销工作，对于处方药，生产企业通常需派专业营销人员进行目标医疗机构的销售推广。

（2）价格与折扣激励　合适的药品价格不仅有助于市场销售，而且会使中间商获得相应的利润。因而在制定时应充分考虑企业成本与消费者的承受能力，同时根据实际销售业绩，给予中间商合理的价格折扣（通常有累计折扣和数量折扣两种）是鼓励中间商积极销售本企业药品的有效手段。

（3）奖惩激励　鼓励中间商多销货早回款，即在一定时期内，中间商的药品销售累计到一定数量，或是经销商实现当月回款时，给予它们一定数量的返利；相反，当中间商没有达到合同约定的销售量或不按期回款时，则给予一定的惩罚。

（4）广告激励　对于非处方药品可通过生产者负担广告费用，或者与中间商合作广告等形式，扩大企业和品牌的知名度，以促进市场销售。对于处方药品生产企业则应在能力范围内负责医院推广工作，或者由中间商负责医院的推广工作而生产企业承担相应的费用，以促进临床使用量的提高。

2. 间接激励　是指生产企业通过非物质或非金钱奖励激发渠道成员的经营积极性。常用措施主要有以下几种。

（1）信息支持　医药生产企业可提供技术指导、宣传资料、举办药品展示会、指导商品陈列、帮助零售商培训销售人员或邀请中间商派人员参加生产企业的业务培训等，以支持中间商开展业务活动，提高专业水平，改善经营管理，促进药品销售。医药企业对渠道成员进行培训的目的在于增强医药分销商对本企业的信任度，提高其营销水平，扩大本企业产品的销售，提升销售业绩，建立与医药分销商稳定、持久的战略伙伴关系。围绕这一目标，医药企业对医药分销商的培训内容主要包括以下几个方面：企业形象宣传、产品知识培训、销售政策培训、营销理念培训等。培训形式一般有内部培训和外部培训两种。内部培训包括企业销售人员拜访洽谈、集中演示、会议交流等；外部培训通常是由企业委托专业培训公司来进行，例如财务管理培训、销售技巧培训等，以不断提升经销商素质和内部管理水平。

（2）健全内部管理　生产企业需建立规范的客户管理制度，对原本分散的客户资源进行科学的动态化的管理，协助营销人员及时了解中间商的实际需要，通过良好的沟通建立相互信任、相互理解的业务伙伴关系。

（3）建立企业战略联盟　这是指生产企业和渠道成员为了完成同一目标而结合起来的营销统一体，如双方协商制定销售目标、存货水平、广告促销计划等。其目的是生产企业以管理权分享来促进经销商经营效率的提高，并期待建立长期稳定的合作关系。

（三）医药分销渠道成员的评估

1. 评估内容　企业应通过各种途径了解中间商履行合同的状况，包括推销商品的数量，商品的库存状况，售前、售中、售后的服务及回款情况等。对中间商的考察和评估，目前是通过及时采取相应的监督控制与激励的措施，保证营销活动顺利而有效地进行。生产企业需将现有客户的资料登记造册，建立客户数据库，通过对现有客户资料的分析，将潜在的市场机会变为现实的销售，将分散的客户资源组合成企业整体的、可大力开发的资源。具体工作有以下几个方面。

（1）客户构成分析　通过对一定时期内企业全部或是某个大区域是某个销售人员的产品销售、回款情况统计分析，将客户区分为不同的类别，以便于企业或营销人员在日后的营销工作中对其分清侧重、区别对待，也可以作为信用度回款期限等判断的标准之一。通常可根据销售量及回款额的大小确定客户的不同地位：A类重点客户（占累积销售额或回款额的75%）；B类客户（占20%左右）；C类客户所占的销售比例较小，则可将其视为具有未来潜力的客户。

（2）重要客户与本公司的交易业绩分析　企业应及时掌握客户的月交易额或年交易额及回款额，统计出各重要客户与本公司的月交易额或年交易额数（回款额），计算出各重要客户占本公司总销售额（回款额）的比重。通过对比其实绩与计划要求，认真找出原因，以采取相应措施保持企业总体销售的稳定增长。

（3）不同品种的销售和回款构成分析　将本公司销售的各种产品按销售额和回款额从高到低排列，分别计算出各类产品的销售额及回款额占总销售额和回款额的比重，对比公司销售和回款计划及销售回款实绩，找出差距与问题所在，配合企业营销策略的调整，确定今后的工作重点。

（4）客户业绩的其他分析　各种商品毛利率、周转率、费用率等的计算与分析，对不同客户、不同商品销售情况与销售计划进行比较分析，找出存在的问题及以后的重点产品和重点客户。

2. 评估方法　对渠道成员的评估方法主要有以下两种：

（1）合同约束与销售配额法　如果一开始生产者与中间商就签订了有关绩效标准与奖惩条件的契约，就可避免种种不愉快。在合同中应明确经销商的责任，如销售强度绩效与覆盖率平均存货水平、送货时间、次品与遗失的处理方法、对企业促销与培训方案的合作程度、中间商必须提供的顾客服务等。

（2）中间商绩效测量法　一是将每个中间商的销售绩效与上期的绩效进行比较，并以整个群体的升降百分比作为评价标准。对于低于该群体平均水平以下的中间商，必须加强评估与激励措施。如果对后进中间商的环境因素加以调查，可能会发现些可原谅的因素，如当地经济衰退，某些顾客不可避免地失去，主力推销员的丧失或退休等。其中某些因素可在下一期补救过来。这样，制造商就不应因这些因素而对经销商采取任何惩罚措施。二是将各中间商的绩效与该地区的销售潜量分析所设立的配额相比较。在销售期过后，根据中间商的实际销售额与其潜在销售额的比率，将各中间商按先后名次进行排列。这样，企业的调查与激励措施可以集中于那些未达既定比率的中间商。

（四）医药分销渠道的调整

医药企业营销工作者不仅要做好营销渠道的建立与运行管理工作，而且还需要根据实际情况进行及时修正。特别是当市场环境发生变化，如购买方式发生变化、市场扩大，产品处于不同的生命周期阶段、国家相关政策变化如处方药品变成 OTC 药品、新的竞争者兴起、企业整体营销策略的变动或中间商不能成功地完成任务时，企业应当及时地对原有的营销渠道进行修正。

1. 医药分销渠道调整条件　渠道管理应该是一个持续的过程，不可能一劳永逸。渠道改进是企业渠道管理适用性、灵活性的客观要求。企业在设计、组建一个适应当时各个方面的限制因素和企业分销目标的渠道系统后，还需要根据情况的变化适时地调整分销渠道。这种调整可能是小修小改，如对市场营销任务的重新分配、调整个别的中间商；也可能是大的变革，甚至是建立全新的渠道系统。企业若发现现有渠道模式与市场环境要求存在差距，就应当对渠道做适当改进，以适应市场新的变化。如当消费者的购买方式发生变化、市场扩大、新的竞争兴起和创新的分销战略出现以及产品进入产品生命周期的后一阶段时，便有必要对渠道进行改进。

一般来讲，渠道改进的原因有以下几个方面：

（1）现有渠道的市场效果不佳　现有渠道在设计时可能有错误。比如在选择商业伙伴组建渠道时考虑不周，使渠道管理上有失控的危险。

（2）市场环境的变化　当初设计的渠道体系针对当时的各种条件而言很理想，但现在各种限制因素发生了某些重大变化，从而有了调整渠道的必要性。这些限制因素的变化是导致渠道调整的最常见的原因，企业有必要定期对这些限制因素进行监测、检查、分析。另外，当企业很有把握相信限制条件即将发生重大变化时，企业也很有可能提前行动，调整渠道。

（3）企业分销目标的变化　企业可能要加大其产品的市场覆盖面，或者准备加强其服务产出水平等目标时企业也会考虑调整渠道。

其实，渠道改进的最根本的动因还在于利润目标。如果渠道处于均衡状态，即不会因为调整而使整个渠道的利润增加从而使生产商的利润增加，则渠道调整就没有任何动因。只有当渠道处于不均衡状态或生产商很有把握预测调整渠道会带来更大的利润时，渠道的调整才有必要进行。

2. 医药分销渠道调整策略　企业营销渠道的改进依据具体情况的不同分为以下 3 个层次。

（1）调整分销渠道成员　营销渠道调整的低层次是渠道成员的调整，即保持原有的渠道模式不变，只是增加或减少个别渠道成员。这时需要认真权衡增加或减少中间商所能带来的销售量增加或减少与所付代价之间的关系。内容包括以下 3 个方面：①功能调整。即重分配营销渠道成员所应执行的功能，使之能最大限度地发挥自身潜力，从而提高整个营销渠道的效率。②素质调整。即通过提高营销渠道成员的素质和能力来提高营销渠道的效率。素质调整可以用培训的方法提高营销渠道成员的素质水平，也可以采用帮助的方法改善营销渠道成员的素质水平。③数量调整。即增减营销渠道成员的数量以提高营销渠道的效率。

（2）调整分销渠道环节　即原有的基本营销渠道类型不变，根据需要适当增减渠道环节。如在原有市场区域内增加或取消代理商这一层。一般情况下，需对通过增减渠道环节可能给企业营利带来的影响进行比较、决策。

生产商常常要考虑所使用的所有营销渠道能否一直有效地适用于产品目标市场。这是因为，企业营销渠道静止不变时，某一重要地区的购买类型、市场形势往往正处于迅速变化中，可针对这种情况，借助损益平衡分析与投资收益率分析，确定增加或减少某些营销渠道。这是营销渠道调整的较高层次。具体可采用两种方法：①对某个营销渠道的目标市场重新定位。现有的营销渠道不能将企业产品有效送至目标市场时，首先考虑的不是将这个营销渠道剔除，而是考虑能否将之用于其他目标市场。②对某个目标市场的营销渠道重新选定。在目前已有的营销渠道不能很好地连接目标市场时，应考虑重新选择新的营销渠道占领目标市场。

（3）对原有分销渠道进行彻底调整　这是根据产品的不同生命周期而对渠道策略进行的必要调整，或是由于经营产品的改变而对渠道进行根本性的重新设计。

对生产商来讲，最困难的渠道调整决策是修正和改进整个营销渠道系统，这也是营销渠道调整的最高层次。例如当生产商打算用企业经营的代理商取代独立代理商时，这些决策通常由企业的最高管理层制订。这些决策不仅会改变营销渠道系统，而且还将迫使生产改变其市场营销组合和市场营销政策。这类决策比较复杂，任何与其有关的数量模型只能帮助管理人员求出最佳估计值。

分销渠道决策是厂商面临的最复杂和最富挑战性的决策之一。每个渠道系统产生不同水平的销售和成本，厂商一旦选定了某一营销渠道，通常应该坚持相当长的一段时间。选定的渠道对营销组合的其他成分将会产生重大影响，同时也会受营销组合中其他成分的影响。

二、医药分销渠道合作管理

医药分销渠道的合作对渠道管理起着至关重要的作用，医药分销渠道的合作主要表现在以下几个方面。

（一）企业与供应商结成战略联盟

当今市场竞争日益激烈，差异化消费已成趋势。面对复杂多变的市场环境，大型企业要想完全凭借自己的实力，进行"孤军奋战"夺得竞争中的胜利似乎已不太可能。因此，企业必须与相关组织保持密切联系，尤其要与供应商、经销商，乃至同行业的竞争对手建立广泛的战略联盟。战略联盟可以增加企业价值系统的稳定性，减少企业内部和外部的不确定性；战略联盟可以增加企业的竞争实力，减少市场波动，有利于企业健康稳定地发展。比如企业为了满足消费者的需求差异，就要经常研制和开发新产品。这种情况不仅需要经销商的配合，更需要供应商在原料及配件等方面的协同作用，有时还需要技术和信息上的支持。特别是当企业在某一方面存在不足，而这个不足却又能从供应商那里得到补偿时，这种联盟关系就显得十分重要。传统的营销观念认为，企业与供应商之间的关系是用户关系，供应商有责任和义务在各个方面来支持和帮助它的用户——下游企业。一般在稳定的市场条件下，供应商可能会做到这一点，但若市场发生了变化，供应商就不一定能保证企业价值的实现了，因此这种传统的单向的价值关系是很不稳定的。

所以，应该提倡企业对供应商开展营销活动，谋求与供应商建立一种双向的价值联盟关系。只有这样才能做到企业、供应商经销商及竞争对手在竞争中由单纯竞争走向竞争与合作，由"单赢"变成"多赢"。

（二）产销战略联盟

所谓产销战略联盟，是指从企业的长远角度考虑，产方和销方（制造商与分销商）之间通过签订协议的方式，形成风险－利益联盟体，按照商定的分销策略和游戏规则，共同开发市场，共同承担市场责任和风险，共同管理和规范销售行为，共同分享销售利润的一种战略联盟。让渠道成员建立产销战略联盟是消除渠道冲突的最有效的方法。

产销战略联盟具有方式灵活、层次多样的特性，所以产销双方在实行联盟时有从低到高的多种形式。

1. 会员制　会员制是产销战略联盟的一种初级形式，各方通过协议形成一个俱乐部式的联盟，互相遵守游戏规则、互相协调、互相信任、互相帮助共同发展。一般来说，生产企业为俱乐部的核心，负责制订游戏规则，而经销商是会员，可参与游戏规则的制订，产销双方均要遵守规则。会员制的形式根据企业之间的合作程度，可分为保证会员制与特许专营会员制两大类形式。

（1）保证会员制　所谓保证会员制，是指销方企业向供方企业缴纳定额度的保证金或签订具有较强约束力的保证协议，从而取得会员资格的一种形式。通常供方企业实力比较强大，企业声誉好，其产品在市场上有较强的竞争力，且产品的寿命周期较长。供方企业利用自己的优势，并通过销方完善的销售网络实现竞争优势。这种形式的会员制度具体又分为两种：①保证金会员。当供方企业的产品供不应求时，供方企业往往会要求其分销渠道的成员通过缴纳一定额度的保证金来获得销售其产品的资格。②协议会员。在市场竞争激烈的情况下，如果供方企业要求销方企业缴纳数额较大的保证金，有可能会导致销方企业转向自己的竞争对手，所以通常以协议形式来建立分销渠道中的联合关系。在协议理保证会员制中，供销双方企业主要的工作是制订保证协议。除无须保证金外，其运作方式与保证金会员制基本相同。

（2）特许专营会员制　特许专营是指供方企业将自己的产品制作技术、无形资产、管理方式、经营诀窍及教育培训方式等方面专门传授给销方企业，准许销方企业按照双方协议规定从事供方企业的同类行业的一种制度。特许专营的供方称为授权人或特许人，销方则称为接受人或者受许人。

2. 销售代理制　销售代理制比会员制更具有紧密结合性和长期战略性。企业的分销渠道通常可采用经销或代理的方式，但作为产销联盟的一种销售代理制，与通常意义的销售代理相比有不同的特点：①作为产销战略联盟的销售代理制一般是制造商的独家代理形式或地区的独家代理形式，而非联盟代理既可以是独家代理也可以是多家代理。②产销战略联盟的销售代理制一般采用的是佣金代理形式，而非联盟代理可以是佣金代理也可以是买断代理形式。③产销战略联盟的销售代理制的代理商与企业之间的代理协议约束力较强，涉及的内容较多；而非联盟代理协议的约束力较弱，涉及的条款内容较少。④产销战略联盟的销售代理制下产销双方合作的期限较长，合同期限可长达 10 年以上；而非联盟代理的合作期限较短，通常每年续签 1 次合同。

3. 联营公司　联营公司是更高层次的产销战略联盟。所谓联营公司，是指产销双方企业利用各自的优势以各种方式按照法律程序联合经营体制，这些方式包括合资合作和相互持股等。形成联营公司的产销双方在利益上更趋向一致性，更具备共担风险、共享利益的特性，从而合作的基础也更牢固。从产销战略联盟的角度来说，双方联营看中的是对方的生产优势或销售优势。联营公司通常有以下 3 种形式。

（1）合资经营　合资经营是指双方企业共同出资、共同经营、共同管理、共担风险和共享利润的一种联营形式。通过合资经营，双方可以把各自的优势资源投入合资企业，从而使其发挥出单独一家企业所无法发挥的作用。

（2）合作经营　合作经营是指合作双方按照契约规定履行义务与享受权利的一种联营形式。合作并不要求双方进行共同管理，但双方各自具有的优势是双方合作的前提。

（3）相互持股　相互持股是指供销双方企业为加强相互联系和合作，而持有对方一定数量股份的一种联营形式。这种战略联盟中的双方关系相对更加紧密，双方可以进行更为长期密切的合作，形成了"你中有我，我中有你"的关系。与合资经营不同的是双方资产、人员不进行合并。

产销战略联盟是竞争中的合作。合作与竞争是对互相依存的矛盾，为了适应竞争，企业需要进行合作；在合作当中，又存在着竞争。产销战略联盟是开放体系中的一个系统，作为系统本身，产销战略联盟具有自己的稳定性，这就是成员之间的合作。因此，产销战略联盟更加强调竞争中的合作。

总体而言，渠道成员间的沟通越充分，在日常事务方面就越能紧密合作：反之，越是合作，就越能够增进渠道成员间的相互信任，其在共同关心的如市场计划的制定等方面的问题上一起合作，所以能够更快更牢固地建立起信任的基础。

三、医药分销渠道冲突管理

渠道冲突是指渠道成员发现其他渠道成员从事的活动阻碍或者不利于本企业实现自身的目标。分销渠道是一系列独立的经济组织的结合体，是一个高度复杂的社会营销系统。在这个系统中，既有制造商，又有中间商，构成了一个复杂的行动体，这些经济组织由于所有权的差别，在社会再生产过程中所处的地位不同。因此，它们的目标、任务往往存在矛盾。当渠道成员对计划、任务、目标、交易条件等出现分歧时，就必然出现冲突。

（一）渠道冲突的类型

渠道冲突主要包括：水平渠道冲突、垂直渠道冲突和多渠道冲突。

1. 水平渠道冲突 水平渠道冲突指发生在同一渠道同一层次中间商之间的冲突。当营销渠道中只有一个中间商时，水平渠道冲突往往不存在。但是当同一渠道层次中有多个中间商时，渠道冲突往往难以避免。而造成水平冲突的原因主要是企业目标市场的中间商数量、分管区域的规划不合理。医药营销的水平渠道冲突主要表现形式有同层次的代理商（或医药商业批发企业）之间跨区域销售，即窜货问题、压价销售等。如果发生了这类冲突，生产企业应及时采取有效措施，缓和并协调这些矛盾。

2. 垂直渠道冲突 垂直渠道冲突指在同一渠道中不同层次企业之间的冲突，也称作渠道上下游冲突。一个典型的医药营销渠道包括医药生产企业、代理商（医药商业批发公司）、医疗机构（或零售药店），那么医药生产企业与代理商（医药商业批发公司）间的冲突、医药生产企业与医疗机构（或零售药店）间的冲突、代理商（医药商业批发公司）与医疗机构（或零售药店）间的冲突便属于垂直渠道冲突。渠道的长度越长（渠道的层次越多），可能的垂直渠道冲突越多。就医药产品而言，由于国家政策的限制和研发成本、生产成本的上升，利润空间越来越小，在这种情况下，某些医药批发企业会抱怨药品生产企业在价格方面控制太紧，留给自己的利润空间太小，而提供的配套服务太少；医疗机构（药店）对医药商业批发公司或医药生产企业，可能也存在类似的不满。垂直渠道冲突带来的问题：一是在分销过程中上游分销商不可避免地要同下游经销商争夺客户，这会大大挫伤下游渠道成员的积极性；二是当下游经销商的实力增强以后，希望在渠道系统中有更大的权利，也会向上游渠道成员发起挑战。因此，医药生产企业应妥善解决垂直渠道冲突，促进渠道成员间更好地合作。

3. 多渠道冲突 多渠道是随着顾客市场的不断细分化和可以利用的新兴营销渠道的不断出现，越来越多的生产企业采用多渠道营销系统。当生产企业建立多渠道营销系统后，不同渠道服务于同一目标市场时所产生的冲突就是多渠道冲突，有时候也被称为交叉冲突。例如，某原料药生产企业同时利用互联网销售平台、销售队伍、中间商三条渠道进行药品销售，那么互联网销售平台、销售队伍、中间商三条渠道之间的冲突就是多渠道冲突。这种冲突主要表现在销售网络紊乱、价格差异等方面。在互联网时代，多渠道冲突有了一种新的形式——电子商务渠道和传统渠道间的冲突。当多渠道冲突发生时，生产企业要重视引导渠道成员之间进行有效地竞争，权衡各渠道的影响力，并加以协调。在目前我国的医药营销领域，渠道冲突的主要表现形式是水平渠道冲突和垂直渠道冲突，其中尤以水平渠道冲突中的窜货为最主要的和最经常的冲突代表。需要指出的是，渠道冲突并不一定只对企业渠道系统的发展造成不利的影响，在特定条件下，一些渠道冲突会更好地促成企业分销目标的实现。

任何营销渠道都会不同程度地存在着冲突，但合作必然是营销渠道的主旋律，是大家能够结合在一起的基础。合作意味着相辅相成地去取得比单独经营时更高的经济效益，只有促进合作，才能使渠道的整体活动效率最大，促进合作，也是解决冲突的基本方法。

❓ 想一想

甲药品上市许可持有人是一家生产治疗骨质增生的药品"壮骨关节丸"的中型企业，其分销商 A 经营多种功能相同的治疗骨质增生的药品，由于甲的"壮骨关节丸"比其他的同类药品（7 元/盒）定价高，甲的"壮骨关节丸"为 8 元/盒，所以，A 突然拒绝销售甲的壮骨关节丸。

答案解析

请思考：甲药品上市许可持有人应该采用什么方法来解决冲突？

（二）窜货管理

窜货又被称为倒货、冲货，是渠道冲突的一种具体表现形式，主要体现为产品跨区销售。窜货已经成为国内医药营销工作中的一个顽疾，控制窜货很可能会导致企业失去原有的营销渠道，影响销量；任其发展又可能会降低企业对市场的控制力，破坏市场秩序，造成价格混乱，甚至使得消费者对品牌失去信心。

1. 窜货的分类　窜货根据其目的及对市场的影响程度可以分为以下三类。

（1）自然性窜货　是指经销商在获取正常利润的同时，无意中向自己辖区以外的市场倾销产品的行为。这种窜货在市场上是不可避免的，只要有市场的分割就会有此类窜货。它主要表现为相邻辖区的边界附近互相窜货，或是在流通型市场上，产品随物流走向而倾销到其他地区。如某药品在甲地零售价格低于乙地，乙地消费者可能在条件允许的条件下去甲地购买，这种产品多集中于治疗慢性病且需长期服用的药品。这种形式的窜货，如果货量大，该区域的价格体系就会受到影响，从而使利润下降，严重时可发展为恶性窜货。

（2）恶性窜货　是指为获取非正常利润，经销商蓄意向自己辖区以外的市场倾销产品的行为。经销商向辖区以外倾销产品最常用的方法是降价销售，主要是以低于厂家规定的价格向非辖区销售。恶性窜货给企业造成的危害是巨大的，它不但可以扰乱企业产品的整个价格体系，降低渠道总利润，还会使分销商丧失积极性并最终放弃经销该企业的产品，甚至混乱的价格还可导致企业失去消费者对其产品、品牌的信任与支持。恶性窜货是我们通常所指的窜货，也是医药企业最为关注和重点打击治理的市场现象。

（3）良性窜货　是指企业在开发市场初期，有意或无意地使其经销商的产品流向非重要经营区域或空白市场的现象，多见于流通性较强的市场。在市场开发初期，良性窜货是有利于企业的：可在空白市场上提高其知名度和市场占有率但无需任何投入。但是由此而在空白市场上形成的价格体系尚不规范，因此企业在重点经营该区域市场时应对其进行重新整合。

2. 窜货现象产生的原因　窜货之所以在生产企业的重压之下依然发生，归根结底是一个"利"字，利润永远是渠道成员追求的目标。同时我们也应该意识到，渠道窜货现象存在的原因是多方面的，主要包括：

（1）渠道政策有偏颇　一是价格体系紊乱。只要存在价格差，窜货就不会断绝。紊乱的价格体系是窜货的源头，一些企业在制定价格策略时，由于考虑不周，埋下了许多可导致窜货的隐患。

（2）企业管理水平有待提高　企业管理水平低主要体现在管理制度不完善和销售管理不力两方面。有些企业根本没有控制窜货方面的制度，对代理商、经销商以及销售人员没有严格的约束政策，更没有奖惩措施。

（3）产品差异为窜货提供了可能　由于产品在包装及销售情况上形成的差异，也为医药产品窜货提供了契机。国家为了加强对药品的管理，对药品包装、说明书相关内容在法律上都有明确的规定。

（4）市场环境的客观影响　市场环境的客观影响主要体现在对市场供需的影响上。市场需求受很多因素的影响，需求变化而生产企业的分销策略没有及时变更，也容易给窜货制造可能。

3. 渠道窜货的控制措施　医药产品窜货的最大危害莫过于让销售者失去操作市场的信心，因为很多实例已经证明频繁的窜货虽然在短期可以提高企业的销售量，但最终后果是销售量都有不同程度地下降，甚至产品遭到市场封杀。窜货的危害是严重的，窜货的原因是多样的。为了解决存在于企业营销中的顽症——窜货，可以从原因着手，采取相应的策略，以有效地遏制窜货的发生。

（1）完善渠道政策　一是企业应建立完善、公正的价格体系；二是科学规划分销渠道，根据具体药品的特点，销售渠道主要在零售药店还是在医疗机构等因素综合考虑中间商的选择。科学规划分销渠道主要包括中间商的数量和分销合作形式。三是制定合理的激励措施，企业在制定激励措施时，应注意政策的持续激励作用，政策应能协调生产企业与各地经销商之间的关系，尽量为所有经销商创造平等的营销环境。四是制定现实的营销目标，企业应对现有市场环境、市场容量进行调研总结和自我资源评估，在此基础上制定符合实际的营销目标，尤其是要根据产品所处的不同生命周期、分销商的分销能力来衡量营销目标是否合理。

（2）提高渠道管理水平　一是完善渠道管理制度，由于渠道管理者和各经销商之间是平等的企业法人的关系，销售网络不可能通过上级管理下级的方式来实现，所以企业要通过完善的合约来约束经销商的市场行为。二是加强营销队伍的建设与管理，营销队伍是营销制胜的保证与根本，为防止营销人员窜货，应加强营销队伍的建设与管理。

（3）实行产品包装的区域差异化　在不同的区域市场上，相同的产品采取不同的外包装形式，通过对产品不同外包装的识别，可以在一定程度上控制窜货。

（4）完善沟通与监督机制　与经销商多沟通，了解季节变化或者产品的销售环境。当企业外在客观环境发生变化并影响到市场需求时，及时修订销售目标。像那些季节性强的药品，如感冒药，春秋多发季节的销售指标与夏冬季节的一定要有所区别。

任务四　整合医药线上分销渠道

一、医药 B2B 型线上分销渠道

网络分销渠道就是企业的商品和服务从生产者向消费者转移的网络通道。医药移动互联网分销渠道以 B2B 为主的，B2B（Business－to－Business）即企业对企业的模式，这种模式每次交易量很大、交易次数较少，并且购买方比较集中，因此网上销售渠道的建设关键是建设好订货系统，方便购买企业进行选择；一方面，由于企业一般信用较好，通过网上结算实现付款比较简单；另一方面，由于量大次数少，因此配送时可以进行专门运送，既可以保证速度也可以保证质量，减少中间环节造成损伤。医药 B2B 型线上分销渠道按照建设的主体不同分为独立第三方 B2B 型医药线上分销渠道和医药企业自建 B2B 型线上分销渠道。

1. 独立第三方 B2B 型医药线上分销渠道 独立第三方 B2B 型医药线上分销渠道是独立于买卖双方的中立服务组织，为买卖双方提供交易所需的各种服务的数字化平台，即提供药品信息发布、在线采购、在线交易、在线支付、药品跟踪、配合地面仓储和物流等医药流通全程服务，是实现信息流、资金流、物流高度协同的完整的医药电子商务服务模式，是公开、公平、公正的网上医药交易市场。独立第三方 B2B 型医药互联网渠道的主要特点是提供网络交易平台的既不是买方也不是卖方，而是以独立第三方角色来提供网络服务。独立第三方系统的价值主要体现在它可以为买卖双方提供一个公平、公正、公开的交易平台，这样有利于医药商品的交易的进行。医药商品的集中招标采购极大地推进了独立第三方电子交易平台的建设和医药分销渠道模式的发展。尤其当今实行的带量采购均在第三方电子交易平台开展，为参与招标的企业提供了交易功能、信息服务功能、交易配套服务功能和客户管理功能。

独立第三方 B2B 型医药线上分销渠道做得较早的有海虹医药电子交易中心有限公司，从 1999 年开始，该公司在医药电子商务领域，借助药品流通体制改革带来的市场机遇，全力研究开发并推广应用海虹医药电子商务解决方案。在医药信息化行业，为国家政府、医疗机构、企业等提供软件开发与系统集成项目等信息化建设服务，初步构筑了覆盖全国的医药产品电子交易市场，为医药产品生产、流通和使用提供高效、竞争、有序的信息网络技术，成为中国医药产品流通体制改革不可缺的组成部分，成功地实现了传统医药产品流通方式同现代信息网络技术的融合。

2. 医药企业自建 B2B 型线上分销渠道 医药企业自建 B2B 型线上分销渠道是医药企业通过自身所建的电子商务交易平台与本企业成员之外的企业供应链成员间进行商品交易，是医药产品供应商开展网上销售的医药产品电子交易渠道。医药企业自建 B2B 型医药互联网渠道不仅限于网上进行医药产品的采购和销售，也包括基于互联网、物联网、移动网络的医院、药房、连锁药店供药管理和综合的供应链信息管理，实现了医药价值链的全流程服务。其功能主要有在线交易、数据查询、广告宣传及咨询与售后服务。部分医药企业自建的 B2B 型医药互联网渠道还可以实现物流追踪功能，即开放物流追踪系统提供客户查询的一种增值服务，对于渠道内的商品追踪有很大的帮助，可以有效地反馈窜货信息。

❓ 想一想

2014 年 6 月 25 日，"广药集团"与"中国联通"在广州白云山神农草堂博物馆举行了《广药集团 – 广东联通战略合作签约仪式暨移动互联网产业联合创研基地挂牌仪式》，双方将在移动互联网产业联合创研基地、社区医疗管理、集团信息化建设、移动信息化建设、药品流通体系建设等方面开展"智慧大健康"项目合作，共同推进智慧医疗建设。据悉，

答案解析

"广药健民"电子商务平台是广东省首批通过在国家药品食品监督管理局审批的合法网上药店，2011 年就已取得了 B2B 和 B2C 两个《互联网药品交易服务资格证》。双方此次的合作将不断深化和巩固战略合作伙伴关系，共同探寻移动互联网渠道、应用及平台的建设，改造传统的商业模式，重塑产业链关系。

请问：广药集团与联通的这次合作主要是哪种类型的渠道？这种类型的渠道建设有什么特点？

二、医药 B2C 型线上分销渠道

B2C (Business – to – Consumer) 以 B2C 为主的线上门店，服务半径可以拓展到全国。B2C 模式下，可以实现全国范围的线上线下流量再分配，一部分产品购买需求转到线上，具有线上门店运营能力的医药零售企业在流量获取上具有优势。B2C 模式具有数字化、智能化、体验化的优势，并且致力

于做到提高生产运输效率的同时满足消费者的消费体验与诉求。医药网站平台分销渠道也分自营式和平台式 B2C 分销渠道。

1. 自营式 B2C 分销渠道　以企业自建的最早的是由北京京卫元华医药科技有限公司创办的"京卫大药房"于 2006 年 12 月 29 日，通过了由国家食品药品监督管理局、北京市药品监督管理局组织的现场验收，获得由北京市药品监督管理局颁发的《互联网药品交易服务资格证书》，这是国内首家获得网上药店经营许可的企业，也标志着我国药品销售开始步入互联网时代，2016 年，公司名称由"北京京卫元华医药科技有限公司"变更为"仁和药房网（北京）医药科技有限公司"。大型的医药企业依托现有的强大的互联网信息技术，自行开发网站、APP 或者微信小程序开展直接面对消费者的医药产品销售活动，该类渠道主要适用于非药品类的医药产品生产企业，比如家用医疗器械、保健品等，该类渠道可以大大节约中间成本，实现医药产品从生产企业直接到消费者的零级渠道。但是该类分销渠道需要医药企业自身良好的品牌信誉和先进互联网信息技术的支撑。现在国内已开展 B2C 的企业有复星医药、康美药业、上海医药等。主要运营模式分别是复星医药的导药网、挂号网、金象网、远程医疗、移动医疗；康美药业的康美之恋大健康平台、康美中药网"药材通" APP、网络医院、远程医疗；上海医药的云健康、药品数据平台、患者数据平台、为患者提供处方药网上销售、健康管理等服务。

除此之外，各大零售连锁药店也建立了自营式 B2C 渠道，例如：益丰大药房于 2013 年开启医药电商业务，2016 年成立电商事业群，下设 B2C、O2O、CRM、电商技术等电商事业部，以 CRM 和大数据为核心，打造线上线下融合发展的医药电商业务。2017 年，益丰大药房电商事业群人员组织架构不断完善，电商各模块业务走上正轨。PASS、微信公众号、微信商城、CRM 小票促销、线上药师咨询、用药提醒等产品陆续上线试点，与京东到家、百度外卖等多家第三方平台的合作逐步展开。益丰还通过现有会员资源，发展自营电商；通过第三方引流，做大 O2O 业务，O2O 及时配送覆盖上海、南京、长沙、武汉、江西等线下门店所在的近二十个城市，越来越多的消费者在益丰体验到便捷的购药服务；通过尝试开发纯互联网产品，打造移动化的业务平台；通过电商业务创新和互联网技术的运用，改变员工管理模式，提升员工专业服务和营运管理的智能化，实现线上线下销售的融合增长。

2. 平台式 B2C 分销渠道　第三方 B2C 平台以中立身份为买卖双方提供虚拟交易平台服务，通过交易佣金和广告费用获利，医药企业依托现有的大型网购平台开展医药产品的分销，在平台上建立旗舰店，对医药产品进行宣传和销售，比如天猫医药馆、京东大药房、1 号店等，销售的品类中同样以非处方药、保健品、医疗器械、消毒用品等医药产品为主。

三、医药 O2O 型分销渠道

O2O，即 Online To Offline，也即将线下商务的机会与互联网结合在了一起，让互联网成为线下交易的前台。这样线下服务就可以用线上来揽客，消费者可以用线上来筛选服务，还有成交可以在线上结算，很快达到规模，是典型的线上下单、线下取药的分销模式。该模式最重要的特点是：推广效果可查，每笔交易可跟踪。O2O 模式具有线上和线下两方面的功能，线上功能分为线上支付、网络营销、用户数据挖掘、用户信息反馈及线上增值 服务五项基本功能，它们相互独立且相互联系；线下功能有四个功能：线下用户体验、线下服务增值、线下营销、线下物流。O2O 模式同样可以分为第三方信息展示平台的分销渠道。同时也有企业自建的 O2O 渠道。

1. O2O 的特点　O2O 是将线下商务机会与互联网技术结合在一起，让互联网成为线下交易的前台。同时起到推广和成交作用。O2O 分销渠道具有以下特点：

（1）本地化　O2O 具有典型的区域性特点，主要的业务是基于实体医药企业的，因此本质上与实体商业没有太大区别，相互间是一种对应关系。O2O 模式线下实体药店整合是关键。O2O 平台企业要具有较强的线下商家资源的整合能力，保障消费者的切身体验。

（2）无物流　传统的医药电子商务的发展从发展之初就面临物流问题的干扰，尤其是医药物流受到药品经营质量管理规范的影响更加的严格，这也困扰着医药互联网上消费的发展。而O2O渠道本地消费，只需要消费者凭电子凭证到店消费即可，不必面临巨额仓储和物流成本的压力，节约了物流费用，同时提供的药学服务也提高了消费者的合理用药。

（3）在线预支付　在线预支付是O2O模式的核心。随着微信支付、支付宝支付的发展，在线支付建立了一个闭环的消费链条，真实地完成一笔交易，保证消费者的交易安全，用户对商家服务质量也有了约束。在线支付不仅是支付本身的完成，是某次消费得以最终形成的唯一标志，更是消费数据唯一可靠的考核标准。其是对提供online服务的互联网专业公司而言，只有用户在线上完成支付，自身才可能从中获得效益。

2. O2O模式的优势　O2O的优势在于把网上和网下的优势完美结合。通过网购导购机，把互联网与地面店完美对接，实现互联网落地。让消费者在享受线上优惠价格的同时，又可享受线下贴身的服务。同时，O2O模式还可实现不同商家的联盟。O2O为主的线上门店，服务半径可以拓展至对应线下实体的同城配送范围。O2O模式可以服务传统线下客户以及线上客户，进行当地线下实体流量再分配，按照顾客不同购物方式偏好实行差异化定向营销，具有全国或属地化品牌优势。患者通过美团、饿了么等自主选择产品和药店，医药零售企业有望向平台型发展模式转型。O2O模式的全渠道经营，能让线上线下结合发挥整体优势，提高顾客满意度，提高市场占有率。同时对于医药零售连锁企业而言对于跨界也很简单。

医药连锁零售企业可以运用O2O模式拓展销售渠道，具体方式可以是网上药店以商品展示、顾客评价以及消费者自主决策购买为主，提供在线检索和互动的平台为顾客提供药学专业服务的客户服务体系；消费者可以在网上药店足不出户浏览药品信息后发出购药需求，并下订单，支付方式可以自主选择是在线支付还是实体药店现场之火或实体店送货上门货到付款等形式。网上药店确认订单后将离顾客最近的会员药店提供顾客需求信息，由实体药店的营业员、配送员或第三方物流公司提供商品送货服务，将医药产品安全快捷地送达消费者，也可由消费者自行前往最近的实体店凭单拿货，提供专业的药学服务。

目标检测

答案解析

一、A型题（最佳选择题）

1. 分销渠道是指（　　）
   A. 产品在其所有权转移过程中从生产领域进入消费领域的过程
   B. 产品在其所有权转移过程中从中间商进入消费领域的过程
   C. 产品在其所有权转移过程中从经销商进入消费领域的过程
   D. 产品在其所有权转移过程中从代理商商进入消费领域的过程
   E. 产品在其所有权转移过程中从生产领域进入流通领域的过程

2. 体积大的重型医药产品比如家用大型制氧机一般应采取（　　）
   A. 短渠道　　　　　　B. 长渠道　　　　　　C. 宽渠道
   D. 窄渠道　　　　　　E. 多渠道

3. 面广价低的常用普药适合采用（　　）。

    A. 独家分销　　　　　　　B. 选择性分销　　　　　　C. 密集性分销

    D. 代理性分销　　　　　　E. 零级分销

4. 生产者通过低价来追求迅速发展与经销商通过高价来追求盈利，而引致冲突，其原因在于（　　）。

    A. 目标不一致　　　　　　B. 角色的权力不明确　　　C. 感知不同

    D. 互相依赖的程度　　　　E. 市场不一致

5. 以下是O2O的表现形式的是（　　）

    A. 线上下单，线下药店配送并提供药学服务

    B. 线上下单，线下物流配送

    C. 企业针对消费者的需求提供定制服务

    D. 企业通过第三方平台比如京东．天猫等销售自己的医药产品

    E. 医院通过独立的第三方平台招标采购医药企业的产品

二、B型题（配伍选择题）

    A. 垂直渠道冲突　　　　　B. 水平渠道冲突　　　　　C. 多渠道冲突

1. 窜货属于（　　）

2. 当生产企业建立多渠道营销系统后，不同渠道服务于同一目标市场时所产生的冲突属于（　　）

3. （　　）是指在同一渠道中不同层次企业之间的冲突

4. （　　）是指发生在同一渠道同一层次中间商之间的冲突

三、X型题（多项选择题）

1. 分销渠道包括（　　）

    A. 生产者　　　　　　　　B. 批发商　　　　　　　　C. 代理商

    D. 供应商　　　　　　　　E. 消费者

2. 按照制造商所采用的渠道类型的多少，可分为（　　）

    A. 宽渠道　　　　　　　　B. 窄渠道　　　　　　　　C. 单渠道

    D. 多渠道　　　　　　　　E. 长渠道

3. 影响分销渠道设计的因素有（　　）

    A. 顾客特性　　　　　　　B. 产品特性　　　　　　　C. 竞争特性

    D. 企业特性　　　　　　　E. 中间商特性

4. 医药分销渠道的功能包括（　　）

    A. 风险承担　　　　　　　B. 融资功能　　　　　　　C. 整买零卖

    D. 销售与促销　　　　　　E. 仓储与运输

5. 以下属于选择性分销的优点的有（　　）

    A. 中间商经营积极性高，责任心强

    B. 产品与顾客接触机会多

    C. 有利于培植工商企业之间的合作关系

    D. 有利于保护产品在用户中的声誉

    E. 广告效果大

6. 医药分销渠道设计的目标有（　　）

    A. 经济目标　　　　　　　B. 控制目标　　　　　　　C. 适应目标

D. 声誉目标　　　　　　E. 物流目标

7. 以下属于自营式 B2C 分销渠道

    A. 仁和药房网　　　　　B. 导药网　　　　　　C. "药材通" APP

    D. 叮当快药　　　　　　E. 阿里健康

8. 医药线上分销渠道包括（　）

    A. 医药 O2O 分销渠道

    B. 独立第三方 B2B 型医药互联网分销渠道

    C. 医药企业自建 B2B 型医药互联网渠道

    D. 自营式 B2C 分销渠道

    E. 平台式 B2C 分销渠道

四、综合问答题

1. 简述医药中间商的类型。

2. 请画出医药分销渠道中的五种实物和非实物的流动状态。

（张　平）

书网融合……

重点回顾　　　　　习题

项目十一　医药产品促销策略

学习目标

知识目标

1. **掌握**　广告、营业推广、公共关系、人员推销四大医药促销组合的设计和应用策略。

2. **熟悉**　促销组合的含义及影响组合的因素。

3. **了解**　新的促销模式和发展趋势。

技能目标

(1) 能够独立开展医药产品的推销活动。

(2) 学会实施医药产品促销策划活动。

素质目标

(1) 培养独立工作能力，同时强调公关能力和合作精神。

(2) 树立正确的医药营销伦理，诚信经营。

导学情景

情景描述：我国于 1959 年，1982 年，1992 年，2002 年进行的 4 次全国营养调查显示，我国城乡居民的钙营养一直处于不良状况。那么，适合中国人体质的钙是什么钙呢？不是进口钙，而是朗迪钙，该产品近 5 年以 25% 的复合增长率高速增长，2020 年的销售额达 43 亿元，至 2020 年，朗迪钙已连续 9 年登上"健康中国·品牌榜"，终端销售额排名第一。

情境分析：朗迪钙为何能成为销售第一？朗迪钙是碳酸钙 D_3，是各种疾病钙缺乏补充剂，朗迪钙在医院和药店都有广泛的销售，覆盖医院 9781 家，药店 34 万家，覆盖率 65%，朗迪钙能够取得如此巨大的销售成绩，得益于公司准确的市场营销策略，生产企业于 2018 年开启了品牌从渠道端到消费终端的品牌升级，提出了"为中国人设计，让中国人健康"的理念，支持中国营养学会成立"国人体质研究中心"，以央视传播和高铁形象专列为品牌传播的制高点，配合终端宣传，全力打造消费者认可的品牌。

补钙普遍容易产生便秘，这也是困扰广大补钙人群的一个难题，朗迪钙专门针对进口钙升级完善了配方，精准单次补钙量和加入甘露醇成分，有助于减少便秘反应。

讨论：①朗迪钙最受欢迎的原因是什么？②朗迪钙为什么是最适合中国人体制的钙？③在传统广告大幅度效益下滑的情况下，如何冲出品牌重围？

学前导语：OTC 钙制剂作为常见药品，市场竞争非常激烈，厂家过千。朗迪钙脱颖而出，连续 10 年保持高速增长，朗迪品牌由渠道品牌成功转变向大众品牌，将品牌传播落地，走进医院，走进药房，走进广场，走进消费者心中去，是中国民族企业走向 OTC 市场的典型营销案例。

任务一 认识医药促销和医药促销组合

一、医药促销内涵

（一）医药促销的含义

促销是企业通过各种方式，向目标市场传递企业及产品信息，吸引目标消费者群使其产生购买欲望或兴趣，增加企业产品销售的活动。

医药促销是医药企业向医药市场传递医药产品及医药企业的各种信息，吸引医药消费者群购买其产品，以实现扩大销售量之目的。医药促销实质上是信息沟通活动，医药企业向目标市场发出有关医药产品方面的各种信息，以期待目标消费者群购买。常用的促销手段有人员推销、广告、销售促进和公共关系。

（二）医药促销的作用

营销本身包括买和卖两个方面，要使营销能顺利进行，就需要沟通信息。没有"信息"的沟通，买卖双方便不可能实现销售。因此，促销的本质在于买卖双方的信息沟通，增进了解，以唤起顾客需求，引导顾客的购买动机，实现医药产品的销售。同时，也通过信息反馈获得消费者的意见，为达成交易创造有利条件。具体来看，促销主要有以下几方面的作用。

1. 传递信息，引导消费 医药产品进入市场时，通过行之有效的促销活动，介绍产品功效和特点，引起目标市场中消费者的注意，使消费者对产品产生兴趣，激发购买欲望，促使其产生购买行为。

2. 突出特色，促成交易 医药企业在促销活动中，通过宣传其药品的特点，以及给消费者带来的特殊利益，使消费者充分认识本企业产品的特色，引起消费者群的注意和欲望，促成交易。

3. 扩大需求，稳定销售 医药消费者使用了本企业的医药产品后，若对疗效基本满意，便会形成对产品购买和使用。如高血压患者购买"血压计"，糖尿病患者购买下一疗程的药物。当某一种产品的销量下降时，通过适当的促销活动的强烈刺激，可以使需求得到某种程度的恢复和提高，从而达到稳定销售的目的。

4. 树立形象，美誉忠诚 通过有效的促销活动能够在消费者中树立起良好的企业形象，使消费者对本企业生产的医药产品更具信任，并培养品牌忠诚度，从而保持销售的稳定及持续增长。

？想一想

"医药产品促销的实质是介绍产品，扩大销量，获得较大的利润"，对于该说法，你怎么看？

答案解析

二、医药促销组合内涵

（一）医药促销组合的含义

医药促销组合是指医药企业根据促销的需要，对人员推销、广告促销、营业推广、公共关系宣传等促销方式，进行适当选择和综合运用，以便实现更好地整体促销效果。如图 11-1 所示。

（二）医药促销的基本方式

医药促销的基本方式包括：人员推销、广告、营业推广、公共关系等四种。各种促销方式特点比

```
                        促销组合
                    ┌──────┴──────┐
                人员促销          非人员促销
            ┌─────┼─────┐      ┌────┼────┐
         上门推销 柜台推销 会议推销  广 告 营业推广 公共关系
```

图 11 - 1 促销组合

较见表 11 - 1 所示。

表 11 - 1　各种促销方式的特点比较一览表

比较项目	沟通方式	促销功效	优点	缺点	时效性
广告	靠媒介进行传播、单向沟通	提高企业及产品的知名度	传播范围广、形式多样、可控、人均成本低	信息传播量有限、总成本高	中长期
公共关系	间接促销手段、双向沟通	树立良好的公众形象	客观、可信度高	可控性差	长期
销售促进	直接促销手段	短期内增加销售量	直接、见效快、可控性高	某些推广形式成本高	短期
人员推销	面对面、双向沟通	与顾客建立良好关系	针对性强、灵活性大、见效快	成本高、覆盖范围有限	中长期

👁 看一看

整合营销传播（Integrated Marketing Communications，IMC）这一观点是在 20 世纪 80 年代中期由美国营销大师唐·E·舒尔茨提出和发展的。IMC 的核心思想是：以整合企业内外部所有资源为手段，再造企业的生产行为与市场行为，充分调动一切积极因素以实现企业统一的传播目标。它是一种市场营销沟通计划的观念，在计划中，对不同的沟通形式（如一般性广告、营业推广、公共关系等）的战略地位作出评估，通过对分散的信息加以综合，通过所有的信息沟通手段在应用过程中从内容、表现形式，到时间、空间等方面达到协调一致。IMC 有两个特征、七个层次、六种方法。

同学们可以查找文献，了解新的医药营销模式、理念、手段，分析其应用场合。

（三）医药促销策略

促销策略可分为推式策略和拉式策略两种。

1. 推式策略　即以直接方式，运用医药企业人员推销手段，把医药产品推向分销渠道。其运用方式：医药企业推销人员把医药产品推荐给医药批发商，由医药批发商推荐给医药零售商或医疗机构，由医药零售商或医疗机构推荐给最终消费者，并形成消费（图 11 - 2）。

```
医药生产者 ┈┈▶ 医药批发商 ┈┈▶ 医药零售商 ┈┈▶ 消费者
```

图 11 - 2　促销组合策略：推式策略

推式策略适用于下列情况：①医药企业的经营规模小，或资金有限，难于执行完善的广告计划。②医药分销渠道短，市场相对集中，销售人员具有较高素质。③医药单位价格较高，专用性较强，如治疗恶性肿瘤类的药品等。④医药产品的专业性较强，需在专业人员指导下消费，如处方药品，需在专业或专科医生指导下消费，依靠简单的交流、讲解和宣传，消费者无法对消费与否作出决定。

2. 拉式策略　即采取间接方式，运用广告等手段，将医药产品信息通过广告媒介传播出去，吸引最终消费者，使消费者对医药企业的产品产生兴趣，并主动购买这类产品。其作用路线：医药企业运用信息传播技术将消费者引向零售商，将零售商引向批发商，将批发商引向生产企业（图 11 - 3）。

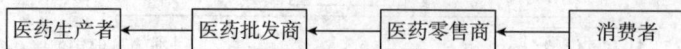

医药生产者 ← 医药批发商 ← 医药零售商 ← 消费者

图 11 - 3　促销组合策略：拉式策略

拉式策略适用于：①医药市场容量较大，方便使用的产品，如贴膏类药品。②医药信息能够快速告知广大消费者。③医药产品已被广泛应用，并呈现出市场需求日渐上升趋势，如阿司匹林、三九感冒灵等解热镇痛或感冒类的常用药品。④本身的科技含量不高、价值较小、用途广泛的产品。⑤企业有足够资金用于医药产品广告的推广。

三、影响医药促销组合策略的因素

1. 促销目标　当促销目标为在近期内迅速增加销售时，则应运用销售促进，并辅以人员推销和适当的广告；当促销目标是让顾客充分了解某种医药产品时，应运用印刷广告、人员推销或销售促进；当促销目标为树立企业形象、提高产品知名度时，促销重点应在广告上，同时辅以公关宣传。从整体上看，在促进消费者了解医药产品方面，广告的成本效益最好，人员推销次之；但若考虑消费者对企业医药产品的信任，人员推销更具成效，其次才是广告。

2. 医药特征　主要指医药产品的性质和生命周期两个方面。

（1）医药产品性质　不同性质的医药产品，因为政策及目标消费者的购买心理和购买习惯不同，因此要采取不同的促销组合及策略，以有利于产品的销售。如我国对处方药严禁通过大众媒体进行广告，所以对于处方药来说，人员促销中的学术推广就是其选择的首要促销方式，也是与医师进行沟通的最佳途径。

（2）产品生命周期　对于产品的不同生命周期，企业营销目标不同、市场竞争状况不同，消费者需求变化也各不相同，所以采取适合不同阶段的促销策略，才能保证促销活动的效果，使得医药产品有稳定的销售。

3. 市场环境　市场环境不同，促销组合与促销策略也有所不同。对于医药消费者市场，由于消费者多而散，且每次交易额较少，产品安全，所以多采取非人员促销的形式；对于医药生产者市场，由于消费者少而集中，且每次交易额较大，一般采用人员促销的形式。对于处方药和非处方药，由于国家政策的不同，要求须按照国家要求进行促销组合的选择。

4. 促销预算　企业开展促销活动，必然要支付一定的费用，费用也是企业关心的一个重要问题。在满足促销目标的前提下，要做到效果好而且费用少。

任务二　设计医药产品广告策略

医药产品广告策略是医药促销组合中的重要组成部分，是医药企业进行促销的最有用的方法和手段。它在改进医药企业的形象，促进医药营销等方面具有很重要的作用。

一、医药广告的内涵

（一）医药广告的含义

"广告"一词最早源于拉丁文，中文字面意思理解就是"广而告之"，这是广义的广告概念。狭义的广告主要是指商业广告。广告是现代医药企业进行促销的最有效的方法和手段，在增强医药企业形象、促进销售等方面具有无可替代的作用。

医药广告是指由医药生产企业或者经营企业承担费用，通过一定的媒介和形式介绍医药产品及其功效，直接或间接地以医药销售为目的的商业促销活动。

（二）医药广告的类型

根据广告内容和目的划分为产品广告和药企广告。

1. 产品广告　产品广告是针对产品销售而展开的广告宣传活动。在不同的产品生命周期，广告的目标也有所不同，可分为三种类型。

（1）拓展型广告　主要是在产品导入期，通过广告宣传，突出产品的优点和给客户带来的利益，以吸引客户的注意；

（2）劝告型广告　主要是在产品成长期和成熟期使用，通过产品差异化的宣传，使目标消费者能够在同类产品中优先购买本企业的产品；

（3）提醒式广告　主要应用于产品衰退期，通过对目标消费者的不断提醒，以激发起继续购买本企业产品的欲望。

2. 医药企业广告　医药企业也是医药企业形象广告，是通过对企业形象的广告宣传，扩大企业知名度及美誉度，提高其在目标消费者心目中的形象和地位，间接促进产品的销售。如康美之恋广告片，以介绍企业为主，较少介绍产品甚至不介绍产品，目的是扩大医药企业的知名度。

（三）医药广告媒体的种类及特点

医药广告媒体多种多样，大致有报纸、杂志、广播、电视、网络、户外广告、直邮广告、现场POP广告（在营业现场设置的各种广告形式）、交通广告、传单、包装纸、商品陈列等。其中最常用的媒体是报纸、杂志、电视、广播和网络等，它们各有优缺点。

1. 报纸

（1）报纸广告的规格　双整版、整版、半版、双通栏、通栏、半通栏、报眼、中缝，以厘米计算的小版面和以文字计算的分类广告等。

（2）报纸广告的优缺点

①保存信息持久：作为印刷品，报纸使广告信息比较持久，便于消费者随时阅读和反复阅读。

②说服性强：报纸是解释性媒介，可以提供详细的说明性材料，展开深度说明。

③信任度高：报纸有长期积累起来的优良信誉，使读者对内容较为信任。

④传播及时：报纸一般以日报较多，相对于杂志来说，出版周期短，可以及时发布广告。

⑤针对性差：相对于杂志，报纸的发行面大，发行范围广，比较难以瞄准特定的受众。

⑥注意度低：报纸广告大多数情况下刊登在专门的广告版面中，使得单个广告受到注意的程度大大地降低。

⑦视觉冲击力差：相对于杂志、海报等高质量的印刷效果。由于技术和纸质的影响，报纸广告的还原性比较差，视觉冲击力较弱。

2. 杂志

（1）杂志的分类

①按发行周期：可分为周刊、旬刊、双周刊、月刊、双月刊、季刊、不定期刊等。

②按发行区域：可分为国际性杂志、全国性杂志、地方性杂志。

③按读者群：可分为大众消费者杂志和行业杂志，前者如《意林》《读者文摘》等，后者如管理专业杂志《管理世界》、医学专业杂志等。

④按内容种类：可分为新闻杂志、财经杂志、体育杂志、时尚杂志、健康杂志、教育杂志等。

（2）杂志广告类型　杂志广告主要包括一般商业广告、文章型广告和插页广告，以一般商业广告为主。一般商业广告可分为三种类型：一是图片式广告，指以大型图片为主的利用高质量的印刷效果来突出品牌形象的广告；二是图文结合式广告，指依靠文案和图片的配合来共同传递广告信息的广告形式，一般以图片来展示产品形象，而以文字提供有关产品的具体信息；三是邮购广告，不仅提供清晰的产品实物图片和详细的有关产品价格、规格、品质、功能、材料等方面的介绍，而且还提供详细的邮购方法和购买利益，以促使消费者购买。

（3）杂志版面规格　杂志一般提供封二、封三、封底、内页等广告版位，特殊情况下也提供封一即封面作为广告版位。内页又可分为整版、半版、1/4 版、1/6 版面等规格的广告版面，有时为了配合创意的需要也提供诸如跨页、插入三维形式的广告，小包装样品等特殊形式的广告样式服务。

（4）杂志广告的优缺点

①针对性强：杂志内容上的高度细分使得其读者的细分非常高，企业可以根据自己的目标顾客准确地选择杂志类型来发布广告。

②表现效果好：采用高质量的彩色印刷，使杂志广告具有高质量的产品复原能力和突出的表现效果，从而使广告更容易让读者注意和理解。

③持久性强，可反复阅读：在购买杂志后，人们往往都会保存而不会随手丢弃，留待以后有兴趣的进候再看，这就使杂志的广告信息可以保存较长时间，为读者反复接触广告信息提供了机会。

④出版周期长，灵活性差：杂志的出版周期较长，使得广告信息传递不及进和不能随时按需修改广告内容。

3. 广播

（1）广播的分类

①按内容：可分为综合广播电台和传播专门内容的专业电台如交通台、音乐台等。

②按调制方式：可分为调频和调幅两种形式。

③按传输方式：可分为有线广播和无线广播，作为广告媒介的主要为无线广播。

（2）广播广告的种类

①节目广告：由赞助节目的广告主在节目中插播的广告，一般收费较高。

②插播广告：在节目和节目之间插播的广告，或者在没有特定赞助商的节目中插播的广告。

③报时广告：在整点报时前播出的广告。

从计费时间上看，广播一般提供60秒、30秒、15秒、5秒等的广告规格。

（3）广播广告的优缺点

①成本低廉：广播广告的播出成本和制作成本都比较低廉，为中小企业提供了利用大众传媒的机会，可以较低的成本反复传播广告信息。

②传播及时：广播可在一定范围内迅速传播到听众耳中。

③范围广泛：在所有大众媒介中，广播的到达范围最广。受时间和空间的限制最少。

④冲击力较弱：广播广告虽然可以借助声音形象的塑造来打动受众，但其表现手段比较单一，听众感受广告信息的直观性差，距离感大，使广告的冲击力减弱。

4. 电视

（1）电视媒介的分类

①按照覆盖范围：可分为全国性电视媒介和地方性电视媒介。

②按照传播内容：可分为综合电视频道和专业电视频道。

③按照传输方式：可分为有线电视、无线电视、卫星电视等。

（2）电视广告的种类　电视广告和广播广告一样，可分为节目广告和插播广告、报时广告等，广告规格也类似。

（3）电视广告的优缺点

①冲击力和感染力强：电视媒介是视听兼具的广告媒介，可以调动声音、图像、音乐、音响、色彩等多种表现手段来展现产品，营造特定的情绪情感和意境，多方位地影响消费者，其冲击力和感染力是所有媒介中最强的。

②覆盖范围广：电视的覆盖范围非常广泛，可以达到的受众群体非常广泛。

③信息持久性差：电视广告的信息不能被反复地阅读，只能增加广告的曝光次数来增加目标受众接触广告信息的机会，使电视广告的总成本也大大提高。

④受众抵触度高：电视广告往往在受众接受电视节目的中间强行插入，人们对电视广告的报怨较多，这种抵触情绪使受众养成了规避广告的习惯，不利于信息有效地到达目标受众。

5. 网络 随着互联网普及程度的提高，上网人口迅速增长，网络已经成为了人们获得信息的一种常见手段。网络广告就是利用网站上的广告横幅、文本链接、多媒体，在互联网刊登或发布广告，通过网络传递到互联网用户的一种高科技广告运作方式。网络广告的市场正在以惊人的速度增长，网络广告发挥的效用越来越显得重要，成为传统四大媒体（电视、广播、报纸、杂志）之后和第五大媒体。

（1）网络广告的形式 网络广告最常见的形式是企业主页广告，企业通过建立自己的主页来宣传自己的产品和传递广告信息，并通过一定的手段和消费者建立广泛的互动和联系。还有一种常见的网络广告形式是横幅广告，又称旗帜广告（banner），是以 FIF、JPG、Flash 等格式建立的图像文件，定位在网页中大多用来表现广告内容。一般位于网页的最上方或中部，用户关注程度比较高。横幅广告还提供链接，用户只要点击该广告就可以进入企业主页获得更详细的广告和产品信息服务。另外一种常见的网络广告是弹出窗口广告。访客在请求登录网页时强制插入一个广告页面或弹出广告窗口。这种广告有全屏的也有小窗口的，互动的程度也不同，从静态的到全部动态的都有。它的好处是不妨碍网页上的内容，因为它不占有网页的空间。缺点上消费者会对弹出的广告窗口感到厌烦。其他还有竖幅广告、电子邮件广告、文本链接广告等形式。

（2）网络广告的优缺点

①网络广告的传播冲破了时间和空间的限制：网络联接着世界范围内的计算机，它是由遍及世界各地大大小小的各种网络按照统一的通信协议组成的一个全球性的信息传输网络。因此，通过互联网发布广告信息范围广，不受时间和地域的限制，可以把广告信息 24 小时不间断地传播到世界各地。只要具备上网条件，在任何地点都可以阅读。这是传统媒体无法达到的。

②网络广告能精准投放：网络广告的受众是最年轻、最具活力、受教育程度最高，购买力最强的群体，网络广告可以帮您直接命中最有可能的潜在用户。利用软件技术，客户还可以指定某一类专门人群作为广告播放对象，而不必为与此广告无关的人付钱。

③内容更丰富：网络采用多媒体技术，提供文件、声音、图像等综合性服务，且提供的信息容量是不受限制的。企业或广告代理商可以提供相当于数千页计的广告信息和说明，而不必顾虑传统媒体上每分每秒增加的昂贵的广告费用。网络上一个小小的广告条后面，企业可以把自己的公司及公司的所有产品和服务的一切详尽的信息制作成网页放在自己的网站中，这在传统媒体上是无法想象的。

④速度快、灵活性强：网络广告可以及时发布，并能在网上预订、交易与结算，更大地增强网络广告的实效。在传统媒体上做广告发布后很难更改，即使可改动往往也需付出很大的经济代价，而网络媒体具有随时更改信息的功能，企业可以根据需要随时进行广告信息的改动，企业可以 24 小时调整产品价格、商品信息，可以即时将最新的产品信息传播给消费者。

⑤强大的交互性：交互性是互联网媒体的最大优势，用户可以获取他们认为有用的信息，企业也

可以随时得到宝贵的用户反馈信息。网络广告可以做到一对一地发布，以及一对一地信息回馈。利用传统媒体做广告，很难准确知道有多少人接收到广告信息，而在网上可进行权威公正的访客流量统计及访客查阅的时间分布和地域分布，从而有助于企业正确评估广告效果。

⑥网络广告的真实性差：由于网络上传广告方便灵活，出现很多虚假、夸大广告，从而使人们对网络广告的真实性更多地持怀疑态度。

6. 其他广告媒介　常见的有户外广告、直邮广告、POP 广告等。

不同类型的广告媒体，其所承载的信息的表现形式、信息传递的数量、信息传递的时间和空间都有所不同。为使本企业和产品的信息达到最优的传递效果，医药企业应该比较各个媒体之间的优缺点，结合企业发展战略和产品的特点，寻求一条成本效益比最佳的沟通路线。

👁 **看一看** ──

POP 是 point of purchase 的简称，意思是销售点广告，是指在销售地点（药店店面、店内及附属设施）设置的所有广告的总称，包括橱窗陈列，柜台、货架陈列，货摊陈列等，还包括销售地点的现场广告，以及有关场所门前的海报、招贴，也包括包装纸、小册子、奖券等，最主要的形式还是通过商品本身为媒体的陈列广告。销售点广告最大的功能是增强销售现场的装饰效果，美化购物环境，能够在消费者购买行动的最后阶段帮助其在品牌间做出选择。

──

二、医药广告相关政策

医药广告对社会的影响不仅体现在其具有传播信息、塑造品牌、促进企业竞争等经济功能，还体现在对社会的正面和负面效应。而广告的负面效应不仅直接危害和损害消费者的健康，也扰乱正常的市场竞争秩序。因此，国家采取了特定的手段对医药广告进行监督管理。

（一）医药广告管理的概念

医药广告管理是指医药广告管理机构、医药广告行业协会以及社会监督组织，依据医药广告的相关法律、法规和政策规定，对医药广告行业和医药广告活动实施的监督、管理、协调与控制活动。

（二）医药广告管理的相关政策

通过法律法规进行广告管理是我国实行广告管理的重要手段，与医药广告管理相关的法律法规主要有《中华人民共和国广告法》《中华人民共和国药品管理法》《中华人民共和国药品商标法》《中华人民共和国反不正当竞争法》《中华人民共和国合同法》《中华人民共和国消费者权益保护法》《药品、医疗器械、保健食品、特殊医学用途配方食品广告审查管理暂行办法》等。

根据相关药品广告发布规则的规定：

（1）药品、医疗器械、保健食品和特殊医学用途配方食品广告应当真实、合法，不得含有虚假或者引人误解的内容。

（2）广告主应当对药品、医疗器械、保健食品和特殊医学用途配方食品广告内容的真实性和合法性负责。

（3）药品广告的内容应当以国务院药品监督管理部门核准的说明书为准。药品广告涉及药品名称、药品适应证或者功能主治、药理作用等内容的，不得超出说明书范围。

药品广告应当显著标明禁忌、不良反应，处方药广告还应当显著标明"本广告仅供医学药学专业人士阅读"，非处方药广告还应当显著标明非处方药标识（OTC）和"请按药品说明书或者在药师指导下购买和使用"。

（4）处方药可以在国务院卫生行政部门和国务院药品监督管理部门共同指定的医学、药学专业刊物上介绍，但不得在大众传播媒介发布广告或者以其他方式进行以公众为对象的广告宣传。

（5）下列药品、医疗器械、保健食品和特殊医学用途配方食品不得发布广告。

①麻醉药品、精神药品、医疗用毒性药品、放射性药品、药品类易制毒化学品，以及戒毒治疗的药品、医疗器械。

②军队特需药品、军队医疗机构配制的制剂。

③医疗机构配制的制剂。

④依法停止或者禁止生产、销售或者使用的药品、医疗器械、保健食品和特殊医学用途配方食品。

⑤法律、行政法规禁止发布广告的情形。

? 想一想

请查找自 2020 年 3 月 1 日起施行的《药品、医疗器械、保健食品、特殊医学用途配方食品广告审查管理暂行办法》的有关内容。

要求：

1. 了解药品广告中有关药品功能疗效的宣传应当科学准确的要求，不得出现哪些情形？

2. 了解对药品、医疗器械、保健食品、特殊医学用途配方食品广告做出的明确限制。

答案解析

（三）医药广告的管理与审查

1. 医药广告的审批

（1）审批机构　各省、自治区、直辖市市场监督管理部门、药品监督管理部门负责药品、医疗器械、保健食品和特殊医学用途配方食品广告审查，依法可以委托其他行政机关具体实施广告审查。

（2）审批机构的职能　负责对宣传药品的主要成分、功能、适应证、用法、用量、禁忌证和不良反应等内容进行审查，并发给药品广告批准文号；未取得药品广告批准文号的，不得发布。

（3）广告申请者的职责　必须向企业所在地省、自治区、直辖市人民政府药品监督管理局提交相关证明文件和材料，办理《药品广告审批表》。

? 想一想

1.《××时报》××年××月××日发布的某专科专业医院，使用患者名义作证明，以新闻报道形式变相发布专业专科广告，合法吗？

2. 当前医药广告中使用"治愈率"百分之百，"攻克癌症"等语言，夸大疗效，你认为合法吗？说明理由。

答案解析

2. 医药广告管理

（1）监督管理机构　县级及以上的各级市场监督管理部门。

（2）管理方法　一是以法律为准绳，《中华人民共和国广告法》《中华人民共和国药品管理法》《反不正当竞争法》等。二是以政策和法规为指导。按照 2020 版《药品、医疗器械、保健食品、特殊医学用途配方食品广告审查管理暂行办法》《医疗机构管理条例》《中医药条例》，在严厉打击违法广告的同时，试图强化行业自律，通过"应用管理"的方式，强化企业知法、守法的自觉性。三是专管与综合治理相结合。

三、医药广告策略

医药广告活动是指医药企业制定广告方案，将广告投放到各种媒体中以接近目标市场的活动。医药广告活动主要包括五个方面：确定广告目标（Mission）、确定广告预算经费（Money）、设计广告信息（Message）、选择广告媒体（Media）和衡量广告效果（Measurement），也称为5Ms。

（一）确定广告目标

广告目标是指在一个特定时期内，对于某个特定的目标公众所要完成的特定的传播任务和所要达到的沟通程度。简单来讲，广告目标就是企业通过广告活动试图达到的目的。广告目标必须服从先前指定的有关目标市场、市场定位和营销组合等决策。广告目标的基本要求是清晰、明确、具有可衡量性。广告目标的选择应当建立在对当前市场营销情况透彻分析的基础上，以及对产品所处生命周期深刻把握的基础之上。

（二）确定广告经费预算

广告经费预算是指医药企业在一定时期内预期分配给广告活动的总费用。广告有维持一段时期的延期效应。虽然广告被当作当期开销来处理，但是其中的一部分实际上可以用来逐渐建立被称为品牌权益的无形价值的投资。企业广告经费的投入并不是越多越好，而是应考虑影响广告效果的各种因素，采取科学的手段对成本效益比进行预算，以期用最低的成本获得最佳的效果。

影响医药企业广告经费预算的因素：

1. 产品生命周期阶段 一般来讲，对于处于导入期和成长期的医药产品，因其要在目标消费者内建立知名度，因此，其广告投入的经费也就相对较大；而对于成熟期或衰退期的医药产品，则需要适当降低广告预算。

2. 市场份额和消费者基础 市场份额高的品牌，只求维持其市场份额。因此，其广告预算在销售额中所占的比率也就较少。而通过增加市场销售来提高市场份额，则需大量的广告费用。如果根据单位效应成本来计算，打动使用广泛品牌的消费者比打动使用低市场份额品牌的消费者花费较少。

3. 竞争与干扰 在一个有很多竞争者和广告开支很大的市场上，一种品牌必须加大力度进行宣扬，以便高过市场的干扰声。即使市场上一般的广告干扰声不是直接对品牌竞争，也必须加大广告投资。

4. 广告频率 把品牌信息传达到顾客需要一定的重复次数，广告投放频率越高，需要的预算也就会越大。

5. 产品替代性 如果在同一类商品种类中存在较多的不同商品品牌，为了树立本品牌有差别性的形象，就需要投入大量的广告，把自己的产品与其他的同类产品区别开来。医药产品的特性不同会影响广告促销作用的大小，进而影响广告费用。

（三）设计广告信息

广告活动不能完全和创意等同起来，而作为广告活动的创造性远比广告花费更重要。对于药品广告信息，只有能够充分地引起消费者的注意，才能够起到促进药品销售的作用。在广告信息的设计上，要着重考虑消费者的行为、习惯和需求，要将消费者的特性与医药产品的特性结合起来。

一般来讲，广告信息的设计主要有四个步骤，即信息的产生、信息的评价和选择、信息的表达和信息的社会责任观。

1. 信息的产生 广告的信息内容受到目标市场特征和产品特征两个方面的影响，而目标消费者是这个内容的最好来源。他们对于现有品牌的优势和不足的各种感觉为广告内容的创新性提供了重要的线索，我们就可以找到广告信息的诉求点。这种诉求点是有针对性和竞争力的，也代表着消费者对产品的需求。

2. 信息的评价和选择 通常一个好的广告只会强调一个主题。广告信息可根据愿望性、独占性和可信性来加以评估。广告客户应该进行市场分析和研究，以确定哪一种诉求对目标消费者最有效。

3. 信息的表达 广告信息的表达分为两种情况，一种是着重理智定位，另外一种是着重情感定位。不管是在广告促销活动中采用何种定位的表达方式，其关键是广告信息传递的信息能否和企业产品的特性充分地结合起来。

4. 信息的社会责任感 设计药品广告信息必须注意国家法律、法规和社会道德规范对药品广告的限制，此外，药品广告还必须谨慎地不触犯任何道德团体、少数民族或特殊利益团体。

（五）衡量广告效果

衡量广告效果主要包含两个方面：一是企业与社会公众之间的有效沟通，即传播效果；二是医药企业产品促销的效应，即促销效果。

1. 广告传播效果的测定 测定广告的传播效果，主要是测定消费者对广告信息的注意、兴趣、记忆等心理反应的程度。它可分为事前测定和事后测定。

（1）事前测定法 ①直接评分法：即邀请有经验的专家和部分消费者对各种广告的吸引程度、可理解性、影响力等进行预先评分和比较；②调查测试法：即在广告播出前，将广告作品通过信件、明信片或以调查形式邮寄给消费者或用户，根据回信情况判断准备推出的广告的效果；③实验测试法：即选择有代表性的消费者，利用仪器测量人们对于广告的心理反应，从而判定广告的吸引力。

（2）事后测定法 ①认定测定法：在广告播出后，借助有关指标了解视听者的认知程度，测定其注意力。常用的测试指标有：粗知百分比、熟知百分比、联想百分比。②回忆测试法：即通过请一部分消费者了解他们对广告的商品、品牌和企业等的追忆程度，从而判断广告的吸引程度和效果。

2. 广告促销效果的测定 常用广告费用增销率法：此法用来测定计划期内广告费用增减对广告产品销售的影响。其公式为：

$$广告费用增销率 = （销售量增长率/广告费用增长率）\times 100\%$$

广告费用增销率越大，表明促销效果越好，也就是广告效果越好。

任务三 设计医药营业推广策略

营业推广是现代企业市场营销活动的一个关键因素。如果广告提供了购买的理由，而营业推广提供了购买的刺激。

一、医药营业推广的内涵

（一）医药营业推广的含义

医药营业推广又称为销售促进，它是指医药企业运用各种短期诱因鼓励消费者和中间商购买、经销或代理企业产品或服务的促销活动。营业推广是构成促销组合的一个重要方面。

（二）医药营业推广的特点

营业推广是一种短期的促销方式，相对于其他的促销方式，医药营业推广有以下几个显著特点。

1. 针对性强、促销效果明显 医药企业采取营业推广的促销方式，一般来讲，比较注意各种促销手段的组合运用，通过提供某些优惠条件调动有关人员的积极性，在一定的时间限定内，引起较大规模的轰动效应，刺激和诱导消费者作出购买决定。

2. 无规则性和非经常性 医药营业推广是一种非人员的促销方式，大多数药品营业推广方式是无规则性和非经常性的，它是辅助或协调人员推销及广告活动的补充性措施。由于它是在短时期内达到某种销售目标，故不能频繁使用，否则会降低其促销效果。

3. 短期效果 医药营业推广一般是为了尽快地批量推销产品获得短期经济效益而采取的措施。如若按长期推销模式运作，则容易使消费者产生逆反心理，反而无法达到促销的本意。

4. 风险性 企业运用营业推广主要是通过各种工具促使消费者尽快购买其产品，虽然短期内促销效果明显，但是如若操作不当，容易引起消费者对其药品的质量、疗效以及企业声誉产生怀疑，因此具有一定的风险性。

👁 看一看

药品企业营业推广促销的矛盾特性

1. 强烈呈现 营业推广的许多方法往往把销售的产品在消费者的选择机遇前强烈地呈现出现，似乎告诉消费者这是一次永不再来的机会，购买该产品可以带来额外的好处。通过这种强烈的刺激，迅速消除顾客疑虑、观望的心理，打破顾客的购买惰性，使其迅速购买。

2. 产品贬值 由于营销推广的很多方法都呈现强烈的吸引氛围，有些做法难免显出企业急于出售产品的意图，如果使用不当，就可能使消费者怀疑产品的品质，产生逆反心理。

二、医药营业推广的方式

（一）针对消费者的医药营业推广

针对消费者的营业推广，主要适用于 OTC 药品的促销，目的是为了激发消费者更大的购买欲望。

1. 赠送样品 如向顾客赠送药妆样品或试用品，赠送样品是介绍新产品最有效的方法。样品可以选择在药店或闹市区散发，或在其他产品中附送，也可以公开广告赠送。

2. 会员积分 如连锁药店为顾客办理会员卡，在享受会员优惠价的同时，还可以将消费金额折算成积分，当积分累积到一定金额时可兑换药品或礼品，起到促销的同时还培养了顾客的忠诚度。

3. 演示体验 如医疗器械企业摆在药店专柜现场演示企业产品，同时免费让消费者现场试用体验，促销员现场指导产品使用，从而达到促销目的。

4. 专家义诊 以组织义诊或咨询服务为形式，通过活动本身宣传和活动过程宣传来反映药品的机理、疗效，树立企业形象，提高药品知名度、可信度。

5. 健康知识讲座 根据推广药品的特点，组织专家或权威人士进行健康讲座，普及与推广药品相关的健康知识，在讲座中融入所推广药品的功效和机理，提高推广药品被消费者试用的机会。

6. 集盒换购 消费者收集某一药品包装空盒几个可以免费换取一盒同一药品，目的是建立药品品牌忠诚消费者。

7. 疗程优惠 对于疗程性用药，采用购买一个或多个疗程数量药品，给予价格优惠的推广促销，可刺激消费者按疗程数量消费。

8. 有奖竞赛 由医药企业举办各类竞赛活动，如技能竞赛、知识比赛等，使消费者产生较大的兴趣，并能获取企业的奖励。参赛者多，可以起到较好的促销与宣传效果。

9. 以旧换新 药品是有有效期的特殊商品，为了提醒消费者不服用过期药品，一些医药生产企业开展以旧换新的方式促销，只要本企业生产的药品未开封或使用未超过一定比例的过期药品，可凭借购买票据到指定地点以旧换新，从而提高企业的知名度和美誉度。

10. 康复患者分享会 通过分享会对康复患者进行用药指导，同时分析同类药品的特点，为企业的产品做好宣传，让患者自由选择。

（二）针对中间商的医药营业推广

针对中间商的医药营业推广主要是指制药企业对医药批发企业、零售商或代理商及医疗单位等进行的促销活动，其主要目的是鼓励目标消费者购买更多或尝试新产品。

1. 批发折价 医药企业为争取批发商或零售商多购进自己的药品，在某一时期内给经销本企业药品的批发商或零售商加大折扣比例。

2. 推广津贴 医药企业为促使中间商购进并帮助推销企业药品，支付给中间商一定的推广津贴。

3. 销售竞赛 根据各个医药中间商销售本企业药品的实绩，分别给优胜者以不同的奖励，如现金奖、实物奖、免费旅游等，以起到激励的作用。

4. 扶持零售商 医药生产企业对药店零售商专柜的装潢予以资助，提供 POP 广告（卖点广告），强化零售药店网络，促使销售额增加；也可派遣企业信息员或代培销售人员。从而提高中间商推销本企业药品的积极性和能力。

5. 药品推介会 新药推广时，在特定场所召集医药公司、零售药店采购人员举行新药推介会，集中介绍推广药品的疗效和市场发展前景，促进中间商订货。

6. 经销商联谊会 医药企业每半年或一年举办的全国性或区域性经销商联谊会，介绍最新的经销政策，奖励优秀经销商，促进经销商与医药企业长期合作。

7. 医药展销会 医药企业通过参加全国性或区域性的医药博览会、展销会、业务洽谈会等，展示本企业的药品与品牌形象，通过展示与交流，寻找更多的药品经销商和代理商。

？想一想

全国药品交易会（PHARMCHINA）是中国药制剂与大健康领域极具规模和影响力的药盛会，拥有 40 年历史。2021 年在上海举办第 84 届全国药品交易会，展览规模达 12 万平米，参展企业 2000 家，专业观众 10 万，成为了企业开拓市场商机的高效平台，提供塑造品牌形象、寻求药代理、拓宽零售渠道、行业交流学习、会晤老朋友，寻求新合作伙伴的绝佳机会。

答案解析

药品交易会安排了数十场产品发布会、定制化活动、知名媒体专访、E 渠道推广等，为参展商带来更多市场曝光机会，同时收获了 13 万官方微信粉丝资源。

请分析该展览会的营业推广形式对药品的促销作用。

（三）针对医院的医药营业推广

1. 折扣 在药品销售过程中，医药企业根据购药单位销售额，在年底或不定期地返还不同比例的现金或产品的行为。

2. 学术支持 指对医护人员在科学研究方面给予一定的经济支持。在学术支持之下，医院的销售就会出现一个意想不到的效果。

3. 公司礼品 这类工具除了能有效地树立起公司的企业形象和产品，同时为企业与医院客户之间的关系提供有力的保证。

三、医药营业推广的策略

（一）制定营业推广方案

营业推广的工具很多，企业在具体应用时不是仅选择某一种，而是在分析多种因素的基础上，组成一个营业推广方案。

1. 刺激规模　刺激规模的大小必须结合目标市场的数量、规模以及内在结构，并根据推广收入与刺激费用之间的效应关系来确定。

2. 参与者的条件　针对顾客或经销商的特点，选择反应积极并易产生最佳推广效果的顾客或经销商作为主力参与者。

3. 推广的持续时间　若推广时间过短，消费者来不及反应；若推广时间过长，则消费者会产生厌倦情绪。一般来讲，理想的营业推广持续时间约为每季度使用三周时间，其时间长度约为平均购买周期的长度。

4. 分发的途径　常用途径有包装分送、商店分发和邮寄广告等三种。

5. 推广时机　企业应综合分析新产品的生命周期、市场竞争环境、购买心理及消费者收入等情况，制定营业推广方案，并付诸于实施。

6. 推广总预算　推广预算是药品营业推广中最重要的影响因素之一。一般拟定的方法有：从基层做起，营销人员根据所选用的各种促销办法来估计他们的总费用；按照习惯比例来确定，各项促销预算占总促销预算的比率。

（二）营业推广方案的实施

1. 预试营业推广方案　虽然营业推广方案是在经验基础上制定的，但是市场的内外部环境是随时在变化之中的，所以营业推广方案在实施前必须经过预试。以明确推广工具是否恰当，刺激规模是否合适，实施方法效果如何。一般预试的方法有，请消费者对几个方案进行评价和评分；或者在有限地区内进行试用性测试。

2. 实施和控制营业推广方案　对每一项营业推广方案应该确定其实施和控制计划。实施计划必须包括前置时间和销售延续时间。前置时间是开始实施这种方案前所必需的准备时间。销售延续时间是从开始实施此方案，到95％的产品被消费者购买为止所用的时间。

任务四　设计医药公共关系策略

一、医药公共关系的内涵

（一）医药企业公共关系的含义

医药企业公共关系是指医药企业利用各种传播手段与社会公众进行沟通，树立医药企业良好的形象和信誉，唤起人们对医药企业及其产品的好感，赢得公众的信任和支持，为企业销售提供一个长期良好的外部环境的营销活动。

对于医药企业而言，塑造良好形象是公共关系的核心，同时也是企业能够长远发展的根本保证。医药产品是直接关系到人民健康与生命安全的产品，人们对医药企业的形象与声誉往往更加关注。

（二）医药企业公共关系的特点

医药企业公共关系的内容包括企业形象宣传、企业与社会公众之间的交往与沟通等活动。公共关系作为一种很重要的促销方式，它具有以下的特点：

1. 可信度高　对于大多数受众而言，各种媒体上的有关医药企业的报道更为客观，而医药企业自己推出的广告自我夸大的成分比较多，影响效果不如前者。

2. 传播能力强　很多受众本身对医药广告等信息传递方式本能地反感，并且有意识地回避。而公共关系报道是以新闻形式出现的，公众一般不会产生反感，易于接受，传达能力强。

3. 成本较低　公共关系主要是利用信息沟通的原理和方法进行活动，比广告成本少得多。对医药企业而言，从投入产出比来看，公共关系是所有促销方式中成本最低的。

二、公共关系的策略

(一) 医药营销公共关系的策略

目前我国对医药行业广告促销限制较多, 介于市场的发展, 公关 (公共关系) 促销成为了医药营销的新焦点和主流变革趋势之一, 医药企业常使用以下五种公共关系策略。

1. 宣传型公共关系策略 这种策略就是运用各种传播沟通媒介, 将需要公众知道和熟悉的信息广泛、迅速地传达到组织内外公众中去, 以形成对企业有利的公众舆论和社会环境。这种策略具有较强的主导性、时效性、传播面广、容易操作等特点。选择这种策略时, 必须强调应坚持双向沟通和真实客观的原则。应用这种策略的常见做法是: 做公关广告, 开展新闻宣传和专题公关活动。

2. 交际型公共关系策略 这种策略就是运用人际交往, 通过人与人的直接接触, 深化交往层次, 巩固传播效果, 实际上就是运用感情投资的方式, 与公众互利互惠, 为组织建立广泛的社会关系网络。这种策略的特点是直接、灵活、富于人情味。常见的做法有招待会、座谈会、茶话会、宴会、交谈、拜访、信函、馈赠礼物等。应用这一策略时一定要注意不能把一切私人交际活动都作为公共关系活动。

3. 服务型公共关系策略 这种策略就是以向公众提供优质医疗健康服务为传播途径, 通过实际行动获得公众的了解和好评。其突出特点是用实际行动说话, 因而极具说服力。常见的做法有: 增加服务种类、扩大服务范围、完善服务态度、扩展服务深度、提高服务效率等。应用这一策略时要注意: 作出的承诺一定要兑现。

4. 社会型公共关系策略 这是一种以各种社会性、文化性、公益性、赞助性活动为主要内容的公共关系策略, 其目的是塑造组织良好的社会形象、模范公民形象, 提高组织知名度和美誉度。这一策略的特点是: 文化性强、影响力大, 但活动成本较高。因此, 运用这一策略时要注意量力而行。医药企业常见做法有: 为灾区捐款、成立健康基金会、助学活动、文化体育活动公益赞助、大型医疗宣教活动邀请嘉宾, 渲染气氛等。

5. 征询型公共关系策略 该策略就是围绕搜集信息、征求意见来开展公共关系活动的。目的是通过掌握公众信息和舆论, 为组织的经营决策提供依据。其特点是长期、复杂, 且需要耐力、诚意和持之以恒。常见做法有: 医药咨询热线电话、健康知识有奖征询、药品问卷调查、企业民意测验等。

(二) 医药企业公共关系的作用

1. 迅速提高企业知名度和美誉度 公共关系是提升企业知名度和美誉度的最有效的促销工具, 有利于增进社会公众对企业的信任、好感。

2. 迅速提高医药企业品牌影响力 由于个别企业在医药广告的内容上过度地宣传产品, 导致很多社会公众难以相信医药广告, 再加上医药广告受到的种种限制, 这就促成了公共关系成为医药企业提高品牌影响力的主要工具和手段。

❓ 想一想

2019 年以来, 片仔癀药业启动应急反应机制, 全力保障新冠肺炎疫情防控药品和物资供应。第一时间捐赠片仔癀等相关物资; 紧急生产 2.4 万份 "清肺排毒汤" (颗粒), 在保证关键药物供给的同时, 片仔癀药业全力做好口罩等防护用品的生产、收储和调配工作, 坚持平价原则, 满足公众需求。截至目前, 片仔癀药业已累计投入抗疫资金 8500 多万元。

请分析片仔癀药业的主要公关特征。

答案解析

3. 有利于提高目标消费者的忠诚度 消费者选择医药产品一个最根本的依据就是对企业产生好感

和信任，而医药企业通过与社会公众的沟通与交流，可以有效地增强目标消费者的好感和信任，维护他们的忠诚度。

三、医药营销公关危机处理

（一）医药营销危机公关概念

医药营销危机公关是指针对营销危机所采取的一系列消除影响、恢复形象的自救行动。医药营销危机公关是指影响医药企业生产经营活动的正常进行，对生存、发展构成威胁，从而使企业形象遭受损失的某些突发事件。

（二）医药营销危机公关的特点

1. 突发性 公共关系危机事件是一种突发事件，它的发生常常是在意想不到，没有准备的情况下突然爆发的，它是不可预见的或不可完全预见的。由于公共关系大系统是开放的，每时每刻都处在与外界的物质、能量、信息的交换和流动之中。其任何一个薄弱环节都可能因某种偶然因素而致失衡、奔溃，形成危机，它具有突发性和不可预测特征。从本质上讲，公共关系危机的爆发是一个从量变到质变的过程。

2. 严重性 危机事件作为一种公共事件，任何组织在危机中采取的行动和措施失当，将使企业的品牌形象和企业信誉受到致命的打击，甚至危及生存。由此，为了应对各种突发的危机事件，现代企业一般将其纳入管理的内容，形成了独特的危机管理机制。

3. 紧迫性 公共关系危机总是在短时间内突然爆发，造成损失的危害性能力会迅速释放，如不能及时控制，危机就会加剧。一旦危机发生，要求组织立刻处于备战状态，要求公关人员第一时间全面掌握事实真相。

4. 关注性 进入信息时代后，事件发生的信息传播速度非常快，危机爆发所造成的巨大影响，又迅速令人瞩目。它常常会成为社会和舆论关注的焦点和讨论的话题，成为新闻界争相报道的内容，成为竞争对手发现破绽的线索，成为主管部门批评的对象。

总之，组织公关危机一旦出现，它就会像一颗突然爆炸的炸弹，在社会中迅速扩散开来，对社会造成严重的冲击，迅速引起社会各界的不同反应。

（三）医药营销危机公关处理原则

1. 承担责任原则 危机发生后，公众会关心两方面的问题：一方面是利益的问题，利益是公众关注的焦点，因此无论谁是谁非，企业应该承担责任。即使受害者在事故发生中有一定责任，企业也不应首先追究其责任，否则会各执己见，加深矛盾，引起公众的反感，不利于问题的解决。另一方面是情感问题，公众很在意企业是否在意自己的感受，因此企业应站在受害者的立场上表示同情和慰问，并通过新闻媒介向公众致歉，解决深层次的心理、情感关系问题，从而赢得公众的理解和信任。

2. 真诚沟通原则 处于危机中的企业是公众和媒介的焦点，其一举一动都将接受质疑，因此千万不要有侥幸心理，企图蒙混过关，应该主动与新闻媒介联系，尽快与公众沟通，说明事实真相，促使双方互相理解，消除疑虑与不安。

真诚沟通是处理危机的基本原则之一。这里的真诚指"三诚"，即诚意、诚恳、诚实。如果做到了这"三诚"，则一切问题都可迎刃而解。

（1）**诚意** 在事件发生后的第一时间，公司的高层应向公众说明情况，并致以歉意，从而体现企业勇于承担责任、对消费者负责的企业文化，赢得消费者的同情和理解。

（2）**诚恳** 一切以消费者的利益为重，不回避问题和错误，及时与媒体和公众沟通，向消费者说明事件的进展情况，重拾消费者的信任和尊重。

（3）诚实 诚实是危机处理最关键也是最有效的办法。我们会原谅一个人的错误，但不会原谅一个人说谎。

3. 速度第一原则 好事不出门，坏事行千里。在危机出现的最初 12 ~ 24 小时内，消息会像病毒一样，以裂变方式高速传播。而这时候，可靠的消息往往不多，社会上充斥着谣言和猜测。企业的一举一动将是外界评判其如何处理这次危机的主要依据。媒体、公众及政府都密切关注企业发出的第一份声明。对于企业在处理危机方面的做法和立场，舆论赞成与否往往都会立刻见于媒体报道。

因此企业必须当机立断，快速反应，果决行动，与媒体和公众进行沟通，从而迅速控制事态，否则会扩大突发危机的范围，甚至可能失去对全局的控制。危机发生后，能否首先控制住事态，使其不扩大、不升级、不蔓延，是处理危机公关的关键。

4. 系统运作原则 在逃避一种危险时，不要忽视另一种危险。在进行危机管理时必须系统运作，绝对不可顾此失彼。只有这样才能透过表面现象看本质，创造性地解决问题，化害为利。

危机的系统运作主要需做好以下几点。

（1）以冷对热、以静制动 危机会使人处于焦躁或恐惧之中，所以企业高层应以"冷"对"热"、以"静"制"动"，镇定自若，以减轻员工的心理压力。

（2）统一观点，稳住阵脚 在企业内部迅速统一观点，对危机有清醒认识，从而稳住阵脚，万众一心，同仇敌忾。

（3）组建班子，专项负责 一般情况下，危机公关小组的组成由企业的公关部成员和企业涉及危机的高层领导直接组成。这样，一方面是高效率的保证，另一方面是对外口径一致的保证，使公众对企业处理危机的诚意感到可以信赖。

（4）果断决策，迅速实施 由于危机瞬息万变，在危机决策时效性要求和信息匮乏条件下，任何模糊的决策都会产生严重的后果。所以必须最大限度地集中决策使用资源，迅速做出决策，系统部署，付诸实施。

（5）合纵连横，借助外力 当危机来临，应充分和政府部门、行业协会、同行企业及新闻媒体充分配合，联合对付危机，在众人拾柴火焰高的同时，增强公信力、影响力。

（6）循序渐进，标本兼治 要真正彻底地消除危机，需要在控制事态后，及时准确地找到危机的症结，对症下药，谋求治"本"。如果仅仅停留在指标阶段，就会前功尽弃，甚至引发新的危机。

5. 权威证实原则 危机发生后，企业不要自己整天拿着高音喇叭叫冤，而要曲线救国，请重量级的第三者在前台说话，使消费者解除对自己的警戒心理，重获他们的信任。

当然还有其他，例如客户信任原则、团队合作原则。

四、医药公益事业活动介绍

（一）公益活动的含义

公益事业即直接或间接地为经济活动、社会活动和居民生活服务的部门、企业及其设施。公益活动是指一定的组织或个人向社会捐赠财物，时间，精力和知识等活动。公益活动的内容包括社区服务，环境保护，知识传播，公共福利，帮助他人，社会援助，社会治安，紧急援助，青年服务，慈善，社团活动，专业服务，文化艺术活动，国际合作等。

（二）公益活动的意义

1. 组织开展公益活动，体现了组织助人为乐的高贵品质和关心公益事业、勇于承担社会责任、为社会无私奉献的精神风貌，能够给公众留下可以信任的美好印象，从而赢得公众的赞美和良好的声誉。

2. 公益活动是从长远着手，出人、出物或出钱赞助和支持某项社会公益事业的公共关系实务活动。公益活动的宣传是目前社会组织特别是一些经济效益比较好的企业，用来扩大影响，提高美誉度的重要手段。

（三）医药公益活动的组织和实施

1. 活动分析

（1）活动目的　明确活动的意义，举办医药公益活动的目的，想解决的问题。

（2）活动主题　高度凝练一个主题。

2. 确定主办单位　联系热心医药公益事业的企业，可以一家也可以多家举办活动。

3. 联系媒体支持　活动媒体支持是指确定相关的报道电视台、广播电台、网络平台、报社、杂志社等。

4. 活动安排　活动安排是指确定活动时间和活动地点。

5. 活动定位　确定活动的公益性质，不以盈利为目的。

6. 活动流程　嘉宾签到——节目表演或背景介绍——捐款或承诺。

任务五　设计医药人员学术推广策略

人员推销是指销售人员通过与顾客面对面或以电子交易方式交流而进行产品促销的行为。人员推销作为最古老的职业之一，在企业的促销活动中起到很大的作用。销售人员通过耐心沟通与顾客建立长久的合作关系，管理顾客的关键信息，并负责产品的销售。

一、医药人员学术推广的内涵

（一）医药人员学术推广的含义

1. 医药人员学术推广是指医药企业派出医药销售人员直接与医药批发商、零售商、医疗机构进行面对面地沟通，通过双向的信息交流和沟通，使其了解医药信息，并且发现和满足客户需求的促销活动。

在医药人员学术推广活动中，推销人员、推销对象以及推销的医药产品是构成医药人员推销的三个基本要素。医药产品就是推销人员与推销对象之间交流的平台。

✎ **练一练**

多选题：医药人员学术推广活动中，构成医药人员学术推广的三个基本要素是（　　）

A. 推销人员　　　　　　　B. 推销对象　　　　　　　C. 推销的医药产品

D. 推销地点　　　　　　　E. 消费水平

答案解析

（二）医药人员学术推广的类型

根据推销对象的不同可将医药推销人员分为以下两类。

1. 医药代表　其任务并不是接受订单，而是为医药批发商、零售商销售医药企业的产品提供支持性帮助。通过向临床医师进行产品知识的介绍，使其认可企业所生产的医药产品，医疗机构会从医药批发商购进医药产品。

2. 医药商务代表　其主要职责是向医药批发商传递信息，获得订单，签订合同，负责回款，提供药品技术支持，与老客户维持关系。

二、医药人员学术推广的特点和形式

（一）医药人员学术推广的特点

相较于非人员推销，医药人员学术推广具有如下优点。

1. 信息传递的双向性　医药人员学术推广是一种面对面的促销活动，一方面，推销人员通过与推销对象之间交流所推销医药产品的相关信息，如医药产品的疗效、作用机制、功能、使用方法、注意事项、价格以及同类竞品情况等信息，以此让推销对象了解产品，促进产品销售；另一方面，通过与推销对象的交流，能及时了解目标市场对企业产品各方面的评价，为企业制定合理的营销策略提供依据，最大可能地满足消费者的需求。

2. 推销目的的双重性　医药人员学术推广的目的是激发目标消费者对此医药产品的需求，促进产品的销售；同时，推销产品还要提供必要的相关性服务，帮助顾客解决问题，增强顾客对所推销医药产品的信心。

3. 推销过程的灵活性　由于推销人员和推销对象是直接联系，可以通过交谈和观察了解顾客，根据不同顾客的特点和反应，有针对性地及时调整销售方式和技巧，更好地诱导顾客产生购买行为。

4. 推销效果的长期性　在人员推销过程中，推销人员和推销对象长期面对面直接交流，便于建立长期的友谊和感情，让顾客对本企业的医药产品产生一定的偏爱；同时，还可以为未来其他产品或服务奠定良好的销售基础。

医药人员学术推广的缺点主要表现在：对推销人员的业务水平要求比较高。

（二）医药人员学术推广的形式

1. 针对医院的人员推销策略　医院主要以销售处方药品、医疗器械为主，以销售 OTC 药品、耗材为辅，其学术推广策略主要有以下五种。

（1）单对单推销　一个推广人员给一个目标客户推介产品，即一对一推销活动。如医药推广人员与医院某科室主任、医师、护士长等面对面交流来实现。

（2）单对组推销　指单个推广人员与目标客户群体接触。如医药代表与一个办公室的三五个医生或护士交流。在此场合下一定要镇定，表现的越是大气、越是镇静，就有意想不到的效果。

（3）组对组推销　销售小组通常由医药企业有关部门的主管人员、销售人员、学术推广人员等组成，他们将面对客户的一个规模较大的、专业性较强的订货小组进行产品销售。如医院由主管院长、科室主任、药剂科主任及采购人员组成的药品招标审核小组。

（4）会议推销　推广人员在各种会议（订货会、展销会、产品推荐会等）上，以业务洽谈会的形式向所有或部分客户推销产品。

（5）产品研讨会　推广人员与医药企业学术人员一起，以医药产品专业研讨的形式向买方专业人员讲解某项技术最新发展的情况，介绍相关产品的知识及其应用，其目的并不在于即刻达成交易，而是重在增进客户的技术知识，培养客户对本企业的认识和偏好。如医药企业组织地方区域内部分医疗机构相关人员参加的产品推介学术交流会议。

2. 针对药店的医药人员学术推广策略　药店主要以销售 OTC 药品为主，有的又称为 OTC 代表，其主要任务有门店铺货、药品陈列和店员培训教育。医药人员学术推广策略主要有以下四种。

（1）探索性推销　对于初次接触的顾客，推销人员按照自己的计划进行渗透性交谈，以观察顾客（店主）的反应，然后逐步根据顾客（店主）的反应来调节谈话内容，将顾客兴趣转移到销售的药品上来，促成购买行为。

（2）创造性推销　直接将药品的某些特性有效的对顾客（店主）进行宣传，使其产生兴趣，诱发顾客（店主）的潜在需求，达到促使顾客购买行为的目的。

（3）针对性推销　对于已掌握的部分现实和潜在顾客，根据药品特性进行有目的的推销，用充分的数据和事实宣传，引起店员的重视，促进交易实现。如介绍"本市最大的国药益源连锁药店都从我公司进货，你们可以放心。"

（4）培训式推销　对新药品和初次接触企业药品的顾客，用培训进行教育、示范操作等方法向顾客传授药品知识，可以打消顾客疑虑，做出购买决策。

3. 医药人员学术推广的步骤

（1）寻找预期客户　预期客户指的是潜在的消费者，即可能成为新客户的任何组织或个人。根据医药企业产品的特点、卖点、竞争态势、所处价值链的位置、公司策略等因素来寻找预期客户。具体应从以下两点着手：

①寻找潜在客户的途径：常用的方法有购买电话黄页、名录；报纸、杂志、网络等媒体；在展览会上搜集；交流名片；老客户介绍；市场搜集；参加各种联谊会；服务终端客户等。

②提高寻找潜在客户成功率的方法：对每一个潜在客户，在联系之前要认真分析，寻找恰当的时机与客户联系，切不可贸然和客户联系；若与客户话不投机，应留下愿意友好交流的意愿，为以后与客户沟通做好铺垫；发挥团队精神，与同事合作开发新的客户；不管客户最终是否购买，都要尊重他们，并且希望他们给你推荐新客户；要坚持长期和客户联系，妄想用一两次沟通就可以完成推销活动是幼稚的。

（2）准备接洽　医药人员学术推广在确定了潜在客户后，应尽可能地了解潜在客户各方面的情况，分析他们的特定需求，如医疗机构对目前所使用医药产品的态度、谁是购买的决策者、决策者个人性格和购买习惯是什么。

（3）接触客户　接触客户是指销售人员正式与潜在客户进行接洽的活动。可以采取电话访问、上门拜访和电子访问等形式。在接触活动中要注意自身沟通的行为修养，明确的开场白可争取给潜在客户留下良好的印象。

（4）讲解与展示　医药人员学术推广在讲解过程中，应侧重于向客户阐述医药产品给客户带来的利益，其目的是吸引并抓住客户的注意力，提高他们的兴趣。同时要帮助潜在客户发现自己的需要，并提供相应的解决方案，让客户意识到需要购买。

（5）异议处理　面对客户提出的异议，医药人员学术推广应主动询问客户，找出异议的根源，并做出相应的答复和处理意见。

处理客户异议的基本原则：欢迎客户提出反对意见，且不以施加压力的方式让客户接受我们的观点。

处理客户异议的基本策略：保持理性、中性的推销态度；用不带倾向性的非常具体的问题提问；不施加过大的影响与压力；抓大放小，以退为进；尊重客户的观点；随时准备妥协与修正自己的产品或服务。

（6）达成交易　医药人员学术推广通过观察客户的言语、举止和表情等交易信号判断达成交易的最佳时机是否到来，并抓住时机提出建设性的决策，促使立即成交，或通过价格优惠，免费额外赠送等推广手段，促使客户作出购买决策，从而达成交易。

客户表达出有意购买的信号时，常用的促成交易的方法有：直接要求订货、试用利益牵制法、机会丧失型、利益轰炸型、赞扬型、非此即彼的选择型成交等。

（7）跟进服务　交易达成之后，医药人员学术推广还要做好售后服务，即与客户积极保持联系，确认货物是否已经及时收到，了解客户对所使用的医药产品是否满意，向客户表示关心，使客户持续购买本企业的药品。常言道："真正的销售，是从签订合同开始的。"

三、医药人员学术推广的管理

（一）医药学术推广人员的甄选与培训

1. 医药学术推广人员的甄选　医药学术推广是一个专业性很强的推销工作，对推销人员的素质要求很高，一般需按照医药学术推广人员的职业素养、业务素质、身体素质、能力要求及基本职责来选拔。

2. 医药学术推广人员的培训　培训可提高医药推销人员的素质，为顺利完成推销工作任务打下基础。一般来讲，培训的主要内容包括以下几方面。

（1）思想品质　主要是指对推销人员进行推销道德教育和职业荣誉感教育，以增强其事业心和自信心，树立起一切为顾客服务的思想。

（2）企业情况　主要是针对新招推销人员而言，让其了解本企业的历史和发展目标、组织结构、财务情况、主要产品的推销情况和推销策略、市场竞争对企业的影响等，尽快消除他们的陌生感，树立起他们的自信心。

（3）产品知识　主要包括产品的设计制造过程、产品质量、产品的特点、产品的用途以及注意事项。此外，还要了解竞争者产品的特色和优缺点。

（4）市场知识　主要内容是向推销人员介绍本企业顾客的基本情况，介绍本企业产品的市场占有率，以及市场开发战略等。

（5）推销技能　通过推销技能培训，推销人员要掌握推销技巧和推销原则，明确推销工作程序和责任，养成良好的个性。

（6）政策、法律　在社会主义市场经济条件下，推销人员要顺利完成推销任务，必须了解有关的政策、法律，这样做有利于推销人员减少推销工作中的失误。

👁 **看一看**

超级推销员成功的十大准则

在许多企业，80％的业绩是靠20％的推销员创造出来的，这20％的人并不是俊男靓女，也非能言善道，唯一相同的是他们都拥有迈向成功的方法，尽管方法各不相同，但也有其共同之处。①肯定自己；②养成良好的习惯；③有计划地工作；④具备专业知识；⑤建立顾客群；⑥坚持不懈；⑦做正确的事；⑧优点学习法；⑨正面思考模式；⑩良好的个人形象。

（二）医药学术推广人员的报酬与激励

1. 医药学术推广人员的报酬形式　主要包括薪金、佣金、薪金与佣金混合制三种形式。

（1）薪金制　即固定工资制，适合于非推销工作占很多比重的情况。这种形式的优点是便于管理，给推销员以安全感、容易根据企业需要调整推销员的工作。缺点是激励作用差，容易导致效率低下，能人离开。

（2）佣金制　即推销员按销售额或利润额的一定比例获得佣金。佣金制可以最大限度地调动推销人员的工作积极性，形成竞争机制。缺点是可能造成推销员只追求高销售额，忽视各种销售服务和企业长期利益的短期行为，以致损害企业声誉。

（3）薪金与佣金混合制　此形式将两者结合起来，力图避免两者的缺点而兼顾两者的优点。资料显示，大约有50％的企业采用这种混合制。

2. 医药学术推广人员的绩效考核管理　绩效考核是指按照一定的标准，采取科学的方法，检查和评定企业员工对职务所规定的职责的履行程度，以确定其工作成绩的一种有效管理方法。绩效考核常用的指标有：销售量、总金额、增长率、费用额、新市场开发速度等。

3. 医药学术推广人员的激励　对医药学术推广人员的激励，有助于提高其推销水平，有助于促销目标的顺利完成，以及培养优秀的促销团队。

（1）目标奖励法　推销人员达到企业设定的目标后，给予相应报酬的方法。

（2）强化激励法　是针推广人员的成绩或过错行为分别给予肯定和奖励，或者否定和惩罚。

（3）反馈激励法　将一定时期推销任务的各项指标完成情况、成绩及时反馈给推销员，以此增强他们的工作信心和成就感，激励他们的进取心。

（4）销售竞赛法　医药企业根据一定时期的销售业绩进行排序，激励推销人员的进取心，促使推销任务的完成。

四、医药人员学术推广的基本要求

推广人员是实现企业与消费者双向沟通的桥梁，推广人员在公司的营销活动、特别是促销活动中的地位和作用是不容忽视的，是企业最重要、最宝贵的财富之一。在推销过程中，推广人员就是企业的代表和象征，有现场经理、市场专家、销售工程师等称号。而药品推销人员根据药品市场的特殊性，突出强调以下三大素质——职业道德、专业知识、身心健康。

（一）过硬的职业道德

推广人员一般应具备的道德素质包括个人道德素质和职业道德素质。个人道德是一个人处世的基本素质，职业道德则是道德在职业活动中的一种体现。在此强调药品推销人员的职业道德素质，目前我国医药行业正处于高速发展与矛盾尖锐并存的时期，市场中既需要大量的药品推销人员进行特殊商品的推荐销售，同时医药行业中存在的某些违法或不规范行为又使药品推销人员角色饱受众人非议。随着国家相关法律的不断健全和执法力度的加大，一些药品推销人员的违法违纪行为被公诸于众并受到法律制裁，不断敲响这一特殊职业的道德警钟。强调具有过硬的职业素养主要表现在对人类身心健康高度负责任的态度，抱着对生命敬畏的职业操守，以及具有拒绝通过非法获利诱惑的坚定信念。

（二）扎实的专业知识

推广人员的专业知识一般应具备政策法规知识、企业产品知识、营销相关知识等。但消费者购买药品具有被动性特点，所以特别强调药品促销人员必须熟练掌握药品知识和一些日常的健康知识，如药品的特点、价格、用途、使用方法、毒副作用等，这是指导消费者科学选药和合理用药的基础。同时也要了解医药企业的经营理念和企业文化，从心理上认同企业和药品，从而树立统一的企业形象；了解与药品销售相关的法律法规知识，以规范自己的促销行为，降低医药企业的经营风险。

（三）健康的身心素养

推广人员经常东奔西跑开拓市场、广泛接触社会各界人士、食住没规律、工作压力大，没有健康的体魄和积极乐观的心理素质一般较难胜任该工作，而药品学术推广人员强调要有更强大的心理承受能力。如医药代表常接触的医院医务人员一般学历层次比较高，知识结构更加专业化，面对如此高要求的推销对象，药品推广人员除了掌握一般药品知识以外，还需要对药品的作用机制、临床应用等知识非常熟悉，体现行业专家的水平和能力，才能保证与医生、店长等相关专业人员良好的交流与沟通。

目标检测

答案解析

一、A 型题（最佳选择题）

1. 促销工作的核心是（　　）
    A. 刺激消费者　　　　　　　B. 诱导消费者　　　　　　C. 获取利润
    D. 信息沟通　　　　　　　　E. 低价销售

2. 从促销的历史发展过程看，企业最先划分出（　　）职能
    A. 销售促进　　　　　　　　B. 广告　　　　　　　　　C. 人员推销
    D. 宣传　　　　　　　　　　E. 免费试用

3. 在药品市场寿命周期的（　　）阶段，促销显得十分重要
    A. 导入期　　　　　　　　　B. 成长期　　　　　　　　C. 成熟期
    D. 导入期和成熟期　　　　　E. 成长期和成熟期

4. 明确的发起者以公开支付费用的做法，以非人员的任何形式，对产品、服务或某项行动的意见和想法等的介绍的促销方法是指（　　）
    A. 广告　　　　　　　　　　B. 人员推销　　　　　　　C. 销售促进
    D. 宣传　　　　　　　　　　E. 学术推广

5. 以下广告媒体中，效果最好、费用最高的是（　　）
    A. 报纸　　　　　　　　　　B. 网络　　　　　　　　　C. 杂志
    D. 广播　　　　　　　　　　E. 电视

6. 购买折让、免费货品、商品推广津贴、合作广告、推销金、经销商销售竞赛等属于针对（　　）的促销工具
    A. 中间商　　　　　　　　　B. 消费者　　　　　　　　C. 推销人员
    D. 产业用品　　　　　　　　E. 社区医院

7. 企业除了人员推销、广告、宣传以外的，刺激消费者购买和经销商效益的各种市场营销活动，例如陈列、演出、展览会、示范表演以及其他推销努力，这种销售策略是（　　）
    A. 广告　　　　　　　　　　B. 人员推销　　　　　　　C. 销售促进
    D. 宣传　　　　　　　　　　E. 会议推销

8. 一个需要提供资金支持，一个无需花钱，这是"赞助"同（　　）的一个区别
    A. 广告　　　　　　　　　　B. 销售促进　　　　　　　C. 人员推销
    D. 公共关系　　　　　　　　E. 捐赠

9. 企业通过派出销售人员与一个或一个以上可能成为购买者的人交谈，作口头陈述，以推销商品，促进和扩大销售。这种促销策略是（　　）
    A. 广告　　　　　　　　　　B. 人员推销　　　　　　　C. 销售促进
    D. 宣传　　　　　　　　　　E. 学术推广

10. 下面不属于人员推销特点的是（　　）
    A. 双向性　　　　　　　　　B. 选择性和完整性　　　　C. 成本低
    D. 专业性强　　　　　　　　E. 灵活性

二、B 型题（配伍选择题）

    A. 广告　　　　　　　　　　B. 销售促进

C. 人员推销　　　　　　　D. 公共关系

1. 处方药的销售以（　　）为主

2. 非处方药的销售以（　　）为主

3. 医药产品在促销时以树立企业良好形象的手段是（　　）

4. 医药产品在促销时以灵活的手段、短期提高销量的手段是（　　）

A. 薪金制　　　　　　　　B. 薪金与佣金混合制

C. 佣金制　　　　　　　　D. 奖金制

5. 推销员按销售额或利润额的一定比例获得报酬的是（　　）

6. 采用固定工资制的报酬形式是（　　）

7. 大多数医药企业对销售人员采用的报酬形式是（　　）

8. 可以最大限度地调动推销人员工作积极性的报酬形式是（　　）

三、X 型题（多项选择题）

1. 制定促销决策时，企业首先会遇到的两个主要问题是（　　）

A. 应花费多少投资来进行促销活动

B. 投资应如何在众多的促销工具间分配

C. 促销支出是否比用于新产品开发的效益好

D. 促销是否能引起消费者购买率上升

E. 以何种方式进行促销

2. 影响促销组合决策的因素主要有（　　）

A. 产品类型　　　　B. 推式与拉式策略　　　　C. 促销目标

D. 产品生命周期阶段　　E. 经济前景

3. 药品广告策略主要包括内容是（　　）

A. 确定广告目标　　B. 确定广告经费预算　　　C. 设计广告信息

D. 选择广告媒体　　E. 衡量广告效果

4. 企业广告的主要媒体有（　　）

A. 报纸　　　　　　B. 杂志　　　　　　　　　C. 直接邮寄

D. 广播　　　　　　E. 户外广告

5. 下面促销属于"拉式策略"的是（　　）

A. 人员推销　　　　B. 广告　　　　　　　　　C. 营业推广

D. 公共关系　　　　E. 口碑营销

6. 以下方式属于非人员促销的是（　　）

A. 柜台推销　　　　B. 广告　　　　　　　　　C. 营业推广

D. 公共关系　　　　E. 会议推销

7. 医药营销公共关系策略包括（　　）

A. 宣传型公共关系策略　　B. 交际型公共关系策略　　C. 服务型公共关系策略

D. 社会型公共关系策略　　E. 征询型公共关系策略

8. 公共关系的特性主要是（　　）

A. 高度真实感　　　B. 没有防御　　　　　　　C. 戏剧化表现

D. 支付费用　　　　E. 商品效应

9. 根据医药市场不同领域，推销对象可分（　　）

A. 生产商　　　　　　　B. 质检人员　　　　　　C. 批发商

D. 零售商　　　　　　　E. 消费者

10. 销售人员激励的方法主要有（　　）

A. 销售定额　　　　　　B. 佣金制度　　　　　　C. 工作量法

D. 竞争对等法　　　　　E. 能力比较法

四、综合简答题

1. 企业制定促销组合策略应考虑哪些因素？

2. 什么是广告？如何选择广告媒体？

3. 什么是营业推广？其主要形式有哪些？

4. 人员推销在促销组合中的地位是什么？

（高环成）

书网融合……

重点回顾　　　　习题

模块五　实施医药市场营销策划

项目十二　实施医药市场营销策划

PPT

学习目标

知识目标

1. 掌握　医药市场营销策划的方法、流程；医药市场营销策划方案的结构框架。

2. 熟悉　医药市场营销策划的定义、目标、医药营销策划方案的撰写技巧。

3. 了解　医药市场营销策划方案的实施过程管理。

技能目标

（1）培养学生关注医药企业和学习医药企业营销策划的兴趣以及参加社会实践活动的主动性、积极性。

（2）能够为某医药企业制定一份完整的医药营销策划方案。

（3）能对医药企业进行系统的营销策划分析并撰写评价方案。

素质目标

（1）养成尊重知识、崇尚科学、仰慕创意、勤于思考、善于钻研、敏于质疑、勇于探索、刻意求新、不断进取的意识。

（2）培养学生对医药市场营销策划的兴趣及团队协作精神。

导学情景

情景描述：2020年6月6日，××药业集团股份有限公司举办"新中药·中新药"暨乌鸡白凤片产品上市发布会，随后开展系列策划：丰富多样的长尾传播，系列短片；贴片植入某节目迅速扩大品牌知名度，与知名旅行博主深度合作直播宣传，将乌鸡白凤片的"调气血、养红颜""一次2片"等关键信息与"姐姐"们绑定，与某读书会达成战略合作，建立粉丝群，推出多重粉丝福利解锁全新消费场景。这种顺应新环境，紧紧围绕"以服务消费者为中心"的理念，实现销量的快速增长，产品斩获"2020中国医药十大营销案例奖""2020中国家庭常用妇科药"等多个行业奖项。

情境分析：为解决传统丸剂苦涩、难嚼、难咽、难数等消费者服用体验不佳的问题，乌鸡白凤片在传承中不断创新，通过技术攻关，改进生产工艺，对传统的剂型进行了彻底改革，将9g的大药丸制成1g的乌鸡白凤片，乌鸡白凤片让调气血、养红颜变得更加便捷，一次2片，帮助女性补气养血，高度契合当下女性的生活理念。无论是品牌IP的推出，还是频频出圈的合作营销，亦或是未来继续与其他品牌的跨界联动，都是乌鸡白凤片品牌不断"焕新"的过程。在持续的行业变革中，品牌能做的便是抛却旧有认知，紧跟用户思维，始终坚持"以服务消费者为中心"，真正做到产品、营销以及内容三者"合而为一"，深度聚焦目标受众，在探索新模式的同时，丰富产品与品牌上的新思维，携手创造新价值。

讨论：你认为乌鸡白凤片上市前后分别开展了哪些营销策划活动？乌鸡白凤片在哪些方面还可以进一步提升？

学前导语：医药类产品的高专业性、高门槛，使得消费者对于这类产品的主动权一向不大。以前买药，买什么药，去哪里买，主要靠医师、药店以及大众媒体的推介和亲朋好友的口碑。而在互联网经济下，网络媒介"无边界传播"使得消费者获得医药信息的途径更为广泛，加剧了消费者购买医药产品的复杂性。医药营销行业百花齐放，如何让自己的产品在这万紫千红中成为最惹眼、最闪耀、最成功的那一个，需要我们借助高质量的营销策划推进企业获得更好地发展。那么，该如何开展有效的医药市场营销策划活动呢？

任务一　认识医药市场营销策划

一、医药市场营销策划的定义

（一）策划

在现代管理中，营销的重要性已经被大多数企业所认可，营销策划已成为企业经营中不可或缺的一部分。从某种程度上说："企业离不开营销，营销离不开策划"，不进行营销策划的企业是没有活力、没有竞争力的，营销策划已经成为现代企业竞争的必备利器。

1. 策划的含义　关于策划的定义众说纷纭，菲利普·科特勒认为，策划是一种程序，在本质上是一种运用脑力的理性行为。它是人们对自己所要进行的活动事先在观念中做出打算，也就是预先做出计划、安排，对要达到什么目的、如何达到目的、依靠什么来进行、具体步骤如何安排等一系列问题进行具体的设计、计划、筹划。全面理解策划的丰富内涵应该把握以下三个要素。

（1）创意　创意是与众不同、新奇而富有魅力的构思和设想，策划的关键是创意，可以说创意是策划的核心和灵魂，因此创意是策划的第一要素。

（2）目标　策划是围绕解决某一难题，达成某一目标而进行的活动，因此，它具有较强的方向性和目的性。

（3）可操作性　策划不仅要有新颖的构思，具体的目标，还要有很强的可操作性，能够实施，易于实施。

2. 策划的特点　从策划的含义中，我们可以看出策划包含以下几个特点。

（1）策划应该是有明确的主题目标。

（2）策划应该是创新的，前所未有的，即相对的新颖性，但是策划又不能过于新颖，如新颖到让决策者、管理者无法理解的程度则无法被接受。

（3）策划是想出来的，是别人没有想到的，即要有一定的虚构性。

（4）策划是要为竞争服务的。相对于其他决策者，策划思维形成所需要的时间超前；相对于市场，形成和成熟的时间超前。

（5）策划是要整合资源的，但是并不是任何资源都能为我们所调用，即策划要有现实可操作性。

（6）策划要有实现的可能性。应当在现有的人力、财力、物力及技术条件下有实现的可能性，否则再好的策划也是空谈。

3. 策划与计划、点子、决策的关系

（1）策划与计划　计划是按照经验和常规对企业营销活动涉及的人、财、物事先所做的安排和平衡，而策划更强调创造性、主动性、针对性和可操作性。面对一个将要解决的问题，总是先策划后计划。策划是研究"去做什么"，计划是研究"怎么去做"。

（2）策划与点子　一个好的点子发展起来就是策划，策划离不开点子，但是很多神乎其神的点子并不是策划的起点，而是脱离企业本质的奇谋怪计，会给企业和社会带来不良的影响。

（3）策划与决策　决策就是做决定，重在优选方案，以抉择为重点，以聚合思维为主。策划包含创意、论证、操作、反馈四个程序，而在决策中都是不强调的。策划是决定做好做坏，而决策是决定做与不做。

练一练

单选题：策划活动是人类特有的一种（　　）行为，它是人们对所要从事的活动，事先在观念中的打算与安排，对要达到目的、如何达到目的等系列问题进行的筹划。

A. 感性　　　　B. 理性　　　　C. 集体　　　　D. 个体

答案解析

（二）医药市场营销策划

1. 医药市场营销策划的含义　医药市场营销策划是对医药市场营销活动有目的地进行策划、谋划，通过对医药市场进行分析，选择医药市场需要的医药产品，确定适当的价格、时间和地点，采用合适的促销方式，让顾客得到健康需求的满足。简单来说，医药市场营销策划就是指导医药市场营销人员明白消费者需要什么样的医药产品，再找到他们，然后将医药产品卖给他们的方案。

2. 医药市场营销策划的特点

（1）明确的目的性　对任何医药企业来说，只有明确发展目标才有冲刺的动力，才有可能据此制订出科学有效的方案。因此，确立正确的医药市场营销目标是企业策划的首要任务，而恰恰体现出医药市场营销策划具有明确目的性的特点。只有明确的目的、方向正确，才能进一步考虑什么是达到目标的最好路线，应由哪些人，在什么时间和地点，采取什么具体行动。为医药企业确立营销目标时应该遵循针对性和实用性的原则。企业在某一时期因竞争需要确立的目标可能有许多项，为了提高效率，应该抓主要矛盾，解决最急迫、最关键的问题。此外，还要充分考虑现有的经济实力。企业的经济实力是一切目标的出发点、依据和限制条件，离开这个基础，目标就会缺乏实用性。因此，策划时制定的目标，必须是企业经过营销努力能达到的。

（2）超前性　医药市场营销策划是对未来医药环境的判断和对未来行动的安排，是一种超前行为。

（3）系统性　医药市场营销策划是关于医药企业营销的系统工程，其系统性首先表现在时间上前后呼应。医药市场营销策划的每一个环节总是环环相扣，一个活动结束，意味着下一个活动的开始，循环反复，构成了营销活动链。医药企业的市场营销活动，总是多种营销要素的立体组合，通过这种组合才能形成综合推进力，去推动医药产品的销售。

（4）复杂性　医药市场营销策划是一项非常复杂的智力操作工程。

①医药市场营销策划要求引入大量的间接经验。一项优秀的医药市场营销策划方案，要求引入经济学、管理学、市场学、医药商品学、心理学、社会学、文化学等学科知识，并且还要能够非常灵活地将其运用到策划之中去。因此，医药市场营销策划人要有广博的知识，并把它们灵活地用到策划活动中，才能策划出一流的医药市场营销方案。

②医药市场营销策划要求引入大量的直接经验。医药产品是特殊的商品，医药市场营销策划人要了解医药市场，要时刻关注医药市场动向，才能策划出高水准的营销策划方案。

③医药市场营销策划需要对庞大的信息进行处理。在策划之初，便要对搜集到的医药市场相关的各类政治、法律、文化等信息进行综合处理，并从中筛选出有效的信息加以处理。在这个过程中，涉及许多复杂问题，如怎么收集信息、收集什么信息、筛选什么信息、用什么方式处理信息、如何检验信息处理结果等，这些都是十分复杂的劳动。

④医药市场营销策划还是一项复杂的高智慧的脑力操作。策划人一方面要将各种营销信息摄入短时记忆系统暂存；另一方面要从长时间记忆系统中检索大量知识和经验进入短时记忆系统。这些摄入短时记忆系统的信息，经思维的分析、综合、比较分类、抽象概括，而后加工裂变除新的思想，这些思想在复杂的智力激荡中被系统化、语言化、文字化，最后才以方案的形式凝结下来。

（5）调适性　任何医药市场营销策划活动都不是一成不变的，必须留有一定的余地，具有一定的弹性，能因时、因地、因人、因事、因企而变化。因此在医药市场营销策划之初，就要充分想到未来医药形势的变化，让方案具有相应的灵活性，能适应变化的环境。在执行过程中，可以根据医药市场的反馈及时修正、调整方案，让方案充分贴近医药市场，取得预期效果。

3. 医药市场营销策划的四大要素

（1）市场环境分析　进行医药市场环境分析的主要目的是了解产品的潜在市场和销售量，以及竞争对手的产品信息。如××制药有限公司结合市场调研，独辟蹊径，借势发力，巧用网络新媒，对品牌宣传推广发挥了"四两拨千斤"的杠杆效应，借"二胎"契机，针对不育、备孕刚需，以五子衍宗（浓缩）丸抢滩"生药"蓝海。首倡"种子好苗才好"成功刮起"太极五子"旋风，实现太极五子衍宗丸（浓缩丸）销售同比增长三倍以上。

（2）消费心理分析　只有掌握了消费者会因为什么原因、什么目的去购买医药产品，才能制定出有针对性的营销创意。如羚锐制药在市场调研中发现，儿童退热贴市场品牌众多，但缺少强势品牌，这是一个机会。鉴于退热贴的购买者是家长，他们的消费心理是给儿童最好的和安全的，故小羚羊退热贴采取高端定价，与产品专业、高端的产品包装、设计融为一体。为了凸显产品质量，企业专门与其他退热贴品牌进行降温效果和粘附力效果比较，结果表现优异。数据加现场产品体验很有说服力，让客户没有任何拒绝的理由。

（3）产品优势分析　分析医药产品优势包括本品分析和竞品分析。只有做到知己知彼，才能战无不胜。如金笛牌复方鱼腥草合剂，企业在上市前开展了市场调研，结果表明64%的人感冒时有"喉咙痛"的症状，而且"喉咙痛"是首发症状，为此将产品定位成"专治喉咙痛的感冒"。在营销策划时与同类产品进行比较分析，从疗效和口感等方面提炼出自身的优势，从而使销量快速增长。

（4）营销方式和平台的选择　营销方式和平台的选择首先要考虑到企业的自身情况和战略，同时还要兼顾医药产品的特性、目标群体的喜好。如上海信宜的培菲康，以数字的形式分享典型产品应用案例，直观展现产品优势及应用方式，并通过线上传播、线下拜访等方式精准覆盖目标客户，从而高效传播产品品牌价值，提升用药观念，增长终端销量。

4. 医药市场营销策划的内容划分　医药市场营销策划的内容是相当广泛和丰富的，根据不同的分类标准可以划分不同的类型，以下是三种常见的划分方法。

（1）以策划的对象为标准可以划分为企业策划、产品策划、服务策划　企业策划是对企业的整体进行策划，是综合性的策划，主要目的在于树立良好的企业形象，提高企业的综合实力和竞争实力。产品策划是对医药产品的开发和销售等活动进行策划，主要目的在于售出新产品和扩大销路。服务策划是为了更好地满足顾客需要而进行的策划，主要目的在于提高企业的信誉。

（2）以市场发展程序为标准可以分为市场选择策划、市场进入策划、市场渗透策划、市场扩展策划、市场对抗策划、市场防守策划、市场撤退策划等。

①市场选择策划：为如何有效选择目标市场所做的策划。

②市场进入策划：为产品成功进入市场所做的策划。

③市场渗透策划：为争取现有市场、增加购买所做的策划。

④市场扩展策划：为扩大现有产品的市场面、开拓新市场而做的策划。

⑤市场对抗策划：关于怎样与主要竞争对手相抗衡的策划。

⑥市场防守策划：关于怎样抵制竞争产品、巩固现有市场的策划。

⑦市场撤退策划：关于怎样有计划地退出现有市场的策划。

（3）以营销的不同层次为标准可以分为营销基础策划、营销运行策划。

①营销基础策划包括营销战略策划、营销管理策划：营销战略策划是市场营销人员依据经营战略的要求进行的整体营销战略选择、营销竞争战略设计、市场机会研究、市场细分、目标市场选择和市场定位的策划。营销管理策划主要是对市场营销和销售管理的方法与技巧进行的策划。

②营销运行策划：主要表现为对各种营销策略进行策划，是市场营销人员在市场营销战略策划的基础上，对企业产品、价格、渠道、促销等进行的组合策划和个别策划，属于战术性策划，其目的在于把营销战略策划所规定的任务落实到实处。

二、医药市场营销策划的方法

医药市场营销策划的方法是采用不同的工具对营销进行科学的策划，是利用有效资源，选择最佳手段完成策划目标的过程。医药市场营销策划中常用的方法有以下几种。

（一）主题法

在某些医药市场营销策划实践活动中，策划实际上是一个概念挖掘、主题开发的过程。在医药市场营销策划活动中，策划人需要学会如何进行概念挖掘和进行市场营销策划主题的开发。

所谓的医药市场营销策划主题是指策划为了达到某个目的而要说明的基本观念。医药市场营销策划主题是医药市场营销策划活动的中心内容，是医药市场营销策划书所要表达的中心思想，是企业进行医药市场营销策划的指向。

医药市场营销策划主题是多级、多层面的。它表达的可能是企业发展战略的大主题，也可能是企业实施某方面活动、推进某种营销策略和具体措施的小主题。一个综合性的大型策划活动所体现的主题可能是单一的，更多的则是多层次的。

医药市场营销策划涉及的营销战略主题有：医药市场的开发主题、拓展主题、入市主题、拓展主题、形象主题和跨国营销主题等。

医药市场营销策划涉及的营销策略主题有：营销广告主题、产品延伸主题、多品牌主题、包装改进主题、商标设计主题、商标注册主题、产品认证主题、渠道选择主题、营销方式选择主题等。

不论是营销战略性主题，还是营销战术性主题，最终都可以归纳为扩大市场占有率、降低营销成本、推动企业的成长发展、获得更大的经济效益和社会效益这一最终目的。

医药市场营销策划主题的表达要有简明扼要的文字叙述，更重要的是通过营销创意和设计加以形象化地传递，以期起到扣人心弦、潜移默化地感染人的作用。对主题表达要准确、鲜明、生动，以提高营销策划的质量水准。

完整的策划主题具有三要素：策划者的策划目标、策划者提供给策划对象的信息和参与者的心理需求。

主题的开发要在概念的基础上进行，其过程和概念的挖掘过程类似，其首先运用创造性思维，发挥丰富的想象力，得到多个构思，然后再运用分析性思维进行筛选，依据主体的特点来确定主题。

在此阶段，发挥想象力非常重要，在发挥想象力的过程中，要注意以下三点：去掉为自己设置的障碍；以概念作为发挥想象的支点；重新组合不同的元素。

（二）造势法

医药市场营销策划方案在实施前和实施过程中，企业都要注意进行对外宣传，这样能够扩大影响，有助于提升企业形象，改善公共关系。

医药市场营销策划造势必须遵循一定的原则，否则可能适得其反，不但达不到预期效果，反而不利于医药市场营销策划方案的实施。

1. 宣传造势的原则

（1）准确性原则　准确性原则是医药市场营销策划造势的首要原则。真实是新闻报道的生命，对于造势而言，也是极为重要的。言过其实的宣传不仅无助于企业市场营销策划的顺利实施，反而会令社会公众产生不信任感，有损企业形象，不利于企业的发展。如某些医药企业的广告扩大宣传医药产品的适用范围，不但受到监督管理部门的处罚，还影响了企业的发展。

（2）及时性原则　及时的造势才是有效的宣传造势，在宣传造势工作中时间就是效果，过早或者过迟的宣传都不能达到预期的效果。应根据整个医药市场营销策划活动的实施过程适时地进行宣传造势，精确地安排时间表，这样才能以最少的花费达到良好的效果。

（3）针对性原则　宣传工作一定要有的放矢，对不同的对象采取不同的方法。医药市场营销策划宣传造势的对象也就是策划活动所要影响的目标，医药市场营销策划的宣传造势应针对现实与潜在的顾客，企业形象策划的宣传造势应针对公众。

（4）适度性原则　一般人都会觉得某个广告刚推出来的时候觉得新鲜，经过一段时间的重复变得熟悉，再反复出现就令人生厌了。在进行医药市场营销策划宣传时要尽量避免产生这种情形，就需要坚持适度性原则，既能让目标对象熟知将要或者正在进行的活动，又不至于引起反感。

（5）反馈性原则　医药市场营销策划的宣传造势一定要注意反馈并对其进行分析，将目标对象对策划活动的看法与认识及时地反馈过来，并进行适时地修正与补充，使活动开展更符合目标对象的意愿，同时也能重新确定宣传造势的重点，突出活动的主题。

（6）创造性原则　医药市场营销策划与一般的营销策划一样，宣传造势一定要有创意，个性化的宣传造势才能吸引公众的注意，为企业的医药市场营销策划活动创造良好的外部环境。宣传造势的内容和形式都要体现创造性。

2. 企业渗透　企业渗透是指医药企业营销策划方案实施之前和实施过程中，通过各种方式使企业全体员工了解策划方案，理解策划活动的必要性，从而支持并认真地执行策划方案的过程。医药市场营销策划的企业渗透可以通过线上线下多种方式进行，比如印发内部刊物、举行报告会、培训会、座谈会、填写调查表、非正式沟通等。

（三）创意法

创意方法是医药市场营销策划的核心和精髓，许多经典的医药营销案例往往来源于一个绝妙而又大胆的创意。如大家对"白加黑"这个感冒都不会陌生，在存在新康泰克和泰诺这两大竞争对手的情况下，盖天力抓住这两种及更多的感冒药服用后都会出现嗜睡的副作用，并在这个问题上找到突破口，生产出了白天吃的白片和夜晚吃的黑片，打出"白天服白片，不瞌睡；晚上服黑片，睡得香。"的广告语。产品的名称和广告也清晰地传达了"白加黑"感冒药的市场定位，让"白加黑"上市仅180天销售额就突破1.6亿元，在拥挤的感冒药市场上分割了15%的份额。

（四）程序法

按照一定的程序进行医药市场营销策划，这是医药市场营销策划的重要方法。按照程序法的要求，企业在进行医药市场营销策划时一般经过七个阶段：确定策划的目的、收集和分析策划信息、创意构思和提炼、制订策划方案、方案评估与论证、实施和控制策划方案、测评策划效果。

（五）案例法

案例法是根据过去的成功的医药市场营销策划案例，吸取其经验进行策划的方法。在医药市场营销策划过程中，有些情况和决策与过去发生的问题极其相似，甚至可以说是过去问题的复制或者再现，基于这样的背景，策划人可以利用过去案例的操作方法。案例法可以节省决策成本，提高决策效率、增强决策的可行性。

（六）模型法

在医药市场营销策划中，有时可以利用现有的模型进行策划。模型本身已经经过检验、判断和逻辑分析，并通过实践证明在某些情况下是成功的，利用模型进行策划更为简便。在医药市场营销策划中，常用的模型有预测模型、新产品开发模型、定价模型、物流决策模型、广告决策模型、推销员管理模型、促销组合决策模型、购买者行为分析研究模型等。

三、医药市场营销策划的流程

医药市场营销策划是科学的策划、规范的策划。医药市场营销策划的科学性和规范化主要通过完整、有序的程序来实现。

（一）建立策划组织机构

所谓的医药市场营销策划组织机构，是指医药企业内部为开展医药市场营销策划业务活动而设计的相应职位及组织机构。医药企业的所有市场营销策划活动都应该由医药市场营销策划组织机构来进行策划和安排。

1. 医药市场营销策划组织机构的构成　医药市场营销策划组织机构一般称为医药市场营销策划委员会或者医药市场营销策划小组。该机构一般设置主任或组长（或副组长）2~3名，成员若干名。具体的包括策划总监、主策划人、方案撰稿人、美术设计人员、计算机操作人员等。各成员应该具备正确的政治方向、信念、立场和观点，能遵循《药品管理法》等医药相关法律法规；有一定的医药相关专业知识和技能素质；有管理和组织协调素质、公关素质；有良好的身体素质、心理素质。

2. 医药市场营销策划组织机构设置的原则　医药市场营销策划组织机构的设立必须遵循以下原则：明确组织，指挥系统；统一命令，分层管理；合理分工，利于沟通；精简高效，减少成本；适度弹性，灵活应变。

3. 医药市场营销策划组织机构的形式　医药市场营销策划组织机构的形式主要有以下三种：

（1）"家族型"　该类型是指以医药企业内部的市场营销职能部门作为策划的主体单位，借助企业原有的市场营销组织机构和人员来采集信息、制订市场营销方案并组织实施，具有稳定性和系统性的特点。

（2）"智囊团型"　该类型是指由企业抽调部分营销人员，并聘请专家和管理顾问成立专门的策划班子，进行企业的市场营销研究，对企业的市场营销战略和策略做出规划和策划，然后通过企业的市场营销职能部门来组织实施策划方案。具有灵活性和高效性的特点。

（3）"混合型"　该类型是指许多企业将以上两种形式的策划组织机构结合运用，由"家族型"策划组织机构承担企业市场营销活动过程中常规的策划任务，而以"智囊团型"的策划组织机构承担特定的市场营销策划任务，真正实现市场营销策划机构的系统性、稳定性、灵活性和高效性。

（二）明确策划目标

1. 设定问题　企业往往重视问题的解决，却对问题的设定不以为然，其实，只有提出问题，并把握住设定问题，将问题简单化、明确化、重要化，那么事情就解决了一半。因此，策划时首先要进行的就是问题的设定。企业要先回答"最想做的事情是什么？""为什么要去做？""你现在正要做什么？"等问题，从而理清思路，找出问题。

2. 确立目标 医药市场营销目标是指通过医药市场营销策划的实施，希望达到的销售收入及预期的利润率和产品在市场上的占有率等。医药企业要将自己的产品或者品牌打出去，必须有得力的措施，制订切实可行的计划和目标，能否制定一个切合实际的目标是医药市场营销策划的关键。医药市场营销策划目标必须适应企业的实际情况。

一般来说，企业策划要达到的目标可以分为维持生存、获取当前最高利润、提高市场占有率、获取优异质量等。

3. 量化目标 目标的量化处理，可以使策划方案在实施过程中用数量标准加以衡量，是企业常常采用的方法。如，把"尽可能大幅度地提高销售额"作为策划目标，这类所谓的"尽可能"就过于模糊。如果目标量化为"第二季度的销售额要比第一季度提高20%"，这样的目标就更容易判定。

（三）分析市场现状

1. 掌握现状 为了所做的策划能符合实际情况，在拟定方案之前，还应围绕目标有针对性地了解市场营销的现状，了解市场形势、消费者需求情况、竞争形势、宏观环境等。只有在充分掌握企业、产品的情况下，才能为后面的策划打好基础。

2. 搜集资料

（1）直接资料的搜集 直接搜集资料时可以从宏观环境状况、市场需求、企业现状等几方面入手。

（2）间接资料的搜集 间接搜集的资料一般是现成的，常常可以通过以下几种方式查阅：书籍与报纸杂志如《医药经济报》；现成的企业内部资料如客户资料；政府部门资料如政府统计年鉴；登记资料如新医药企业的登记。

3. 分析市场 在医药市场调查和预测的基础上，根据策划目的，分析市场环境，寻找市场机会。医药市场营销策划是对市场机会的把握和利用。一个好的医药市场营销策划必须对医药市场、竞争对手、行业动态开展SWOT分析。分析情况是一个去粗取精、去伪存真的过程，是医药市场营销策划的前奏。

4. 了解企业 医药市场营销策划必须量力而行，因此，对企业自身实力的分析是必不可少的，主要考察其技术力量如医药研发人员的多少；财务状况和筹资能力；医药产品研发和生产的设施设备条件；管理能力如执行力；内外部支持力度如内部员工的凝聚力和当地政府的支持。

（四）开展创意策划

创意是医药市场营销策划的核心，也是策划方案的生命和灵魂。

1. 创意的基本规律 医药市场营销策划的创意有一定的虚构性、新颖性、可操作性、可颠覆性、灵活性，需要遵从一定的规律，主要体现在以下几方面：

（1）择优律 就是通过"择优选取"，以实现创造意图的规律。要本着"有所发现、有所发明、有所创造、有所前进"的原则，不断总结提高。

（2）相似律 就是对客观事物中存在的大量相似的现象加以研究和运用，以实现创造意图的规律。

（3）综合律 就是把解决市场营销问题的某些因素、方法等重新加以组合，以实现创造意图的规律。

（4）对应律 就是按照事物间存在的对立性、对称性去构思，以实现创造意图的规律。如大部分阿胶都是"熬制"阿胶，于是怕上火"蒸阿胶"，成就了鲁润阿胶。

在医药市场营销策划的创意活动中，对创意规律一般都是综合应用渗透。

2. 创意的步骤 医药市场营销策划工作是一个复杂的系统工程，创意一般的步骤为：①明确策划目标；②探索策划线索；③运行环境分析；④信息加工处理；⑤产生创意灵感；⑥形成策划创意；⑦

制作创意方案，包括命名、创意者、创意的目标、创意的内容、费用预算、参考资料、备注等。

3. 创意的途径

（1）培养创意意识　①培养习惯性创意意识：习惯性创意意识主要是通过多做一些与形象思维有关的活动以开发右脑，提高形象识别和艺术鉴赏能力；培养尊重知识、崇尚科学、仰慕创意、勤于思考、善于钻研、敏于质疑、勇于探索、刻意求新、独树一帜的创意性品格来实现。②强化强制性创意意识：强制性创意思维有外部强制和自我强制之分。外部强制主要是指一切外部因素激发的创意，如领导布置的新品促销任务。自我强制是由自我需要的目的性而引发的创意意识，自我需求的目的性可以分多种，比如为获取高额奖金的经济利益需求；为满足心理上的成就感和成功感的心理需求；为实现爱国情怀的更高境界的需求。

（2）训练发散思维　训练发散思维要求消除思维定式，思维定式是一种严重的创意障碍。发散性思维是一种推测、发散、想象和创造的思维过程。头脑风暴是一种不错的训练方式。

（3）刺激诱发灵感　灵感是人类心灵深处的一种体验。灵感的触发与丰富的想象力分不开，提高想象力的途径主要有以下三点：①排除想象的阻力：包括外部环境障碍如资金支持、非智能障碍如工作态度怠慢、智能障碍如思维定式。②扩大想象的空间：策划成员要不断丰富各类知识、更新知识结构、提高知识水平来扩大想象空间的能力。③充实想象的源泉：策划成员要注重医药相关知识和素材的积累。

4. 创意的方法

（1）移植创意法　移植创意法的核心是人类的模仿本能，是将某一领域的原理、方法、技术或构思移植到另一领域而形成新创意的方法。该方法对策划新手来说是成功的前提。

（2）分解创意法　分解创意法就是把一个整体的策划过程分解成若干个步骤或者独立的策划子过程，或者把一个整体的策划内容分解成若干个相对独立的策划子内容。比如企业对一个新药的策划，可以分解成产品策划、价格策划、渠道策划、促销策划；产品策划又可以分为品牌策划、商标策划、包装策划等。

（3）组合创意法　组合创意法是将多种因素通过建立某种关系组合在一起从而形成新的创意。组合创意是最常用的创意方法之一，其组合的巧妙，常常会产生意想不到的效果。

（4）重点创意法　重点创意法就是抓住重点，从核心点、关键处进行突破的创意方法。该方法是策划工作的重要创意方法与思路之一，其核心策划人从一点突破，主动地缩小策划对象，使所策划的对象简单化、明了化，通过重点突破，把局部策划产生的功效传递给整个原策划对象，最终解决整体策划问题。

（5）模仿创意法　模仿创意法是指通过模拟仿制已知事物来创意构造未知事物的方法。该方法可以从原理性、形态性、结构性、功能性等方面开展创意。

（6）逆向创意法　逆向创意法是指按照常规思维去解决问题而不见效时，即反其道而行之进行逆向思维以获得意想不到的效果的策划创意方法。

（五）制订策划行动方案

有了好的策划创意，还要将其具体化，并发展成为行动方案，其具体步骤主要包含以下几方面。

1. 设计方案

（1）准备阶段　该阶段的主要工作是将以文字、表格或者图像为主要形式的调研信息转录到策划人的头脑中，从而被利用。信息转录的方式有信息消化和信息研究两种。信息消化就是对所收集整理出的信息进行系统的吸收，使它变成大脑中信息系统的一部分，通过信息消化，策划人对所有汇总的调研信息做到心中有数，能随时调遣使用。信息研究是对信息的本质、外部联系进行系统的考虑，使信息能与策划人的知识和经验结合，使信息成为方案的直接支持系统。

（2）设计阶段 设计阶段是借助于信息、知识和经验在大脑中构思各种可能方案，然后对这些方案进行自我考证和自我否定的过程。该阶段具有漫长性、否定性、枯燥性等特点，是一个"痛苦"的过程，因此，策划人要有充分的思想准备。

（3）成熟阶段 经过紧张思索的设计阶段后，大脑中突然闪现新的构思，使方案跃现。能否进入这种状态，要依靠平时的思维积累以及当思维积累达到临界值时，有相关信息发生触动作用。

（4）论证阶段 对医药市场营销策划方案的论证主要有四种方式。

①经验判断：经验判断分为两种。第一种是直接经验判断，就是借助于自身经历的各种直接营销事实，来对营销方案进行的直接评估，这种评估的可靠性取决于评估人自身直接经验的丰富程度。另一种是间接经验判断，就是借助自身所掌握的他人的营销事实，来对营销方案进行评估，这种评估的可靠性取决于间接经验的丰富程度，但其准确性稍逊于直接经验判断。

②逻辑推论：就是借助逻辑学原理，对需要论证的方案进行恰当的推演，以此来判断方案可行性。

③专家论证：该方式是最常用的一种方法。它是将营销方案交给有丰富医药市场营销知识和经验的营销专家进行论证，借助于专家的知识、经验来判断方案的可行性。采用该方法时要注意专家必须是营销方面的专家、熟悉医药企业和行业、熟悉医药环境、有扎实的理论基础同时具有医药市场营销策划的实践经验。

④选点试行 该方法通常在上述论证方法的基础上，先在一定范围内进行试运行，并借助试运行的反馈效果来确定方案的可行性。选择试点时最好选择最能代表目标市场特点的局部市场，这样才可以保证试验具有可推广性。

（5）文案阶段 经过论证，认为策划方案可行时，就进入文案阶段。这一阶段的主要任务是将设计好的方案用文字等形式表达出来，写成具体的可操作的策划方案。

2. 方案优化 方案设计出来后，还要进行优化，这是非常重要的一个环节。方案优化时主要对以下各项内容加以明确：营销目标、实现营销目标所需要的条件、营销战略和战术、营销方案策划的步骤和时间、营销方案策划的人员与经费、营销方案策划的效果与评估、营销策划方案实施的附加条件等。最好是让上层主管以及相关部门的主管共同参与，从而得到各方的认可，这样才能收到事半功倍的效果。

3. 确定程序 策划方案要注意时间性，策划进程主要有四个阶段，分别是准备阶段、调研阶段、设计阶段、实施阶段。每一步骤的开始和结束均要有时间界限，保证方案的实施按时、按质、按量地进行。

4. 经费预算 医药市场营销策划的经费预算是企业综合预算的重要内容，是调节和控制经营活动的重要工具，也是方案能顺利实施的具体保障。经费预算应该尽可能详尽周密，各项费用尽可能细化，力争各项费用控制在最低成本，以求获得最优的经济效益。

（六）实施策划方案

策划方案实施就是将制定好的策划方案变成具体的营销行动。在医药市场营销策划方案实施中要注意对方案进行全面贯彻，不得任意更改。此外，在方案实施过程中，任何出现与现实情况不相适应的地方，都要随时根据市场的反馈情况对方案进行及时调整。

（七）控制应急措施

设计控制措施的目的是便于操作时对计划的执行过程、进度进行管理。典型的做法就是把目标、任务和预算按月或者季度分开，使企业及有关部门能够及时了解各个时期的销售业绩，找出未完成任务的部门、环节，并限期做出解释和提出改进意见。

（八）实施效果评估

方案实施后，应该对其效果进行跟踪测评。跟踪测评的形式主要有两种。

1. 进行性测评　进行性测评是在方案实施过程中进行的阶段性测评，主要是为了了解前一阶段实施方案后的效果，并为下一阶段更好地实施方案提供反馈指导。

2. 总结性测评　总结性测评是在方案实施完毕后进行的最终测评，其目的是要了解整个方案的实施效果，为以后制订营销方案提供依据。

任务二　实施医药市场营销策划

一、医药市场营销策划的目标

医药市场营销策划的目标是营销策划的基本内容，根据不同类型的医药市场营销策划，其目标会有差异，但是最终的目标不外乎以下几方面。

（一）品牌指标

品牌指标包含三大要素，分别是品牌知名度、美誉度及忠诚度。这三者必须兼而有之。有的医药企业品牌知名度很高，但是口碑不一定好。医药产品的口碑好，顾客的忠诚度自然就会提升。

（二）财务指标

财务指标包含销售量、销售额、市场占有率、费用率、利润等。有的企业把销售量当做员工的考核标准，员工为了增加销售量，就可能增加销售费用或者广告费用，导致企业亏钱，销售人员拿奖金。因此，为了避免这种现象的产生，企业一方面要让营销人员把公司的利润置于销售的前提，提高销售利润率；另一方面，要建立较好的考核机制，让员工主动省钱。这就要求企业在考核营销人员时，既要考核销售量，又要考核销售利润率。

（三）顾客指标

顾客指标包括新顾客、新市场的开发率，客户流失率，客户满意率以及顾客投诉率等。顾客是营销过程的重要参与者也是企业赢利的主要保证。

1. 新顾客、新市场的开发率　营销人员不去开发新顾客、新市场，只是依靠原来的资源，虽说可以保证销售利润，但那也只是暂时的。因为一旦这些老顾客出现变故，慢慢消失，这条营销之路就走不通了。

2. 客户流失率　企业不仅要考虑开发新客户，还要关注自己有多少老客户在流失。获得一个新客户的费用要比留存一个旧客户的成本高七倍。如果一边在开发，一边在流失，那可能就在做无用功。客户流失就好比是为企业敲响了警钟，企业应反省自己找出问题的所在。当然客户有等级分类，要注意对流失客户的情况进行分析，了解其流失的原因。

3. 客户满意率　客户满不满意是企业需要考虑的问题。医药市场营销是一种服务，服务的最终目的就是要达到顾客的满意，即提高顾客的让渡价值。一旦顾客满意了，其口碑也就塑造起来了。要让顾客满意，除了服务好，还要有良好的谈判技巧，围绕顾客的切身利益，满足顾客的需求。

4. 顾客投诉率　顾客投诉率是影响口碑的因素。如果一个营销人员经常收到投诉，那么说明他不会处理客情关系。建立良好的客情关系，绝不是和客户吃喝玩乐，多多满足客户的需求。真正良好的客情关系是拥有战友般的感情，营销人员为客户着想，帮助客户去营销。

二、医药市场营销策划方案的内容

医药市场营销策划方案的编制是将策划的思路、工作步骤等内容予以形式化、具体化，同时医药市场营销策划方案是实施医药营销活动的具体行动指南。通过编制医药市场营销策划方案，可以让企业全面思考企业面临的营销问题；可以准确、完整地反应营销策划的内容；可以充分、有效地说服企业决策者；也是执行和控制营销策划方案的依据。

（一）医药市场营销策划方案的编制原则

编制医药市场营销策划方案时要遵守以下原则：①逻辑思维原则；②实事求是、科学发展的原则；③严肃规范原则；④可操作性原则；⑤创意新颖原则；⑥简洁朴实原则。

（二）医药市场营销策划方案的结构框架

医药市场营销策划方案没有固定的格式，但是，从医药市场营销策划活动一般规律来看，其中有些要素是共同的，下面就以这些共性要素为基础，来说明医药市场营销策划方案的基本结构（表12-1）。

表12-1 医药市场营销策划方案的基本结构

构成		内容	作用
封面		委托方、策划方案的名称、完成日期、策划机构或者策划者、编号	形象定位
前言		策划性质、概括内容	交代背景
目录		策划方案提纲	构成框架
摘要		策划对象、策划目标	策划要点
正文	问题界定	明确策划主体和目标	策划任务
	环境分析	重要环境因素分析	策划依据
	SWOT分析	分析优势、劣势、机会与威胁	提出问题
	营销目标	市场目标、财务目标等	明确营销目标
	营销战略	STP（市场细分、目标市场、市场定位）、竞争战略、形象策划、顾客满意战略	总体布局
	营销战术	产品策略、价格策略、渠道策略、促销策略	具体对策
	行动方案	人员安排、道具设备、时间计划、地点选择	执行蓝本
	财务分析	费用预算、效益分析	可行性分析
	营销控制	执行控制、风险预测、应急方案	保障成功
结束语		总结、突出、强化策划人意见	总结主张
附录		数据资料、问卷样本、其他背景资料	提高可信度

1. 封面 封面是阅读者首先看到的内容，能产生强烈的视觉效果，给人们留下深刻的第一印象，对策划内容的形象定位起到良好的辅助作用。封面设计的原则是醒目、整洁、切记花哨，至于字体、字号、颜色等则应根据视觉效果具体考虑。策划方案的封面应有以下信息。

（1）委托方 如果是受委托的策划，在策划方案的封面上要把委托方的名字列出来，如"×××公司×××策划方案"。

（2）策划方案的名称 名称要简洁明了，为了突出策划的主题或者表现策划目的，还可以加副标题或者小标题。

（3）完成日期 用完整的年月日表示，以正式提交日为准。

（4）策划机构或者策划者 一般在封面的最下方标出策划者，如果策划者是单位，则须列出单位全称。

（5）编号　如果是专业策划企业，一般会在策划方案的下方列出本策划方案的编号，以便查阅。

2. 前言　前言需要简明说明策划的性质，简要交代接受医药市场营销策划委托的情况及策划背景，说明进行本策划的原因，并对策划方案的内容做出高度概括性的表述，即策划的主要过程和实施后要达到的理想状态。前言一般不超过一页，字数控制在 1000 字以内为宜。

3. 目录　目录要涵盖全方案的主题内容和要点，方便阅读者对策划的全貌、策划人的思路、策划方案的整体结构有一个大体的了解，同时便于阅读者查找相关内容。

4. 摘要　摘要是对医药市场营销策划项目的一个简单而又概括的说明。通过摘要说明的内容主要有：为谁做的一项什么性质的策划，要解决什么问题，结论是什么。摘要应该简明扼要，要自成系统，以便读者了解整个策划的大致内容，特别是本策划的精华与亮点。摘要一般放在最后来撰写。

5. 正文

（1）问题界定　该部分不是必备内容，主要是对阅读者容易混淆或误解的概念、问题进行界定，以使问题简单化、明确化。

（2）环境分析　环境分析是营销策划的依据与基础，一般应抓住企业的外部环境与内部环境中的重点，描述出环境变化的轨迹，形成令人信服的依据。环境分析要符合客观实际即要有准确性，所列举的事实和数据要有条理，即具有明了性。

（3）SWOT 分析　在环境分析的基础上开展 SWOT 分析，归纳出企业的机会、威胁、优势和劣势，找出企业存在的真正问题与潜力，明确在制订和实施医药市场营销战略计划过程中需要妥善解决好的主要问题。

（4）营销目标　营销目标对主体内容要具体明确，如市场占有率、销售增长率、销售额、利润目标等，要遵循 SMART 原则，即目标必须具体的、可衡量的、可达到的、与其他目标有相关性、具有明确的截止期限。

（5）营销战略　本部分要清楚地表述企业所要实行的具体战略，主要包括市场细分、目标市场的选择和市场定位三方面内容。

（6）营销战术　在相应的营销组合理论（如 4P、6P、11P、4C、6C）理论的指导下制定和贯彻执行营销战略的战术措施。

（7）行动方案　行动方案要细致、周密，具有可操作性及灵活性。要在方案中确定以下内容：做什么、何时做、何地做、何人做、怎么做、为什么做、开始时间、结束时间、需要多少物资和人员及费用、需要何种方式的协助、需要什么样的布置、要建立什么样的组织机构、实施怎样的奖酬制度等。可以根据这些问题为每项活动编制出详细的程序，以便执行和检查。

（8）财务分析　费用预算主要是对策划方案各项费用的预算，包括营销过程中的总费用、阶段费用、项目费用等，其原则是以较少的投入获得最优效果。该部分是必不可少的，且要尽可能地详尽周密、尽可能细化和准确。

（9）营销控制　营销控制主要是说明如何对计划的执行过程、进度进行管理。常用的方法是目标、预算按月或者季度分开，便于上级主管部门及时了解各个阶段的营销业绩，掌握未能完成任务的部门、环节，分析原因，并要求限期做出解释和提出改进措施。有的策划方案还有针对意外事件的应急方案，目的是事先考虑可能出现的重大危机和可能产生的各种困难。

6. 结束语　结束语主要是与前言相呼应，使策划方案有个圆满的结束。在结束语中应该再强调一下主要观点并概述策划要点。

7. 附录　附录是医药市场营销策划方案的附件，附录的内容对方案起补充说明的作用，便于策划方案的实施者了解有关问题的来龙去脉，为医药市场营销策划提供有力的佐证。凡是有助于阅读者对策划内容理解的可信资料都可以列入附录，但是为了突出重点，应该有所取舍。附录的另一种形式是提供原始资料，比如调研问卷的样本、销售数据、媒体分析数据等。

（三）医药市场营销策划方案的撰写技巧

医药市场营销策划方案和一般文章有所不同。它对可信性、可操作性、说服力的要求特别高，在撰写医药市场营销策划方案时应该注意以下几点。

1. 以理论依据为基础 如果策划者的观点有理论依据，可以提高策划内容的可行性，有助于阅读者接受。注意，理论依据要有对应关系，简单地将理论叠加在一起会让人觉得脱离实际。

2. 适当举例 举例是指通过正反两方面的例子来证明策划方案中的观点。在策划方案中适当地加入成功与失败的案例既能起调节结构的作用，又能增强说服力。建议多选择成功的例子，举一些国内外先进的经验和做法，对印证策划方案中的观点比较有效。

3. 用数据说话 策划方案是一份指导企业实践的材料，可靠性非常重要，因此方案中不能留下查无凭据之嫌的内容，每个论点都要有依据，而数据是最好的凭证。要注意的是，数据要有出处，以证明其可靠性。

4. 用图表来辅助 图表有强烈的直观效果，能调节阅读者的情绪，有助于阅读者理解策划的内容，还能提高页面的美观性。因此，用图表进行比较分析、概括归纳、辅助说明等非常有效。

5. 版面设计要合理 策划方案的视觉效果在一定程度上影响策划效果的发挥，因此要合理利用版面安排。版面安排包括打印的字体、字号、字距、行距以及插图的颜色等。良好的版面可以使策划方案重点突出，层次分明。策划者可以先设计几种版面安排，通过比较分析，确定一种效果好的设计，然后再正式打印。

6. 反复校对，消灭差错 对于策划方案来说，细节很重要。策划者要反复校对，避免错字、漏字等差错的发生。打印好的策划方案，要反复检查，特别是企业的名称、专业术语等要重点检查。此外，纸张的好坏、打印的质量等都会对策划方案产生影响，所以也不能掉以轻心。

❓ 想一想

我国医药市场集中度较低，竞争激烈，为了更好地达到营销策划目标，很多医药市场营销策划设计者在营销策划活动的时候往往希望执行很多的活动，认为只有丰富多彩的活动才能够引起消费者的注意，你认为这样的策划方案合适吗？请说明理由。

答案解析

三、医药市场营销策划方案的展现

医药市场营销策划方案的展现是一项艰巨而复杂的工作。影响医药市场营销策划方案的因素很多，策划者如何实施策划方案，必须结合企业实际情况，选择合适的模式。

（一）影响方案展现的因素

1. 营销方案脱离实际 企业的医药市场营销策划方案通常由企业的策划人和外聘的专家制订，而方案的实施则要依赖于市场管理人员。但是这两类人之间往往对于如何实施营销方案以及应该注意哪些问题缺少必要的交流和沟通，企业营销策划人员常常只考虑总体战略而忽略实施中的细节，导致方案过于简单而形式化或者超越实际，而营销管理人员在不十分清楚所实施方案的内容和意图的情况下，也不去主动与营销策划人员一起分析、研究，最终导致营销目标难以实现。

2. 长期目标与短期目标相矛盾 长期目标的设定是营销策划的基础。长期目标是设计五年以上的经营活动；短期目标是一年之内的经营活动。企业的营销战略通常着眼于长期目标，但是为了实现长期目标，又不得不把长期目标分解成若干个具体的短期目标。而实施这些短期目标的市场营销管理人员通常只考虑眼前利益，而置企业长期利益于不顾。他们以短期工作绩效为出发点，注重销售量、市场占有率和利润等指标，导致短期目标与长期目标之间发生矛盾。企业应该努力寻找使长期目标与短期目标相协调一致的方法措施。

3. 方案不够具体明确，缺乏系统性　很多战略方案不能成功的原因是营销策划人员没有明确而具体的实施方案。很多企业都缺乏一个系统而又具体的实施方案，导致企业内部各职能机构和人员不能齐心协力，共同作战。企业高层决策和营销人员对营销策划和管理时，应该根据营销环境和企业实际制订系统的实施方案，将任务落实到各个职能部门和人员，责任明确，各司其职，相互配合，并按编制的营销活动进度时间表进行工作，以便顺利实施营销方案。

（二）展现方案的进程

1. 模拟布局　策划人根据已经拟妥的预算表与进度表，运用"图像思考法"，模拟出策划方案实施的布局与进度。"图像思考法"是指用人类思考的本能，把未来可能的发展，一幕一幕详细在脑海中呈现出来。借着"图像思考法"，不但可以预测未来策划方案的过程与发展，亦可预测策划方案实施后的效果。

2. 分工实施　在分工实施阶段，一方面要成立实施小组，把各部门（市场、生产、研发、人事、财务、总务等）的任务进行详细地分配，制订具体行动计划，包括清晰的目标、明确的分工以及时间分配和完成期限，分头实施；另一方面还要时时注意执行情况的反馈，并根据实际情况修正预算表及进度表，严密控制策划方案的预算和进度。这时，整个策划方案才从"构思"落实到"动手"的阶段。策划方案写的再好，若执行不彻底，还是纸上谈兵。策划人运用组织、协调与说服的能力，使各部门分工合作，让企业的整体战斗力发挥得淋漓尽致，已达到策划方案的目标。

3. 注重过程管理　在实施策划时，要利用组织的力量，提高实施效果；还要认真设计、执行监督反馈措施，保证防范措施。科学的管理应该使各个环节紧紧相扣，责、权、利明确，监督实施过程中的绩效，确保现场问题的及时解决，确保策划活动的顺利开展。在策划方案实施过程中，还存在许多不确定的因素，要根据经验进行全面预测，一旦发现隐患，要防微杜渐，把损失控制在最小程度内，提高策划方案的成功率。

4. 实施效果评估的测评与反馈

（1）**策划方案实施效果的测评**　效果测评的项目主要包括经费使用情况、实施进度、成果等与策划方案的预算是否相符，如果不相符，要找出差距。此外，还要关注方案实施过程中各部门间协作情况、创意是否成功等。

（2）**策划方案实施效果的反馈**　在营销策划方案实施过程中，常常会出现偏差，企业要根据不同的结果进行分析，寻找问题点，总结、提炼以获得启示和教训，并及时给出解决方案。如果是策划方案本身的问题，需要对方案进行调整与修订后再实施，而如果仅是实施中的操作问题，则可省略此步骤。

目标检测

答案解析

一、A 型题（最佳选择题）

1. 策划一方面是构思，另一方面要实施，它是一种（　　）的活动

    A. 创造性的体力　　　　　　　　　　B. 创造性的智力

    C. 按部就班的智力　　　　　　　　　D. 按部就班的体力

2. 决定做与不做，是（ ）

    A. 决策   B. 策划

    C. 计划   D. 点子

3. 开展（ ）时要考虑到企业的自身情况和战略，同时还要兼顾医药产品的特性、目标群体的喜好来进行

    A. 消费者心理分析   B. 产品优势分析

    C. 市场环境分析   D. 营销方式的选择

4. 销售额、市场占有率、费用率、利润，这是医药市场营销策划的（ ）

    A. 品牌指标   B. 业务指标

    C. 顾客指标   D. 财务指标

5. 医药市场营销策划方案中，（ ）应该简明扼要地说明"为谁做的一项什么性质的策划，要解决什么问题，结论是什么?"

    A. 前言   B. 目录

    C. 摘要   D. 结束语

6. 在医药市场营销策划方案实施过程中，所进行的效果测评项目一般不包括（ ）

    A. 实施进度   B. 实施人员有哪些

    C. 实施成果   D. 经费使用情况

二、B 型题（配伍选择题）

    A. 家庭型   B. 智囊团型

    C. 混合型   D. 专业公司型

1. 具有灵活性和高效性的特点的医药市场营销策划组织机构是（ ）

2. 稳定性和系统性的特点的医药市场营销策划组织机构是（ ）

    A. 经验判断   B. 逻辑推论

    C. 专家论证   D. 选点试行

3. 选择代表目标市场特点的局部市场试运行，并借助试运行的反馈效果来确定方案的可行性，这种医药市场营销策划方案的论证方法是（ ）

4. 借助医药市场营销知识和经验的营销专家的知识、经验来判断方案的可行性，这种医药市场营销策划方案的论证方法是（ ）

三、X 型题（多项选择题）

1. 医药市场营销策划具有（ ）特点

    A. 目的明确   B. 主题单一性

    C. 超前性   D. 复杂性

3. 根据市场发展程序的不同，我们可以把医药市场营销策划的分为（ ）

    A. 市场选择策划   B. 市场进入策划

    C. 价格定位策划   D. 市场服务策划

3. 医药市场营销策划常用的方法有（ ）

    A. 案例法   B. 造势法

    C. 程序法   D. 模型法

4. 创意的方法有（　　）

    A. 刺激创意法　　　　　　　　　　　B. 移植创意法

    C. 重点创意法　　　　　　　　　　　D. 发散思维法

5. 医药市场营销策划的顾客指标通常包括（　　）

    A. 新市场的开发率　　　　　　　　　B. 客户的购买力

    C. 客户的满意率　　　　　　　　　　D. 客户的购买频率

6. 医药企业通过营销策划开展对外宣传，从而扩大影响，提升企业形象，改善公共关系，策划造势时要把握（　　）

    A. 收益性原则　　　　　　　　　　　B. 适度性原则

    C. 准确性原则　　　　　　　　　　　D. 创造性原则

三、简答题

1. 医药市场营销策划过程中，我们可以从哪些方面着手分析医药市场现状？

2. 编制医药市场营销策划方案时要注意哪些原则？

3. 医药市场营销策划方案的撰写技巧有哪些？

4. 哪些途径可以帮助我们及时了解医药市场动态？

（卢灯翠）

书网融合……

📑 重点回顾　　　　　　📘 习题

2 第二篇
核心技能篇

核心技能一　认知医药市场

训练任务一　识别医药市场

【训练目的】

1. 能够识别市场及医药市场的组成要素及覆盖范围。

2. 能够区分医药市场与普通商品市场的不同。

3. 训练同学们的医药专业沟通和表达能力。

4. 培养同学们的团队合作和管理能力。

【训练内容】

1. 将全班同学根据所学习的医药产品覆盖范围，将同学们进行分组，可分为普通商品组（如化妆品、普通食品等），药品组，医疗器械产品组，特殊医学用途产品组、医疗美容产品组、保健食品组等。

2. 各组进行组长及组员的管理角色分工。

3. 要求各组力所能及的准备相关的具体产品，比如具体的药品、医疗器械、医疗美容产品等。

4. 根据各个医药产品不同的市场特点进行相互讨论和发问，从产品特性、市场特征、发展趋势的角度进行对比。

5. 按照医药产品的顺序，各组讲出各自市场最大的特征和自身的优势、劣势。

6. 各组队友再选择另外任意的一组，讲出对方市场的特征、优势、劣势。

7. 老师进行归纳和汇总，从实际产品和同学们的训练表现中，引导同学识别医药市场的组成要素以及范围，同时训练同学们区分医药市场与普通商品市场不同的营销技能。

【训练要求】

1. 每组的医药产品选择根据学生兴趣，不强制分组，以此激发同学们了解医药行业及医药产品的热情。

2. 每组的同学不多于 5 位，保证同学们都有阐述自己观点的机会。

3. 每组要求进行团队管理角色分工，让每一位小组成员都承担团队分配的任务和职责。

4. 每一位同学要求能够讲出自己所负责产品市场与其他产品市场的异同点。

5. 写出技能训练总结报告。

6. 与本章核心理论知识的学习同步进行。

训练任务二　识别药品市场

【训练目的】

1. 能够区分处方药市场和非处方药市场的不同特征。

2. 能够识别中药市场、化学药市场、生物制品市场的不同特征。

3. 训练同学们的医药专业沟通和表达能力。

4. 培养同学们的团队合作和管理能力。

【训练内容】

1. 组建技能训练小组，各组进行组长及组员的管理角色分工。

2. 各小组通过线上各平台（包括专业学术文献、百度、微博、头条、抖音、快手、小红书等）查询处方药市场、非处方药市场、中药市场、化学药市场、生物制品市场中的代表药品、市场特点、销售情况等。

3. 各小组分头走访校内药店、医务室、校外周边药店、医院、诊所实地调查了解处方药市场、非处方药市场、中药市场、化学药市场、生物制品市场的市场销售情况及常见经典药物，和自己线上查询的情况进行对比分析。

4. 结合课题所学的理论知识以及线上线下的调查情况，分析和汇总各市场的特点以及市场影响因素。

【训练要求】

1. 每个小组针对处方药市场、非处方药市场、中药市场、化学药市场、生物制品市场，要求能够说出两个以上该市场的经典药物和市场销售情况。

2. 技能训练过程中，要求老师能及时和学生保持沟通，了解学生在线上、线下技能训练过程中碰到的实际问题，并引导学生分析问题和自己寻找问题的答案。

3. 要求同学们通过各种形式（拍照、录音、截图等合法方式）记录线上、线下的技能训练情况。

4. 以小组为单位，以 PPT 的形式，上交一份技能训练总结报告。

核心技能二　理解医药市场营销内涵

训练任务一　理解医药市场营销

【训练目的】

1. 能够理解市场营销的含义及相关概念。
2. 能够理解医药市场营销的内涵及其特点。
3. 训练同学们的医药专业沟通和表达能力。
4. 培养同学们的团队合作和管理能力。

【训练内容】

1. 将全班同学进行分组，可分为市场组、市场营销组、医药市场营销组。
2. 各小组通过线上各平台（包括专业学术文献、百度、微博、头条、抖音、快手、小红书等）查询市场、市场营销、医药市场营销的内涵、特点、不同点等。
3. 要求各组准备经典案例。
4. 进行相互讨论和发问，从三组查询内容、特点、区别进行对比。
5. 三组互换角色，讲出对方准备的优点及不足。
6. 老师进行归纳和汇总，引导同学全面理解市场、市场营销、医药市场营销相关的内涵、特点及其不同点。

【训练要求】

1. 分组的根据学生兴趣，不强制分组，以此激发同学们的热情。
2. 每组的同学不多于 5 位，保证同学们都有阐述自己观点的机会。
3. 每组要求进行团队管理角色分工，让每一位小组成员都承担团队分配的任务和职责。
4. 写出技能训练总结报告。
5. 与本章核心理论知识的学习同步进行。

训练任务二　树立现代营销观念

【训练目的】

1. 能够传统市场营销与现代市场营销的不同特征。
2. 训练同学们的对医药营销的理解和表达能力。
3. 培养同学们的团队合作和管理能力。

【训练内容】

1. 组建技能训练小组，各组进行组长及组员的管理角色分工。
2. 各小组通过线上各平台（包括专业学术文献、百度、微博、头条、抖音、快手、小红书等）查询传统的营销和现代市场营销的内涵及优、缺点等。

3. 准备传统市场营销观念、现代市场营销观念的相关经典案例。

4. 结合课题所学的理论知识以及线上线下的调查情况，分析和汇总传统市场营销观念、现代市场营销观念的优、缺点及现代营销手段未来的发展方向。

【训练要求】

1. 每个小组准备传统市场营销、现代市场营销的相关知识，准备相关经典案例。

2. 技能训练过程中，要求老师能及时和学生保持沟通，了解学生在线上、线下技能训练过程中碰到的实际问题，并引导学生分析问题和自己寻找问题的答案。

3. 要求同学们通过各种形式（拍照、录音、截图等合法方式）记录线上、线下的技能训练情况。

4. 以小组为单位，以 PPT 的形式，上交一份技能训练总结报告。

核心技能三　实施医药市场调研

训练任务一　制定市场调研方案

【训练目的】

1. 能够为具体的医药产品制定市场调研方案。

2. 训练同学们的文案写作能力、团队沟通能力和合作意识。

3. 培养做事有条理、有计划的工作态度。

【训练内容】

1. 学生5~6人为一组组成一个团队，各组进行组长及组员的管理角色分工。

2. 教师布置任务：各小组准备在本地区针对"××牌"感冒药进行一次终端市场状况的专题调研活动，针对消费者对"××牌"感冒药和竞争品牌的认知、使用及需求情况，消费者购买感冒药的行为特点，制定一个切实可行的调研方案。

3. 小组讨论确定"××牌"感冒药的具体品牌（自选现实中常见的具体品牌）。

4. 小组围绕任务讨论、制定切实可行的调研方案。

5. 小组派代表以PPT的形式陈述自己的调研方案。

6. 小组互评。

7. 教师总结。

【训练要求】

1. 考虑到课堂时间有限，项目实施采取"课内+课外"的方式进行，即团队组成、分工、讨论和调研方案形成在课外完成，方案汇报安排在课内。

2. 每组感冒药品牌的选择不强制，各组自己选择，以此激发同学们了解医药行业及医药产品的热情。

3. 每组要求进行团队管理角色分工，让每一位小组成员都承担团队分配的任务和职责。

4. 调研方案要完整并具有可操作性。

5. 每组提交一份电子调研方案，而且要详细说明团队的分工情况以及每位成员的完成情况。

6. 小组方案汇报要以PPT的形式进行，时间为6分钟左右。

7. 要求同学们通过各种形式（拍照、录音、截图等合法方式）记录的技能训练情况。

训练任务二　设计市场调研问卷

【训练目的】

1. 能够根据问卷设计的技巧，设计出科学的高质量问卷。

2. 训练同学们的团队沟通能力和合作意识。

3. 培养严谨认真的工作态度。

【训练内容】

1. 学生 5~6 人为一组组成一个团队，各组进行组长及组员的管理角色分工。

2. 教师布置任务：各组在先前"制定市场调研方案"项目实训的基础上，依据调研的目的、内容、调研对象等设计市场调研问卷。

3. 小组围绕任务讨论、设计调研问卷。

4. 小组派代表以 PPT 的形式陈述自己的调研问卷。

5. 小组互评。

6. 教师总结。

【训练要求】

1. 考虑到课堂时间有限，项目实施采取"课内 + 课外"的方式进行，即团队组成、分工、讨论和问卷形成在课外完成，问卷汇报安排在课内。

2. 每组要求进行团队管理角色分工，让每一位小组成员都承担团队分配的任务和职责。

3. 问卷结构合理且完整。

4. 每组提交一份电子问卷，而且要详细说明团队的分工情况以及每位成员的完成情况。

5. 小组汇报要以 PPT 的形式进行，时间为 6 分钟左右。

6. 要求同学们通过各种形式（拍照、录音、截图等合法方式）记录的技能训练情况。

训练任务三　实施调研并撰写调研报告

【训练目的】

1. 能够运用适宜的市场调研方法实施调研。

2. 能够运用合理的方法、工具对调研资料整理分析。

3. 能够根据市场调研报告撰写的要求撰写调研报告。

4. 训练同学们整理分析信息的能力和文案写作能力。

5. 训练同学们的团队沟通能力和合作意识。

6. 培养实事求是的工作态度。

【训练内容】

1. 学生 5~6 人为一组组成一个团队，各组进行组长及组员的管理角色分工。

2. 教师布置任务：各组在先前"制定市场调研方案"和"设计市场调研问卷"项目实训的基础上，运用适宜的调研方法实施调研，对调研资料整理分析，撰写市场调研报告。

3. 小组围绕任务实施调研。

4. 整理、分析调研资料。

5. 撰写市场调研报告。

6. 小组派代表以 PPT 的形式陈述自己的调研过程和调研报告。

7. 小组互评。

8. 教师总结。

【训练要求】

1. 考虑到课堂时间有限，项目实施采取"课内 + 课外"的方式进行，即团队组成、分工、讨论、实施调研、整理分析资料、调研报告形成在课外完成，小组陈述安排在课内。

2. 每组要求进行团队管理角色分工，让每一位小组成员都承担团队分配的任务和职责。

3. 实施调研安排具体、科学；调研资料信息处理科学、妥善；调研报告条理清晰，符合格式要求。

4. 每组提交一份电子调研方案，而且要详细说明团队的分工情况以及每位成员的完成情况。

5. 小组汇报要以 PPT 的形式进行，时间为 6 分钟左右。

6. 要求同学们通过各种形式（拍照、录音、截图等合法方式）记录技能训练情况。

核心技能四 分析医药市场营销环境

训练任务一 分析宏观医药市场营销环境

【训练目的】

1. 通过本次实训，使同学们能对某个医药企业的宏观营销环境进行科学分析。

2. 对医药企业营销机会和威胁能提出合理化建议。

3. 通过实训不但能够牢固掌握医药市场宏观营销环境的相关知识，今后在工作中能够注重分析宏观环境对医药企业经营管理活动的影响范围、程度等，以便更有效地利用医药宏观营销环境进行医药营销活动。

4. 训练同学们的医药专业沟通和表达能力。

5. 培养同学们的团队合作和管理能力。

【训练内容】

某大型医药连锁经营企业准备在某个城市开分店，该实训是首先组织学生了解参观该大型医药连锁经营企业的内部经营情况，企业部门设置情况，收集有关拟开设分店城市的宏观环境资料，开展小组讨论，提出分店设置方案等。每组集体形成约3000字左右的实训作业——为某大型医药连锁经营企业撰写一份拟开设城市宏观环境调研书。

1. 组织实地考察 组织学生到医药企业进行实地考察。

2. 任务的布置 将学生分为若干组，每组4~6人，接受任务；分组讨论，形成方案。

3. 在实地考察的基础上结合所学知识对拟开分店城市所处宏观环境进行分析；提取素材，引发创意。

4. 资料的整理与分析 有理有据地说出拟开分店城市所处的宏观环境的机会和威胁。

5. 集体讨论，形成创意 对结果进行分析，提出意见或建议。

6. 沟通、评议和整改 宏观环境分析调研书初步完成后，还要进行反复的交流和沟通，找出调研书中不合理的地方，进行修改和调整，最后形成一份较合理的适合企业采用的调研书，确定具体执笔人，完成调研书。

7. 交流 各小组将形成的宏观环境调研书在班级内进行交流。

8. 讲评与总结 授课教师对各组完成的调研书进行讲评，在学生中达成共识，然后对本次实训进行总结。

9. 写出该企业拟开设分店城市的医药的宏观环境调研书（建议做成PPT，形象生动）。

10. 方案实施 若情况允许，将该企业拟开设分店城市的医药宏观环境调研书提供给医药经营企业，如能得到企业认可和实施，可将实施效果反馈给学生，让学生有更深的认识，同时也增强学生的成就感。

【训练要求】

1. 对某大型医药连锁经营企业开分店的城市的宏观环境调研尽可能地涉及宏观环境各个方面，越详细，企业采纳的可能性就越大。

2. 组内布置任务要求体现团队合作。

3. PPT 制作要求精美，有层次感。

4. 对某大型医药连锁企业的宏观环境调研报告要具有可行性。

5. 与本章核心理论知识的学习同步进行。

训练任务二　分析微观医药市场营销环境

【训练目的】

1. 通过本次实训，使同学们能对某个医药企业的微观营销环境进行科学分析。

2. 对医药企业营销机会和威胁能提出合理建议。

3. 通过实训不但能够牢固掌握医药市场营销环境的相关知识，今后在工作中能够注重微观环境对医药企业经营管理活动的影响范围、程度等，以便更有效地利用医药微观营销环境进行药品营销活动。

4. 训练同学们的医药专业沟通和表达能力。

5. 培养同学们的团队合作和管理能力。

【训练内容】

某大型医药连锁经营企业准备在某个城市开分店，该实训是首先组织学生了解参观该大型医药连锁经营企业的内部经营情况，企业部门设置情况，收集有关拟开设分店城市的微观环境资料，开展小组讨论，提出分店设置方案等。每组集体形成约3000字左右的实训作业——为某大型医药连锁经营企业撰写一份拟开设城市微观环境调研书。

1. 组织实地考察　组织学生到医药企业进行实地考察。

2. 任务的布置　将学生分为若干组，每组4~6人，接受任务；分组讨论，形成方案。

3. 在实地考察的基础上结合所学知识对拟开分店城市所处微观环境进行分析；提取素材，引发创意。

4. 资料的整理与分析　有理有据地说出拟开分店城市所处的微观环境的机会和威胁。

5. 集体讨论，形成创意　对结果进行分析，提出意见或建议。

6. 沟通、评议和整改　环境分析调研书初步完成后，还要进行反复的交流和沟通，找出调研书中不合理的地方，进行修改和调整，最后形成一份较合理的适合企业采用的调研书，确定具体执笔人，完成调研书。

7. 交流　各小组将形成的环境调研书在班级内进行交流。

8. 讲评与总结　授课教师对各组完成的调研书进行讲评，在学生中达成共识，然后对本次实训进行总结。

9. 写出该企业拟开设分店城市的医药微观环境调研书（建议做成PPT，形象生动）。

10. 方案实施　若情况允许，将该企业拟开设分店城市的医药微观环境调研书提供给医药经营企业，如能得到企业认可和实施，可将实施效果反馈给学生，让学生有更深的认识，同时也增强学生的成就感。

【训练要求】

1. 对某大型医药连锁经营企业开分店的城市的微观环境调研尽可能地涉及微观环境各个方面，越详细，企业采纳的可能性就越大。

2. 组内布置任务要求体现团队合作。

3. PPT 制作要求精美，有层次感。

4. 对某大型医药连锁企业的微观环境调研报告要具有可行性。

5. 与本章核心理论知识的学习同步进行。

训练任务三　运用SWOT分析工具

【训练目的】

1. 通过本次实训，使同学们能熟练掌握运用SWOT分析工具。

2. 学会用SWOT分析工具在个人求职、职业生涯规划中分析问题。

3. 训练同学们的医药专业沟通和表达能力。

4. 培养同学们的团队合作和管理能力。

【训练内容】

SWOT分析是检查个人技能、能力、职业、喜好和职业机会的有用工具。如您对自己做个细致的SWOT分析，那么您会很明确地知道自己的个人优点和弱点在哪里，并且您会仔细地评估出自己所感兴趣的不同职业道路的机会和威胁所在。一般来说，求职者在进行SWOT分析时，应遵循以下四个步骤：

1. 评估自己的长处和短处　我们每个人都有自己独特的技能、天赋和能力。在当今分工非常细的市场经济中，每个人都擅长于某一领域，而不是样样精通。比如在技能专长中描述自己销售能力时，应侧重比较具体的技能，如精通医美产品与市场，擅长于团队规划、团队激励与培训、市场拓展等。请做一个列表，列出自己喜欢做的事情和自己的长处所在（如果觉得界定自己的长处比较困难，可以找一些测试习题进行测试，测试之后，就会发现自己的长处所在）；同样，通过列表，也可以找出自己不是很喜欢做的事情和自己的弱势。找出短处与发现长处同等重要，因为这可以基于自己的长处和短处做两种选择：一是努力去改正自己常犯的错误，提高自己的技能；二是放弃那些对自己不擅长的技能要求很高的职业。列出自认为所具备的很重要的强项和对自己的职业选择产生影响的弱势，然后再标出那些自认为很重要的强势、弱势。

2. 找出职业机会和威胁　我们知道，不同的行业（包括这些行业里不同的公司）都面临不同的外部机会和威胁，所以找出这些外界因素将助自己成功地找到一份适合自己的工作，对求职是非常重要的，因为这些机会和威胁会影响自己的第一份工作和今后的职业发展。如果公司处于一个常受到外界不利因素影响的行业里，很自然，这个公司能提供的职业机会将是很少的，而且没有职业升迁的机会。相反的，充满了许多积极的外界因素的行业将为求职者提供广阔的职业前景。请列出自己感兴趣的一两个行业（如医药、健康保健、金融服务或者通信），然后认真地评估这些行业所面临的机会和威胁。

3. 提纲式地列出今后5年内自己的职业目标　仔细地对自己做一个SWOT分析评估，列出从学校毕业后5年内最想实现的4~5个职业目标。这些目标可以包括：想从事哪一种职业，将管理多少人，希望自己拿到的薪水属哪一级别。请时刻记住：必须竭尽所能地发挥出自己的优势，使之与行业提供的工作机会完满匹配。

4. 提纲式地列出一份今后5年的职业行动计划　这一步主要涉及到一些具体的东西。请拟出一份实现上述第三步列出的每一目标的行动计划，并且详细地说明为了实现每一目标，你要做的每一件事，何时完成这些事。如果觉得需要一些外界帮助，请说明需要何种帮助和如何获取这种帮助。举个例子，自己的个人SWOT分析可能表明，为了实现理想中的职业目标，自己需要进修更多的管理课程，那么，自己的职业行动计划应说明何时进修这些课程。拟订详尽的行动计划将帮助自己做决策，就像公司事先制定的计划为职业经理们提供行动指南一样。

　　诚然，做此类个人 SWOT 分析会占用时间，而且还需认真对待，但是，详尽的个人 SWOT 分析却是值得的，因为当做完详尽的个人 SWOT 分析后，自己将有一个连贯的、实际可行的个人职业策略可以参考。在当今竞争白热化的市场经济社会里，拥有一份挑战和乐趣并存、薪酬丰厚的职业是每个人的梦想，但并不是每个人都能实现这一梦想。因此，为了使自己的求职和个人职业发展更具有竞争性，请花一些时间界定自己的个人优势和弱势，然后制定一份策略性的行动计划，务必保证有效地完成它，那么，自己的前景将灿烂而辉煌！

　　【训练要求】

　　1. 本次实训虽然是以个人为中心，希望同学们清醒认识自己的优势与劣势，对未来充满自信和希望。

　　2. 组内交流要求体现团队合作。

　　3. 以小组为单位，以 PPT 的形式，上交一份技能训练总结报告。

　　4. 汇报时要求穿正装，仪容仪表大方得体，语言流利，充满自信。

技能训练五　分析医药市场购买行为

训练任务一　分析医药消费者市场购买行为

【训练目的】

1. 能够识别药品消费者购买行为的类型、影响因素。

2. 能够分辨药品消费者的购买决策过程。

3. 训练同学们良好的沟通表达能力。

4. 培养同学们团队合作意识。

【训练内容】

1. 学生进行分组，每4~5人一组，并选出组长。

2. 每组同学利用课余时间进入一家药店，观察消费者的购买过程。

3. 记录所观察消费者的基本情况（如年龄、种族、性别、职业等），购买时间、购买行为以及店员的销售行为。

4. 对记录的情况进行整理和评价。

5. 各组进行分工，分别扮演顾客和店员。

6. 要求准备好相关的具体药品和道具。

7. 模拟消费者的购买过程以及药店销售人员的销售行为。

8. 对模拟的情况进行分析。

9. 老师进行归纳和汇总。

【训练要求】

1. 每组选择根据学生情况，不强制分组，以此激发同学们了解医药行业及医药产品的热情。

2. 每组的同学不多于5位，保证同学们都有阐述自己观点的机会。

3. 每组要求进行团队管理角色分工，让每一位小组成员都承担团队分配的任务和职责。

4. 要求每一位同学能够评价出所观察的药品销售情况。

5. 写出技能训练总结报告。

6. 与本章核心理论知识的学习同步进行。

训练任务二　分析医药组织者市场购买行为

【训练目的】

1. 能够识别医药组织者市场购买行为的类型、影响因素。

2. 能够分辨医药组织者市场的购买决策过程。

3. 训练同学们良好的沟通表达能力。

4. 培养同学们团队合作意识。

【训练内容】

1. 学生进行分组，每 4~5 人一组，并选出组长。

2. 每组同学在网络上搜集有关医疗机构或者药店的药品招商采购素材。

3. 对搜集到的材料进行整理和评价。

4. 各组进行分工，分别扮演医药代表和采购单位的相关部门人员。

5. 要求准备好相关的具体药品和道具。

6. 模拟医药组织者市场购买的某一个过程。

7. 对模拟的情况进行分析。

8. 老师进行归纳和汇总。

【训练要求】

1. 每组选择根据学生情况，不强制分组，以此激发同学们了解医药行业及医药产品的热情。

2. 每组的同学不多于 5 位，保证同学们都有阐述自己观点的机会。

3. 每组要求进行团队管理角色分工，让每一位小组成员都承担团队分配的任务和职责。

4. 要求每组同学能够总结出所观察的药品被采购情况、影响因素以及提出营销策略建议。

5. 写出技能训练总结报告。

6. 与本章核心理论知识的学习同步进行。

技能训练六　制定医药市场竞争战略

训练任务一　识别医药市场竞争者

【训练目的】

1. 能够说出产业竞争观念和市场竞争观念的内容。
2. 能够识别竞争者。
3. 训练同学们对于行业竞争的观点的阐述能力。
4. 培养同学们的团队合作和管理能力。

【训练内容】

1. 将全班同学进行分组，分为愿望竞争者组、属类竞争者组、形式竞争者组、品牌竞争者组。
2. 各组对于本组的主要概念进行阐述。
3. 要求各组根据本组的市场竞争观念列举相关的具体产品，比如具体的药品、医疗器械、医疗美容产品等。

【训练要求】

1. 每组能流利的阐述相关的概念及特性。
2. 鼓励同学们大胆阐述自己的观点，具有创新性。
3. 写出技能训练总结报告。
4. 与本章核心理论知识的学习同步进行。

训练任务二　分析医药企业竞争战略

【训练目的】

1. 能够根据市场占有率来区分医药企业竞争地位。
2. 能够说出各种医药企业竞争地位的不同特征。
3. 能够阐述各种医药企业竞争地位的竞争战略与需要注意的要点。
4. 培养同学们的团队合作和管理能力。

【训练内容】

1. 组建技能训练小组，各组进行组长及组员的管理角色分工。
2. 各小组通过查找资料等方式，列举 1~2 家医药企业的发展战略布局，比如该企业从建立初期到成为市场领导者一步步是如何做的，其中该企业运用了哪些竞争地位战略等。
3. 根据企业现在发展的状况，大胆设想企业今后的发展方向。

【训练要求】

1. 各小组将自己查找的资料制作成 PPT 或者做成小视频在全班进行讲解。
2. 不拘泥于一种竞争地位战略，一个企业的发展总是经历几个阶段，全面分析企业在发展历程中各阶段所运用的竞争战略以及成效，鼓励与帮助学生制定下一阶段企业可以采用的竞争战略。

核心技能七　制定医药目标市场战略

训练任务一　细分医药市场

【训练目的】

1. 能够知晓医药市场细分的内涵、医药市场细分的原则。

2. 能够根据医药市场细分的变量和方法，对医药产品进行有效的市场细分。

3. 训练同学们的医药专业思维能力和语言表达能力。

4. 提高同学们的团队合作和协调沟通能力。

5. 培养同学们的 PPT 制作能力。

【训练内容】

1. 将全班同学们随机分组或原有小组。每小组可选定以下产品之一：OTC 药品、处方药药品、医疗器械产品、特殊医学用途产品、医疗美容产品、保健食品等。以小组为单位对选定产品进行有效的市场细分，并进行 PPT 汇报。

2. 各组长及组员讨论选定的品种，并在小组内部任务分工。

3. 要求各组汇报 PPT 时需要阐述清楚"如何对所选定产品进行市场细分"。

4. 老师对每组的汇报进行归纳和总结，从实际产品的市场细分汇报和同学们的训练表现中，引导同学思考，不同的医药产品所采用的细分变量、细分方法不同，如果企业不能有效进行市场细分，就无法选定目标市场。老师还需要点评汇报同学的表达能力，PPT 制作方面的问题。

【训练要求】

1. 每组同学不多于 5 位或根据班级人数由授课教师决定，保证同学们都有阐述自己观点的机会。

2. 每组要求进行团队管理角色分工，让每一位小组成员都承担团队分配的任务和职责。

3. 每组进行选题的 PPT 汇报。

4. 每组汇报时，其他组需要对汇报组进行点评。点评可以包括三个方面：一是该小组的 PPT 制作方面；二是汇报人的表现能力方面；三是所汇报的内容是否解决了本次主题内容。

5. 通过互评，提高学生的逻辑能力、表达能力，同时锻炼同学们对本任务的学习内容的应用。

训练任务二　选择医药目标市场

【训练目的】

1. 能够知晓医药目标市场的内涵、医药目标市场选择模式。

2. 能够结合医药目标市场策略选择的影响因素，为选定的医药产品确定相应的目标市场，同时建议采用何种目标市场营销策略。

3. 训练同学们的医药专业思维能力和语言表达能力。

4. 提高同学们的团队合作和个人表达能力。

【训练内容】

1. 本次训练小组仍然为"细分医药市场"训练小组，组长与组员进行相应分工。

2. 本次训练目标市场产品仍为"细分医药市场"训练选定品种。

3. 各小组根据所选产品，查找该产品的相关企业情况、产品特点、市场的供求关系、竞争情况等内容。

4. 小组根据所学内容讨论出选定产品的目标市场营销策略，以小组为单位进行口头汇报。

5. 老师根据各组汇报时的具体问题点评小组的完成情况。

【训练要求】

1. 每组成员必须在参与技能训练中，收集整理相应资料。

2. 小组组长组织成员讨论，将各个成员收集的资料进行汇总，形成汇报材料。

3. 小组组长或其他组员汇报本次的讨论结果。要求阐明所选产品的目标市场营销策略是什么、制定该策略的依据是什么。

训练任务三　进行医药市场定位

【训练目的】

1. 能够知晓医药市场定位的内涵、医药市场定位的步骤。

2. 能够结合医药市场定位的方法，为选定的医药产品进行准确的市场定位。

3. 提高同学们的医药专业思维能力和岗位工作能力。

4. 提高同学们的团队合作和沟通能力。

【训练内容】

1. 本次训练小组仍然为"细分医药市场"训练小组，组长与组员进行相应分工。

2. 本次训练目标市场产品仍为"细分医药市场"训练选定品种。

3. 小组根据所学医药市场定位的步骤、医药市场定位的方法讨论出选定产品的市场定位是什么、采取何种市场定位策略，以小组为单位进行口头汇报。

4. 老师根据各组汇报时的具体问题点评小组的完成情况。

【训练要求】

1. 每组成员必须参与技能训练，收集整理相应资料。

2. 小组组长组织成员讨论，将各个成员收集的资料进行汇总，形成汇报材料。

3. 小组组长或其他组员汇报本次的讨论结果。要求阐明所选产品的市场定位策略是什么，制定该定位策略的依据是什么。

4. 小组之间进行互评，提高学生的语言表达能力、归纳总结能力。

核心技能八　设计医药产品策略

训练任务一　运用医药产品整体概念

【训练目的】

1. 重点理解医药产品整体概念。

2. 熟悉医药产品整体策划的流程。

3. 训练同学们的医药专业沟通和表达能力。

4. 培养同学们的团队合作和管理能力。

【训练内容】

1. **任务的布置**　要求学生分组，以小组为单位与市内相关医药企业联系，确定研究对象，实地考察调研，分组讨论，完成药品策划书。

2. **资料的收集**　整体药品策划的目的是要使药品能够满足消费者的需求，要求策划者进行大量的市场调研，提取素材，引发创意。

3. **资料的整理与分析**　通过收集的资料，对市场环境、医药企业状况进行分析，对整体药品的三个层次的有关资料进行归纳总结。

4. **组织实施考察**　组织学生到医药企业进行实地考察，了解药品生产原料的选择、生产工艺、质量保证体系、服务措施等；了解企业发展目标、经营理念、企业文化与价值观；了解产品品牌建设情况；了解企业管理制度、现有资源情况；了解企业员工上岗要求、培训情况等。

5. **集体讨论，形成创意**　这是整体药品方案设计的准备阶段，各小组组织讨论，可以随意发挥自己的想象，在创意讨论中开拓思路。

6. **整体药品方案的设计**　通过反复讨论，提出整体药品的策划目标和具体方案。

7. **沟通、评议和整改**　找出方案中不合理的地方，进行修改和调整，形成一份合理的方案，确定执笔人，完成整体药品策划书。

8. **交流**　各小组将形成的策划书在班级内进行交流。

9. **讲评与总结**　授课教师对各组完成的整体药品策划书进行讲评，在学生中达成共识，对教学及实训进行总结。

10. **方案实施**　若情况允许，将最后方案提供给医药企业，如能得到企业的认可，可反馈给学生，让学生有更深的认识，增强学生的成就感。

【训练要求】

1. 根据学生兴趣，不强制分组，以此激发同学们了解医药产品整体概念的热情。

2. 每组同学不多于 5 位，保证同学们都有阐述自己观点的机会。

3. 每组要求进行团队管理角色分工，让每一位小组成员都承担团队分配的任务和职责。

4. 写出医药产品整体策划书和实施方案。

5. 与本章核心理论知识的学习同步进行。

训练任务二 分析医药产品生命周期

【训练目的】

1. 能够区分医药产品生命周期各阶段的不同特点。

2. 能够识别医药产品生命周期各阶段的营销策略内容。

3. 训练同学们的医药专业沟通和表达能力。

4. 培养同学们的团队合作和管理能力。

【训练内容】

1. 组建技能训练小组，各组进行组长及组员的管理角色分工。

2. 各小组通过线上各平台（包括专业学术文献、百度、微博、头条、抖音、快手、小红书等）查询导入期、成长期、成熟期和衰退期的特点。

3. 各小组分头走访校内药店、医务室、校外周边药店、医院、诊所实地调查了解导入期、成长期、成熟期和衰退期的营销策略，和自己线上查询的情况进行对比分析。

4. 结合课题所学的理论知识以及线上线下的调查情况，分析和汇总各市场的特点以及市场影响因素。

【训练要求】

1. 每个小组针对导入期、成长期、成熟期和衰退期营销策略，要求能够说出 2 个以上该时期营销策略的重要内容。

2. 技能训练过程中，要求老师能及时和学生保持沟通，了解学生在线上、线下技能训练过程中碰到的实际问题，并引导学生分析问题和自己寻找问题的答案。

3. 要求同学们通过各种形式（拍照、录音、截图等合法方式）记录线上、线下的技能训练情况。

4. 以小组为单位，以 PPT 的形式，上交一份技能训练总结报告。

训练任务三 打造医药产品品牌

【训练目的】

1. 能够掌握医药产品品牌的含义和设计原则。

2. 能熟悉医药产品品牌策略。

3. 训练同学们的医药专业沟通和表达能力。

4. 培养同学们的团队合作和管理能力。

【训练内容】

1. 组建技能训练小组，各组进行组长及组员的管理角色分工。

2. 收集药品品牌相关资料，并进行整理分析，用 PPT 课件加以表述并于课堂进行演讲。

3. 品牌定位：完整描述 STP 战略过程和内容、所用品牌定位方法，揭示品牌核心价值。

4. 品牌设计：品牌识别系统构造、品牌符号（名字、LOGO、广告语）创意设计、品牌在产品整体概念中的不同表现、品牌个性塑造、企业五大识别系统的品牌支持。

5. 小组中每位同学以 PPT 形式总结在该实训中的贡献和个人对该品牌创建的心得体会或建议。

【训练要求】

1. 班级分组，每小组 3～6 人，组长负责并对组员考核，模拟参与企业品牌管理活动，进行各种预定实践训练。

2. 每组自选某品牌或者自创品牌，针对所选择品牌，对品牌实训所要求完成的项目，展开品牌调查，调查对象主要是消费者、中间商、竞争者和企业本身。

3. 根据调查结果，结合所学理论知识，对该品牌的运营活动给出评价，并对存在的问题提出适当的建言，或进行沙盘推演，模仿真实的品牌管理活动。

4. 对上述品牌管理模拟活动进行反思，提交课件，并在课堂上演讲。

训练任务四　构思医药产品包装

【训练目的】

1. 能够认识医药产品包装的营销功能。

2. 能掌握通过医药产品包装的色彩、文字和图案、推广医药产品的技能，认识医药产品包装在营销策略中的地位及营销功能。

3. 训练同学们的医药专业沟通和表达能力。

4. 培养同学们的团队合作和管理能力。

【训练内容】

1. 阐述国家有关法律法规对医药产品包装的有关条款及规定。

2. 列举非处方药品的内包装盒（实物或图片），针对药品包装盒进行讨论。

3. 讨论分析某企业的系列药品包装盒来认识药品包装策略的实施。

【训练要求】

1. 将全班学生分成若干组。

2. 以组为单位组织学生观看各种药品包装盒，识别药品包装盒的营销功能。

3. 各组发表意见，阐述包装盒上色彩、文字和图案的"眼球效应"。

核心技能九　制定医药产品价格策略

训练任务一　制定医药产品价格

【训练目的】

1. 使学生能够掌握药品的价格构成要素。

2. 学会使用定价方法和定价策略来制定医药产品价格。

3. 训练学生的团结合作能力和表达能力。

【训练内容】

四川川大华西的生脉注射液为中成药产品，属于处方药品。其功能主治为：益气养阴，复脉固脱。用于气阴两亏，脉虚欲脱的心悸、气短、四肢厥冷、汗出、脉欲绝及心肌梗塞、心源性休克、感染性休克等具有上述证候者。目前该企业面临的挑战是如何提升在同类竞争产品中更高的知名度及在其他类竞争产品中占据更大的市场份额？如何为其制定合适的价格？

1. 以自愿为原则将学生进行分组，6~8人为一组，每组选一人为组长。

2. 每组组长分配各自所在组的成员在规定的时间内完成下列因素的分析、调查：产品的成本、企业的目标、营销组合中的其他要素、顾客需求、竞争、政策法律等因素。

3. 根据调查、分析的结果，各小组成员共同讨论制定本小组的定价策略。

4. 班级组织交流，每个小组由代表阐述本小组的实施过程及制定的价格策略。

5. 由教师与学生对各小组的实施情况及制定的价格策略进行评估打分，教师进行点评。

【训练要求】

1. 合理确定产品成本和企业目标。

2. 能正确分析营销组合中的其他因素。

3. 能正确分析顾客需求和竞争。

4. 能正确掌握相关的政策法律。

5. 能进行人员的合理分工。

6. 能够撰写技能训练总结报告。

7. 与本章核心理论知识的学习同步进行。

训练任务二　调整医药产品价格

【训练目的】

1. 使学生能够掌握药品的价格影响因素。

2. 学会使用定价方法和定价策略来调整医药产品价格。

3. 训练学生的团结协作能力。

【训练内容】

某大型的药品生产企业推出了自己的特惠装感冒药 A。A 产品的化学成分和生产工艺几乎同某畅销全国的品牌 B 完全一样，而且连包装也非常接近。B 的定价为 20 元/盒，A 的定价只有 5 元/盒。虽然质优价廉，但无论 A 公司的促销人员在药店如何卖力地向消费者证明它的产品同 B 一样好，消费者就是无动于衷。最后，A 公司不得不将特惠装产品撤下柜台。

分析：如果 A 公司不想放弃该产品，应该采取哪些价格调整策略扭转不利的竞争局面？

1. 以自愿为原则将学生进行分组，6~8 人为一组，每组选一人为组长。

2. 每组组长分配各自所在组的成员在规定的时间内完成下列因素的分析、调查：产品的成本、企业的目标、营销组合中的其他要素、顾客需求、竞争、政策法律等因素。

3. 根据调查、分析的结果，各小组成员共同讨论制定本小组的价格调整策略。

4. 班级组织交流，每个小组由代表阐述本小组的实施过程及调整的价格策略。

5. 由教师与学生对各小组的实施情况及调整的价格策略进行评估打分，教师进行点评。

【训练要求】

1. 能合理确定产品成本和企业目标。

2. 能正确分析顾客消费心理和需求。

3. 能正确对待市场竞争。

4. 能正确掌握与价格相关的法律法规。

5. 要求学生通过各种形式（拍照、录音、截图等合法方式）记录线上、线下的技能训练情况。

6. 以小组为单位，以论述的形式，上交一份技能训练总结报告。

核心技能十　设计医药产品分销渠道

训练任务一　药品分销渠道的选择

【训练目的】

1. 能够根据实际情况为企业选择最为合适的分销渠道。
2. 能够对直接分销渠道和间接分销渠道模式进行选择。
3. 训练同学们的医药专业沟通和表达能力。
4. 培养同学们的团队合作和管理能力。

【训练内容】

甲厂是生产"银黄消炎胶囊"的企业，其规格为 0.6g×12 粒/盒，600 盒/件，服用后无特殊服务的要求，价格适中，有效期为 3 年，运输中不易损坏、流失或腐烂变质，而且该药品处于成熟期，市场形势比较乐观，整个经济形势景气，目标市场的顾客数量较多但地点分散，且购买数量少，购买频率高。企业的资本实力一般，计划提高企业的技术开发与生产能力，增强企业的核心竞争力，所以较多地考虑增强批发商、零售商的合作关系，而相应地减少流通领域的投入。企业选择哪种分销渠道类型，既有一些来自于药品本身、市场和企业的硬性约束因素，也有相当大的灵活选择的余地。请根据所学的知识分析甲药厂的状况，为其选择一条分销渠道类型，并说明原因。

【训练要求】

1. 建立一条直接渠道，并阐述理由。
2. 建立一条间接渠道，并阐述理由。
3. PPT 制作要求精美、有层次感。
4. 写出完整的有说服力的实训报告。汇报内容定位准确，能够提出有针对性的改进策略和方法。
5. 汇报时要求穿正装仪容仪表大方得体，语言流利，对汇报内容熟悉。

训练任务二　分析 OTC 药品的零售终端渠道影响因素

【训练目的】

1. 能够识别现有 OTC 药品分销渠道存在的问题。
2. 能够分析 OTC 药品的药店终端渠道设计中的影响因素。
3. 训练同学们的医药专业沟通和表达能力。
4. 培养同学们的团队合作和管理能力。
5. 培养同学们的调研和实践意识。

【训练内容】

1. 组建技能训练小组，各组进行组长及组员的管理角色分工，各小组商议选择每个小组的 OTC 药品。
2. 各小组提交药店终端走访记录单和渠道影响因素的分析步骤。

3. 各小组分头走访，做好每次走访记录，组长和老师监控整个走访过程。

4. 同学们整理、分析走访记录单，并开展讨论，形成每个小组的分析报告，制作 PPT 进行药品渠道影响因素的分析报告的汇报。

【训练要求】

1. 制定走访记录单，要求合理科学，拜访路线节约时间和成本，项目信息齐全。

2. 收集 OTC 产品药店终端渠道的市场表现等信息，实时、准确、有用，比如品名、规格、货架数量、销售数量、采购数量、陈列位置等等。

3. 根据产品企业的背景资料和走访情况，合理分析该产品渠道的影响因素。

4. 以小组为单位，以 PPT 的形式进行汇报，汇报时要求穿正装仪容仪表大方得体，语言流利，对汇报内容熟悉，体现团队合作精神，并上交一份药品渠道影响因素分析报告。

训练任务三　管理药品分销渠道

【训练目的】

1. 能够根据情况制定企业的渠道策略。

2. 能够分析出医药企业的渠道成员管理的问题。

3. 能够对医药企业的渠道冲突进行管理。

4. 培养同学们的团队合作和管理能力。

5. 培养同学们的抗压意识。

【训练内容】

某药品生产企业的湖南销售分公司在年终接到一些地市级经销商的投诉，反映株洲市经销商多次窜货到他们的区域。分公司经过周密的蹲点、走访调查，拿到了株洲市经销商的窜货证据，却对如何处罚该经销商感到为难。

1. 按照合同，可以扣除其一个季度的返利，但是如果该企业的产品大多为成熟期的医药品种，经销利润比较薄，在本已获利不大的基础上，如执行合同扣除返利，则有可能将其推给竞争对手。

2. 如果不对窜货的经销商进行处罚，仅仅加大对被窜货区域的促销力度。由于经销商之间长时期的龃龉，结怨已深，这么做很可能引发经销商之间发生窜货报复大战，使市场秩序更加混乱。

3. 有一个全国性的大品牌正在湖南做大力推广，对该公司的销量有所影响，总公司要求加大促销力度，防止经销商"跳槽"，抵制竞品的市场蚕食。

4. 如执行合同扣除返利，该经销商很可能加盟竞品经销行列，窜货的经销商通路能力很强，而该公司一时找不到适合的经销商更换，调整期销量会大受影响，也给竞品留下市场空缺。

5. 该公司返利是依据销量递进的，销量越大返利越高，中、小城市的经销商意见很大，扬言也要窜货来冲销量。

该公司应该怎样处理该起窜货事件？

【训练要求】

1. 从完善企业销售制度的角度出发，该公司应如何处理该起窜货事件，并阐述理由。

2. 从完善企业客户管理的理念出发，该公司应如何处理该起窜货事件，并阐述理由。

3. 采用 PPT 进行汇报，要求制作精美，有层次感。

4. 写出完整有说服力的实训报告，汇报内容定位准确，能够提出比较有针对性的改进策略和方法。

5. 汇报时要求穿正装，仪容仪表大方得体，语言流利，对汇报内容熟。

技能训练十一　策划医药产品促销方案

训练任务一　设计医药产品广告促销方案

【训练目的】

1. 能够进行医药广告要素分析。

2. 能够进行广告媒体选择。

3. 能够利用年轻人喜欢的内容与活动，形成适合落地执行的策划方案。

4. 能够撰写广告创意文案，突出样品特点、传递品牌价值主张，且易于传播。

【训练内容】

桂林三金药业主要生产经营中成药、天然药物的研发和生产，经过数十年的市场培育，"三金"品牌深入人心。"西瓜霜润喉片"作为"三金西瓜霜系列"旗下最具代表性的产品。

面向大众消费群体，要求传达三金牌西瓜霜润喉片铁盒装（昵称：黄色小方砖）"百年良药，清嗓护喉"的产品特点，建立日常护喉常备黄色小方砖的产品认知。

同时通过有话题度、传播性的广告创意内容与现代消费者生活方式进行关联，加强品牌与消费者之间情感黏性，树立专业、可信赖的品牌形象，让三金牌西瓜霜润喉片铁盒装成为日常润喉常备的不二之选。

【训练要求】

1. 老师安排实训项目，学生分为每组 5 人，每组指定一人为组长。

2. 运用自己所学的广告设计知识，提出创意方案。

3. 形成一篇简单的实训报告。其内容包括：广告主题、目标消费群体、广告命题类别、传承百年国货属性、家庭常备、符合年轻群体的审美，传递青春、活力感觉的形象。用 Word 文档打印后上交，字数不少于 2000 字，同时制作 PPT 供汇报交流时使用。每小组委派一人汇报，其余几组每组至少就汇报组的汇报提出一个问题进行交流。

4. 提交一份小组讨论、人员分工、工作计划及实施过程的记录和总结。

训练任务二　设计医药人员推销方案

【训练目的】

1. 了解医院进药的决策程序。

2. 掌握对医院进药决策人员学术推广的步骤和方法。

【训练内容】

假如你是 A 医药营销公司的一名学术推广专员，派你去本市 B 医院推广 X 新药，该新药主要是在 C 科室使用，你在医院所要接触人员均是医药专业人员。请提出该任务的计划书。

【训练要求】

1. 老师安排实训项目，学生分为每组 5 人，每组指定一人为组长。

2. 运用自己所学的知识，提出该任务的计划。

3. 形成一篇简单的实训报告，其内容包括推销步骤和方法，尤其是医院性质、对药品购进决策者调查、自己对 X 新药知识掌握、X 新药厂家资料、A 公司相关资料、竞争药品情况和准备在药事管理委员会上的 X 新药介绍的资料等。用 Word 文档打印后上交，字数不少于 2000 字，同时制作 PPT 供汇报交流时使用。每小组委派一人汇报，其余几组每组至少就汇报组的汇报提出一个问题进行交流。

4. 提交一份小组讨论、人员分工、工作计划及实施过程的记录和总结。

训练任务三　设计医药产品营业推广方案

【训练目的】

1. 掌握医药产品营业推广的核心要素。

2. 设计医药产品营业推广方案。

3. 确定医药产品的核心卖点。

【训练内容】

现代女性压力大，生活作息不规律，面临贫血、痛经、不孕难育，更年期综合征等问题。广誉远定坤丹具有滋补气血、舒经解郁、通调补三合一的功效，可以帮助其恢复健康和留住美丽。"520"来临之际，设计一份营业推广方案。

【训练要求】

1. 老师安排实训项目，学生分为每组 5 人，每组指定一人为组长。

2. 运用自己所学的知识，突出产品特点，体现"健康"和"美丽"两个关键因素，设计营业推广方案。

3. 形成一篇简单的实训报告，其内容包括：产品的历史底蕴、权威认证、配方优势、选材道地、古法炮制、市场细分、购买人群、利用诉求、营业推广方式、实施计划等。用 Word 文档打印后上交，字数不少于 2000 字，同时制作 PPT 供汇报交流时使用。每小组委派一人汇报，其余几组每组至少就汇报组的汇报提出一个问题进行交流。

4. 提交一份小组讨论、人员分工、工作计划及实施过程的记录和总结。

核心技能十二 开展医药市场营销策划

训练任务一 寻找医药营销策划创意

【训练目的】

1. 培养创新意识、突破思维定式、训练发散思维、激发创意灵感。

2. 能够应用创意的基本规律、方法，根据创意的步骤形成医药营销策划创意。

3. 训练同学们的医药专业沟通和表达能力、团队合作精神。

【训练内容】

1. 案例内容：2020年12月18日，云南白药泰邦首家商圈体验中心——宜草堂夷陵万达店正式开业，在体验店内开展眼镜验配业务。与此同时，云南白药泰邦联合专业眼科专家精心研发的医用光辐射防护眼镜也同期在全国各大连锁药房上市，该款眼镜的品牌广告片同步在央视媒体等平台播出。假设你是一家医药连锁有限公司的营销人员，公司计划引进云南白药泰邦系列产品，请你负责该项目。

2. 根据上述案例或者自行选择的案例，组建技能训练小组，各组进行组长及组员的角色分工。

3. 研讨所选案例，分析医药营销环境，明确创意目标。

4. 开展线上线下的信息收集，并对信息进行加工处理，产生多个创意。

5. 讨论并确定一个创意，制作创意文案。

6. 分组展现创意文案，开展组间互评、教师点评，引导同学们在日常生活中有意识地培养自己的创意意识，提高想象力。

【训练要求】

1. 每组的案例选择根据学生兴趣，不强制分组，以此激发同学们了解医药企业的热情。

2. 每组的同学不多于5位，保证每个同学都要有自己的创意思路。

3. 每组要求进行团队管理角色分工，让每一位小组成员都承担团队分配的任务和职责。

4. 每组写出一个创意文案。

训练任务二 制定医药市场营销策划

【训练目的】

1. 熟悉医药市场营销策划的工作过程。

2. 掌握医药市场营销策划的工作方法和文案结构。

3. 提高团队的分工协作能力，发挥团队成员的创造性。

【训练内容】

1. 以"训练任务一"的实训为基础开展训练。

2. 以小组为单位，分析策划背景和营销环境，讨论、确定本次策划的目标、活动主题、活动形式、活动时间和地点、人员安排、经费预算等模块。

3. 结合所学的理论知识以及调查情况，为企业制定完整的医药市场营销策划方案，字数控制在 3000~5000 字。

【训练要求】

1. 每个小组针对企业的具体情况开展研讨。

2. 技能训练过程中，要求老师能及时和学生保持沟通，了解学生在技能训练过程中碰到的实际问题，并引导学生分析问题和自己寻找问题的答案。

3. 要求同学们通过各种形式（拍照、录音、截图等合法方式）记录技能训练情况。

4. 以小组为单位，展示医药营销策划方案，重点介绍"摘要"部分，开展小组自评、互评、教师评价。

参考文献

［1］张丽，王顺庆，林大专，施能进．药品市场营销［M］．北京：人民卫生出版社，2018.

［2］国家药品监督管理局执业药师资格认证中心．药事管理与法规［M］．北京：中国医药科技出版社，2021.

［3］魏保华，王高峰，郑丽．药品市场营销［M］．北京：中国出版集团公司，2020.

［4］高环成．药品市场营销技术［M］.3 版．北京：高等教育出版社，2021.

［5］栾家杰，梁金华，徐娟．药品市场营销［M］．江苏：江苏凤凰科技出版社，2017.

［6］董国俊．药品市场营销学［M］．北京：人民卫生出版社，2016.

［7］秦勇，张黎．医药市场营销：理论、方法与实践［M］．北京：人民邮电出版社，2018.

［8］全国食品药品职业教育教学指导委员会，国家药品监督管理局高级研修院．医药市场营销实务［M］．北京：中国医药科技出版社，2021.

［9］马翠兰．医药市场营销技术［M］．北京：科学出版社，2021.

［10］甘湘宁，周凤莲．医药市场营销实务［M］.4 版．北京：中国医药科技出版社，2021.

［11］菲利普·科特勒．营销管理［M］.15 版．上海：格致出版社，2019.

［12］章蓉．药品营销原理与实务［M］.3 版．北京：中国轻工业出版社，2019.

［13］李胜，黄尧，黄华．营销策划—路径、方法与文案设计［M］．北京：北京大学出版社，2018.

［14］六力文化．医药营销高参：行业大咖访谈录［M］．北京：清华大学出版社，2016.

［15］张继明．标杆［M］．北京：光明日报出版社，2018.